Theologica

Theologica

Publicações de Teologia, sob a responsabilidade da
Faculdade de Teologia
FAJE — Faculdade Jesuíta de Filosofia e Teologia
31720-300 Belo Horizonte, MG
telefone (31) 3115 7000 / fax (31) 3491 7421
faje.bh@faculdadejesuita.edu.br
www.faculdadejesuita.edu.br

JOSÉ AGUIAR
NOBRE

A REVELAÇÃO DIVINA HOJE

Uma percepção do agir de Deus na história a partir do pensamento de Andrés Torres Queiruga

Edições Loyola

Dados Internacionais de Catalogação na Publicação (CIP)
(Câmara Brasileira do Livro, SP, Brasil)

Nobre, José Aguiar
  A revelação divina hoje : uma percepção do agir de Deus na história a partir do pensamento de Andrés Torres Queiruga / José Aguiar Nobre. -- 1. ed. -- São Paulo : Edições Loyola, 2023. -- (Coleção Theologica)

  Bibliografia.
  ISBN 978-65-5504-238-2

  1. Humanidade (Moral) - Aspectos religiosos - Cristianismo 2. Queiruga, Torres - Crítica e interpretação 3. Revelação - Cristianismo 4. Revelação - Igreja Católica 5. Salvação 6. Teologia I. Título II. Série.

22-139602   CDD-212.6

Índices para catálogo sistemático:
1. Revelação divina : Contato de Deus : Cristianismo   212.6
Aline Graziele Benitez - Bibliotecária - CRB-1/3129

Conselho Editorial
Álvaro Mendonça Pimentel (UFMG, Belo Horizonte)
Danilo Mondoni (PUG, Roma)
Élio Gasda (Univ. Comillas, Madrid)
Gabriel Frade (FAU-USP, São Paulo)
Geraldo Luiz De Mori (Centre Sèvres, Paris)
Lúcia Pedrosa-Pádua (PUC-Rio, Rio de Janeiro)
Raniéri Araújo Gonçalves (Loyola University Chicago)

Preparação: Paulo Fonseca
Capa: Mauro C. Naxara
Diagramação: Sowai Tam
Revisão: Rita Lopes

Edições Loyola Jesuítas
Rua 1822 nº 341 — Ipiranga
04216-000 São Paulo, SP
T 55 11 3385 8500/8501, 2063 4275
editorial@loyola.com.br
vendas@loyola.com.br
www.loyola.com.br

Todos os direitos reservados. Nenhuma parte desta obra pode ser reproduzida ou transmitida por qualquer forma e/ou quaisquer meios (eletrônico ou mecânico, incluindo fotocópia e gravação) ou arquivada em qualquer sistema ou banco de dados sem permissão escrita da Editora.

ISBN 978-65-5504-238-2

© EDIÇÕES LOYOLA, São Paulo, Brasil, 2023

101253

Ao meu pai Gonçalo da Silva Nobre (*in memoriam*)
À minha mãe Ercília de Aguiar Nobre
À querida Bia, Maria Cristina de Aguiar (*in memoriam*)

Quando falamos de percepção da essência genuína da revelação, não estamos nos referindo a uma inteligência refinada ou erudição apenas, mas da singeleza mesma da receptividade humana à doação gratuita e amorosa do Mistério de Deus. É presente que Ele escolhe carinhosamente para nós e, portanto, deve ser um dom que se recebe gratificadamente. "E, justamente, à medida que esse dom e esse presente se referem à descoberta do Divino que se manifesta, são revelação."

Andrés Torres Queiruga, *Repensar a revelação*.

Sumário

Apresentação... 11

Prólogo 15

Capítulo 1 **Introdução**... 21

Capítulo 2 **A concepção tradicional de revelação divina**............... 29
   2.1. A tripartição das definições de revelação divina ao longo da
história da salvação: natural, sobrenatural e imanentista............. 31
      2.1.1. A revelação natural que se percebe a partir da criação
e da Palavra.. 31
         2.1.1.1. A revelação percebida a partir da *criação*............... 32
         2.1.1.2. A revelação percebida a partir da *Palavra*............... 33
      2.1.2. A revelação sobrenatural na história da salvação................... 35
         2.1.2.1. Deus se revela intervindo na história (ISRAEL)......... 35
         2.1.2.2. Deus se revela no resplandecer de sua mão
(OBRAS DO REINO)... 38
         2.1.2.3. Deus se revela num ponto culminante
(A MISSÃO DA IGREJA)... 39
      2.1.3. As definições imanentistas de revelação 41
   2.2. A verbalização da revelação como ditado divino no Antigo e
Novo Testamentos 42
      2.2.1. Elementos primitivos do Israel religioso antigo 43
      2.2.2. As correntes da revelação: a lei, o profetismo e a sabedoria.. 46

2.2.3. O Deus pessoal e vivo que se desvela na pluralidade
das teologias 47
2.3. A revelação na Igreja apostólica: questão fundante 50
2.4. A percepção da revelação divina da Idade Média ao Vaticano II:
leitura cronológica 60

Capítulo 3 A Teologia da Revelação de Andrés Torres Queiruga.. 75

3.1. A concepção de revelação divina segundo a teologia de
Torres Queiruga 77
   3.1.1. Formas de revelação bíblica 80
   3.1.2. Moisés e a sua sensibilidade religiosa diante da revelação:
o que o seu estudo pode nos ensinar hoje a partir da
ótica queiruguiana? 87
   3.1.3. A verbalização da revelação e a genealogia em torno
desse processo 93
   3.1.4. O refinamento do processo revelador a partir da
ótica queiruguiana 99
   3.1.5. Jesus é a automanifestação de Deus, o termo definitivo
da revelação 105
3.2. A Matriz teórica de Torres Queiruga acerca
da revelação de Deus 109
   3.2.1. Influências filosóficas na vida e obra de
Andrés Torres Queiruga 117
   3.2.2. Influências teológicas na vida e obra de
Andrés Torres Queiruga 124
   3.2.3. Torres Queiruga e seus interlocutores imediatos 128
3.3. A matriz hermenêutica na antropologia da revelação de
Torres Queiruga 136
   3.3.1. Maiêutica histórica 145
      3.3.1.1. Considerações preliminares 145
      3.3.1.2. Maiêutica histórica por quê? 148
   3.3.2. A hermenêutica do amor como aplicação prática da
maiêutica histórica 162
3.4. Revelação, criação e salvação a partir de Torres Queiruga 167
3.5. O ser humano e o reino de Deus: natureza e graça 181

Capítulo 4 Consequências teológicas e sua *práxis* 197

4.1. As consequências da revelação em Torres Queiruga:
práxis histórica 212
   4.1.1. A teologia da revelação pós-conciliar: a riqueza dos novos
questionamentos nos avanços históricos 215
   4.1.2. Acolhida da revelação como condição para a realização
do ser humano 225
4.2. Dimensão do sofrimento e da cruz 232

      4.2.1. O silêncio divino e o sofrimento humano: surdez e resistência humana 234
      4.2.2. A salvação que nos é oferecida e buscada no esforço do sair de si evidencia a experiência de revelação na Igreja 239
  4.3. Dimensão kenótica da revelação 246
      4.3.1. O processo de depuração e consequente anúncio do mistério revelado 248
      4.3.2. A revelação de Deus e a plenitude cristã: relação de amor, doação e serviço 254
  4.4. Iluminação de questões teológicas: religiões, imagem e linguagem de Deus 259
      4.4.1. A revelação divina e o diálogo com as religiões 263
      4.4.2. A revelação divina e a imagem de Deus 268
      4.4.3. A revelação divina e a linguagem de Deus 274

Capítulo 5 Considerações finais 287

Capítulo 6 Posfácio 297

Capítulo 7 Referências bibliográficas 301
  7.1. Obras de Andrés Torres Queiruga 301
  7.2. Artigos de Andrés Torres Queiruga 302
  7.3. Bibliografia geral 305
  7.4. Bíblias 314
  7.5. Dicionários 314
  7.6. Teses e dissertações 316
  7.7. *Sites* 317
  7.8. CD 318

Apresentação

Estamos atravessando tempos difíceis. Experimentamos o fim da época da cristandade e ainda buscamos uma nova configuração de cristianismo que seja captado, pertinente e atraente para a atual sociedade moderna e pós-moderna. Vencido o dualismo da relação natural-sobrenatural na teologia da graça divina, já que esta última pressupõe e aperfeiçoa a primeira, não podendo, entretanto, dela prescindir, outros âmbitos da fé cristã serão questionados pelo que podemos chamar de *busca do fundamento antropológico*. Este fato aparece mais visivelmente na cristologia, com a discussão sobre o Jesus histórico e o Cristo da fé; também na eclesiologia, enquanto comunidade humana de fiéis, ou ainda na sacramentologia, como realidade simbólica na sociedade humana, ou até mesmo numa escatologia que leve a sério a construção do Reino ao longo da história. Eis alguns exemplos dessa virada antropológica que torna mais acessíveis para a atualidade estas verdades da fé cristã.

Outro dado importante nesta questão está mencionado na Constituição dogmática *Dei Verbum*, do Concílio Vaticano II. Nela se afirma que a "Tradição, oriunda dos Apóstolos, progride na Igreja sob a assistência do Espírito Santo: cresce, com efeito, a compreensão tanto das coisas como das palavras transmitidas" (DV 8). O texto reconhece assim o que já foi caracterizado como a evolução do dogma na Igreja.

A Bíblia, porém, ainda nos oferece mais um fator importante nessa questão. De fato, nela Deus se revela ao *entrar* na própria história de um povo através de sua *ação* salvífica desdobrada ao longo dos anos. Portanto, a revelação não só se dá na história, mas é ela mesma histórica. E acrescentamos que o desígnio primeiro e mais original de Deus em sua ação na história humana é de cunho salvífico, a saber, fazer os humanos participarem de sua felicidade. Para isto, vem ao encontro deles atuando e educando um povo num processo que tem seu clímax na pessoa de Jesus Cristo e no envio do Espírito Santo. Desígnio primeiro que pode ser caracterizado como amor infinito por homens e mulheres, como tão bem exprime São João: "Deus é amor" (1Jo 4,8.16).

Entretanto, essa conclusão faz nascer outras questões. Como pode o ser humano perceber, captar e expressar essa ação divina? Não será a mesma condicionada, ou ainda limitada, pelo seu destinatário, sempre imerso numa época, num contexto social, numa cultura determinada? O testemunho da Bíblia nos ensina que essa ação foi realmente captada e expressa naturalmente na linguagem própria do povo de Israel. Desse modo, a ação "teologal" de Deus desde que recebida, captada e expressa se torna "teológica", a saber, Palavra de Deus na palavra humana.

O grande mérito do teólogo Andrés Torres Queiruga foi explicitar esta recepção da ação divina como uma *maiêutica histórica* de cunho teológico, um fazer emergir o que já estava presente no coração humano, à semelhança da revelação transcendental e categorial de Karl Rahner, mas com maior abrangência e fundamentação. De fato, o alcance e a importância da revelação para a fé cristã exigirão de Torres Queiruga uma reflexão abrangente e muito exigente de outras verdades-chaves da fé cristã, enriquecendo assim toda a sua obra teológica. Um estudo sério desta obra exige muito esforço, mas premia quem ousa aventurar-se nela com um rico horizonte para a compreensão da fé em nossos dias.

É mérito do autor desta obra ter pesquisado profundamente a metodologia, o embasamento filosófico e as opções teológicas subjacentes à reflexão do teólogo espanhol. Sem dúvida, foi um grande desafio devidamente vencido pelo autor deste estudo, que, apesar da complexidade do tema, consegue apresentá-lo por meio de uma metodologia coerente e precisa, utilizando uma linguagem clara e acessível, com uma sequência lógica dos temas até chegar às consequências das conclusões alcançadas para outros campos da teologia, tais como a imagem de Deus, o diálogo inter-religioso e a própria linguagem teológica.

A publicação deste estudo significa uma valiosa contribuição ao estudo da teologia em nosso país. Pois a clareza do estilo não impediu a seriedade na abordagem das numerosas e complexas questões aí tratadas. Assim só nos resta agradecer e felicitar seu autor, o padre José Aguiar Nobre, pela sua excelente pesquisa.

Mario de França Miranda

Prólogo

Falar de revelação equivale a tocar num dos pontos mais sensíveis e decisivos da teologia atual. Trata-se de uma categoria tão central, que Karl Barth, em uma das expressões enfáticas a que estava inclinado, chegou a afirmar que a seu lado todas as demais questões teológicas são como um jogo de crianças. Por sorte se tem avançado muito, e hoje falamos do conceito pós-conciliar de revelação, para indicar a existência de uma mudança decisiva. Já não se segue pensando a revelação como a manifestação divina de uma lista de verdades ou como um anúncio oracular ou, segundo gosto de dizer, como um ditado divino e, em definitivo, milagroso.

É dizer que a teologia atual tem reconhecido a existência de uma verdadeira revolução, que impede seguir tomando a Bíblia ao pé da letra, com uma visão fundamentalista da revelação divina. O que significa que não se podem tomar as afirmações bíblicas — nenhuma afirmação bíblica — como ditadas diretamente por Deus mediante uma intervenção extraordinária e milagrosa na mente do profeta ou do hagiógrafo. Com a consequência fundamental de que a fidelidade à revelação não consiste em defender a todo custo o sentido literal de frases bíblicas — nem em se sentir obrigado a buscar argumentos para defendê-las — que em nossa cultura resultam simplesmente incompreensíveis e inaceitáveis. A verdadeira fidelidade consiste em transpassar a letra para descobrir o sentido que nela se transmite e "verificar" sua verdade no contato pessoal com a experiência de Deus que nela se reflete.

Cuidar disso é fácil em casos claros, que afetam diretamente o funcionamento das realidades físicas no mundo, como quando se lê em Gênesis que Deus modelou Adão a partir de um pedaço de argila ou que o sol parou a pedido de Josué, segundo se narra no livro deste nome. Mas devemos ser alertados pelo fato de que no século XVII Galileu pagou com a reclusão negando o heliocentrismo e, já bastante depois, Darwin suscitou dura oposição no XIX com a teoria da evolução. As consequências ainda chegam ao século XX, com a encíclica *Humani Generis* (1950).

Porém, reconhecer a nova situação resulta mais difícil. Acontece quando os dizeres bíblicos tocam questões morais ou quando os mesmos evangelhos interpretam o ataque epiléptico como a possessão demoníaca. É ainda mais difícil e delicado quando as afirmações bíblicas se referem a questões diretamente teológicas, que podem afetar, por exemplo, a compreensão da humanidade real de Jesus ou suscitar especulações dificilmente controláveis acerca do mistério da intimidade divina.

De fato, a questão é tão aberta, e tem consequências tão profundas e transcendentes, que me atrevo a pensar que a superação *real e efetiva* do fundamentalismo bíblico, ainda que aceito em geral como afirmação teórica de princípio, continua constituindo hoje uma das mais graves e urgentes tarefas que seguem pendentes para a teologia. Longos séculos — praticamente dois milênios — de construção de uma teologia tomando ao pé da letra os textos escriturísticos, como se ditados por Deus, fazem com que quase todos os grandes problemas teológicos veiculem suposições literalistas, de modo que seguem sendo interpretadas como divinamente reveladas teses e teorias que são fruto *teo-lógico* do contexto cultural de uma época determinada. Não é fácil encontrar uma questão que não arraste "criptografado" o literalismo bíblico em raciocínios que só seriam justificáveis porque se supõe que contam com a garantia de um texto tomado ao pé da letra.

A teologia atual se encontra, pois, ante a necessidade de tornar real e eficaz na *prática* teológica o que felizmente já é uma convicção *teórica* solidamente justificada pelos avanços exegéticos exigidos pela situação cultural. Responder a essa necessidade ainda levará muito tempo, muito trabalho e decidida radicalidade. Obviamente, um prólogo não é o lugar adequado para entrar em detalhes, mas ressalta a importância do assunto tratado neste livro.

José Aguiar Nobre dedica seu primeiro estudo de incentivo sistemático para enfrentá-lo. Situa-se assim numa frente em que a teologia e a igreja esperam a ajuda das novas gerações. Estou feliz e esperançoso que um jovem teólogo tenha escolhido o tema da revelação, interpretada como *maiêutica histórica*. Como ele mesmo indica na sua apresentação, esta concepção oferece a possibilidade de conjugar a infinita gratuidade da iniciativa divina com as limitações, mas também com as exigências da cultura humana.

O trabalho prossegue com a acertada e evangélica atitude de buscar os espaços de contato entre o que "existe de melhor tanto na fé quanto na modernidade". Especificamente, sua intenção é mostrar ao vivo a importância do enfrentamento da questão nuclear: apresentar uma visão que permita conjugar as exigências que definem o cerne dessa conjunção. Não necessariamente com a intenção apologética de uma defesa excludente, mas com o desejo de apelar à reflexão e à colaboração comunitária do esforço de todos. Por isso, busca contextualizar esse entendimento, detectando contatos e coincidências, aplicações e prolongamentos com outras iniciativas e teorias atuais. Ele o faz com atitude generosa, sintonia cordial e esforço lúcido.

Ele tem razão em apontar que na raiz última da revelação estão três princípios inalienáveis que, como colunas-mestras, sustentam sua coerência: 1) que é realmente Deus quem tem a iniciativa infinitamente amorosa de tornar conhecida a realidade de sua presença e de sua intenção salvadora para a humanidade; 2) que ele o alcança, como proclamou o Concílio (GS 22), respeitando as leis da justa autonomia humana, e que o deseja para todos os seres humanos, desde sempre e sem privilégios ou exclusões; 3) que esse processo revelador, sustentado por Deus na incansável "luta amorosa" contra as limitações e resistências humanas, culminou definitivamente em Jesus de Nazaré.

O livro vai mostrando como o conceito de "maiêutica histórica" busca refletir esta estrutura de fundo, por meio de uma dupla contextualização. Em primeiro lugar, no que diz respeito às obras de onde a exponho, e aponta com fina precisão para a raiz mais radical: que o amor salvífico de Deus está no seu centro e que, correspondentemente, "é necessário falar de uma 'hermenêutica do amor'". Em segundo lugar, estuda, como indiquei, a convergência teórica com outras visões atuais, no diálogo e no enriquecimento mútuo. Fiel à sua situação continental, insiste de modo especial nas afinidades com os esforços da teologia da libertação, afirmando que "a hermenêutica do amor proporciona a aterrissagem da hermenêutica histórica na *práxis* eclesial".

Como é lógico, a parte fundamental de sua obra consiste em esclarecer o próprio conceito de "maiêutica histórica" aplicado à revelação bíblica. A categoria, que remonta a Sócrates, é tomada em seu sentido fundamental: a revelação não consiste em palavras ou manifestações que trazem e impõem algo de fora. Sua função fundamental consiste em ajudar as pessoas que a recebem para que possam "dar à luz", por si mesmas, à verdade íntima que nos habita a todos, procurando manifestar-se e realizar-se. Mais especificamente: a revelação ilumina-nos para descobrir a presença criadora, sustentadora e salvadora de Deus em nossa vida, abrindo a possibilidade de compreendê-la e fortalecendo a capacidade de acolhê-la e segui-la.

Amplas referências culturais do autor, excursões teóricas e aplicações práticas são remetidas para a compreensão mais concreta e detalhada deste processo ao mesmo tempo cativante e misterioso. Limito-me aqui a indicar que o leitor ou a leitora farão bem em prestar especial atenção a *três aspectos decisivos* para uma leitura justa desta obra tão rica em esclarecimentos e sugestões.

O primeiro aspecto é a insistência no *caráter histórico* da revelação, para evitar que ela seja obscurecida pela evocação socrática da "anamnese", como lembrete das "ideias" supraempíricas, sempre existentes e exemplarmente perfeitas. Falar de maiêutica "histórica" indica que a perfeição só pertence a Deus, na plenitude infinita do seu ser e no seu estar incansavelmente presente para nós. Para nós, a sua presença é *chamada* constitutiva ao nosso ser finito, que está em contínua necessidade de realização, *de chegar* a ser a plenitude em caminho a que somos convidados desde a nossa origem filial, acolhendo a sua graça e a sua companhia salvífica; sempre animados e orientados pelo anúncio e pelo inteiro destino de Jesus, na esperança viva da salvação definitiva.

(Note-se que, assim como a *autonomia humana*, longe de ser anulada, ela é supremamente afirmada: porque Deus não precisa de um "milagre" para começar a se revelar, pois já está sempre presente e atuante; e a revelação não nos traz nada de "externo" a nosso ser, antes manifesta aquilo que já somos em princípio e estamos chamados a realizar acolhendo e prolongando em nós a presença criadora e salvadora.)

O segundo aspecto refere-se à distinção dos *dois momentos* que constituem o processo maiêutico. O primeiro momento se refere à *descoberta* e à experiência radical e primogênita pela qual alguém, o "profeta" ou revelador, foi a primeira pessoa a "perceber" a presença de Deus e sua intenção para nós: "O Senhor estava aqui e eu não sabia", diz Jacó em Gênesis (28,16). O segundo é *o momento propriamente maiêutico*, quando, graças ao anúncio, os outros também podem se dar conta por si mesmos: "Já não acreditamos nele pelo que nos disseste, mas porque nós mesmos o ouvimos e estamos convencidos de que ele é verdadeiramente o Salvador do mundo" (Jo 4,42), seus conterrâneos acabam dizendo à samaritana.

Nessa reação consiste, precisamente, o terceiro aspecto, especialmente importante hoje: a *verificação* da revelação, ou seja, a apropriação pessoal por meio da ponderação crítica e a acolhida (ou rejeição) livre do anúncio revelador, uma vez formulado e proclamado. Ao contrário do que vulgarmente se entende, acolher a revelação — ter fé — não consiste em acreditar no que não vemos, mas, ao contrário e bem compreendido, acontece quando, como os samaritanos ou os discípulos de Emaús, passamos a acreditar no que que finalmente "vemos" por nós mesmos. A fé certamente necessita da palavra reveladora — *fides ex auditu* (Rm 10,17) — mas realiza-se na apropriação pessoal: na acolhida, no assentimento e na realização viva. Quem crê o faz porque, graças à Palavra, reconhece em si mesmo a presença do mesmo Deus que, com o idêntico amor, foi revelado a quem o anuncia.

(Seria interessante esclarecer que essa forma de acolher o mistério da revelação divina, perscrutando o abismo infinito de seu mistério, não é um recurso artificial ou um obscurantista *asylum ignorantiae*. Pelo contrário, como ensina a hermenêutica atual e por mais paradoxal que possa parecer, esse é o modo justo de proceder "racionalmente", ajustando-se à única racionalidade que corresponde à "doação" do seu objeto, isto é, à forma única e precisa com que o mistério divino pode se oferecer ao espírito humano.)

Contudo, é conveniente encerrar esta introdução convidando à leitura direta da obra. Nela, com entusiasmo inaugural e abertura generosa, José Aguiar Nobre desdobra diante do nosso olhar um amplo panorama cheio de ensinamentos e sugestões. Nela nos é oferecida uma excelente oportunidade de observar a história da revelação bíblica em sua gênese, de Abraão e Moisés a Jesus, na longa jornada da tradição teológica e nos muitos esforços hodiernos para atualizá-la. Para o autor, esta obra é certamente a porta de entrada para continuar estudando um problema que continua a bater às portas da teologia. Às novas gerações de teólogos, herdeiros expressos da herança conciliar, é confiada a sua realização futura. Este trabalho é uma amostra de que isso está acontecendo, no desejo sem fim de fazer com que a revelação divina continue a ser percebida e aceita como salvação definitiva, ou seja, como o autêntico caminho da verdadeira realização humana.

Andrés Torres Queiruga
Tradução do Espanhol: José Aguiar Nobre

Capítulo 1
Introdução

Sabemos que a revelação[1] divina acontece no dinamismo da história. E, para captarmos a sua manifestação, "não temos por que chegar a Deus, pela simples razão de que ele já está sempre conosco. Não se trata de usar um meio, mas de suprimir um obstáculo [...]. Não necessitamos de ir ajudá-lo, porque ele está se manifestando a nós sempre"[2]. Limitado pela história, o finito nunca captará, em sua totalidade, o infinito. Nessa perspectiva, refletiremos este tema da revelação de Deus a partir da compreensão do mundo de hoje.

Entendemos que é impossível estarmos atentos à realidade do mundo em que nos coube viver e não nos sentirmos tocados, de forma preocupante, em face da espantosa ascensão das trevas[3]. Trevas essas que se manifes-

---

1. Sempre utilizaremos num mesmo sentido as palavras: "revelação", "manifestação", "captação" e "percepção de Deus", segundo a ordem ou forma com que surgirem no desenrolar do texto. Ainda é importante esclarecer que quando nos referimos ao teólogo pesquisado, Andrés Torres Queiruga, nós o chamaremos ou de "Torres Queiruga", ou de "o teólogo galego", ou "o autor", ou de "o professor" ou ainda de "o teólogo de Compostela".
2. TORRES QUEIRUGA, A., *Creio em Deus Pai. O Deus de Jesus como afirmação plena do humano*, São Paulo, Paulus, 1993, 178.
3. Utilizamos "Trevas" não como simples escuridão ou literal ausência da claridade da luz, mas no sentido teológico para expressar a ausência da Luz e a visível manifestação das faces escusas do mal que eclodem nas mais diversas formas e em escala planetária, evidenciadas desde os atentados terroristas até as fortes influências e posicionamentos de direitas ultraconservadoras que, espantosamente, vêm ganhando forças no planeta, frisando atitudes segregacionistas e xenófobas. Esclarecemos, outrossim, que o problema do mal não é objeto de nossa pesquisa.

tam, desvelada e escancaradamente, nas mais diversas atrocidades[4]. Estarrecidos, acompanhamos com sensação de impotência as ações "humanas" intolerantes e violentas de todos os tipos que se possa pensar. Jamais imaginaríamos que pudéssemos pós chegar a pleno século XXI com tantos contratestemunhos que envergonham a raça humana. É a era da espetacularização da morte e de todos os tipos de violências, cujas consequências são o medo e o terror se espalhando por todos os lados. Tristemente, a crise moral, política, humanitária e ecológica toma proporções espantosas. Vivemos na época marcada pela chamada "pós-verdade"[5], em que as opiniões e crenças pessoais se sobrepõem aos fatos objetivos. Não cabem aqui maiores detalhamentos, pois eclodem inúmeras adjetivações do mal que, infelizmente, poderíamos elencar em uma lista interminável. Visto a partir da experiência cristã, entendemos que esse quadro estarrecedor do mundo hodierno evidencia que o homem perdeu o horizonte de Deus.

Diante dessa desalentadora situação, a humanidade encontra-se atônita perante os desafios que tem pela frente. Desafios esses que, a nosso juízo, reivindicam das ciências uma palavra e uma postura. Entendemos que a Teologia cristã, de onde falamos, é evocada, de forma especial, como aquela que deve colaborar no processo de recomeço da humanização dos seres "humanos" em estágio de deterioração. Efetivamente, compreendemos que a reflexão teológica, por via de um estudo sistematizado da revelação divina — que é um dos fundamentos da Teologia cristã —, fomenta a sua importante contribuição mediante um olhar transponível, advindo da fé alimentada pela revelação manifestada em Jesus Ressuscitado. Quiçá, assim, o homem possa readquirir uma compreensão refinada da sua teleologia e,

---

4. Recordemos, por exemplo, as tristes imagens que circularam na mídia de crianças e pais desesperados perdendo os seus filhos nas águas do Oceano Atlântico ao tentarem salvar as suas vidas em arriscadas travessias; também os escombros deixados pelas guerras mundo afora. No Conselho de Segurança da Organização das Nações Unidas (ONU), o chefe humanitário da organização, Stephen O'Brien, em vista do atual quadro da fome, afirmou que estamos enfrentando a maior crise humanitária desde que a ONU foi criada, em 1945. Cf. BBC Brasil, O que causa a "pior crise humana" registrada pela ONU em mais de 80 anos. Disponível em: <https://noticias.uol.com.br/ultimas-noticias/bbc/2017/03/11/o-que-causa-a-pior-crise-humana-registrada-pela-onu-em-mais-de-80-anos.htm>. Acesso em: 22 abr. 2017.

5. O Dicionário Oxford escolheu "pós-verdade" (*post-truth*) como a palavra internacional do ano de 2016. O adjetivo composto "pós-verdade" foi definido como "relativo a circunstâncias em que fatos objetivos são menos influentes na formação da opinião pública do que emoções e crenças pessoais" (cf. Estadão, "Pós-verdade" é eleita palavra do ano pelo Dicionário Oxford. Disponível em: <http://www.estadao.com.br/noticias/geral,pos-verdade-e-eleita-palavra-do-ano-por-dicionario-oxford,10000088825>. Acesso em: 17 mar. 2017).

desse modo, colocar-se a serviço da reconstrução do Reino, do qual ele é herdeiro e corresponsável.

Diante do estágio avançado da crise ecológica, por exemplo, vejamos uma palavra devidamente autorizada e atual do papa Francisco, que admoesta a humanidade toda, chamando-a corajosamente para colaborar no cuidado da nossa casa comum, a mãe Terra:

> É trágico o aumento de emigrantes em fuga da miséria agravada pela degradação ambiental, que, não sendo reconhecidos como refugiados nas convenções internacionais, carregam o peso da sua vida abandonada sem qualquer tutela normativa. Infelizmente, verifica-se uma indiferença geral perante essas tragédias, que estão acontecendo agora mesmo em diferentes partes do mundo. A falta de reações diante desses dramas dos nossos irmãos e irmãs é um sinal da perda do sentido de responsabilidade pelos nossos semelhantes, sobre o qual se funda toda a sociedade civil[6].

A constatação de uma globalização da indiferença, nas palavras do Pontífice, evidenciando a falta de reações, bem como a perda do senso de responsabilidade pelos semelhantes, ratifica a degradação humana e surge como um sinal de alerta, reivindicando da humanidade uma predisposição dialógica e uma profunda e sincera reflexão teológica que possa conduzir essa humanidade a uma postura de coragem, de responsabilidade e de misericórdia, a fim de fomentar uma cultura de paz e educação para o coletivo. Isso será possível mediante uma refinada atenção aos sinais dos tempos que o Espírito de Deus ilumina.

Cremos e sabemos que o Espírito Santo de Deus sempre esteve a indicar aos homens de todos os tempos e lugares a melhor saída diante dos desafios ao longo da rica história da salvação. Sendo assim, entendemos que hoje ele também não nos é indiferente. E, se as ações humanas hodiernas se encontram desvirtuadas, é de bom alvitre recordarmos que "a esperança não decepciona, porque o amor de Deus foi derramado em nossos corações pelo Espírito Santo que nos foi dado"[7]. De modo que, "se pela falta de um só, todos morreram, com maior profusão a graça de Deus e o dom gratuito de um só homem, Jesus Cristo, se derramaram sobre todos"[8]. Diante dessa asserção da teologia paulina, recordamos que qualquer pessoa por-

---

6. Francisco, *Laudato si'*, n. 25.
7. Romanos 5,5.
8. Romanos 5,15b.

tadora de uma fé crítica entende e crê que a sabedoria divina estará constantemente a potencializar os seres humanos, criados por profundo amor, a fim de que possam cumprir a missão a que foram enviados[9], pois que são chamados a participar, já aqui na terra, das realidades celestes como promotores da paz, e não protagonistas da guerra.

Diante dessa contextualização, entremos especificamente no tema da nossa pesquisa: *a percepção da revelação divina hoje no pensamento de Andrés Torres Queiruga.*

Compreendemos, a partir do tema da revelação de Deus, que o Universo é o eco das ações humanas. Nelas estão impressos os passos ou rastros divinos, de modo que Deus toca a história por meio da mão humana. As pegadas divinas estão, pois, evidenciadas nas ações de suas criaturas. Sendo assim, cremos que é impossível à criatura humanizada — que tenha percebido ou captado a Deus tal como ele é: "bondoso e misericordioso, lento na ira e cheio de amor e se compadece da desgraça"[10] — ter atitudes que não coincidam com aquelas de filhos no Filho. Entendemos que, quando a humanidade chega a essa percepção, então se vê claramente como uma cópia inacabada de Deus, mas tendo diante de seus olhos[11] um Exemplar Único que foi levado à perfeição, Jesus Cristo: "[...] quem me viu, viu o Pai"[12]. E é com os olhos fitos na Cópia Perfeita que a humanidade é chamada a abalizar sua vida e ação.

Posto isso, estamos diante das razões suficientes para evocarmos a questão que se delineia como um ponto nevrálgico da nossa investigação: quando o homem, enquanto criatura divina, capta Deus plenamente revelado em Jesus de Nazaré, ele não exerce a sua teleologia? Em torno desta pergunta principal surgem outras indagações que norteiam o corpo da nossa pesquisa: não seriam as atitudes desumanas sinais concretos de que a humanidade perdeu o horizonte de Deus? Se Deus nos criou por puro amor e quer, de todos os modos, ser percebido pela sua criatura, revelando-se em Jesus Cristo, por que então o homem age de forma equivocada? Por que se comporta diferente daquilo para o que foi criado? Por que ele não procede santamente?[13] Se assim agisse, não teríamos um mundo justo

---

9. "A paz esteja convosco! Como o Pai me enviou eu também vos envio" (Jo 20,20).
10. Joel 2,13b.
11. "Tenho sempre o Senhor ante meus olhos, pois se o tenho a meu lado não vacilo" (Sl 16,8).
12. João 14,9.
13. "Antes, como é santo aquele que vos chamou, tornai-vos também santos em todo o vosso procedimento, porque está escrito: *sede santos, porque eu sou santo*" (1Pd 1,15-16).

e verdadeiramente humano? Ditas de outra forma: o homem que capta a Deus não coloca em prática a sua vocação à santidade?

Poderíamos nos prolongar em outras tantas questões, mas julgamos serem essas suficientes para tratarmos da causa buscada nesta obra. Ao refletir sobre revelação de Deus como condição para a realização humana, estamos na seara da antropologia da revelação de Andrés Torres Queiruga. Sabemos que "a revelação, segundo Torres Queiruga, acontece fazendo-se dar conta de uma realidade que, longe de ser alheia a quem a recebe, consiste na sua verdade mais autêntica e profunda"[14]. No âmago do humano está, pois, guardada a razão do seu viver.

Como o próprio título deixa transparecer, trata-se de uma concepção de revelação que se dá mediante o agir de Deus na história[15], por meio da mão humana, de uma sistematização da revelação no pensamento do autor pesquisado. Por ser uma pesquisa fundamentada na literatura de Andrés Torres Queiruga, julgamos de bom alvitre registrar que ele é um dos principais teólogos europeus da atualidade. Nascido na cidade espanhola de Ribeira, na Galiza, em 1940, é presbítero católico licenciado em Filosofia e Teologia pela Universidad Pontifícia Comillas. Doutorou-se em Filosofia pela Universidade de Santiago de Compostela e em Teologia pela Universidade Gregoriana de Roma. A sua tese doutoral de teologia traz o seguinte título *Constitución e Evolución del dogma. La teoría de Amor Ruibal y su aportación*. A tese em filosofia está assim intitulada *Noción, religación, trascendencia. O coñecemento de Deus en Amor Ruibal e Xavier Zubiri*. Torres Queiruga lecionou Teologia Fundamental no Instituto Teológico de Santiago de 1968 a 1987, foi também professor de Teologia Fundamental no Instituto Teológico Compostelano e de Filosofia da Religião na Universidade de Santiago de Compostela. É membro da Real Academia Galega e do Conselho da Cultura Galega. Torres Queiruga foi um dos fundadores, e também diretor, da revista *Encrucillada*, pertence aos conselhos editoriais de

---

14. CASTELAO, PEDRO, Repensar la revelación, *Encrucillada*, n. 158 (2008) 87.

15. "Deus se autocomunica a si mesmo, o seu ser, sua vida íntima e revela seu plano salvífico em profunda unidade. O plano salvífico de Deus é revelação de seu ser; seu ser manifesta-nos sua vontade salvífica universal. Pelo que sabemos, do Deus que se revela na história (Trindade econômica) chegamos a conhecer algo do Deus em si (Trindade imanente). A revelação histórica de Deus faz-se '*gestis verbisque*' [fatos e palavras] — em acontecimentos, gestos, eventos e palavras, ensinamentos, doutrina. [...] Deus que cria o homem para a sua revelação em Cristo. É o mesmo Deus que se revela e que cria. Cria em vista da revelação. Revela aquilo que já foi antecipado na criação", (LIBÂNIO, J. B., *Teologia da revelação a partir da modernidade*, São Paulo, Loyola, [7]2014, 162).

várias revistas nacionais e internacionais, além de ser membro cofundador da Sociedade Espanhola de Ciências da Religião. Entre sua vasta bibliografia, destacamos as seguintes publicações no Brasil: *Creio em Deus Pai. O Deus de Jesus como afirmação plena do humano* (1993); *A revelação de Deus na realização humana* (1995); *Recuperar a salvação. Por uma interpretação libertadora da experiência cristã* (1999); *Recuperar a criação. Por uma religião humanizadora* (1999); *Fim do cristianismo pré-moderno* (2003); *Repensar a revelação. A revelação divina na realização humana* (2010); *Repensar a ressurreição. A diferença cristã na continuidade das religiões e da cultura* (2010); *Um Deus para hoje* (2011); e *A teologia depois do Vaticano II. Diagnóstico e propostas* (2015). Sua tarefa principal tem sido um vasto trabalho de repensar a percepção de Deus como condição indispensável para a realização humana, expressa na sua preocupação com a compreensão da fé diante da sensibilidade do homem hodierno, conjugando a fidelidade à experiência originária da fé revelada com atenção à situação cultural nascida a partir da modernidade. É um árduo e dedicado trabalho de retraduzir — com as categorias da linguagem moderna — a fé revelada ao longo da história da salvação. Consiste em um trabalho que ele mesmo batiza de "retradução global do cristianismo"[16], a fim de que a fé cristã, revelada plenamente em Jesus Cristo[17], seja assimilável e vivível no hoje da história eclesial.

Do ponto de vista formal, o objetivo geral é estudar profundamente a concepção de revelação divina em Andrés Torres Queiruga, visando, em especial, sistematizar e compreender a concepção tradicional de revelação mediante o estudo do Antigo e do Novo Testamento, passando pela Patrística e pela Idade Média até o Vaticano II, contextualizando e refletindo a teologia da revelação de Torres Queiruga a partir de sua matriz teórica — a antropologia e as categorias cunhadas pelo autor —, sempre tendo em vista que a compreensão de sua teologia da revelação pode iluminar outros campos teológicos: religiões, imagem e linguagem para comunicar Deus na realidade pastoral de hoje.

Observando a obra do autor, hipoteticamente, percebemos que a sua literatura responde aos desafios de possibilitar ao homem de hoje compreender a problemática em torno da revelação divina na história e captar

---

16. TORRES QUEIRUGA, A., *Recuperar a criação. Por uma religião humanizadora*, São Paulo, Paulus, 1999, 16-17.

17. "Agora se trata da 'ultimidade última', enquanto se pretende afirmar que em Cristo, a autocomunicação divina alcança sua plenitude insuperável e definitiva" (TORRES QUEIRUGA, A., *Repensar a revelação. A revelação divina na realização humana*, São Paulo, Paulinas, 2010, 246.

o desconcertante amor de Deus revelado plenamente em Jesus de Nazaré. Desse modo, entendemos que o material produzido por Andrés Torres Queiruga constitui uma rica alternativa para estabelecer uma comunicação com a sociedade hodierna num processo de interlocução que possa ajudá-la a captar a revelação de Deus no dinamismo do acontecer histórico. E, por decorrência, melhorar o proceder do ser humano.

Do ponto de vista metodológico, trata-se de uma pesquisa bibliográfica e, como tal, analisaremos a literatura produzida por Torres Queiruga, fazendo também uma interlocução com os escritos sobre ele. O recorte temático em suas obras principais para a elaboração deste livro consiste em leituras obrigatórias destas obras: *Creio em Deus Pai. O Deus de Jesus como afirmação plena do humano* (1993); *Repensar a revelação. A revelação divina na realização humana* (2010); *Recuperar a salvação. Por uma interpretação libertadora da experiência cristã* (1999); *Recuperar a criação. Por uma religião humanizadora* (1999); *Um Deus para hoje* (2011); *Fim do cristianismo pré-moderno* (2003); *Repensar a ressurreição. A diferença cristã na continuidade das religiões e da cultura* (2010); *O diálogo das religiões* (2005); *Autocompreensão cristã* (2007); *Esperança apesar do mal* (2007); *A teologia depois do Vaticano II. Diagnóstico e propostas* (2015). Os fundamentos metodológicos se circunscrevem, pois, à literatura de Torres Queiruga acerca da concepção de revelação divina, dialogando com literaturas afins, que trazem um maior aprofundamento do autor e do tema.

No Capítulo 2 estudaremos a concepção tradicional de revelação divina, destacando a tripartição de revelação divina ao longo da história da salvação: a natural, sobrenatural e a imanentista. Nesse sentido, a revelação divina será estudada a partir da criação pela Palavra na história de Israel, nas obras do Reino e na missão da Igreja. Ressaltaremos ainda a verbalização da revelação como ditado divino no Antigo e no Novo Testamentos. Serão destacadas ainda as correntes da revelação no Novo Testamento: a lei, o profetismo e a sabedoria. Enfatizaremos a revelação de Deus nas várias teologias, desaguando na questão fundante da Igreja apostólica. Concluiremos o capítulo tecendo uma breve reflexão num estudo cronológico da percepção da revelação divina da Idade Média ao Vaticano II.

No Capítulo 3 trabalharemos a teologia da revelação de Andrés Torres Queiruga. Veremos a concepção de revelação divina segundo a teologia do autor pesquisado, ressaltando a sua contribuição para a compreensão das formas de revelação bíblica, destacando o exemplo de Moisés e a sua sensibilidade religiosa diante da revelação. Ressaltaremos a contribuição do teólogo galego sobre a genealogia e o refinamento do processo de verbalização da revelação. A partir da matriz teórica de Torres Queiruga, veremos as influências teológicas e filosóficas na sua vida e obra. Destacaremos os seus interlocutores imediatos, bem como a sua matriz hermenêutica e antropologia da revelação. O papel da maiêutica histórica circunscrita às suas considerações preliminares possibilita um destaque na hermenêutica do amor como aplicação prática da maiêutica histórica. Ressaltaremos a intersecção existente entre criação, revelação e salvação no pensamento do autor pesquisado. Por fim, abordaremos a relação entre o ser humano e o reino de Deus: natureza e graça.

No Capítulo 4 refletiremos sobre as consequências da revelação divina em Torres Queiruga e sua *práxis* histórica, destacando as reflexões que trazem o teólogo galego na seara da teologia da revelação pós-conciliar. Ressaltaremos a acolhida da revelação divina como condição para a realização do ser humano. A dimensão do sofrimento e da cruz aponta que o silêncio divino e o sofrimento humano são consequências da surdez e resistências humanas no processo de acolhida da revelação salvífica oferecida continuamente pelo criador todo amoroso. A salvação que nos é oferecida quando buscada no esforço do sair de si evidencia a experiência de revelação na vida da Igreja. Aí reside a dimensão kenótica da revelação, em cuja depuração humana eclode o consequente anúncio do mistério divino revelado. Para tanto, destacaremos que tudo depende efetivamente desse processo de acolhida e assimilação da revelação de Deus que possibilitará a maturidade cristã numa profunda relação de amor, doação e serviço. À guisa de conclusão deste capítulo, ponderaremos sobre a iluminação de questões teológicas como: religiões, imagem e linguagem de Deus.

Capítulo 2
A concepção tradicional de revelação divina

Antes de qualquer ponderação é importante registrar que, para captarmos a genuína experiência da revelação divina ao longo da história da salvação, faz-se necessário entender a concepção tradicional de revelação divina. Etimologicamente falando, o léxico "revelação" deriva do grego *apokalypsis, epiphaneia, delosis*; do latim, *revelatio, manifestatio*[1] e significa que Deus[2] se conhece por Deus. Dito de outra forma, esses verbos gregos e latinos significam: "descobrir, tirar o véu. 'Deus habita em luz inacessível, de modo que nenhum homem o viu, nem o pode ver' (1Tm 6,16). Mas ele levantou o véu impenetrável, se revelou"[3]. Ou seja, a percepção da revelação divina está diretamente atrelada à automanifestação do transcendente. A revelação divina é fomentada pela Palavra, que fez surgir a obra da criação (Gn 1,1). "Com a sua palavra criadora, ele saiu da → luz ina-

---

1. LACOSTE, JEAN-YVES, Revelação, in: Id., *Dicionário crítico de teologia*, São Paulo, Loyola; Paulinas, ²2014, 1537.
2. Em suas ocorrências mais normativas, a nominação do Deus bíblico, Javé Elohim, é dupla. "Javé" registra uma revelação histórica singular e insubstituível; "Elohim" designa também o que os pagãos chamavam Deus, mesmo que fosse um ídolo. Essa bipolaridade mantém-se no Novo Testamento, cuja mensagem não pode dizer-se sem a associação da palavra que nomeia Jesus e da palavra que, nessa ou naquela língua, nomeia Deus (BEAUCHAMP, PAUL, Deus, *Dicionário crítico de teologia*, 525).
3. GEISELMANN, J. R., Revelação, in: FRIES, HEINRICH, *Dicionário de teologia. Conceitos fundamentais de teologia atual*, São Paulo, Loyola, ²1987, v. 5, 88.

cessível e revelou-se, fez-se — por assim dizer — conhecer."[4] Ao refletirmos, portanto, sobre a concepção de revelação como autocomunicação do divino, falando a partir da perspectiva bíblica do termo, é necessário irmos além da definição teológica comum da revelação, isto é, aquela que contém um discurso divino afirmando uma proposição, pois seria apenas a comunicação de uma proposição. "Nenhuma palavra particular ou grupo de palavras em hebraico ou grego pode ser registrada como expressando a ideia; revelação é um termo amplo que envolve diversas ideias com ela relacionadas."[5] O homem considera o Divino como algo misterioso, cuja manifestação é um evento extraordinário. Em sua originalidade, a percepção da realidade do mistério de Deus é comumente limitada a certos indivíduos carismáticos que conseguem estabelecer um tipo de relacionamento especial com o divino[6].

No domínio judeu-cristão[7], a revelação pode ser entendida em três sentidos: a) *a revelação natural*, na qual a manifestação de Deus se faz conhecer pela criação e pela consciência humana; b) *a revelação sobrenatural*, que é a manifestação de Deus por meio da palavra dirigida a seus mensageiros, comunicando o conhecimento de seu ser, de sua vontade, de seu plano tal como se desenvolve na história; c) *revelação direta*, aquela em que o divino se comunica diretamente com seus eleitos, sobretudo por visão ou audição.

Notamos apenas pré-compreensões acerca da revelação. O problema maior da teologia da revelação divina circunscreve-se a um processo que envolve o transcendente e o seu destinatário. A partir daí, entendemos que nenhum conceito é satisfatório sem levar em conta os fatores objetivos e subjetivos da revelação[8]. Em outras palavras, é preciso sempre considerarmos um tema que trata de uma espontaneidade divina à espera da receptividade humana. Entendamos melhor como Deus se revela segundo os três modos acima elencados.

---

4. Ibid.
5. McKenzie, John L., Revelação, in: Id., *Dicionário bíblico*, São Paulo, Paulinas, ³1983, 795.
6. Ibid.
7. Lacoste, Revelação, 1537. Ver também Geiselmann, Revelação, 88-97.
8. Lacoste, Revelação, 1538.

2.1. A tripartição das definições de revelação divina ao longo da história da salvação: natural, sobrenatural e imanentista

Vale relembrar que aqui pretendemos apresentar um breve apanhado acerca da questão numa visão de conjunto das três formas de concepção de revelação que se apresentam ao longo da história da salvação: a tradicional, a sobrenatural e a imanentista. No decorrer do texto, retomaremos a exposição sobre as formas diversas de revelação, porém já tendo de antemão certa visão sobre o assunto. Ademais, na segunda concepção de revelação aparece a figura de Jesus Cristo, do anúncio do Reino e da missão da Igreja.

2.1.1. A revelação natural que se percebe a partir da criação e da Palavra

Antes de descrever cada uma dessas formas de revelação, tanto a partir da criação quanto da Palavra, no âmbito da revelação bíblica, destacamos que:

> A Bíblia não criou um termo expressivo para o que nós chamamos de "revelação". Em linguagem simbólica, isto sim, ela atesta uma revelação de Deus aos homens que podemos definir como sua ativa proximidade na história deste mundo no qual ele intervém para o bem dos homens[9].

A compreensão acima já nos deixa claro o que é específico da religião bíblica: uma intervenção benéfica de Deus para o homem. Ressalta que, ao contrário de uma concepção equivocada de um conhecimento vindo do além, a revelação quer ser sempre um encontro especial de Deus com o homem neste mundo. E ele se manifesta de maneira privilegiada tanto na criação quanto na sua Palavra. O que se interpõe como desafio à criatura, à sua habilidade na percepção de uma iniciativa especial de Deus, está o querer ser percebido pelo homem. É um encontro que possibilita ao homem um sobressalto de felicidade que, ao ser sentido, traz-lhe contentamento. É, na verdade, uma epifania que percebemos, privilegiadamente, ao contemplarmos a criação e ao meditarmos a Palavra.

---

9. BAUER, JOHANNES B., Revelação, in: Id., *Dicionário bíblico-teológico*, São Paulo, Loyola, 2000, 380.

2.1.1.1. A revelação percebida a partir da *criação*

Os salmos e a literatura sapiencial[10] narram que, na sua infinita bondade e misericórdia, o Deus criador fez resplandecer a beleza do mundo criado. Ele o fez ressaltando a sua grandeza, a sua harmonia, a sua força e a sua ordem a fim de que a própria beleza inerente à criação narre a glória do criador. Não que ele, na revelação de sua grandeza, tenha uma necessidade do seu interior misterioso, mas porque Deus é sumamente bom, quis se revelar a fim de que "os homens o procurem e o encontrem. Deste modo, o que dele é conhecível tornou-se patente conhecimento de Deus"[11]. E esse conhecimento[12] não é atraído tanto pela especulativa razão humana quanto pelo íntimo sentir do seu coração. O ser humano, na sua sensibilidade, deixa-se seduzir pelo céu estrelado, pela vasta paisagem que lhe revela algo maior: a imensidão de Deus. "Tudo isto tem para o homem o significado de uma interpelação e lhe descobre o caráter pessoal da revelação."[13]

Esse desvelar divino que provoca o ser humano a se dar conta da realidade misteriosa do puro amor de Deus desenvolve-se primeiramente no nível do estímulo que, por sua vez, aciona a razão. Essa gera a compreensão que será externalizada em palavras e noções claras sobre a ordem natural, cujo impulso nos faz subir ao Criador[14]. O homem deixa-se tocar pelo mistério divino para depois refletir sobre ele. Ademais, é sempre bom ressaltar que o que se pode conhecer de Deus é manifesto, porque Deus quis livremente se revelar nas suas perfeições por meio das coisas criadas. Esse revelar-se do transcendente é, portanto, uma atitude gratuita de pura li-

---

10. Salmos 8;19;104; Sabedoria 13,1-7.
11. GEISELMANN, Revelação, 89.
12. "É banalmente o primeiro dos fatos teológicos que Deus é conhecido pelo homem, e conhecido por se ter feito conhecer por ele. No entanto o que é conhecer quando se trata de conhecer a Deus? [...] Conhece a Deus, segundo o AT, aquele que cumpre sua lei e vive na aliança segundo a justiça. O conhecimento é maneira de ser; marca o existente em sua integralidade. [...] A lógica do conhecer põe aqui em jogo liberdade, racionalidade e afetividade. Liberdade, porque a existência de Deus não se impõe ao homem, mas solicita uma aquiescência [Santo Tomás]. Racionalidade, porque essa aquiescência repousa sobre o trabalho e um 'intelecto' à procura da fé [...]. Afetividade, enfim, porque é também como sumo amável que Deus se põe perante o homem: a racionalidade é então indissociável de um *ordo amoris* (Max Scheler) no qual o homem intervém como *animal amans*" (LACOSTE, JEAN-YVES, Conhecimento de Deus, in: Id., *Dicionário crítico de teologia*, São Paulo, Loyola; Paulinas, ²2014, 424).
13. GEISELMANN, Revelação, 89.
14. Sabedoria 13,1-15.

berdade, doação de si mesmo e vontade divina que, misteriosamente, possibilita ao homem captar e partilhar na Palavra.

2.1.1.2. A revelação percebida a partir da *Palavra*

Agregada à revelação natural a partir da beleza da criação, encontra-se a chamada revelação primitiva a partir da Palavra. Diferentemente da maneira de revelar-se por meio das obras, o Criador dirige-se aos homens por meio da sua Palavra criadora, que de geração em geração é transmitida mediante a Tradição. Estamos falando exatamente de concepção tradicional de revelação — e o termo "tradição" merece aqui uma pequena digressão.

Na mentalidade hodierna de um mundo moderno (hoje com suas variantes: pós-moderno, hipermoderno, modernidade tardia, pós-verdade), parece antiquado falar de tradição. Entretanto, "a tradição é, precisamente, aquilo que não envelhece, que é eternamente novo, pois tem a originalidade da fonte, o frescor de um eterno começo"[15]. Julgamos, desse modo, ser imprescindível entendermos a fonte primordial que liga todo conhecimento autêntico à tradição, uma vez que pesquisar a concepção de revelação divina hoje exige a compreensão de sua gênese, bem como a sua proximidade com a experiência tradicional da fé. E a fé, por sua vez, é "conhecimento sempre novo e atual, imperecível porque sempre atualizável"[16]. É, portanto, partindo da tradição que o conhecimento humano é erguido e o seu sentido é encontrado. Sabemos que o conhecimento tradicional, por ser o primeiro, torna-se muitas vezes indemonstrável, caindo assim nas metanarrativas axiomáticas. Dele nem sempre é possível pedir demonstrações. Isso não significa, entretanto, que, por ser primitiva, a tradição não tenha a sua organização intrínseca. "Para Josef Pieper, o conceito de tradição é um princípio primeiro. Mas, exatamente, não é um princípio primeiro dentre outros, ele recobre praticamente tudo o que é originário, primordial, estruturante."[17]

É curioso notar que, no âmbito da revelação primitiva, as concepções de tradição e de autoridade estão atreladas e em estreita conexão, como podemos ver:

---

15. CORMIER, HUBERT JEAN-FRANÇOIS, O conceito de tradição em Josef Piper, *Religare*, João Pessoa (PB), v. 7, n. 1 (2010) 58.
16. Ibid.
17. SCHMITZ, KENNETH, Josef Pieper et le concept de tradition, in: PIEPER, J., *Le concept de tradition*, 2008, 5.

A questão da revelação primitiva foi de novo proposta recentemente por alguns filósofos (J. Piper, *Über den Begrif der Tradition*[18], Colônia, 1985). Estes colocam em estreitíssima conexão autoridade e tradição; de modo que o termo "autoridade" (que significa "ser autor, causa") é usado por eles como sinônimo de tradição. *Auctoritas et ratio*, os princípios sobre os quais se apoia a teologia medieval (→ Escolástica), significa instrumento de tradição e razão. [...] Falando de tradição, devemos logo falar também de autoridade: de fato, se observarmos bem, toda tradição é uma espécie de autoridade[19].

Vale ressaltar que ao falarmos de tradição e autoridade desponta a necessidade de admitirmos duas figuras: o mediador e o receptor. Este depende da autoridade do mediador, por viver mais próximo às origens; aquele detém um acesso imediato e um conhecimento direto da tradição. "Esta imediatez na posse do objeto é o que constitui precisamente a autoridade do primeiro transmissor."[20] Em outras palavras, o que se quer ressaltar aqui é a sabedoria dos antigos que é sempre atual e não diminui o seu valor, pois ela vive nas palavras de todos. Sendo assim, a sabedoria da revelação experimentada pelos antigos vive em todos os tempos, mesmo que com um nível de compreensão sempre atualizável.

É possível perceber, portanto, que, na concepção tradicional de revelação divina, do ponto de vista da Palavra primitiva, a dignidade da tradição e a autoridade dos "antigos" fundem-se no fato de se ter transmitido notícias recebidas da fonte divina. Vale ressaltar ainda que, precisamente por ser a revelação primitiva circunscrita a um período pré-histórico, não é possível ser demonstrável historicamente. Igualmente, não obstante a dificuldade de demonstrações da revelação primitiva mediante a Palavra, não é um contrassenso admitirmos que Deus possa ser conhecido. E, por essa razão, é também demonstrado através da revelação pela Palavra Sagrada assim como pela obra salvífica da criação. Observando, pois, as obras visíveis do criador, é possível o conhecimento da causa pelo efeito. Ou seja, contemplando a natureza, é possível captar a existência misteriosa desse Deus que cria por puro amor e, por suma bondade, ao criar salvando, revela-se. Reafirmamos, assim, que ele cria para salvar e, ao salvar, revela-se. Agora é preciso entender como essa revelação é perceptível sobrenaturalmente.

---

18. Sua tradução literal seria: *Sobre o conceito de tradição*.
19. Geiselmann, Revelação, 90.
20. Ibid.

2.1.2. A revelação sobrenatural na história da salvação

Ao refletir sobre a dimensão sobrenatural da revelação estamos claramente transitando na seara da graça[21] divina. "Posto que o sobrenatural (→ GRAÇA) pressupõe a natureza, a revelação sobrenatural, como a natural, inclui no seu conceito a ideia de uma ação divina, pela qual Deus suprime o véu que o esconde."[22] Segundo Geiselmann[23], essa ação divina de suprimir o véu do escondimento se dá mediante três aspectos: a) Deus se revela intervindo na história (Israel); b) Deus se revela no resplandecer de sua mão (Obras do Reino); c) Deus se revela num ponto culminante (A missão da Igreja[24]). Acompanhemos, em um breve apanhado, esta triádica dimensão sobrenatural da revelação na história da salvação.

2.1.2.1. Deus se revela intervindo na história (ISRAEL)

São muitas as imagens bíblicas em que as aparições divinas sobrenaturais se realizam na história: o Senhor apareceu a Abraão e disse-lhe: "Darei esta terra à tua posteridade" (Gn 12,7); Javé apareceu a Isaac e disse: "Não desça para o Egito. Fique na terra que eu lhe digo" (Gn 26,2); Javé apareceu a Jacó em Betel: "Vamos, suba até Betel e fique ali. Construa ali um altar ao El que lhe apareceu, quando você estava fugindo do seu irmão Esaú" (Gn 35,1). A experiência fundamental da revelação acontece na medida em que se rompe a estrutura hierofânica até então vigente,

---

21. "Graça é a essência mesma da solicitude divina para com o homem, tal como se encarna em Jesus Cristo e se comunica ao mais profundo da natureza humana como dom do Espírito Santo. Resume igualmente a relação que, a partir desse dom, se instaura entre Deus e um homem, que terá ainda necessidade da graça para corresponder à graça" (VINEL, FRANÇOISE, Graça, in: LACOSTE, JEAN-YVES, Dicionário crítico de teologia, São Paulo, Loyola; Paulinas, ²2014, 777).

22. GEISELMANN, Revelação, 91.

23. Ibid., 92-96.

24. "No contexto da teologia cristã só se pode falar de uma 'eclesiologia veterotestamentária' em sentido indireto: a Igreja, tal como a concebe o cristianismo, só apareceu na época do NT e pressupõe a vinda de Jesus Cristo. Porém, a ideia que os cristãos fazem de si mesmos, enquanto Igreja, não deixa de ser marcada por certos traços tirados do AT. [...] É o conceito de 'povo de Deus' que fornece a principal das 'prefigurações' veterotestamentárias do que mais tarde levará o nome de Igreja. Utilizada primitivamente para designar o grupo familiar patrilinear, servirá cada vez mais para significar todo o Israel em oposição aos outros povos. Segundo Deuteronômio 4,7 e 7,7, Israel é um povo do qual Deus está particularmente perto" (KÜHN, ULRICH, Igreja, in: LACOSTE, JEAN-YVES, Dicionário crítico de teologia, São Paulo, Loyola; Paulinas, ²2014, 852).

possibilitando uma nova maneira de autoidentificação, "de forma que Israel torna-se cada vez mais capacitado na sua história para experimentar, na multiplicidade dos fenômenos empíricos de revelação, a revelação do Deus único (= Javé)"[25]. Continuemos a notar, no fragmento seguinte, que as revelações de Deus intervindo na história aconteceram em alguns momentos como libertação e, em outros, como um refúgio. Ora ele aparece como salvador, ora como condutor do povo, mostrando, assim, na história a sua força e a sua potência:

> Deus aparece a Moisés como tinha aparecido a Abraão e lhe revela a sua vontade de libertar o povo. [...] No Salmo 48,4ss. Deus se revela como "refúgio" diante dos assaltos dos inimigos, que depois fogem, cheios de terror. Nos Salmos 9,17 e 77,2, Deus se manifesta como o salvador e socorro de Israel, mostrando a sua POTÊNCIA, aniquilando os inimigos e dando a prova de ser o condutor do povo. [...] O mostrar-se, o revelar-se, o manifestar-se acontecem, portanto, através das provas da sua potência na História: ele torna visível a sua força, a sua potência (Ex 9,16; Sl 78,15;107,8;146,12) e a sua SALVAÇÃO (Is 56,1)[26].

Javé é, desse modo, aquele que intervém e aparece na história. "Nos escritos teológicos, tanto católicos quanto protestantes, há poucos pontos tão enfatizados como o caráter histórico da revelação cristã. [...] O caráter especial da revelação bíblica é que Deus se revelou em eventos históricos."[27] Com as provas de sua potência, Deus socorre e salva (Is 66,41). Com maestria, Ele reconduziu o seu povo da diáspora e reconstruiu Jerusalém. Uma das formas de perceber, no AT, a revelação de Deus é a partir da manifestação de sua glória. "O conceito central para exprimir o revelar-se de Deus ao povo eleito é *kabôd*, a → Glória de Javé; [...] é o mesmo Javé quem aparece, quem se torna visível e não só alguma coisa dele."[28] Tanto a visão vocacional de Isaías: "Santo, santo, santo é o Senhor dos exércitos, a Terra toda está cheia de sua glória" (6,3) quanto o Salmo 19,2: "Narrem os céus a glória de Deus, e o firmamento anuncia a obra de suas mãos" ratificam a mesma percepção da glória do transcendente.

---

25. WIEDENHOFER, SIEGRIED, Revelação, in: EICHER, PETER, *Dicionário de conceitos fundamentais de teologia*, São Paulo, Paulus, 1993, 795.
26. GEISELMANN, Revelação, 92.
27. MORAN, GABRIEL, *Teologia da revelação*, São Paulo, Herder, 1969, 35.
28. GEISELMANN, Revelação, 92.

Vimos que a glória de Javé que enche a Terra, e que também, por sua vez, é dirigida à Terra, é enfatizada em Isaías 6 e também em Números 14,21. Ainda se pode ver a menção à Glória de Javé nos Salmos 57,12; 72; 97,7; 102,14 e 108,6 ss. Em Isaías 42,8, lê-se: "Eu sou o Senhor, assim é o meu nome, a ninguém cederei minha glória". É interessante observar que a vitalidade de Deus se faz presente ao se manifestar. "Um pressuposto fundamental da revelação do AT é que *Iahweh* é um Deus vivo (Dt 5,23; Js 3,10; Is 37,4)."[29] Ainda outro modo de perceber a manifestação de Javé é o seu jeito de se apresentar pessoalmente com suas próprias palavras, como podemos ver em Êxodo 20,2: "Eu sou Javé, teu Deus". Moisés ouve a voz do próprio Deus: "Eu sou o Deus de teu pai, o Deus de Abraão, o Deus de Isaac, o Deus de Jacó" (Ex 3,6). Notemos que "aqui se trata de revelação, porque do anonimato emerge um, até então desconhecido, permitindo que o chame com o seu nome e assim o conheça"[30].

Não poderíamos deixar de registrar que o conhecimento e a percepção da revelação de Javé na história da salvação, mediante a intervenção de Deus nessa história, estão retratados também em Oseias 12,10; 13,4: "Eu sou o Senhor, teu Deus, desde a saída do Egito", e nas declarações de Naamã, o sírio, em 1 Reis 18,39: "não existe Deus em toda a Terra, senão em Israel". Também Ezequiel 37,12 ss.; 39,28 reconhece a manifestação do Deus, o Senhor que retirou o povo do Exílio e é o mesmo que se fará reconhecer na reconstrução de Israel. "No contexto de experiências históricas de ser salvo e ser dirigido por Deus, deu-se a Israel manifestamente nova experiência fundamental de revelação."[31]

Trata-se, portanto, de um reconhecimento que desafia o leitor a entender que a revelação de Javé não se limita somente a Israel, mas também ao Egito e a todo homem (Ez 21,4.10). Ainda mais, "segundo o Deutero-Isaías, não só Ciro (45,3), mas todos os povos (43,10), toda 'carne' (49,26), do Oriente até o Ocidente saberão reconhecer nas obras de Javé a sua divindade (45,6)"[32]. É importante recordar que, no relato em questão, a forma concreta de Deus se revelar é através de sua ação que intervém na história. "O Deus da revelação bíblica é o Deus que age. Para comunicar-se com os homens não basta a palavra da amizade e do amor. Ele põe em ação uma

---

29. McKenzie, Revelação, 795.
30. Geiselmann, Revelação, 93.
31. Wiedenhofer, Revelação, 795.
32. Geiselmann, Revelação, 95.

presença operante. Deus se revela agindo."[33] Nesse agir histórico do divino, enfatizamos que, além da questão histórica, a manifestação de Deus eclode na profundidade das relações do homem com Deus[34]. Entendemos, assim, que é no acontecer histórico entre Deus e o homem que Javé faz resplandecer a sua mão ao se manifestar nas obras do seu Reino.

2.1.2.2. Deus se revela no resplandecer de sua mão (OBRAS DO REINO)

São as ações do Senhor — particularmente no NT — que legitimam decididamente a revelação, pois nas ações divinas resplandece a mão de Deus[35]. Especificamente, quando João manda indagar a Jesus se ele era o Messias, a resposta que vem de Jesus é o convite para que todos olhem as suas ações, as obras do Reino[36]. Os cegos veem, os coxos andam, os leprosos são limpos, os surdos ouvem, os mortos ressuscitam e, em último lugar, ele acena o seu anúncio: "o Evangelho é anunciado aos pobres (Mt 11,4 s)"[37]. Por meio de parábolas, Jesus de Nazaré revela também a sua própria sorte, bem como a sua pregação do Reino. "A pessoa de Jesus Cristo assumiu um papel dominante nas discussões sobre a revelação. [...] Jesus Cristo não trouxe propriamente a revelação, mas ele é a revelação."[38] Revelando-se nos mais variados eventos de sua vida, Jesus Cristo mostra como Deus intervém na história da salvação. "Os eventos da vida de Jesus: o batismo no Jordão, a paixão e a crucifixão, a sepultura e a ressurreição, são eventos nos quais Deus intervém na História, manifestando-se."[39]

Assim como as palavras proféticas anunciavam o que deveria vir, a palavra da pregação deve estar a serviço de tais eventos, realizados pela

---

33. MANNUCCI, VALERIO, *Bíblia, palavra de Deus. Curso de introdução à Sagrada Escritura*, São Paulo, Paulus, 1985, 41.
34. MORAN, *Teologia da revelação*, 38.
35. GEISELMANN, Revelação, 94.
36. "Se é pelo fruto que se conhece a árvore, a pergunta de João tem de ser respondida por Jesus não com o mero 'sim' ou 'não', mas com os resultados de sua atividade" (*Bíblia Sagrada. Nova edição pastoral*, São Paulo, Paulus, 2014, nota explicativa de Mt 11,1-6, 1198.) Ainda é interessante perceber que Deus se faz conhecer no resplandecer da sua mão quando Jesus responde à indagação de João como se segue: "Por essa alusão aos oráculos de Isaías, Jesus mostra a João que as suas obras inauguram certamente a era messiânica, mas sob a forma de ações benéficas e de salvação, não de violência e de castigo (Lc 4,17-21)" (*Bíblia de Jerusalém*, Mt 11,5, nota 'q', 1858).
37. GEISELMANN, Revelação, 94.
38. MORAN, *Teologia da revelação*, 61.
39. GEISELMANN, Revelação, 94.

mão poderosa do Senhor, para o anúncio e o fomento do seu Reino. Desse modo, a promessa e seu cumprimento caracterizam o conjunto da pregação acerca da plenitude da revelação de Deus. Ainda mais, tanto no AT quanto no NT, entre as formas mais perfeitas de revelação de Deus, encontramos a epifania. Na descontinuidade da sua história, o povo de Javé é desafiado "a transformar as experiências mesmas de revelação, de tal sorte que nelas sempre melhor se possa perceber o Deus único e a sua revelação"[40]. Obviamente que essa revelação só encontrará a sua perfeição ímpar através do Filho e isso se dá por meio de sua glória ainda velada no AT para ganhar a sua dimensão de plano principal no NT. "Como a glória de Deus é a forma pela qual Deus se revela no AT, assim a glória é a revelação do Senhor no NT. Pode-se muito bem dizer que o conceito de glória está no primeiro plano na revelação do Senhor Jesus."[41]

Ademais, Jesus tinha plena consciência do seu decisivo papel na revelação: "Jesus teve a consciência precisa de ser o portador definitivo da revelação e da salvação, e como tal falou e agiu. Ele é o início de uma nova tradição"[42]. Nada mais propício para falar de uma tradição tendo como indicação o início de uma nova tradição. Essa nova tradição é que apontará, como ponto culminante da revelação, para a pessoa de Jesus Cristo. Enquanto ele próprio ainda trabalha arduamente na construção e anúncio do Reino, depara-se continuamente com os novos desafios de dar forma à sua Igreja, a quem delega a continuidade do seu trabalho, fomentando sempre a sua missão.

2.1.2.3. Deus se revela num ponto culminante (A MISSÃO DA IGREJA)

Parece soar estranho dizer que estamos compreendendo a dimensão sobrenatural da revelação, sobretudo quando nos referimos à pessoa de Jesus Cristo e à continuidade de sua obra na vida da Igreja e ainda dentro de uma visão maior que é a compreensão tradicional de revelação divina. Entretanto, se notarmos bem, ao falarmos de Jesus Cristo, estamos tratando concomitantemente da vida eterna que o Pai nos concede no mesmo Jesus Cristo. "Nós vos anunciamos a vida eterna, que estava no Pai e que se nos manifestou" (1Jo 1,2). A epifania divina do "Eu sou" é manifestada na carne de seu Filho Jesus Cristo. "Se vocês não acreditam que Eu Sou,

---

40. WIEDENHOFER, Revelação, 795.
41. GEISELMANN, Revelação, 94.
42. MANNUCCI, *Bíblia. Palavra de Deus*, 133.

vocês vão morrer nos seus pecados" (Jo 8,24). Jesus manifesta a glória do Pai (Jo 2,11). No nascimento de Jesus, os anjos glorificam a Deus dizendo: "Glória a Deus no mais alto dos céus" (Lc 2,14). Paulo foi cegado pela Luz que o Senhor lhe manifestou em Damasco (At 22,11). Com Pedro aprendemos que na alegria somos desafiados na fé e na liberdade a participar dos padecimentos de Cristo para nos alegrarmos e exultarmos também no ato da revelação da sua glória (cf. 1Pd 4,13). Ou seja, não há disparidade em falar de concepção tradicional de revelação e transitar nos tempos mesmos de atuação de Cristo e da vida da Igreja. É um trabalho que aponta para a uma necessidade de voltarmos o nosso olhar tanto para trás quanto para a frente. Enquanto olhamos para o AT, somos desafiados a perceber a prefiguração dos mistérios de Cristo: "Tu és meu filho, eu hoje te gerei" (Sl 2,7), bem como "Eu sou o Alfa e o Ômega, o Princípio e o Fim" (Ap 21,5), retratado no NT.

Portanto, é em Jesus Cristo que a revelação alcança o seu ponto culminante. Tal revelação serve de baliza para olharmos para duas tradições: a veterotestamentária e a neotestamentária. A revelação e manifestação pessoal de Deus de forma plena se dá através de Jesus de Nazaré, o Filho muito amado do Pai. "Esta revelação se conclui com a morte dos apóstolos, que são suas testemunhas. Ela é entregue à Igreja como patrimônio que ela tem de anunciar e comunicar."[43] Compreendemos, efetivamente, a importância de preservarmos esta informação: de que com a morte dos apóstolos a revelação se conclui. Eles são as testemunhas oculares, as autoridades por meio das quais temos acesso à Verdade revelada, de forma que desde a Igreja apostólica, em sua gênese, até os nossos dias, estende-se a grandiosa e alegre tarefa de anunciar a mensagem da revelação até os confins da Terra. "O Evangelho 'de Jesus' e 'sobre Jesus' não é separável da tradição autoritativa que se forma na Igreja apostólica e tem como conteúdo a doutrina, a vida e o culto da mesma Igreja apostólica."[44]

Sustentados pelo Espírito do ressuscitado que agora vive, os apóstolos receberam, portanto, a incumbência autoritativa — de autoria e de causa, no sentido de quem tem marcada a sua vivência no frescor e nas origens dos acontecimentos —, de testemunhar e anunciar, com eficiência e fidelidade, as suas experiências da revelação divina, ao longo da história da salvação. Hoje, entendemos que esse testemunho e anúncio devem necessariamente ser explicados, tematizados, refletidos, rezados, realizados e

---

43. Geiselmann, Revelação, 97.
44. Mannucci, Bíblia. Palavra de Deus, 61.

aplicados com fidelidade e consciência em sintonia com a realidade de cada tempo e espaço. Para concluir a tripartição das definições de revelação divina, ao longo da história da salvação, é necessário entendermos como a revelação divina é captada nas situações imanentes.

2.1.3. As definições imanentistas de revelação

A terceira e última parte da triádica forma de concepção de revelação divina é a imanentista[45], cuja posição se contrapõe ao que defendemos até aqui. A primeira vertente desta visão de revelação é a racionalista que tem, a ela ligada, a visão idealista. Para a *concepção racionalista*, a revelação não apenas não deve contradizer a razão, mas deve ter exclusivamente um conteúdo racional. A revelação deve estar a serviço da razão como um veículo de introdução, isto é, para esta posição racionalista, a revelação torna-se uma mediação da razão, enquanto para o *idealismo especulativo* a revelação é um processo necessário do próprio ser absoluto, não sendo, portanto, um ato de liberdade divina. A revelação é o modo por meio do qual o ser supremo no seu "em si" chega ao "em si e para si". Obviamente que, do ponto de vista teológico, "é inadmissível fazer da razão humana o critério do que se deve entender por revelação divina"[46]. A intenção aqui é apenas mostrar uma concepção de revelação do idealismo especulativo (Hegel), que contraria o conceito de revelação defendido pela teologia cristã: como uma iniciativa bondosa e livre de um Deus que quer se tornar conhecido da sua criatura. Se adotássemos a postura hegeliana, desastrosamente anular-se-ia a concepção real e verdadeira de revelação de Deus, uma vez que essa posição faz da revelação um processo interior, necessário ao Absoluto.

---

45. Deriva do termo latino *immanentia, immanens* e significa "permanecer, deter-se em". É a qualidade daquilo que pertence ao interior do ser, que está na realidade ou na natureza. Que existe sempre em um dado objeto e inseparável dele. A oposição imanência/transcendência pode ser aproximada da oposição interior/exterior. "Em teologia, o imanentismo é uma forma de panteísmo, identificando Deus com o Universo, ou considerando-o presente em todas as coisas, ou na natureza, tal como na fórmula de Espinosa: 'Deus sive Natura' (Deus, ou a Natureza)" (JAPIASSU, HILTON; MARCONDES, DANILO, *Dicionário básico de filosofia*, Rio de Janeiro, Jorge Zahar, ³1996, 139). "Doutrina que sustenta ser a fé uma exigência de profundas necessidades do íntimo do ser e não uma graça provinda de Deus" (Imanência, in: FERREIRA, AURÉLIO BUARQUE DE HOLANDA, *Dicionário Aurélio escolar da língua portuguesa*, Rio de Janeiro, Nova Fronteira, 1988, 350).

46. GEISELMANN, Revelação, 96.

A segunda posição imanentista da revelação é a irracionalista — entendida como "teologia da vivência" —, que deve ser descartada, uma vez que, para ela, a revelação é antes de tudo uma vivência sentimental do coração em que só depois aparece o elemento racional. Associada a essa compreensão vivencial da fé que só depois cai no racional [teologização], conforme asseguram os seus defensores[47], a vivência é algo que acontece a qualquer momento, uma vez que estamos susceptíveis aos estímulos da natureza e da história que atraem a sensibilidade humana.

A terceira compreensão imanentista da revelação circunscreve-se ao que chamamos de concepção historicista. Para o historicismo, "a revelação está ligada às personalidades da História (Maomé, Zoroastro, os profetas do AT, Jesus), e isto conduz necessariamente ao relativismo"[48]. Em contrapartida a essa concepção imanentista de revelação, a concepção cristã expressa[49] que "a revelação é algo que se diferencia dos fenômenos da história das religiões, preparando-lhe o fim que, porém, também é o cumprimento"[50], pois esta prepara aos seus seguidores um fim, cujo cumprimento é buscado *a priori*.

2.2. A verbalização da revelação como ditado divino no Antigo e no Novo Testamentos

A história tradicional da revelação divina é percebida no correr do tempo. No politeísmo naturalístico, o divino normalmente se manifesta, antes de tudo, na natureza, especificamente nos aspectos mais violentos e incomuns dos fenômenos naturais[51]. Para o homem bíblico, nos fatos e acontecimentos, manifesta-se a presença divina. Dentro de uma história diferenciada em que se pode imaginar que, entre a distância entre o homem pré-mosaico e a profecia do Segundo Isaías, existe uma enorme distância secular. Não é de se estranhar que Israel herdou de seu passado pré-mosaico todo tipo de ideias semelhantes às de seus vizinhos pagãos e que seus traços e elementos primitivos foram desaparecendo na medida

---

47. Os teólogos F. Schleiermacher e R. Otto encontram-se entre os defensores da "teologia da vivência" (cf. GEISELMANN, Revelação, 96).
48. Ibid.
49. "De fato, passando e observando os seus lugares de culto, encontrei até um altar com a inscrição: 'Ao Deus Desconhecido'. Pois bem, aquele a quem vocês veneram sem conhecer, é esse que eu lhes anuncio" (At 17,23).
50. Ibid.
51. MCKENZIE, Revelação, 795.

em que se iam chocando com a sensibilidade bíblica mais avançada. Para entendermos melhor essa etapa da revelação na história, percorreremos o seguinte caminho: veremos, primeiramente, os elementos primitivos do Israel religioso antigo; em seguida, estudaremos as correntes da revelação (a lei, o profetismo e a sabedoria); e, por último, o Deus pessoal e vivo que se desvela na pluralidade das teologias.

2.2.1. Elementos primitivos do Israel religioso antigo

Nesse horizonte, certamente os sonhos são talvez o fenômeno mais conhecido. Além desses, as *sortes*[52], os *ordálios* ou juízes, a própria *necromancia* ou adivinhação, são traços exemplificadores de elementos primitivos do Israel religioso antigo, no qual o próprio culto apresentava claros traços adivinhatórios e teofânicos[53]. Cumpre ressaltar que esses recursos são encontrados na fase primitiva da fé e da religião hebraica, que ocorrem nos casos isolados e que parecem apresentar uma fé pueril ainda não esclarecida. Eles não faziam parte da revelação característica do AT e do NT, acabando por desaparecer com o desenvolvimento processual da fé israelita[54].

A própria profecia apresenta origens extáticas, de arroubos entusiastas e com indícios de pressões internas: "Não sou profeta nem filho de profeta" (Am 7,14). Na vertente literária, aparecem formas de pensamento mítico, sagas e lendas, mas no que se refere à imediata revelação de Deus em si mesmo, as teofanias variavelmente vinculam o primitivo ao sublime e chegam a emitir contraditórias interpretações: basta lembrar a crença de que

---

52. Conforme os famosos *Urim* e *Tumim*, objetos de adivinhação que os sacerdotes traziam ao pescoço ou nos bolsos e os utilizavam para consultar Iahweh, que lhes respondia apenas "sim" ou "não". Parece que o oráculo caiu em desuso a partir da monarquia. O sacerdote levava apenas como elemento decorativo do vestuário. Era um sistema muito primitivo para conhecer a vontade da divindade e, com a evolução religiosa de Israel, percebeu-se que tal sistema não tinha lugar no culto a Iahweh (cf. McKenzie, John L., Urim e Tummim, in: Id., *Dicionário bíblico*, São Paulo, Paulinas, ³1983, 954).

53. Como sabemos, a teofania é um termo técnico na linguagem teológica. Ela vem do grego *theophania* e significa "aparição de Deus". A teofania é uma aparição de Iahweh nas características e nas atribuições que revelam sua divindade e poder, e por isso é diferente de outras aparições, nas quais ele é conhecido como revelador (cf. McKenzie, John L., Teofania, in: Id., *Dicionário bíblico*, São Paulo, Paulinas, ³1983, 923). A teofania é uma manifestação de Iahweh geralmente observada nos fenômenos naturais: terremotos, chuvas, nuvens, fumaça, granizo, relâmpago, trovão, pestes ou pragas, secas de mares e rios. Embora apareçam essas imagens amedrontadoras da teofania, sua forma mais frequente é a aparição de Iahweh como Salvador do seu povo dos inimigos e castigo destes.

54. McKenzie, Revelação, 795.

não se pode ver Deus e permanecer vivo[55]. Também se podem ver relatos de efetivas visões[56]. Com o passar do tempo, a própria Bíblia exerce a sua crítica imanente, eliminando a magia e tomando cada vez mais consciência do que significam para ela os fenômenos reveladores.

Israel parte, em seu ambiente cultural, de uma clara figuração antropomórfica de Deus (Gn 2 s.). Deus aparece sem uma forma definida com o homem criado (Adão) no paraíso (Gn 2,15). "A fé em um Deus oculto ocupa o centro da experiência de Israel (Is 45,15)."[57] Ademais, todos os deuses antigos eram antropomórficos, e disso os israelitas estavam cônscios; Iahweh é antropomórfico no AT, mas, diferente do homem, uma realidade pessoal única. Israel conhece esse Ser pessoal e distinto. Iahweh se manifesta como um Deus pessoal, como Senhor da história, sem, entretanto, tolher a liberdade humana[58].

Com a evolução da percepção divina de um Deus antropomórfico para o Deus pessoal, consideramos um pressuposto importante do AT na teologia da revelação o fato de Iahweh se apresentar como um Deus vivo[59]. A vitalidade divina consiste precisamente numa intencionalidade: marcar a sua oposição à confusa identificação dos estranhos deuses que povoavam aquela cultura semita. Essa cultura evidencia desdenhosamente a imagem divina, sublinhada pelos próprios israelitas, valorizando os deuses mudos e inertes, levando em conta o fato de eles não falarem e nem agirem. Ao contrário desses deuses das culturas do mundo pagão, a partir da percepção da divindade na pessoa de Iahweh, cuja distinção vital se centralizava nas suas palavras e ações[60], aí eclodia a sua revelação.

No mundo helenístico, a revelação tinha o seu ponto culminante nos cultos mistéricos[61]. No processo de evolução da percepção de Deus como ser pessoal notava-se, no mundo semítico, cada vez mais que Iahweh se manifestava de forma una na natureza e na história. Em todas as esferas ele

---

55. Êxodo 19,21; 20,19; 33,20; Levítico 16,2; Números 4,20; Deuteronômio 5,24-26.
56. Gênesis 3,8-24; Êxodo 24,9-10; 33,11; Número 12,7-8; Deuteronômio 34,10; Isaías 6.
57. Lacoste, Revelação, 1538.
58. McKenzie, Revelação, 795.
59. Deuteronômio 5,23; Josué 3,10; Isaías 37,4.
60. McKenzie, Revelação, 795.
61. "Os cultos mistéricos tornaram-se grandemente populares no mundo romano e helenístico: eles respondiam à sede religiosa que emergia da falência da religião clássica, bem como dos elementos estrangeiros e exóticos, presentes em quase todos os mistérios, que suscitavam a curiosidade de muitos. Todos os cultos mistéricos eram esotéricos: os seus participantes comprometiam-se sob juramento a não revelarem os ritos" (cf. McKenzie, John L., Mistério, in: Id., Dicionário bíblico, São Paulo, Paulinas, ³1983, 618).

mostra as mesmas qualidades e as mesmas exigências morais[62]. Na nossa maneira de ver, essa observação ganha peso relevante no assunto aqui estudado. Com esses dados, entendemos que é a partir da relação pessoal e única entre Israel e Iahweh que progride a captação do divino pelo humano. É a partir daí que se acentua a significativa percepção do Ser mesmo do Deus vivo e verdadeiro desvelado definitivamente na pessoa de Jesus de Nazaré.

Outra forma particular da automanifestação de Deus eclode na história de Israel na época dos juízos[63] ou julgamentos misericordiosos. Essa automanifestação divina aparece na queda das nações[64]. A maneira mais contundente de revelação no AT centra-se especificamente no juízo sobre Israel do que sobre as nações[65]. Nota-se ainda que no processo de defender e libertar, bem como na maneira de julgar e admoestar, a revelação de Iahweh vai se evidenciando para todas as nações através de Israel[66]. Vale ressaltar, ainda, que Iahweh se dá a conhecer a todas as nações por meio da natureza e na história.

Entretanto, àquelas com as quais não estabeleceu aliança[67] e eleição[68] lhes falta um intérprete. "As ações de Iahweh necessitam de um intérprete; e em Israel, pode-se distinguir uma corrente tríplice de revelação que interpreta suas ações."[69] São elas respectivamente: a lei, o profetismo e a sabedoria. Por isso, a comunicação entre Moisés e Deus faz de Moisés figura ímpar[70].

---

62. McKenzie, Revelação, 796.

63. Israel não recorre tanto ao juízo de Iahweh, mas à sua misericórdia (*hesed*). Os salmos pedem a Iahweh um julgamento, isto é, a defesa e a vingança (7,7; 9,5) (McKenzie, John L., Juízo de Deus, in: Id., *Dicionário bíblico*, São Paulo, Paulinas, ³1983, 521).

64. Isaías 13; Jeremias 25,12ss.; Amós 1,3-2,3.

65. McKenzie, Revelação, 796.

66. Isaías 2,2-4; Miqueias 4,1-3.

67. Na sociedade hebraica, a aliança consistia em um acordo ritual e solene que tinha a função de contrato escrito. As partes contraentes vinculavam-se por meio de um acordo ritual que continha terríveis ameaças contra a parte que porventura o violassem, embora não necessariamente as partes se encontrassem no mesmo nível de força e poder (cf. McKenzie, John L., Aliança, in: Id., *Dicionário bíblico*, São Paulo, Paulinas, ³1983, 24).

68. O termo significa mais a resposta de Israel à eleição de Iahweh do que uma eleição de Iahweh por parte de Israel (cf. McKenzie, John L., Eleição, in: Id., *Dicionário bíblico*, São Paulo, Paulinas, ³1983, 271).

69. McKenzie, Revelação, 796.

70. Isaías 2,2-4; Miqueias 4,1-3.

2.2.2. As correntes da revelação: a lei, o profetismo e a sabedoria

A primeira corrente diz respeito à *lei*, cuja função é ditar modelos de conduta para Israel. Entre "as três, essa corrente, ou fonte, é o melhor exemplo de revelação preservado na tradição e codificado na escrita. Moisés não teve sucessores, mas os sacerdotes como os intérpretes da lei foram porta-vozes da vontade revelada de Iahweh"[71]. O *profetismo*, por sua vez, constitui a segunda corrente que marca a revelação como recepção da palavra. O profeta experimenta e interpreta, pela palavra, as ações de Iahweh na natureza e na história. Essa interpretação se dá graças à sua intuição mística. Ele descobre a vontade e os planos de Iahweh e orienta Israel para esse fim. Por último, a *sabedoria* constitui a terceira, e, talvez, a mais elementar dessas correntes. No entanto ela não deixa de ser um carisma importante adquirido como presente divino que trata da vontade de Iahweh para Israel. Os textos sapienciais apresentam a sua contribuição a uma teologia da revelação ao enfatizar a gratuidade de uma Sabedoria que, "sem ser 'revelada' no sentido técnico, vem ao homem do além de Si mesmo. Se Deus se manifesta por sua criação, a sabedoria é o vetor privilegiado desta manifestação"[72].

Essas três correntes constituem o conjunto da automanifestação de Iahweh como Senhor da história. Ele é aquele que oferece uma conduta sábia que regula a fé e a vida israelita. O resultado da revelação no AT deve, pois, ser visto como conhecimento da realidade pessoal viva e ativa de Iahweh, de como ele é e age ao longo da história[73].

Para a teologia do AT estava claro que seria impossível ao homem conhecer a Deus sem que ele se desse a conhecer, ou seja, só se conhece a Deus quando ele quer se revelar. E, de sua parte, ele se dá a conhecer de diferentes maneiras. "Ele se desvela nos altos feitos cumpridos em benefício de Israel. [...] O testemunho de Deus se dá a si mesmo ('Eu sou Javé e não há outro', Gn 28,13; Ex 6,2.29; Is 45,5 s. etc.), estrutura um povo que conhece a vontade de Deus."[74] A novidade específica do conceito de revelação no AT, sob o prisma histórico, centra-se no fato de que, com a ruptura da sacralidade cósmica, o contexto tradicional dos fenômenos revelados apoia-se na história, na Palavra, na fé e nas ações éticas como os principais meios de encontro com o transcendente. Nessa configuração, as teofanias

---

71. McKenzie, Revelação, 796.
72. Lacoste, Revelação, 1538.
73. McKenzie, Revelação, 796.
74. Lacoste, Revelação, 1538.

e os determinados fenômenos de revelação reivindicam a fé de Israel e a livre relação Deus-homem na dialética do chamado-resposta[75].

2.2.3. O Deus pessoal e vivo que se desvela na pluralidade das teologias

Retomando o raciocínio com referência ao Deus vivo e único na história e na natureza — sem entrar na questão de sua veracidade —, existem muitas diferenças entre as manifestações na sarça ardente e a tempestade no Sinai (Ex 3; 19) e a brisa suave no Monte Horeb (1Rs 19,10 s.)[76]. Observando o processo de evolução perceptivo da revelação divina na religião bíblica, ela tem o seu ponto culminante na introdução de instâncias mediadoras como é o caso dos anjos, mesmo mantendo intacta a consciência de que é Deus quem se revela. Não mais insistindo nos rostos e no nome de Iahweh, mas na realização de sua vontade, aparecem: o Espírito de Deus, a Sabedoria de Deus e a Palavra de Deus. Não obstante o fato de que essas realidades muitas vezes se confundem, há um esforço inevitável para captar a Transcendência de forma sempre mais clara. "A inteligência e prudência humanas se realizam melhor aprendendo quem é Iahweh. Assim, o resultado da revelação no AT é [...] o conhecimento da realidade pessoal viva e ativa de Iahweh, experiência de Iahweh como ele é e como age."[77]

Observando agora o NT, embora os doutores nunca seguissem uma metodologia única para sistematizar um conhecimento diferenciado nessas três instâncias: Espírito, Sabedoria e Palavra de Deus, o fenômeno da Palavra torna-se cada vez mais central no NT. A Palavra era o ponto de encontro fundamental para a ênfase ontológica de Deus e da dimensão cognoscitiva de sua revelação. Tanto o léxico quanto o fato do desvelamento estão presentes no NT circunscritos à linguagem do mistério. Tanto em Paulo (Rm 3,21; 16,26) quanto no *Logos* joanino, Jesus é apresentado como in-

---

75. WIEDENHOFER, Revelação, 795.

76. A extraordinária teofania vivida por Elias retrata uma deliberada inversão da teofania tradicional, por isso nela emerge uma nova concepção das obras de salvação e do julgamento de Iahweh; em vez de encontrar Iahweh nos sinais tradicionais de revelação ou teofanias, ele encontra suas obras de salvação na brisa suave, e não no poder e na violência. Encantadoramente, Elias a encontra no governo invisível dos acontecimentos: no silêncio de uma gruta onde se percebe a brisa suave, ressaltando que, embora sem manifestações visíveis, nem por isso a manifestação divina aqui é menos eficaz. Ademais, podemos dizer que Elias é o protótipo do místico que percebe, no silêncio, a força do mistério (cf. MCKENZIE, Teofania, 923).

77. Id., Revelação, 796.

térprete ou explicador do Pai invisível (Jo 1,18). "À linguagem do mistério está ligada em Paulo a da manifestação (*phaneron*, Rm 3,21; 16,26, etc.) e do desencobrimento (*apokalyptein*, 1Cor 2,10; Ef 3,5 etc.)."[78]

Na busca da compreensão da essência mesma do Deus vivo e pessoal, de saber quem é Iahweh e como ele se manifesta tanto no AT quanto a sua culminância no NT, é que a teologia da revelação se apresenta como o conceito-chave da teologia cristã.

> Para fora, funciona como categoria básica da teoria do conhecimento, ou seja, como critério último de legitimação e delimitação com respeito a outras religiões e cosmovisões, à razão, à filosofia e à ciência (revelação como origem, fundamento e limite da fé e teologia); para dentro, ela serve de categoria hermenêutica básica, ou seja, como critério último de interpretação com respeito à tradição da fé, ao seu caráter salvífico, à sua normatividade e unidade (revelação como origem, objeto, centro e norma da tradição eclesial da fé)[79].

Por esse trecho, podemos ver a centralidade, a riqueza e a importância da questão da revelação na tradição tanto do ponto de vista de dentro quanto do de fora da tradição eclesial. Enquanto conceito transcendental-teológico, podemos dizer que da compreensão da revelação depende a possibilidade da fé no Deus vivo e pessoal, na sua totalidade e genuinidade. No fundo o que se quer alcançar quando o ser humano se ocupa com a percepção da existência do Deus como vivo e pessoal, o que está em questão é em última instância uma apurada compreensão da revelação propriamente dita, que "enquadra-se na manifestação decisiva da vontade salvífica universal, a qual pode ser descrita como uma inicial e secreta 'revelação geral' relativa a ela"[80]. A questão da concepção da revelação divina, se ela quiser ter refinada desenvoltura, deve voltar-se constantemente para o seu frescor original, cujas fontes residem no limiar da história tradicional.

Nas suas dimensões histórica, bíblica e eclesial residem os fundamentos primeiros da realidade reveladora. E quando falamos de realidade reveladora devemos entender que aqui não estamos na seara epidérmica dos dizeres corriqueiros que se expressam assim: "Isso para mim foi uma revelação!", mas na da genuína percepção do mistério de Deus que sempre nos desins-

---

78. Lacoste, Revelação, 1538.
79. Wiedenhofer, Revelação, 792.
80. Revelação de Deus, in: Pedrosa, V. M.; Navarro, M., *Dicionário de Catequética*, São Paulo, Paulus, 2004, 954.

tala e nos lança em um novo patamar de conversão, de reconstrução e de ressignificação da vida. "Toda 'experiência de revelação' implica conversão: renovação da vida, nova orientação."[81] Todo o percurso revelador é perfilado ao longo da história das teologias a fim de percebermos que, enquanto as teologias cristãs cresciam, avançavam também sua compreensão.

Na atual posição do conceito-chave de revelação, o seu conteúdo e abordagem variam, figurando-se às vezes de maneira complexa, indissociável e obscura[82]. Com o avançar dos tempos históricos as teologias cristãs alcançaram grande autenticidade e maior relevância no sentido de uma grande abertura ao pensamento e ao saber da atualidade, de modo que "o tempo histórico adquire nova dignidade: a revelação como história, a história como epifania"[83].

É no decorrer das epifanias históricas que o ato da fé exprime a dignidade da vida humana na sua percepção do Deus vivo como parte da história. "Esta valorização da história — como lugar em que se revela e esconde a glória do Deus vivo — atinge o seu vértice na revelação cristã: com a encarnação, o Filho eterno se torna sujeito de vicissitude plenamente humana."[84] Daí que é sempre no decorrer da história da revelação, encarnada na história da salvação, que "fez-se mister não somente propor de maneira nova a questão da revelação, mas também fazer entrar no lugar da compreensão tradicional, relativamente unitária, de revelação uma pluralidade de teologias da revelação"[85]. Essa pluralidade das teologias da revelação encontra-se circunscrita ao contexto filosófico e social que são marcados estruturalmente e em larga escala pelas questões e respostas da Ilustração europeia dos séculos XVII e XVIII, assim como também pelas experiências comunicadas nas sociedades burguesas da modernidade[86].

A revelação do Deus vivo e verdadeiro que se dá na história não é, portanto, uma revelação abstrata, mas ela efetiva-se em eventos concretos. O Deus da revelação bíblica não é, pois, um Deus apático e inerte, uma vez que "a Palavra de Deus é eficaz e faz história"[87]. E esse processo de percep-

---

81. SCHILLEBEECKX, E., *História humana: revelação de Deus*, São Paulo, Paulus, 1994, 42.
82. WIEDENHOFER, Revelação, 792.
83. FORTE, BRUNO, *Teologia da história: ensaio sobre a revelação, o início e a consumação*, São Paulo, Paulus, 1995, 15.
84. Ibid., 16.
85. WIEDENHOFER, Revelação, 792.
86. EICHER, PETER, Revelação, in: Id., *Dicionário de conceitos fundamentais de teologia*, São Paulo, Paulus, 1993, 792.
87. MANNUCCI, *Bíblia, palavra de Deus*, 46.

ção da revelação tem a sua continuidade e efetivação continuada na Igreja apostólica, que tem o seu assento nos primeiros cem anos da igreja, mais especificamente a partir da ascensão de Jesus até a morte de João. Os períodos seguintes são, respectivamente: o Patrístico, 101-450; o Medieval, 451 a 1300; a Pré-Reforma, 1301-1500; e o da Reforma 1500-1600. É preciso ressaltar, entretanto, que se considerarmos João Damasceno como o limite, a patrística se estende até o século VIII.

2.3. A revelação na Igreja apostólica: questão fundante

É necessário determo-nos no significado etimológico da palavra "apóstolo". Na língua grega profana, significa um "enviado", um embaixador, e o seu apostolado designava na maioria das vezes o cumprimento de uma missão ou o documento que a legitimava. "Na concepção neotestamentária, porém, o apostolado além de significar uma perpetuação da presença de Jesus, Cristo e Senhor, constitui um 'carisma', isto é, um dom, uma graça e uma alta responsabilidade."[88] Entendendo, assim, o apóstolo é um enviado ou um embaixador, em suma, o depositário permanente de uma missão. Nesse caso específico da missão plenamente reveladora do Cristo Senhor: "Quem vos ouve a mim ouve, quem vos despreza a mim despreza" (Lc 10,16).

Sobre os ombros dos apóstolos pesa uma grande responsabilidade de anunciar a mensagem reveladora de Deus por meio dos evangelhos: "Ai de mim se eu não anunciar o evangelho" (1Cor 9,16). "A partir daquele Jesus, antes reconhecido como 'Messias' ou 'Cristo' e agora proclamado também 'Senhor', isto é, Deus, põe em evidência a fisionomia e o papel daqueles homens que passam a ser chamados 'apóstolos'."[89] Com a mensagem revelada na imediatez da experiência apostólica, fica latente na fisionomia apostólica o seu papel de transmitir as suas experiências, bem como de ser testemunha privilegiada do Deus revelado em Jesus Cristo. Os apóstolos contribuem, posteriormente, com a construção teológica das primeiras comunidades cristãs do primeiro século.

> A teologia das primeiras comunidades cristãs toca, pela primeira vez e de forma incomparável, a fonte de onde surge a própria fé: o encontro de homens e mulheres com Jesus Cristo, vivo e ressuscitado. Palavra de fé con-

---

88. PIERINI, FRANCO, *A idade antiga. Curso de História da Igreja* I, São Paulo, Paulus, 1998, 47. Conferir também em ROLOFF, JÜRGEN, Apóstolo, in: LACOSTE, JEAN-YVES, *Dicionário crítico de teologia*, São Paulo, Loyola; Paulinas, ²2014, 175.

89. PIERINI, *A idade antiga*, 47.

voca a fé. A comunidade tem a consciência de que em Jesus a revelação de Deus alcançou seu cume[90].

A experiência fontal feita pelos apóstolos, refletida também por eles e transformada em anúncio, torna-se assim uma questão fundante da Igreja apostólica. Por meio dos textos referenciais, podemos ver que:

> No Novo Testamento existe uma teologia, suscitada pelo próprio revelar-se divino e caracterizada pelas diversas situações de vida em que a mensagem foi acolhida e transformada, uma história da verdade revelada originária. [...] O Evangelho originário e fontal, cumprimento das promessas divinas e promessa inquietante de um novo e ulterior cumprimento, entra nesta história para expressar-se em palavras dos homens e tornar-se acessível a cada um[91].

Essa história da verdade revelada originária tem no período da Igreja apostólica o seu fundamento originário. Sinteticamente a teologia fontal da revelação circunscrita ao período apostólico "como 'anamnese da Palavra' torna presente o dado revelado em diversas situações. Cria unidade como solidariedade entre os diferentes"[92].

Quanto ao período da Igreja apostólica, entende-se que ele vai de Pentecostes até a morte do apóstolo João (30 a 100 d.C.)[93]. No limiar desse período os acontecimentos podem ser assim distribuídos: da ascensão de Cristo à pregação de Estêvão acontecem as primeiras conversões e a instituição do diaconato (30 a 35 d.C.). Entre os anos 35 e 50, está o período da expansão da Igreja, culminando no martírio de Estêvão e no Concílio de Jerusalém. Durante esses anos, destacam-se os principais fatos: a diáspora cristã judaica e a conversão de Saulo (At 9). É a época sombria da Igreja entre os gentios, que vai do Concílio de Jerusalém até a morte de Paulo e João, cujos anos circunscrevem-se entre 68 e 100 d.C. Basta olharmos o texto Atos dos Apóstolos 2,43-46[94] para percebermos o trabalho apostólico

---

90. LIBÂNIO, J.; MURAD, A., *Introdução à teologia. Perfil, enfoques, tarefas*, São Paulo, Loyola, ⁴2003, 113.
91. FORTE, BRUNO, *A teologia como companhia, memória e profecia*, São Paulo, Paulinas, 1991, 84.
92. LIBÂNIO; MURAD, *Introdução à teologia*, 114.
93. PASCOA, ADRIANO, *Primeiro período. A Igreja Apostólica*. Disponível em: <http://pt.sli deshare.net/adrianoiuris/aula1-primeiro-perodo-a-igreja-apostlica>. Acesso em: 25 maio 2016.
94. "Apossava-se de todos o temor, pois numerosos eram os prodígios e sinais que se realizavam por meio dos apóstolos. Todos os que tinham abraçado a fé reuniam-se e punham tudo em comum: vendiam suas propriedades e bens, dividiam-nos entre todos, segundo

em sua fecundidade e responsabilidade, concedendo dinamismo e força própria na vida da Igreja a partir do período pós-pascal.

Jesus exercitava o poder da proclamação plenamente salvífica de um modo que chamava a atenção. Ele se apresentou com uma reivindicação plenipotenciária insuperável: "Amém — mas Eu vos digo", e ensinava "como alguém que tem plenipotência (divina)" (Mt 7,29; 23,10; 1,22.27; 11,18; 22,33; Lc 4,22). Quando Jesus contrapõe à palavra do Antigo Testamento o seu "Eu, porém, vos digo" (Mt 5,22.28 e par.), Ele supera a lei veterotestamentária. Ele coloca a sua palavra ao lado, sim, mesmo acima daquilo "que foi dito aos antigos" isto é, o que o próprio Deus disse na antiga aliança, e reivindica, assim, dizer a derradeira Palavra de Deus. Ele se compreende claramente como a boca de Deus que fala, com a voz de Deus. Isto é uma reivindicação inusitada para o judaísmo. A soberania de Jesus em relação às leis, às instituições e aos costumes veterotestamentários só pode ser corretamente concebida como a soberania do próprio IHWH. Esta reivindicação se fortalece na convicção de Jesus de que fala e age a partir de uma proximidade única com IHWH. Por isso, no período pós-pascal o Jesus que se acredita como o Cristo se torna o próprio conteúdo da fé. [mediante os] atos de poder: a reivindicação plenipotenciária de Jesus é confirmada através de suas ações milagrosamente reveladoras[95].

Ou seja, se Jesus reivindica falar a própria Palavra de Deus, tornando-se ele mesmo o próprio conteúdo da fé, corroborado durante o período pós-pascal, nas várias aparições, os apóstolos só poderiam fazer de tudo e se valerem de todos os meios para que essa experiência da revelação de Deus — sem os entraves de penduricalhos — chegasse aos confins da Terra.

Como sabemos, a problemática concernente à teologia da revelação na Igreja apostólica tem o seu assento inicial com o discurso sobre a percepção de Deus autorrevelado em Jesus. Esse se identificava como "a boca de Deus que fala, com a voz de Deus. É o representante da soberania do próprio IHWH". Era o próprio Jesus quem não distinguia a sua palavra da Palavra de Deus. Completando o processo revelador neste período, vale ressaltar o seguinte ensinamento trinitário: "O Pai não pode ser nomeado sem que sejam conomeados seu Filho e seu Espírito, que são como suas

---

as necessidades de cada um. Dia após dia, unânimes, mostravam-se assíduos no Templo e partiam o pão pelas casas, tomando o alimento com alegria e simplicidade de coração."
95. BÖTTIGHEIMER, CHRISTOPH, *Manual de teologia fundamental. A racionalidade da questão de Deus e da revelação*, Petrópolis, Vozes, 2014, 220.

'duas mãos' (Irineu, *Adv. Haer.*, IV, 7, 4; 20, 2)"[96]. Esse fragmento mostra que o discurso sobre a revelação de Deus tem aqui um elemento novo: a percepção e inclusão indispensável do Espírito de Deus. Notamos que, até então, o polo de reflexão sobre a revelação divina girava em torno de Javé e do seu Filho, o ponto culminante da manifestação de Deus mesmo. "O próprio Jesus colocou seus milagres e suas curas, que eram de natureza indicadora e reveladora, expressamente no contexto das promessas veterotestamentárias (Mt 11,2-6; Lc 7,18-35)."[97] Consolida-se na história da revelação, a partir dos Santos Padres, a figura indissociável do Espírito de Deus que faz o fechamento ou a síntese da revelação na história da salvação. No fundo, já se notava um paradoxo: Deus era só e não só, isto é, único e múltiplo até que se chega, nesse período, à percepção tal como temos hoje de Deus Trino.

> Para serem compreendidas as exposições dos Padres não devem ser cortadas de um duplo contexto: o nome de Deus chama-os nomes do Pai, do Filho e do Espírito, e a "teologia", contemplação de Deus em Deus, é indissociável da "economia", na qual Deus manifesta seu amor pelos homens, sua filantropia (Tt 3,4)[98].

Já antes do Concílio de Nicéia os Padres apostólicos manejavam ocasionalmente certo léxico de corte filosófico ao associar a Trindade à linguagem do querigma pascal, da doxologia e das liturgias batismais. Por falar em Padres apostólicos, é preciso um destaque especial sobre eles:

> A expressão "padres apostólicos", introduzida pelos eruditos no fim do século XVII, sugere que a geração dos escritores assim designada esteve em contato direto com os apóstolos. Sob esse título se agrupavam primeiro a *Epístola* de Barnabé, as duas *Cartas* de Clemente de Roma, as *Cartas* de Antioquia e de Policarpo de Esmirna, assim com o *Pastor* de Hermas. Mais tarde, os fragmentos de Papias de Hierápolis, a *Carta a Diogneto* e a *Didaché* lhes foram acrescentadas. Esses escritos variam por sua origem, pela época da composição e pelo estilo. Datam em sua maioria de antes de 150, e caracterizam-se por sua preocupação, antes de tudo, pastoral[99].

---

96. WOLINSKI, JOSEPH, Teologia patrística, in: LACOSTE, JEAN-YVES, *Dicionário crítico de teologia*, São Paulo, Loyola; Paulinas, ²2014, 528.
97. BÖTTIGHEIMER, *Manual de teologia fundamental*, 220.
98. WOLINSKI, Teologia patrística, 529.
99. HENNE, PHILIPPE, Apostólicos (padres), in: LACOSTE, JEAN-YVES, *Dicionário crítico de teologia*, São Paulo, Loyola; Paulinas, ²2014, 174.

O confronto entre a fé bíblica e a racionalidade grega impõe-se entre os Padres e os apologistas. É em nome de uma concepção mais apurada de Deus que todo esse processo se concretiza. Em outras palavras, o que está em jogo é, no fundo, um trabalho de concepção da revelação divina.

> Assim, Justino instrui o processo contra o culto dos ídolos em nome de uma concepção mais apurada de Deus, da qual encontra um vestígio entre os próprios pagãos (Apol., I,5 e 46; II,8-11). Mais ainda: ele transfere certos traços do Deus da filosofia grega tardia para o Deus de Jesus Cristo: Deus recebe títulos de não gerado (*aghennetos*) e de impassível, é posto à distância do mundo. Torna-se impensável que o não gerado "tenha deixado os espaços celestes para aparecer em um canto da terra" (Dial., 60 e 127)[100].

Na verdade, a partir dessas querelas, chega-se à noção de que não foi o "não gerado" que apareceu, mas o seu Verbo que já era "pré-conhecido" no AT. Mas é a partir de um novo olhar desse período da Igreja apostólica que é identificada a potência criadora com o Pai de Jesus de Nazaré. O Deus conhecido em Jesus Cristo é, assim, o mesmo Deus pré-conhecido no AT. Esse mesmo Deus é criador e salvador. Ele cria salvando. Isso foi sendo captado nas celebrações escatológico-reveladoras do Nazareno. "Os momentos de refeição de Jesus com os publicanos e pecadores são momentos de refeição escatológicos, são celebrações antecipatórias da refeição salvífica dos últimos tempos. Com isso Jesus age como alguém que está no lugar de Deus."[101]

Com o movimento gnóstico gera-se um problema para a teologia ao arrogar para si a capacidade de um conhecimento de Deus superior à fé. Isso cria um impasse, por exemplo, se se reportar a Êxodo 33,20: "Ninguém pode ver a Deus e viver". Entretanto, segundo Irineu de Lião (*Adv. Haer.* IV, 20,5), de acordo com o amor de Deus, ele é visto pelos homens, por aqueles que ele quer, quando quer e como quer. "É no elemento da fé que Deus é então conhecido, mediante as 'diversas economias' que ele escolhe para dar-se a conhecer (ibid., I, 10,3; II, 28, 1-3; IV, 20,5-7)."[102] Entre os Padres pré-nicenos, coube a Orígenes fazer as proposições mais sistemáticas de alguém que colheu pessoalmente os dados. Vejamos um exemplo:

> "Pareceu-me por bem também, depois de ter-me informado cuidadosamente de tudo, desde o princípio." Lucas incute e repete, visto que aquilo

---

100. WOLINSKI, Teologia patrística, 529.
101. BÖTTIGHEIMER, *Manual de teologia fundamental*, 222.
102. WOLINSKI, Teologia patrística, 530.

que há de escrever não conheceu a partir de boato, mas colheu pessoalmente desde o início. Desse modo, meritoriamente é louvado pelo Apóstolo, que diz: "[o irmão] cujo louvor, quanto ao Evangelho está disposto por todas as igrejas". Não se diz isso de nenhum outro, mas é-nos transmitido esse comentário de Lucas[103].

Orígenes herda de Clemente de Alexandria uma necessária insistência na incognoscibilidade de Deus e partilha também da convicção grega segundo a qual o infinito é impensável enquanto tal, impensável sem uma determinação. Mesmo que posteriormente a teologia trinitária de Orígenes tenha sofrido críticas de ser subordinacionista, ressalta-se fortemente a partir dela a importância da sua contribuição no sentido de afirmar que "falar do Pai 'sem limites' só é possível falando simultaneamente do Filho, que é sua 'delimitação' (*perighaphé*) e o torna então conhecível e participável"[104] no Espírito. A conciliação entre a revelação em Jesus Cristo do segredo paterno de Deus e a incompreensibilidade divina ressalta que a teologia só consegue se pronunciar eficazmente se elaborar um discurso trinitário. É com a revelação do Espírito Santo na história da salvação que o mistério de Deus é cognoscível e, concomitantemente, participável no sentido de que, ao criar o mundo e os homens, Deus os chamou a participar da sua vida divina.

> "Se nós repousamos entre os muros" do Antigo e do Novo Testamento recebemos "as asas prateadas da pomba", isto é, a Palavra de Deus e "as penas de seu dorso com o brilho do ouro verde". Nosso pensamento encontrará, assim, sua plenitude nos pensamentos do Espírito Santo, isto é, na nossa linguagem e nossa inteligência encontrarão sua plenitude em sua vinda. Não diremos e não pensaremos nada que não nos tenha sido sugerido; e toda santidade, a do coração como a de nossas palavras e de nossos atos, virá do Espírito Santo de Cristo Jesus[105].

Desse modo, a partir da perspectiva cristã da revelação de Deus, a compreensão dessa participação nos ensinamentos do Espírito Santo faz

---

103. Orígenes, *Homilias sobre o Evangelho de São Lucas*, 34. Conforme nota número 15 desta mesma obra, "O irmão mencionado no texto paulino, na verdade, parece ter permanecido desconhecido. Por que Orígenes o identifica com Lucas é difícil dizer — admitindo-se que isso seja possível" (cf. Orígenes, *Homilias sobre o Evangelho de São Lucas*, São Paulo, Paulus, 2016).
104. Wolinski, Teologia patrística, 529.
105. Orígenes, *Homilias sobre o Evangelho de São Lucas*, 195.

toda a diferença na existência humana, porque aponta para a conexão perfeita que existe entre o humano e o mistério divino. Assim, percebemos que antropologia e teologia andam de mãos dadas, uma vez que não se pode falar de Deus sem falar igualmente do homem, dado que no homem estão atreladas a força e a sabedoria divinas, "porque é na unidade cristológica do humano e do divino que o divino pode ser apreendido tão plenamente quanto possível"[106]. Sabemos que essa relação de Deus com o homem é aberta a ponto de conceder ao homem, enquanto ser criado, uma assunção ao seio trinitário.

Desse modo, a partir da teologização da Igreja apostólica, a ação reveladora e salvífica de Deus é captada como um acontecimento único e cativante. "Assim, já ocorre no período neotestamentário uma sistematização teológico-revelatória que é perceptível linguisticamente na passagem da multiplicidade de revelações para o singular da revelação (Hb 1,1)."[107]

Vale ressaltar que somente com Gregório de Nissa essa participação da criatura humana na vida divina ganha clareza na teoria da graça alcançada na mediação do Filho. É, então, por meio da graça que a grandeza divina, conhecedora da limitação humana, por condescendência, possibilita condições de um feliz relacionamento no horizonte escatológico do homem para Deus. À guisa de itinerário cognoscível do mistério de Deus na Igreja apostólica, a partir da teologia patrística de Pseudo-Dionísio desdobra-se uma teologia catafática e outra apofática. Nunca é demais esclarecer que a primeira se preocupa em enunciar as manifestações de Deus ao homem e a segunda enfatiza muito mais a experiência reveladora do que a prática discursiva. A esse respeito é possível perceber que:

> [...] se é possível "falar de Deus" a precisão exige confessar que se fala do "mistério de Deus"; e se, portanto, a teologia se mostra adaptada a seu objeto, fazendo-se teologia "mística", é à experiência — à experiência daquele que se deixa iniciar no mistério — que Deus se põe, e para a experiência Deus não é aquele de que ela fala, mas aquele que ela "honra em silêncio"[108].

A honra a Deus, a que a experiência cristã[109] se dedica em silêncio, reivindica uma credibilidade que seja capaz de dar o sentido dessa fé cristã

---

106. WOLINSKI, Teologia patrística, 529.
107. BÖTTIGHEIMER, *Manual de teologia fundamental*, 224.
108. WOLINSKI, Teologia patrística, 531.
109. Ao falar de experiência cristã, é preciso considerar que a partir da fé na encarnação do Filho de Deus há uma mudança definitiva na experiência religiosa. "Em volta de Jesus,

ao homem de todos os tempos e lugares. E sabendo que a revelação não é uma gnose, mas uma maneira de falar do mistério a partir de um ato livre de se deixar iniciar no seu mistério, essa revelação deve ser uma "irrupção pessoal e amorosa de Deus na história para dar sentido a nossas esperanças e a nossas lutas"[110].

A partir da cristologia de Calcedônia percebe-se que "Deus se revela ainda mais Deus por ser uno e trino, mas também porque se realizou em Cristo a união sem confusão nem separação do uno e do múltiplo"[111]. A partir do NT, Cristo dá-nos a conhecer Deus em toda a verdade e, ao mesmo tempo, a sua revelação faz o homem se perceber como filho adotivo, por meio dele, em toda a verdade enquanto imagem do Filho eterno.

> O NT alimenta-se da convicção de que Deus, em continuidade com sua automanifestação na história de Israel, se revelou, no "fim dos tempos" (1Cor 10,11), em seu servo Jesus, de maneira decisivamente nova, insuperável e por isso definitiva, isto é, escatológica. Com Jesus houve um novo começo, ou melhor, o fim da longa história da revelação de Deus. O AT é conhecido como "o que precedeu". Em seu conjunto era uma revelação que prometia o que agora se realizou. Tudo o que, antes, foi anunciado por Deus, encontra em Jesus Cristo seu cumprimento, pois todas as promessas de Deus alcançaram nele seu "sim" (2Cor 1,20)[112].

O problema da incognoscibilidade de Deus não gira em torno da dúvida de como se daria a participação do homem na vida divina. A esse respeito, Gregório Palamas diferencia "a essência divina, que permanece estritamente imparticipável, e as 'energias incriadas' que divinizam aqueles que dela participam"[113] e isso se faz na fé. A transcendência divina nunca

---

os homens se dividem em adversários e em discípulos. Mas, para esses, a experiência é de tal ponto privilegiada que produz irresistivelmente, depois de Pentecostes, o dever e o ato de testemunho, mesmo às custas de prisão, flagelação e da própria morte (At 1,6; 4,1-32; 6,8-15; 7 etc). Outro tipo de experiência cristã: aquela que depois da ascensão se nutre só com a pregação apostólica. Faz-se então a 'experiência [reveladora] de Jesus' por meio da pessoa e da palavra de testemunhas diretas: vê-se, ouve-se, toca-se por meio deles e de sua força de presença: experiência mediata, experiência de Jesus 'no outro' — como a de um Policarpo, discípulo do apóstolo João" (cf. BARBOTIN, EDMOND, Experiência, in: LACOSTE, JEAN-YVES, Dicionário crítico de teologia, São Paulo, Loyola; Paulinas, ²2014, 708).

110. ARENAS, OCTAVIO RUIZ, Jesus, epifania do amor do Pai, São Paulo, Loyola, 1995, 283.
111. WOLINSKI, Teologia patrística, 531.
112. BROX, NORBERT, Revelação, in: BAUER, JOHANNES, Dicionário bíblico-teológico, São Paulo, Loyola, 2000, 380.
113. WOLINSKI, Teologia patrística, 531.

cessa de ser meditada e será sempre um escândalo se buscarmos a sua compreensão desprovida da fé.

> Deus se revelou de maneira inesperada, escandalosa (1Cor 1,23). Tornou-se igual aos homens "em tudo" (Hb 2,10-18). Conforme se mostra definitivamente na cruz, ele escolheu como modo e "lugar" de sua revelação escatológica a insignificância e a "fraqueza" (por exemplo, 1Cor 1 e 2). Significa um escândalo para o homem ter de reconhecer a Deus na humilhação e no disfarce (Fl 2,6-8; Rm 8,3; Gl 4,4). [...] A maneira como Deus se revela no homem Jesus põe o homem em crise; a fé decidirá [...]. Ao mesmo tempo, o revelar-se de Deus em seu Filho Jesus Cristo é experimentado também como glória. [...] Aos que creem, porém, Deus deixa "ver" esta "glória" também na forma humilde da encarnação do Filho (Jo 1,14; 1Jo 1,1 ss.)[114].

Para concluir este item, é imprescindível meditar sobre a condescendência divina, especialmente em sua maneira escandalosa de se revelar, mas simultaneamente em sua simplicidade e humildade amorosas, tal como está expresso na teologia trinitária, na cristologia, na teoria da divinação, bem como em todos os discursos que possibilitam ao homem certa percepção de Deus completamente revelado na Trindade. Só assim somos capazes de refletir sobre as várias possibilidades de percepção e conhecimento de Deus que circunscrevem a seara da teologia da revelação divina.

Pudemos perceber também que "Deus não se revela somente na Sagrada Escritura. Revela-se em sua obra, o 'livro do mundo' (São Vítor, Hugo de, PL 176, *De arca Noe morali* II, 12, 643-644; *Didascalicon* VII, 3, 814B)"[115]. De qualquer forma vimos, ainda, que é uma tarefa da teologia da revelação fazer um "recenseamento" de inteligência das obras divinas a fim de conhecer a revelação "escandalosa" do amor de Deus que a todos os crentes desinstala.

Por meio da teologia da revelação, especialmente no período da Igreja apostólica, foram dadas as "senhas" — se assim se pode dizer — que habilitam às criaturas divinas notarem que são "semelhanças místicas" com o seu Criador e, que, ao mesmo tempo, estão habilitadas a contemplar o seu Criador. Vale ressaltar que numa hipótese mais velada, porém fundamental, Deus é captado numa dimensão ética e afetiva como objeto do desejo ou do temor de Deus. E é a caridade fraterna o elemento facilitador dessa

---

114. Brox, *Revelação*, 381.
115. Wolinski, Teologia patrística, 532.

cognoscibilidade divina, uma vez que é a qualidade das relações fraternas o termômetro que mede a qualidade de nossa relação com o transcendente.

Ademais, apesar de toda a defesa da incapacidade humana para captar Deus em sua finitude, é bastante profunda a afirmação e a intuição de que na "materialidade" do gesto fraterno é possível perceber e sentir a presença e a ação divina tocando a história, pois entendemos que, não obstante a incognoscibilidade do transcendente, por parte do humano, pode ser a única maneira de percebê-lo, experimentando-o, como aquele que, paradoxalmente, sempre nos escapa em totalidade: "pensar Deus não é somente pensar um maior do que tudo (*majus omnibus*), mas experimentar o impensável (*quo majus cogitari nequit*, Anselmo), conhecer Deus como desconhecido"[116].

Distinguir, portanto, a imagem de Deus do que são somente seus rastros constitui tarefa específica da teologia da revelação. Em outras palavras, não se trata de teorização ou doutrinação de realidades desveladas de forma escondida, mas de acontecimento histórico-salvífico que, com Cristo Jesus, chega epifanicamente a uma irrupção vivencial, natural do Deus Salvador, uma vez que ele, ao nos salvar, revela-se. "No entendimento epifânico da revelação é tematizado o entrar em cena real histórico de Deus sob o conceito da revelação, isto é, a revelação é concebida como epifania da realidade salvífica e do poder salvífico de Deus."[117]

A nosso juízo, dedicar-se à teologia da revelação é entender que, nas suas sutilezas, ela deve ser capaz de fazer as separações nevrálgicas entre os nomes próprios e os nomes metafóricos, entre as perfeições absolutas das perfeições mistas pondo a descoberto a percepção da essência mesmo de Deus. Em suma, "a teologia [da revelação] tem, pois, como tarefa desprender o conceito de Deus das metáforas dos entrelaçamentos narrativos e das contradições textuais"[118].

Dando continuidade ao percurso da percepção da revelação na história da salvação, vejamos o passo seguinte.

---

116. BOULNOIS, OLIVIER, Teologia medieval, in: LACOSTE, JEAN-YVES, *Dicionário crítico de teologia*, São Paulo, Loyola; Paulinas, ²2014, 533.

117. BÖTTIGHEIMER, *Manual de teologia fundamental*, 225.

118. BOULNOIS, Teologia medieval, 533.

2.4. A percepção da revelação divina da Idade Média ao Vaticano II: leitura cronológica

Ao longo da história da salvação, a percepção da revelação divina veio sendo entendida processualmente num itinerário de automanifestação de Deus, captada como evento salvífico de autocomunicação do transcendente na história da salvação na medida em que o ser humano vai aprofundando a sua consciência do mistério. Evento salvífico esse que começa com a criação, insere-se de forma nova na história de Israel, por meio da pessoa, vida, atividade, morte e ressurreição de Jesus Cristo (a Palavra de Deus que se fez carne, cf. Jo 1,1-18), bem como por ocasião do envio do Seu Espírito Paráclito (cf. Jo 14,15-26). Dentro desse processo é que se procede a transição da Idade Antiga para a Idade Média.

> Por um lado, a compreensão de revelação tida até o momento continua em certos traços até entrar na Idade Média. [...] Por outro lado, existe uma série de questionamentos que já encaminham para a situação do problema nos Tempos Modernos. Na discussão apologética com judeus e gentios, na rejeição da gnose, bem como na polêmica da filosofia (neoplatônica), a questão da revelação é tratada pela primeira vez como problema ao mesmo tempo filosófico e teológico, introduzindo-se assim um processo de tematização e intelectualização [...], chega-se no século XIII (especialmente com Tomás de Aquino) pela primeira vez a uma formulação sistemática do conceito de revelação como abrangente categoria de base para a teologia e a fé. [...] Entendida como comunicação sobrenatural do saber salvífico, a "revelação" torna-se pressuposto, base e norma da teologia, bem como característica de distinção da fé com respeito à razão[119].

A tentativa de construções sistemáticas do conceito de revelação busca uma verdade cristã argumentada e, mediante os traços de fé, vai forjando a teologização da percepção de revelação. Desse modo, especificidade e delimitação ganham contornos no limiar da teologia cristã da revelação divina. Em Paulo bem como em João se interpretam teologicamente o proceder de Jesus Cristo e o seu agir salvífico que brota de sua intimidade com o Pai. Essa percepção de Deus Trino é o ponto culminante da revelação e encontra a sua consumação e plenitude quando, por obra do Espírito Santo, se introduz o homem na comunhão redentora com Deus.

---

119. WIEDENHOFER, Revelação, 797.

Essa definição paradigmática de revelação com a presença consciente das três pessoas da Trindade possibilita um genuíno diálogo e encontro de Deus mesmo com os homens. Até então podemos dizer que foi um diálogo com "partes" de Deus, uma vez que não se tinha consciência e percepção da Trindade tal como temos hoje. O encontro Trindade-humanidade aprofunda também a manifestação da verdade e o convite à vida realizada.

Partindo do binômio razão e fé, estabelece-se durante a Idade Média o programa de pesquisa fundamental da escolástica[120]. Programa esse que:

> [...] vai do uso acrítico da razão e da consequente aceitação da doutrina cristã com base na "autoridade" às primeiras tentativas de penetração racional na revelação e às construções sistemáticas, que leem e interpretam as verdades cristãs de forma argumentada[121].

Neste período, que vai da Igreja antiga até a Idade Média, há por um lado uma oscilação de compreensão do divino, e é justamente aqui que surgem seus diversos aspectos: o contexto eclesial tradicional ainda não entrou em crise fundamental; a religião ainda atinge e determina a sociedade no seu conjunto e o pensamento teológico desdobra-se no quadro da mentalidade simbolista especialmente inspirada pela corrente platônica das ideias, mas ao mesmo tempo defende um atualismo teológico. "O conceito de revelação não chega ainda a tornar-se um conceito-chave da teologia."[122] Tipicamente, a teologia da revelação ainda carrega a estrutura da tradição agostiniana de duas ou três revelações: dos livros de Deus e do livro da natureza, ou do livro da Escritura e do livro da vida.

Na teologia de Tomás de Aquino a revelação torna-se pressuposto, base e norma da teologia da revelação cristã, bem como característica de distinção da fé com respeito à razão. Mais tarde, com a questão nominalista de Guilherme de Ockham, propõe-se, no campo da escolástica tardia, um esvaziar-se da liberdade de Deus e do homem na liberdade de inter-

---

120. Resumidamente, podemos situar a escolástica da seguinte forma: entre os séculos VIII-X, período de sua gestação; séculos XI-XII, seu início, destaque para Anselmo de Cantuária, Pedro Abelardo e Pedro Lombardo; século XIII, Alta Escolástica, representada pela Escola Dominicana com Alberto Magno, Tomás de Aquino e Mestre Eckhart, e, em parte, pela Escola Franciscana, com Boaventura; séculos XIV-XV, auge da representação da Escola Franciscana com Duns Scoto, Guilherme de Ockham e Gabriel Biel (cf. Libânio; Murad, *Introdução à teologia*, 131).

121. Reale, Giovanni, *História da filosofia. Antiguidade e idade média*, São Paulo, Paulus, 1990, 482.

122. Wiedenhofer, Revelação, 797.

pretação de Deus. Segundo a teoria de Ockham, a fé deveria forçosa e necessariamente se separar do conhecimento da razão, pois existe uma clara assimetria entre razão e fé. Ockham entende que

> O âmbito das verdades reveladas é radicalmente subtraído ao reino do conhecimento racional. [...] O desconhecimento da possibilidade de qualquer interpretação racional dessa suprema verdade da fé cristã [sobre o dogma da Santíssima Trindade] é tão radical a ponto de marcar o fim da escolástica. A razão não está em condições de oferecer qualquer suporte para a fé porque não consegue tornar o dado revelado mais transparente do que pode fazê-lo a fé[123].

Por aí, podemos ver que, na seara do pensamento medieval, a revelação histórica de Deus é fortemente intelectualizada e atomizada. A partir daí, ela "torna-se, por isso, na sua positividade (juntamente com o pensamento da onipotência absoluta de Deus) o sinal propriamente dito da liberdade divina e humana e a um só tempo fundamento da absoluta certeza da verdade da fé"[124].

A partir da compreensão da doutrina revelada, a cultura medieval enfatiza uma marca profundamente cristã, seja por ter amadurecido no interior dessa marca, seja por sua contraposição a ela. Desse contato com a fé, a razão coloca-se em muitos momentos a serviço da fé de forma que a filosofia serve à teologia para a interpretação das verdades reveladas bem como para a construção sistemática da doutrina no campo da dogmática. De certa forma, a cultura medieval admoesta à humanidade que não basta crer, é preciso também entender a fé. Em outras palavras, vale registrar que:

> A utilização dos princípios racionais, primeiro platônicos e depois aristotélicos, era feita para demonstrar que as verdades da fé cristã não são disformes ou contrárias às exigências da razão humana, que, ao contrário, encontra nessas verdades a sua completa realização. A influência do platonismo e do neoplatonismo, através de Agostinho, e a influência do aristotelismo, primeiro através de Avicena e Averróis e depois através do conhecimento direto das obras do Estagirita, devem ser interpretadas nesse contexto, isto é, como demonstração de que o pensamento filosófico clássico pode ser precioso subsídio para melhor compreensão da doutrina cristã[125].

---

123. REALE, *História da filosofia*, 615.
124. WIEDENHOFER, Revelação, 797.
125. REALE, *História da filosofia*, 482.

Entender que as verdades reveladas da fé cristã não são disformes ou contrárias às exigências da razão constitui um avanço desse período da Idade Média no processo de construção da concepção de revelação de Deus, pois esse entendimento ajuda a esclarecer que as verdades de fé dão à razão humana a sua completa realização.

A Idade Média imprime, todavia, sua marca distintiva à teologia da revelação: à visão agostiniana e dionisiana de um universo totalmente sacramental sucede progressivamente uma meditação regional daquilo que receberá tardiamente o nome de "revelação especial", a história bíblica da salvação, e ao sentimento de uma única tradição formada pela Escritura e pelos Padres sucede uma interrogação sobre a especificidade reveladora das Escrituras[126].

Até então, na primeira escolástica, há uma compreensão única da economia da salvação, qual seja: Padres e Escrituras formam uma única Escritura; e criação e revelação são pensadas em termos globalizantes. Mais tarde, distingue-se como distintas a revelação percebida na criação e aquela advinda da Palavra anunciada na história (Guilherme de Saint-Thierry).

Na teologia da revelação de Alberto Magno acontece a primeira síntese moderna dos elementos de fé até aqui meio dispersos: por um lado, ele ressalta a Escritura, que é crível; por outro, a Igreja, que interpreta a Escritura com o auxílio da teologia. Segundo ele, as coisas teológicas não se conjugam com as filosóficas, uma vez que "a teologia se baseia na revelação e na inspiração, não na razão"[127]. Dessa forma, Alberto Magno contribui com a distinção entre o tempo originário da revelação e o tempo da Igreja, isto é, o tempo da explicação e interpretação da verdade revelada. A partir de São Boaventura, entende-se que "a fé na revelação nasce da ação conjugada da palavra externa e da palavra interna, mas principalmente da audição interna"[128]. A partir da sistematicidade do pensamento tomista, nesse processo escolástico de compreensão da verdade revelada é preciso refazer a relação patrística do itinerário do crer para entender, substituindo, assim, essa dinâmica em um crer e compreender.

O movimento total do pensamento de Santo Tomás descreve uma elipse e não um círculo. É uma teologia gerada pela conjugação de um duplo foco: a ciência de Deus comunicada pela revelação (teologia). E a ciência

---

126. Lacoste, Revelação, 1540.
127. Reale, *História da filosofia*, 549.
128. Lacoste, Revelação, 1541.

do homem alcançada pela reflexão autônoma (filosofia). O duplo foco gera um único movimento ou curva [...]. A originalidade de Santo Tomás constituiu em descobrir que o ponto de vista de Deus e o ponto de vista do homem podem realmente conjugar-se para dar origem a uma visão de mundo coerente e harmoniosa[129].

A nosso juízo, essa visão de mundo coerente e harmoniosa, que defende Lima Vaz, deve ser sempre uma meta em que pensamentos divinos e humanos se conjugam[130]. Meta que, certamente, será alcançada na medida em que a humanidade se aplicar ao exercício da pedagogia tomista de fazer valer "rigor teórico, criatividade e ousadia"[131]. Se assim proceder, a humanidade chegará ao ponto de desenvolver uma teologia obediente à revelação. Uma teologia que responda às exigências da epistemologia aristotélica, cuja representação está na seara do esplendor divino. Esse foi o quadro ou figura máxima e insuperável que a escolástica projetava. Ademais, a literatura tomista admoesta aos leitores que a união das dimensões intelectuais e espirituais não deve distanciar o ser humano da caridade nem da experiência mística.

> Conforme Santo Tomás, a teologia não é pura ciência, mas também sabedoria, e provém do dom de sabedoria: procede, consequentemente, da caridade. O ato de conhecimento é um ato de adesão intelectual a Deus que procede do amor [...]. O teólogo deve viver da fé e da caridade para fazer teologia. Caso contrário, seria morta; inerte repetição de fórmulas e não uma ascensão intelectual para Deus[132].

O contato e domínio das categorias aristotélico-tomistas fornecem chaves essenciais para a compreensão e o fomento da genuína fé revelada. A teologia escolástica contribui enormemente para esse processo de interpretação e compreensão da fé revelada. Entendemos que o ato de pensar a fé nasce dessa capacidade humana de passar dos símbolos e analogias ao conceito. Foi nesse período da história da revelação que a reflexão teológica contribuiu fortemente para a utilização do método dedutivo ao utilizar a lógica estrita, fomentando o pensamento articulado racionalmente. Entretanto, vale ressaltar aqui uma crítica:

---

129. LIMA VAZ, HENRIQUE CLÁUDIO, *Escritos de filosofia I*, São Paulo, Loyola, 1986, 32.
130. "Tende em vós os mesmos sentimentos de Cristo Jesus" (Fl 2,5).
131. LIBÂNIO; MURAD, *Introdução à teologia*, 130.
132. COMBLIN, JOSÉ, *História da teologia católica*, São Paulo, Herder, 1969, 153.

A escolástica é tributária do ideal de saber e de ciência proveniente da filosofia aristotélica. [...] Por considerar objeto da ciência somente as coisas necessárias e universais, exclui as necessárias e contingentes, ignorando assim o lado concreto, histórico, experimental, pessoal e relativo do ser. A matriz "ser-essência", que subjaz ao aristotelismo e à escolástica, se articula em esquema dual, que dá azo a nefastos dualismos na vida de fé e suas expressões. Ao partir dos dados revelados tidos como "seguros", a elaboração teológica se reduz a uma "ciência de conclusões", deixando de perscrutá-los com energia e paixão[133].

Falta, desse modo, o componente intuitivo e metaconceitual que faz a iluminação da alma, a qual valorizava Alberto Magno. Ele ressalta a importância da iluminação da verdade revelada para a iluminação e compreensão das faculdades da alma.

Os teólogos [...] descobriram na alma novas faculdades correspondentes a aspectos específicos de novos hábitos científicos correlatos de cuja existência os filósofos sequer desconfiavam. [...] Tal empresa só lhes foi possível porque eles foram iluminados pela revelação, que, como novo sol, despertou problemas antes desconhecidos[134].

Infelizmente, após a Patrística e todo esse foco na racionalidade, sem um cuidado com a transparência do rito, a intensidade cerimonial deixa de lado a presença do mistério celebrado para a valorização e a imposição do rito em si mesmo, de forma que a teologia deixa de ser aquilo que ela traz inserido em seu próprio nome: operação sagrada[135]. Quando há uma predominância do conceitualismo[136] ressequido de energia e paixão, perde-se o sentido revelado da fé cristã, que é histórico-salvífica, e se acaba favorecendo a separação entre a teologia e a vida. Desse modo, o processo de distinção como separação brusca conduz à dilaceração[137].

O limiar de uma teologia combativa só pode mesmo é provocar dilacerações e resistências. Tanto é que a teologia de domínio luterano aparece nesse

---

133. LIBÂNIO; MURAD, *Introdução à teologia*, 133.

134. REALE, *História da filosofia*, 549.

135. MARSILI, S., Teologia litúrgica, in: TRIACCA, A.; SARTORE, D., *Dicionário de liturgia*, São Paulo, Paulus, 1992, 1178.

136. Como sabemos, o período escolástico, em seu bojo, estava eivado de limites: "forte conceitualismo, racionalismo, essencialismo, metafisicismo, abstracismo, tendência ao dedutivismo a-historicismo", (cf. VAGAGGINI, C., Teologia (il modello scolástico), in: *Nuovo dizionario di teologia*, Roma, Paoline, 1988, 1623.

137. LIBÂNIO; MURAD, *Introdução à teologia*, 133.

cenário com uma nova concepção de revelação, cuja definição se dá como "um ato divino voltado para o exterior (*externos*) no qual Deus se desvela ao gênero humano por sua palavra para a salutar informação dele"[138]. Após a teologia católica elaborar para si mesma uma teologia da revelação, a teologia protestante também apresenta a sua, ressaltando que a revelação se efetiva de uma forma a perceber Deus exclusivamente mediante a sua Palavra:

> Pode-se, a largos traços, localizar uma corrente hegemônica de teologia, que dominou desde o início da Idade Moderna até o limiar do Vaticano II. São cinco séculos de vigência, compreendendo o período em que a humanidade realizou mudanças qualitativas com rapidez cada vez maior[139].

Evidente que a teologia antimoderna e manualística, durante os séculos XIV e XVI, ao se deparar com as mudanças na sociedade, não dá conta de lidar com o desmonte do pensamento medieval. Na "ordem universal", determinada por Deus, todas as coisas têm o seu lugar. Desbaratada, só resta para essa teologia antimoderna retomar as suas certezas, agarrando-se ao enrijecimento. Vale ressaltar que, com tal enrijecimento, da mesma forma que a teologia católica enraizou a Escritura na tradição da Igreja, a teologia protestante enraíza a Palavra na Escritura[140]. Essas posturas acabaram por limitar unilateralmente a percepção da revelação divina que, tal como a entendemos hoje, é por si mesma dinâmica. Isso se deu até desembocar-se no limiar do Vaticano II, que dialoga com as questões da teologia humanista da reforma. Fomenta-se, dessa forma, contra o Iluminismo protestante, a mentalidade de um Deus apresentando a si mesmo. Na figura do jesuíta Francisco Suárez destaca-se a concepção latina de *locutio Dei attestans* (que se pode traduzir por "atestando a Palavra de Deus" ou o "testemunho divino"), como se pode ver:

> E em Suárez intervém um conceito destinado a se tornar central, o de *testemunho divino*: ele conduzirá a definir a revelação como "tomada de palavra divina dando-se testemunho de si mesma", *locutio Dei attestans*. Suárez distingue em duplo sentido a revelação: primeiro, pois, um véu se vê tirado pela revelação do objeto da fé, e é assim que ele se torna de alguma maneira conhecível em razão do testemunho divino. Por outro lado, a infusão da fé tira a ignorância que afetava o intelecto. E se pode falar de revelação aqui e lá[141].

---

138. Lacoste, Revelação, 1542.
139. Libânio; Murad, *Introdução à teologia*, 135.
140. Lacoste, Revelação, 1542.
141. Ibid.

Este famoso trocadilho da *locutio Dei attestans*, em cujo processo revelatório perpassou a teologia da revelação divina, ganha espaço, a partir de então, tanto no campo da fé quanto no da razão. Notemos que essa compreensão de trânsito livre e complementar entre razão e fé no Deus revelado possibilitou um avanço na genuína compreensão do Deus que se revela na história. Entendemos assim porque, paradoxalmente, dentro desse período, aquilo que aparentemente se mostrava um retrocesso e embate entre fé e razão era compreensão da Palavra de Deus que dá testemunho de si mesma (*locutio Dei attestans*), proporciona, na reforma da teologia, uma nova percepção de Deus. Ele quer se tornar conhecido e desvelado, mediante o seu testemunho. A continuidade desse processo é estritamente possível.

> [...] [especialmente com Erasmo de Roterdam], o conceito de revelação (em antítese para com a razão e na sua determinação cristocêntrica) usa-se pela primeira vez expressamente como insistência de legitimação para criticar tradição eclesiástica e como instância de motivação para a reforma de teologia, fé e Igreja. [...] Neste contexto, o conceito de revelação adquire [...] já caráter transcendental-teológico[142].

A partir de então surgiu dentro do discurso teológico uma avalanche de tendências articuladas e desagregadoras que proporcionaram o rompimento com o círculo hermético e conservador da escolástica, a fim de abrir um diálogo com a modernidade. Ao ser provocada na dimensão cognitiva da fé, que relegava até então o aspecto existencial a um segundo plano, a teologia nega-se a dialogar com o mundo moderno e fecha-se na nostalgia da cristandade.

> Uma avalanche de tendências desagregantes precipita sobre a cristandade: subjetivismo, nacionalismo, laicismo, secularização. Elas atuam no sentido de diluir as grandes sínteses alcançadas no plano político-religioso. [...] A teologia escolástica não assimila o "giro cartesiano" da razão, nem o individualismo emergente. A reforma protestante, iniciada por Lutero e seus companheiros no século XVI, golpeia duramente a unidade católica da Europa[143].

Sabemos que com a consolidação do capitalismo, as filosofias de Hegel e Marx e a irrupção do movimento socialista, a teologia assume posi-

---

142. WIEDENHOFER, Revelação, 797.
143. LIBÂNIO; MURAD, *Introdução à teologia*, 135.

ções de defesa. Os escolásticos tardios já não percebem a dedução como um meio de captar a realidade que se esconde. Preferem fazer da dedução um fim que se apresenta silogisticamente com proposições absolutamente desconectadas da teologia tomista que sabia valorizar a tensão entre realidade e as definições conceituais que estimulavam o dinamismo da razão.

> Depois de Santo Tomás perdem o sentido desta tensão e prestam mais atenção à definição de fórmulas do que ao conhecimento do Deus escondido. A debilidade da escolástica, do século XIV para cá, se manifestou ante a intervenção de três fatores ou críticas fundamentais: a crítica histórica, a ciência experimental e a vida mística[144].

Esses fatores, ao possibilitar o diálogo com o romantismo e o idealismo alemão, fundem o método especulativo com o histórico-positivo, de forma que, "com a ajuda do conceito de história e historicidade, do romantismo, relê alguns dados da revelação e a compreensão do cristianismo. Possui uma concepção mais imanentista da relação Deus-mundo: o Senhor continuamente atua no seu interior"[145]. A partir de então, possibilita-se a compreensão de que o lugar privilegiado de continuidade da automanifestação genuína de Deus revelado é a Igreja, ou seja, o dinamismo da comunidade de fé.

Nos tempos modernos, por um lado, o conceito de revelação significa o evento histórico ou um conjunto de eventos em que a liberdade divina entra em ação, contudo, enquanto ações livres e, neste sentido, contingentes, tais eventos só podem ser acolhidos na liberdade de fé, mas não podem ser sabidos a *priori*. Isso significa dizer que a teologia da revelação tem como desafio especificar a sua tarefa, qual seja: comprovar o evento da revelação mediante testemunho histórico como verdade eterna. Por outro lado, o conceito de revelação instituído pelo Iluminismo propõe, no seu conjunto, a mediação e a reconciliação da fé e da razão e, por isso, critica toda a compreensão de revelação que se oponha a tal[146].

Entre as compreensões que se opõem a esse raciocínio, destacam-se: a) a supranaturalista, que defende uma concepção de revelação para além e acima da razão; b) a positivista, cuja tradição de fé seria toda intocável e aceita cegamente; e c) a concepção absolutista, para a qual a revelação é expressão de Deus incompreensível e por isso deve ser acolhida numa

---

144. COMBLIN, *História da teologia católica*, 80.
145. LIBÂNIO; MURAD, *Introdução à teologia*, 140.
146. WIEDENHOFER, Revelação, 798.

sujeição inquestionável. Diante da possibilidade de uma compreensão de revelação absolutamente antagônica à razão autônoma, surgem na inspiração do Concílio Vaticano II, com o apoio do movimento iluminista anterior, defensor da renovação, as vias para a nova teologia da revelação[147].

Do ponto de vista da teologia fundamental, sabemos como "realidade central da experiência cristã, mas conceito por longo tempo marginal, [que] a revelação faz seguramente figura de noção organizadora da teologia contemporânea"[148]. Como tal, ela torna-se um elo entre as múltiplas organizações a que preside. E essas organizações cortam transversalmente as barreiras confessionais, evidenciando, assim, as suas múltiplas tendências. Não é de se estranhar que o desafio de compreensão do Deus revelado recaia sobre a teologia da revelação cristã habilitada a olhar a realidade histórica sob a ótica das diferentes revelações.

Sistematicamente, o conceito de revelação pode ser refletido através dos prismas lógico, ontológico e teológico. Diante do prisma lógico, divide-se em três estados de coisas bem diferentes, a saber: ontológico, categorial e metateorético. O prisma ontológico e da teoria do conhecimento trata, resumidamente, de refletir sobre a revelação divina não somente no que diz respeito à mediação entre revelação cristã e razão moderna, mas das relações entre sujeito e objeto, Deus e o mundo, liberdade e história em geral. Por fim, o prisma teológico considera que a revelação é essencialmente promessa da justificação do pecador que porta ao mesmo tempo o caráter de julgamento. É ainda uma forma de ver a realidade, a partir de Jesus Cristo como história do passado, bem como hodierna e futura. Existe um mútuo entrecruzamento entre estes momentos da revelação: passado, presente e futuro, uma vez que a parusia deve ser circunscrita na seara das considerações sobre a revelação. Nesse âmbito, insere-se ainda um campo de diálogo entre as religiões[149].

Na perspectiva sistemática da revelação[150], cinco tendências facilmente se deixam perceber: a primeira é a proposicional, que concebe a revelação como doutrina, como uma locução divina dirigida aos homens por meio de ensinamentos. A tendência histórica defende a revelação indireta de Deus aos homens por atos inscritos no tecido da história, que as inteligências iluminadas poderiam ler corretamente. A tendência intimista reduz a reve-

---

147. Ibid., 799.
148. LACOSTE, Revelação, 1544.
149. WIEDENHOFER, Revelação, 798-800.
150. LACOSTE, Revelação, 1545.

lação a uma experiência interior, é a criação, depuração e clareza progressiva da consciência de Deus, tanto no homem individualmente quanto na humanidade contra a ideia de revelação como enunciado, mas como experiência. A tendência dialética, essencialmente cristológica, está atrelada à noção de revelação e salvação, sendo Rudolf Bultmann o representante desta tendência e o criador da expressão "revelação salvífica". Segundo ele, a revelação surge por causa da pseudo-suficiência do homem pecador, em todo tempo e lugar em que é anunciada a palavra de salvação. A última tendência "consiste em ler o processo de revelação como abertura de uma nova consciência de si mesmo e do mundo — como acesso ao fundo das coisas. O sagrado tende aqui a substituir a Deus, e a experiência do sagrado a ser apenas revelação"[151]. Todo esse aparato de informações sobre a revelação divina, efetivamente, pondera que, do ponto de vista da teologia da revelação, a linguagem religiosa não é um discurso sobre os céus, mas um discurso sobre a terra. A partir disso, podemos deduzir e perceber que a história da revelação é bastante sinuosa e que a revelação divina ocupa lugar importante nos pensamentos dos teólogos preocupados em falar de autocomunicação divina.

Vale ressaltar que foi nesse despertar de mentes iluminadas destinadas a refletir sobre a autocomunicação de Deus que surge a escola de Tübingen, na Alemanha, em 1918, bem como o Colégio Romano na Itália e também o esforço francês na confecção de dicionários e revistas teológicas. Iniciativas que desembocam no movimento neotomista desencadeado por Leão XIII, provocando uma abertura para alguns problemas modernos. Dessa forma, nasce a apologética da imanência, segundo a qual, o humano é tendenciosamente aberto ao transcendente, quando, despertando a consciência humana para a necessidade e utilidade da revelação, percebe que a revelação divina entra na consciência da pessoa de maneira tal que, mesmo surgindo do exterior, a ação interior é fruto de uma conveniência prévia[152].

Esses acenos para o itinerário percorrido pela história da revelação nos levam a pensar com perfeita acuidade que é preciso garantir, mesmo diante do caminho sinuoso da história, o equilíbrio entre os seus fatores subjetivos e objetivos. Para isso, é preciso levar sempre em conta o vínculo estreito que existe entre a revelação bíblica e o mistério divino, a partir do movimento modernista. Para melhor aprofundarmos essa compreensão, faz-se necessário ponderar que:

---

151. Ibid.
152. Libânio; Murad, *Introdução à teologia*, 140-141.

Apesar de Hegel, o Deus revelado não é um Deus patente de quem o homem poderia saber tudo. Deus é conhecido como desconhecido e revelado como incompreensível. E, nesta qualidade, a teologia da revelação não pode não reconduzir a uma teologia da liturgia, de um lado porque a liturgia se propõe como o lugar privilegiado em que a Escritura se torna Palavra, de outro porque ela evoca a distância sacramental que separa o homem do Deus invisível, que o reúne por mediações eclesiais no ambiente conatural em que o revelado se desdobra segundo todas as suas dimensões[153].

É bastante criativa e oportuna essa admoestação da necessidade de valorizar a ação litúrgica comunitária no processo de percepção da revelação divina. Sem dúvida, a junção orante da Palavra revelada, celebrada comunitariamente, proporcionará a experiência do desvelamento perceptível e afetivo do mistério de Deus. Entendemos que o transcendente se revela melhor e privilegiadamente na meditação comunitária da sua Palavra revelada, celebrada. A atitude contrária conduz o indivíduo para a privação do sentido da vida que recai sobre o ser humano, quando tolhido pelo pecado — entendendo pecado como atitude de desamor, afastamento de Deus.

Ao ser privado da percepção do mistério, resta a ausência estéril de si mesmo e sobra o seu estado de nadificação. As Sagradas Escrituras constituem as fontes profundas de humanidade, despertam a esperança e enchem de amor as relações fraternas que emanam a experiência do Deus Revelado. O cristão ciente da utilidade da experiência reveladora, com fé madura e crítica, sabe valorizar sempre o momento comunitário e meditativo da Palavra. Ele percebe que, na comunidade, a percepção de Deus tende a crescer e avançar sempre mais. Com a captação da revelação de Deus se vão minimizando os empecilhos à fé e potencializando as experiências do mistério.

No processo sinuoso de percepção da revelação na história, contra o movimento modernista, cujas propostas pretendiam fazer modificações no conceito de revelação e nos dogmas, introduzindo aspectos evolucionistas, imanentistas e subjetivistas, surgem as condenações de Pio X nos dois documentos *Lamentabili* e *Pascendi* (1907). Tais condenações de Pio X eliminam o espírito renovador e reforçam a teologia manualística[154]. Não obstante as condenações, as portas se abrem para a teologia; de forma es-

---
153. Lacoste, Revelação, 1546.
154. Libânio; Murad, *Introdução à teologia*, 142.

pecial, destacam-se os trabalhos dos dominicanos, jesuítas, carmelitas e beneditinos que, durante esse tempo, esforçaram-se por aproximar a teologia da espiritualidade. E a teologia começa, pois, a ocupar-se da problemática humana. As reflexões sobre a moral familiar e as relações entre Igreja e Estado, bem como o progresso científico e as relações sociais desembocam no humanismo cristão, cujo representante maior é Jacques Maritain (1882-1973). Ele aponta para a necessidade de fomentar reflexões sobre a teologia da graça ao enfatizar a relação natural-sobrenatural.

Surge também o movimento querigmático, que bifurca equivocadamente[155] a teologia em querigmática e erudita — como se tal fosse possível. Esse movimento, todavia, fez um grande bem por voltar a sua atenção para a pastoral, uma vez que, até então, existia apenas a via tomista de reflexão teológica que não comportava abertura pastoral. Também é importante lembrar que foi esse movimento que provocou a busca às fontes das Sagradas Escrituras, bem como o estudo dos Santos Padres. Essa busca às fontes aprofunda a concepção da revelação de Deus.

Nos vinte anos que antecedem o Vaticano II, apesar das censuras e restrições, a pesquisa e a produção científica avançam, preparando o terreno para o surgimento de vários movimentos teológicos, destacando-se como baliza para o bem da Igreja. Na França surge a *Nouvelle Théologie*, com dois centros importantes: a faculdade dos jesuítas em Lyon e a Casa dos Estudos Dominicanos em Saulchoir. Essa teologia enfatiza a volta às fontes e a aplicação de métodos histórico-críticos no estudo das Escrituras. A evolução da percepção da revelação divina é defendida, bem como retomada e aprofundada, dentro dos limites da fé católica[156]. A nova teologia integra espiritualidade e teologia, possibilitando integração e participação da vida. Mas, em 1950, é golpeada pela encíclica *Humani Generis* de Pio XII.

Entretanto, percebe-se que não é mais possível uma volta ao passado. O homem moderno situa-se diante da vida e de seus problemas de forma diferente. Deixa de ser receptor da tradição para tornar-se protagonista. Essa postura nova provoca uma grande transformação na teologia. Enquanto o tomismo ressalta o espírito que conhece, cuja perfeição consiste no conhecimento (contemplação), o homem está entregue a um processo de desenvolvimento. Como fazedor de si mesmo, ele toma as iniciativas

---

155. Equivocadamente porque sabemos que toda teologia deve ser querigmática, isto é, servir à evangelização, e, ao mesmo tempo, científica, isto é, ser atenta à sistematicidade de um discurso coerente.

156. LIBÂNIO; MURAD, *Introdução à teologia*, 145.

que lhe possibilitam aperfeiçoar-se neste e por este processo. A escolástica formava juízo por ser uma filosofia das essências e buscava a adequação do espírito ao real, enquanto na filosofia moderna o homem se descobre capaz de responsabilidade, liberdade e amor. Ele quer abarcar a realidade em sua totalidade, implicado que está em suas concepções objetivas[157].

À guisa de conclusão, notamos que no processo de captação da revelação divina, ao longo da história da salvação, na concepção tradicional a revelação é compreendida como um pacote de verdades. A discussão até aqui apresentada pretendeu deixar claro que "na evolução interna da teologia exprime-se o deslocamento da transcendência para a encarnação, da infinitude para a finitude, da vida interna de Deus para o agir de Deus na história"[158]. É sobre a percepção desse agir de Deus na história da salvação que vamos nos debruçar daqui para a frente com o estudo da teologia da revelação do teólogo galego Andrés Torres Queiruga.

A partir da teologia de Torres Queiruga, entenderemos que o mistério da encarnação traz um grande vigor na reflexão teológica acerca da revelação divina hodierna, deixando de ser apenas uma realidade transcendente, um movimento que vem de cima. A literatura queiruguiana aponta para uma nova percepção de Deus revelado em Jesus Cristo. A teologia da revelação, como vetor essencial e organizador da reflexão teológica contemporânea, entende que não é possível falar de Deus sem levar em conta a humanidade de Jesus. Nele a experiência humana torna-se o viés privilegiado para esse teologizar e captar a revelação do mistério. As realidades seculares tornam-se igualmente objeto da reflexão teológica que, até então, eram deixadas de lado. Elas não podem ficar de fora, uma vez que se circunscrevem também ao projeto de Deus que a tudo abrange. "E com isso a teologia também não perde seu caráter de teologia. Pois considera a secularidade das realidades à luz teologal da revelação."[159] Para iniciar essa trajetória, seguiremos com a teologia da revelação de Andrés Torres Queiruga no próximo capítulo.

---

157. CONGAR, YVES, *Situação e tarefas atuais da teologia*, São Paulo, Paulinas, 1969, 97-98.
158. LIBÂNIO; MURAD, *Introdução à teologia*, 149.
159. Ibid., 150.

Capítulo 3
A Teologia da Revelação de Andrés Torres Queiruga

No capítulo anterior, tratamos sobre a concepção tradicional da revelação divina no decorrer da história da salvação. Fizemos um itinerário que nos permitiu ver o percurso da percepção de Deus na história até o limiar do Vaticano II. Neste capítulo trabalharemos, especificamente, a teologia da revelação divina na perspectiva de Andrés Torres Queiruga.

Preocupado com a pressão que a modernidade mantém sobre a fé, Torres Queiruga não deixa de perceber os desafios que ela provoca na reflexão teológica. No afã de mostrar que o embate não é o melhor caminho para a percepção de Deus, sabiamente o autor busca uma zona de contato entre aquilo que existe de melhor, tanto na fé quanto na modernidade. A partir dessa percepção pedagógico-metodológica da necessidade de valorizar "o melhor com o melhor", isto é, aquilo que é o essencial de cada uma, sua literatura aponta para a defesa conjunta do homem. Dito de outra forma, a grande importância ou o grande diferencial da reflexão teológica acerca da revelação de Torres Queiruga está, exatamente, nesse ressaltar da defesa do humano ao mesmo tempo em que articula o melhor com o melhor entre fé e modernidade, combatendo as falsas imagens de Deus com que a modernidade tenta asfixiá-lo, bem como evidenciando os fracassos do Iluminismo que o faz prisioneiro de si mesmo. Se a reflexão teológica não levar em conta aquilo que existe de melhor entre fé e modernidade, ela será duplamente ameaçada.

A teologia corre duplo perigo: ou diluir sua identidade confessional e sua linguagem para adaptar-se à modernidade, ou então reagir compulsivamente, mediante o ressentimento e a agressividade, para defender-se dela. O difícil é manter o talante dialógico com a cultura e a sensibilidade atuais [...]. Fazer que "identidade" e "relevância" avancem juntas: eis aí o desafio que o tempo presente lança à teologia. Para consegui-lo, Andrés Torres Queiruga buscou inteligentemente a zona de contato entre fé e modernidade, entre o melhor de ambos[1].

Esse processo de valorização queiruguiana transcorre num percurso em que é preciso levar em consideração três passos importantes: a) superar as desqualificações simplistas; b) ter paixão por compreender o outro e abrir-se honestamente à sua crítica; e c) contribuir com a própria visão do humano. Ao transcorrer esses passos, o teólogo galego desafia o homem a alcançar um conhecimento de si, bem como possibilitar um crescimento sobre as coisas, estimulando o outro também à crítica de si mesmo. Torres Queiruga, ao encontrar os pontos exatos entre fé e modernidade, faz com que ambas sejam desinstaladas daqueles horizontes onde cada uma jazia encalhada.

A partir da autocompreensão cristã, Torres Queiruga defende que Jesus é o ponto vital, tanto para quem acredita na imagem de um Deus quanto para aqueles que rejeitam a fé, pretendendo salvar a autonomia e a autorrealização humanas. Para os primeiros, essa visão é importante porque enfatiza a plenitude de quem entende viver para Deus; para os segundos, eles também necessitam se libertar de uma radical e irredutível rivalidade. Portanto, superar bloqueios e dedicar-se a uma teologia com cabeça e coração são o grande desafio para o fomento de uma verdadeira teologia da revelação. A partir da literatura de Torres Queiruga somos desafiados a fazer uma teologia com entusiasmo, de forma que não seja apenas uma "cabeça sem coração" de uma teologia asséptica e fria, incapaz de entusiasmar, admoestando para que não sejamos pueris a ponto de cairmos numa reflexão teológica piegas, porque esta é uma postura carente de fundamentos, tendo por resultado: ou o ficar cada um no seu gueto ou o ajuntar-se apenas para uma tirania mútua.

Embora não seja porque a Idade Moderna trouxe também o nascimento da ciência, o emergir profundo da subjetividade humana, a revolução social, com a busca efetiva de maior igualdade, liberdade e tolerância entre os seres humanos... A mescla que em tudo isto existe em matéria de equí-

---

1. GARCIA, JOSÉ A., Prólogo, in: TORRES QUEIRUGA, A., *Creio em Deus Pai. O Deus de Jesus como afirmação plena do humano*, São Paulo, Paulus, 1993, 5.

vocos, abusos, erros e fracassos é também evidente; mas isto constitui o quinhão de toda atividade humana, sem excetuar a do cristianismo[2].

A partir de Torres Queiruga, percebe-se a necessidade de que os fundamentos do cristianismo sejam mais bem esclarecidos, uma vez que, em muitas situações e para algumas pessoas, ele é encarado ainda hoje como um peso. O autor pondera que é necessário ajudar o ser humano a entender que "se o cristianismo busca alguma coisa, esta consiste em tornar mais leve para a humanidade o peso da existência"[3]. Percebemos que, para refletir sobre as questões atuais em torno da revelação divina, o autor estudado não parte simplesmente da modernidade, mas retoma exaustivamente a pesquisa sobre a revelação em sua versão tradicional para depois ponderar sobre a percepção de Deus hoje. Faz isso concentradamente na obra *A revelação de Deus na realização humana*, traduzida para o português com o título *Repensar a revelação. A revelação divina na realização humana*. Por julgar ser importante, a partir da sua linguagem esclarecedora, retomamos as características da concepção tradicional da revelação divina que fez o autor.

3.1. A concepção de revelação divina segundo a teologia de Torres Queiruga

Em sua obra, Torres Queiruga indaga sobre o surgimento do vocábulo "revelação" na história da salvação. Consideramos uma indagação que se impõe como lógica e necessária para tratar do assunto, pois seria ingenuidade pensar que os homens da cultura semita viviam toda a sua ética, o seu culto, suas festas e sua religiosidade tendo clareza da revelação em si. Sabemos que o que hoje chamamos de revelação divina é o resultado de elaborações *a posteriori*[4]. A esse respeito vejamos o texto a seguir:

> A revelação enquanto termo técnico foi empregado explicitamente por um Concílio de forma direta, apenas a partir do Vaticano I (séc. XIX). No Decreto sobre os livros sagrados e as tradições a serem acolhidas (DH 1501-1505), o Concílio de Trento trata do tema sem usar a palavra. Não menciona revelação e sim "evangelho", aí compreendido como "notícia boa sobre a salvação realizada em nós por Cristo". Antes de Trento nem existe

---

2. TORRES QUEIRUGA, *Creio em Deus Pai*, 22.
3. TORRES QUEIRUGA, A., *Recuperar a salvação. Por uma interpretação libertadora da experiência cristã*, São Paulo, Paulus, 1999, 15.
4. Id., *Repensar a revelação*, 27.

a revelação como um problema. As disputas teológicas referem-se ao conteúdo e, ocasionalmente, aos destinatários da revelação. Estamos, portanto, tratando de um problema típico da modernidade (Reforma; Iluminismo; Avanço científico; Estado moderno)[5].

Julgamos importante a inserção desse fragmento aqui enfatizando que, apesar de a teologia da revelação de Torres Queiruga centrar-se na modernidade, sua teologia nasce das inquietações contextualizadas. Ele volta a sua atenção para a concepção tradicional de revelação, pesquisando e entendendo todo o seu processo para, a partir de então, trazer a sua contribuição. Tratando, pois, da concepção tradicional de revelação, assevera o autor:

> O israelita não vivia envolto numa espécie de luz da revelação, que o banhasse todo. Vivia, isso sim, tal e qual os demais povos à sua volta, num ambiente impregnado de religiosidade, sem a clara distinção entre o sagrado e o profano que caracteriza a consciência moderna. Nesse ambiente a convicção de que o sagrado se manifestava não era estranha, mas ainda assim se pensava que acontecia — bem como nos demais povos — em momentos ou em manifestações determinadas[6].

Torres Queiruga tem a sutileza de enfatizar que tudo se move num pano de fundo religioso, tanto para os israelitas quanto para os seus vizinhos: os israelitas viviam a sua religiosidade, sem a clara distinção da revelação divina. Essa distinção será uma preocupação a partir da modernidade, tanto é que nas Sagradas Escrituras não encontramos uma palavra determinada para designar o que chamamos hoje tão naturalmente de "revelação". Encontram-se expressões como "desvelar", "aparecer", "falar"[7]. Torres Queiruga, fundamentado na obra *Noções de revelação no Antigo Israel, em W. Pannenberg*, escrita por Rudolf Schnackenburg, enfatiza que embora a revelação seja uma temática central em quase todas as teologias, ainda muito pouco se fala sobre ela. O teólogo galego destaca literalmente a fala de Schnackenburg em sua obra *Revelação II*, ao ponderar que pelo fato de "a terminologia não ser esclarecida, indica que a Bíblia está menos interessada no conceito e na reflexão do que no fato e no acontecimento acerca da revelação"[8].

---

5. SOARES, AFONSO, Revelação, in: PASSOS, JOÃO DÉCIO; SCHANCEZ, WAGNER LOPES, *Dicionário do Concílio Vaticano II*, São Paulo, Paulus; Paulinas, 2015, 838.
6. TORRES QUEIRUGA, *Repensar a revelação*, 27.
7. Para maior aprofundamento sobre este aspecto, cf. Revelación, in: COENEN, L., *Diccionario del Nuevo Testamento*, Madrid, 1980, 98-107.
8. TORRES QUEIRUGA, *Repensar a revelação*, 28.

Não obstante, é na Palavra de Deus que a revelação ganha vitalidade comunicativa entre Deus e o seu povo. "Na palavra a revelação bíblica alcança sua máxima elevação e significado; nela acaba se refletindo, de uma maneira ou de outra, toda a consciência da comunicação entre Deus e Israel."[9] A primazia da Palavra para a compreensão do processo revelador merece destaque pela progressiva verbalização. Isto é, a revelação divina foi se tornando cada vez mais um processo compreensivo de forma unívoca, quando embasada no modelo de palavra humana. O autor nos faz ver que foi no processo da fala categorial de Deus que, ao fazer ouvir as suas palavras, ia transmitindo mensagens concretas e também as verdades eram enunciadas. Isso acontecia de modo semelhante com os oráculos pronunciados que se encaminharam para se chegar aos livros sagrados[10].

É atento a esse fio da percepção da revelação divina comunicada pela Palavra sagrada de Deus aos homens em sua concretude histórica que, a partir da modernidade, aparece, no limiar da história da salvação, a Teologia da revelação de Torres Queiruga. Entendemos que, com esse autor, a concepção de revelação divina ganha nova configuração, em especial pela sua forma clara de desenvolver a questão. Segundo ele, a crítica da revelação cristã delimita-se e está vinculada ao Iluminismo.

> Com efeito, foi nessa época que emergiram à clara luz da razão críticas às intuições e aos desajustes que vinham trabalhando a compreensão teológica da experiência reveladora. Por isso, cabe afirmar que é nela onde pela primeira vez se impõe com toda propriedade o problema. [...]. Agora, o inteiro movimento cultural, ao pôr em questão a fé em seu conjunto, obrigou a colocar com absoluta claridade o caráter irredutivelmente específico da revelação enquanto tal[11].

É a partir da sua compreensão crítica da Palavra que o autor dedica grande atenção ao tema da revelação divina como condição para compreensão do transcendente. Torres Queiruga explica como as formas de revelação bíblicas foram sendo forjadas e, posteriormente, assimiladas ao longo da história da salvação. Segundo ele, nas formas de revelação bíblica podemos melhor captar a Deus.

---

9. Ibid., 31.
10. Torres Queiruga, *Repensar a revelação*, 31.
11. Id., *A revelação de Deus na realização humana*, São Paulo, Paulus, 1995, 75.

3.1.1. Formas de revelação bíblica

Sabemos que uma das formas de narração bíblica foi transcrita em oráculos milagrosos e espetaculares que conduzem ao modelo de revelação verbalizada, que se torna passível de ser notado sempre que voltamos a nossa atenção à visão crítica da Bíblia. Nesses oráculos são imaginados acontecimentos extraordinários, com visões particulares do divino, bem como audições claras das palavras de Javé. Entretanto, segundo o teólogo galego, a visão crítica das Sagradas Escrituras obriga a repensar qualquer concepção extraordinária e miraculosamente construída. "Surpreende, logo de entrada, o fato elementar de que não apareça nem uma mínima referência a acontecimento tão 'extraordinário' na rica e hoje bem conhecida literatura egípcia da época."[12] Há relatos da saída do Egito, sob o comando de Moisés nos seguintes termos: "numa primavera, no momento de celebrar a festa para a prosperidade do rebanho antes da saída para os pastos de verão, e, advindo uma praga que devastou o Egito, os israelitas saíram dali conduzidos por Moisés em nome de seu Deus Iahweh"[13].

Torres Queiruga ressalta que é a partir dessa ampla e difícil caminhada pelo deserto até a Palestina que esse povo viveu a famosa experiência do Sinai, cuja riqueza partilhou e fez chegar até nós. Experiência essa que clareia a consciência reveladora atual. Segundo o autor, a "travessia, sinuosa e acidentada é enriquecida com novos encontros e talvez novas tradições, que vão combinando os diversos grupos e criando uma consciência unitária"[14]. Ao chegar à Palestina, unem-se na mesma fé a outras etnias e, após lutas ferozes com os vizinhos, formam uma unidade política. Essa unidade política desemboca na Monarquia.

Torres Queiruga enfatiza que o Deus que agiu em prol de Israel não era uma divindade insignificante do Oriente próximo, isolada da realidade e relegada ao reino do tempo mítico. Muito pelo contrário, o Deus de Israel entrou dramaticamente no palco do tempo real e das pessoas reais, como expressa a introdução do decálogo: "Eu sou Iahweh teu Deus, que te fez sair da terra do Egito, da casa da escravidão"[15]. No processo de percepção da revelação divina para todos os tempos e lugares se faz necessário entender que "mencionar o nome Iahweh significa evocar a imagem de uma divindade totalmente engajada. Pronunciar esse nome é estabelecer uma

---

12. Id., *Repensar a revelação*, 52.
13. Vaux, R. de, *História antiga de Israel*, Madrid, Cristiandad, 1986, 358.
14. Torres Queiruga, *Repensar a revelação*, 53.
15. Êxodo 20,2.

identidade"[16]. A partir de então, vale ressaltar que os israelitas, "pela primeira vez sentiram-se um povo unido e começaram a viver, como próprias e comuns a todos, as tradições que originariamente haviam nascido em tempos, lugares e grupos distintos"[17]. Vale relembrar que, segundo a percepção bíblica, a primeira vez em que Javé se revela foi no livro do Êxodo. Ali ele apareceu apresentando-se com o seu próprio nome. Por sua vez, a Bíblia hebraica intitula o livro com uma das suas primeiras palavras: *shemoth*, que significa "*nomes*"[18]. Certamente, estavam fazendo referência ao Livro no qual Deus revela o seu nome: YHWH. É, pois, a partir de uma experiência forte e profunda, numa verdade interna da interpretação dos acontecimentos, feita por Moisés e o seu grupo, que temos acesso ao conjunto dessa história diferenciada.

A teologia da revelação de Torres Queiruga busca, dessa forma, compreender a força desses acontecimentos no decorrer de três épocas: o literalismo; o hipercriticismo e os tempos atuais. Logo, quando o autor recorre à compreensão da trajetória da revelação na história, desde a época tradicional, na verdade o que ele está é procurando entender a realidade atual. Para tanto, aponta-a como um desafio e uma necessidade a ser atualizada, assimilada ou entendida.

Sabemos que, nos tempos atuais, eivados de muitos estímulos, a percepção do transcendente se dá à luz mediante uma refinada atenção ao mistério. Essa refinada atenção, iluminada pelo Espírito de Deus, perceberá a luz da revelação atrelada à profundidade e complexidade dos acontecimentos experimentados pelo fiel crente. Torres Queiruga assevera que esta "é a realidade da experiência, a força de sua verdade expansiva, sua eficácia para ir explicando a profundidade dos acontecimentos"[19]. Com esse foco na realidade experiencial, a literatura do teólogo galego reivindica da teologia hodierna uma atenção apurada para ler os sinais dos tempos à luz da fé na revelação. Segundo ele, é preciso ter a compreensão ou o entendimento de que foi a partir da vivência e da experiência religiosa de Moisés que ele intuiu e descobriu a presença viva de Deus. O patriarca, como um anjo de Deus, vai aguçando o seu desejo e o dos seus compatriotas de se libertarem da opressão que os impede de contemplar o mistério. A importância de uma figura carismática e sensível nesse processo é providencial e se apresenta de muitas maneiras:

---

16. CRAGHAN, JOHN F., Êxodo, in: Id., *Comentário bíblico*, São Paulo Loyola, 1999, v. 2, 91.
17. TORRES QUEIRUGA, *Repensar a revelação*, 53.
18. *Bíblia Sagrada. Para estudos*, 78.
19. TORRES QUEIRUGA, *Repensar a revelação*, 54.

Às vezes, o anjo de Deus é o próprio Deus enquanto se debruça sobre o povo, preocupado com ele, decidido a ajudá-lo e guiá-lo. Às vezes, o anjo é uma criatura (Moisés) que nos transmite a mensagem de Deus; pode até ser a chuva, as nuvens, a própria natureza, a história, os fatos que nos falam de Deus. Às vezes, é Moisés e os que, depois dele, guiavam o povo em nome de Deus. No livro do Apocalipse, o anjo de Deus é o coordenador de comunidade (Ap 2,1.8.12; 1,17.14)[20].

Veja que papel rico e preponderante no processo de captar a Deus têm as lideranças eclesiais. Se tiverem o foco e a atenção na leitura dos sinais dos tempos, os limites humanos perderão o foco, pois que este está na percepção do mistério a nos apoiar. Ao destacarmos este fragmento de Carlos Mesters, ressaltamos que foi a intuição mosaica somada à sua visão mística da realidade que o fez entender que

> [...] o Senhor estava ali presente e que os apoiava. À medida que foi conseguindo que esta certeza contagiasse os demais, ajudando-os a descobrir também eles essa presença, suscitou história, promoveu o sentimento religioso e, afinal, criou o Javismo [J][21].

Hoje entendemos que não é diferente nem tão menos desafiador instigar as pessoas a perceberem como Deus convoca a cada fiel para olhar a realidade com um olhar místico, transponível. Nos temores dos tempos hodiernos, somos desafiados duplamente: a nos colocarmos como destinatários da mensagem das Sagradas Escrituras, bem como de debruçarmos em uma *práxis* pastoral aplicando os ensinamentos revelados nas Escrituras. Faz-se necessário combater o mal em nome de uma admiração pelos ensinamentos contidos na mensagem cristã.

> [...] a noção de temor interioriza-se: deixa de ser terror para se transformar na atitude religiosa de evitar o mal e observar os mandamentos (Ex 20,18-21). O temor teofânico transforma-se em admiração ante as palavras e as obras de Cristo (Mt 8,27; Lc 2,9-18.33.47; 4,22); o temor de Javé passa a ser o "temor do Senhor" (At 9,31; 2Cor 5,11; Ef 5,21)[22].

---

20. MESTERS, CARLOS, *Bíblia. Livro da Aliança. Êxodo 19–24*, São Paulo, Paulinas, 1986, 61-62.
21. TORRES QUEIRUGA, *Repensar a revelação*, 54. Vale relembrar que (J) simboliza a Tradição Javista; (P), a Sacerdotal; (E), a Eloísta.
22. *Bíblia Sagrada. Edição da família*, 1540.

Seguindo o exemplo mosaico, marcado por uma experiência tão forte, profunda e real da revelação de Deus, perpassando toda a Bíblia, certamente poderemos transformar positivamente a atual história da humanidade, entendendo que é nesse ínterim transformador, como que num fio tênue do acontecer originário e histórico da vida, em que "se manifesta a essência da revelação"[23]. Refletir, pois, sobre a percepção da revelação de Deus não se dá no nível do barulho estrondoso das grandes coisas, mas na sutileza da brisa suave[24].

No livro do Êxodo a mistura de diferentes tipos literários, que vão do embelezamento lendário (pragas) ao relato épico (travessia do Mar dos Juncos) e à liturgia (Páscoa), as narrativas do texto põem em ação a mão do Senhor. A variedade de tipos literários nessa literatura popular dá testemunho dos muitos esforços humanos para enfatizar uma experiência fundamental com a revelação de Deus. Israel fez isso à sua maneira e o leitor hodierno é desafiado a seguir a mesma mistagogia a fim de beneficiar-se[25] sabiamente dessa riqueza cultural, fazendo-se notar em sua revelação. Moisés estava familiarizado a Iahweh, sabia ler os sinais dos tempos e, portanto, destacou-se como um importante "missionário encarregado" para estar com o povo, que se sentia bastante seguro com a mediação mosaica.

Torres Queiruga aponta que, pela vocação mediadora de Moisés, na sua entrega sincera à verdadeira experiência reveladora do mistério, Deus continua podendo contar com a disponibilidade humana. O autor quer enfatizar com isso que os relatos bíblicos da fé mosaica são exemplos de experiências da revelação por meio dos quais podemos, em todos os tempos e lugares, intuir e captar constantemente, ao longo da história da salvação, o mistério da revelação de Deus. Afirma o teólogo galego que:

> [...] tudo isso torna claro que a revelação não deve ser buscada na letra dos relatos: estes são simplesmente o produto de uma experiência mais original e mais discreta, que constitui o que nós traduzimos como revelação[26].

São, pois, as experiências reveladoras de Deus que nos possibilitam ver o seu colorido extraordinário no ordinário da vida. A atenção às mani-

---

23. Torres Queiruga, *Repensar a revelação*, 54.
24. "O Senhor estava na brisa suave" (1Rs 19,12). Conforme a nota "L" da *Bíblia de Jerusalém*, essa passagem simboliza a intimidade de Deus no trato com os seus profetas. Observemos também que Jesus "subiu ao monte, a fim de orar a sós" (Mt 14,23). Podemos notar que essas orações no monte manifestam a sua intimidade constante com o Pai.
25. Craghan, Êxodo, 92.
26. Torres Queiruga, *Repensar a revelação*, 55.

festações do mistério, nas formas de revelação bíblica, ao longo da história da revelação, a partir de um olhar iluminado pela fé, capacitou o homem a perceber essa experiência original — denominada "revelação".

Olhando para a história da revelação bíblica, é preciso relembrar que a racionalidade filosófica grega teve o seu papel fundamental na expansão da revelação cristã. Entretanto, na medida em que a teologia foi aceitando o terreno do Ser para expressar a fé em Deus Criador-Salvador, foi, concomitantemente, afastando-se da perspectiva histórica própria da revelação bíblica.

> Os atributos aplicados ao Ser divino — onipotência, onisciência, eternidade, imutabilidade etc. — tornam difícil perceber e aceitar a presença reveladora, criadora e salvadora no interior do nosso mundo e da nossa história. Deve-se reconhecer que essa imagem apresenta uma grande dificuldade para ser relacionada com o Deus que se revela na história humana e no cosmo. O Deus comum, dificilmente se articula com o *Deus-co-nosco* e *para-nós*, próprio da revelação mediante Jesus Cristo[27].

É preciso que tenhamos em mente a história do Deus revelado em Jesus Cristo que nos possibilita o sadio entendimento da proximidade entre ciência e fé. Entendimento esse que capacita o homem para captar Deus como um aliado seu. Ele é quem facilita as nossas conquistas. Refletir sobre a qualidade da nossa percepção de Deus, a partir da teologia queiruguiana, diante de todos os riscos que o ateísmo presente impõe, apesar de todo o "esquecimento de Deus" no mundo secularizado, torna-se uma grande oportunidade de admitirmos que "é preciso que Deus viva para que o homem não morra"[28].

A fé de Moisés lhe permitiu perceber que, apesar dos riscos que ele correu, pela maturidade de sua fé, ele sabia que Deus estava presente naquela realidade histórico-salvífica. Com a leitura do teólogo galego, somos desafiados a crer com a mesma intensidade mosaica: que Deus continua presente com a sua doação amorosa num gesto contínuo de criação e salvação. "A ideia sempre presente, sobretudo a partir da tradição patrística oriental, da continuidade entre criação e salvação é agora óbvia."[29] Ele con-

---

27. Rúbio, A. G., A teologia da criação desafiada pela visão evolucionista da vida e do cosmo, in: Rúbio, A. G.; Amado, J. P., *Fé cristã e pensamento evolucionista. Aproximações teológico-pastorais a um tema desafiador*, São Paulo, Paulinas, 2012, 31.
28. Gesché, Adolph, *O mal*, São Paulo, Paulinas, 2003, 38.
29. Torres Queiruga, A., *Fim do cristianismo pré-moderno. Desafios para um novo horizonte*, São Paulo, Paulus, 2003, 41.

tinua criando e salvando concomitantemente e, ao nos salvar, revela-se. É o que a sensibilidade religiosa atual chama de "virada antropocêntrica". "A virada antropocêntrica não é um mero *slogan*, mas antes de tudo uma autêntica revolução, que não deixa nada intocado."[30]

Em outras palavras, a percepção da revelação divina em sua estrutura íntima exige da sensibilidade religiosa de todos os tempos uma capacidade criativa de seus profetas. Esses não podem deixar que os extremismos e subjetivismos impeçam a tarefa de tornar crível e compreensível a fé revelada ao seu destinatário. "O destinatário dessa revelação não é, pois, Israel chamado por uma relação de aliança com Javé, mas pura e simplesmente o homem, [...] que descobriu um mistério do mundo voltado para ele."[31] Assim, a revelação divina não deveria nunca ficar refém de um mero produto da subjetividade humana, mas ser fundamentada nas formas de manifestação encarnadas. Elas se fazem notar na experiência pessoal com o próprio Deus, no mistério mesmo da criação do mundo.

O teólogo galego assevera que, a partir de um novo paradigma da percepção de Deus, somos despertados para captar Deus não como um ditado externo, mas como Aquele que já está em nós procurando se tornar conhecido, de onde resultam dois dados:

> O primeiro, a nova compreensão da relação imanência-transcendência. Ela permite compreender que Deus não necessita *romper* a autonomia do sujeito para anunciar a sua imanência. A razão para tanto é que não se trata de que "Ele venha de fora" com sua inspiração, para um receptor separado e distante. Trata-se exatamente do contrário; pois Deus já está sempre dentro, sustentando, promovendo e iluminando a própria subjetividade, que por isso, o busca e pode descobri-lo. Afinal, a revelação consiste em "aperceber-se" do Deus que como origem fundante está "já dentro", habitando nosso ser e procurando se manifestar a nós. [...] "a Deus só se conhece por Deus" [...]. E notem que essa é, nada mais e nada menos, a definição de revelação. Isso significa, afinal, que todo conhecimento autêntico de Deus é sempre, de algum modo, um conhecimento revelado (os demais são elaborações secundárias e abstrações, que o supõem). [...] O segundo dado: o de uma *razão ampliada*, capaz de superar toda estreiteza iluminista, racionalista e instrumental[32].

---

30. Ibid., 45.
31. Moingt, Joseph, *Deus que vem ao homem. Da aparição ao nascimento de Deus*, São Paulo, Loyola, 2010, v. 2, 268.
32. Torres Queiruga, *Fim do cristianismo pré-moderno*, 48.

Sem precisar problematizar o que significa essa razão ampliada, mas referindo ser aquela que leva em conta os processos fundamentados numa razão que sabe definir os limites entre ela e a fé, de modo que ambas se entreajudem captando o mistério revelado, na razão moderna, desde Descartes até Levinas, o autor argumenta que:

> Longe de aparecer como algo estranho por chegar desde fora, a revelação se mostra como o desvelamento do que o ser humano — pela livre disposição do amor que o está criando e salvando — é, em sua essência mais radical, como indivíduo e como comunidade[33].

Isso é possível mediante a percepção provocada pela força interna de Deus no homem, que, na sua relação de amor, vai estimulando o ser humano a se dar conta da sua presença amorosa. Sabemos que o homem de hoje quis se revestir das qualidades que havia atribuído a Deus, sem notar, porém, que acaba colocando sobre as suas costas as acusações que joga sobre as costas de Deus[34]. Por isso, entendemos que o grande desafio do crente hodierno consiste, exatamente, em perceber que Deus é o primeiro interessado na condição humana. Somos chamados a recuperar a percepção de que o Deus criador é o Deus-Relação, o Deus-Comunidade, o Deus-Amor, o Deus-Trindade, superando, assim, a velha separação dualista entre o Criador e o Salvador. É um repensar teológico a partir das relações trinitárias, de amizade e de comunhão que solicitam uma resposta acolhedora, de filhos e de amigos de Deus. Um Deus que, mesmo não dependendo de nenhum outro ser para existir, pode, livremente, escolher ser *afetado* pela resposta da criatura[35].

O homem hodierno quando ciente de que é "consciência encarnada no mundo"[36], com uma postura sempre aberta ao novo, sabe que não deve ser fechado sobre si mesmo. Por isso, na sua sensibilidade pastoral, o homem se desdobra[37] para fazer com que a verdadeira comunicação de Deus seja inteligível hoje. Nesse sentido é desafiado a fazer um retorno às fontes para ser capaz de fomentar a genuína percepção da revelação de Deus cuja sensibilidade é despertada.

---

33. Ibid., 50.
34. GUECHÉ, *O mal*, 37.
35. RÚBIO, A teologia da criação desafiada, 31, 33.
36. MERLEAU-PONTY, MAURICE, *Le visible et le invisible*, Paris, Gallimard, 1964, 9.
37. "A palavra 'desdobramento' (*dèploiement*) quer dizer que o ser trinitário de Deus é o ato mesmo de se dar um aparecer, aos olhos da fé, nesse movimento interno pelo qual o mundo se oferece ao olhar e ao pensamento do homem" (MOINGT, *Deus que vem ao homem*, v. 2, 26).

3.1.2. Moisés e a sua sensibilidade religiosa diante da revelação: o que o seu estudo pode nos ensinar hoje a partir da ótica queiruguiana?

De onde brota a intuição religiosa de Moisés? Seria ela desprovida de uma preparação *a priori*? De onde vem a genealogia de sua fé? A esse respeito pondera o teólogo galego: "Se a sensibilidade religiosa de Moisés lhe permitiu captar a 'nova' presença de Deus, foi também porque fora educado em um ambiente religioso que lhe oferecera categorias e o abrira ao mistério"[38]. Torres Queiruga adverte que compreender esse fragmento é interessante por ressaltar a conjuntura da cultura mosaica e a sua atenção ao mistério. Faz-nos pensar no "estado de saúde" da nossa ação pastoral atual e também lembra a necessidade de pensarmos na qualidade das experiências religiosas vivenciadas hoje pela nossa cultura. Sabemos, pela tradição sacerdotal, que Moisés tem contato com o Deus dos seus pais. Ele tem papel privilegiado no processo de percepção de Deus dada sua posição mediadora da comunicação face a face com Iahweh[39]. Dessa experiência face a face com o transcendente, ele faz a releitura da vivência tradicional da fé. "O que Moisés traz é uma reinterpretação e um aprofundamento da vivência tradicional."[40] O contexto de Moisés advém do mundo religioso-cultural do Antigo Oriente. Foi aí que o seu próprio sogro, Jetro, bem como as tribos nômades madianitas, proporcionam-lhe longo conhecimento do culto que rendiam a um deus Iahweh, oriundo das escarpas montanhas do sul da Palestina[41].

Possivelmente o conhecimento sobre esse "deus" que Moisés travara com as tribos e com Jetro lhe possibilitou uma preparação para receber o oráculo que lhe enviara ao Egito para ser orientador do grupo do Êxodo. Essa suposição nos faz pensar na qualidade da religiosidade hodierna: nessa época do esquecimento de Deus[42] que nos coube viver, um tempo que convoca a uma contínua escolha de Deus na defesa do homem, Deus sempre fez escolhas pelo homem, esforça-se para demonstrar os seus cuidados para com a sua criatura, mas o homem, na sua finitude e teimosia, nem sempre percebe essa atenção divina.

---

38. Torres Queiruga, *Repensar a revelação*, 55.
39. Êxodo 20,20.33,11; Número 12,6s.; Deuteronômio 34,10.
40. Torres Queiruga, *Repensar a revelação*, 55.
41. Albertz, R., *Historia de la religión de Israel en tiempos del Antiguo Testamento*, Madrid, Trotta, 1999, 103.
42. Moingt, *Deus que vem ao homem*, v. 2, 266 s.

Diante da incapacidade humana de perceber o seu Criador, ele próprio resolve se encarnar na história e fazer história com o homem. A partir da encarnação do Verbo, há um profundo e verdadeiro entrelaçamento entre fé religiosa e cultura. O teólogo galego assevera que "tão somente no corpo da experiência humana total encontra lugar para expressar-se a revelação de Deus ao homem"[43]. A relação pessoa-divindade sempre está aberta e disponível por parte do doador. E ela "só chega à sua realização efetiva quando é acolhida por parte de quem recebe a doação: a revelação de Deus tão somente na resposta do homem se faz realidade concreta"[44]. Moisés se deu a si mesmo plenamente enquanto se deixou cativar por Deus e levou a sério os desafios a ele propostos. Procurou ser bastante fiel à tradição ao interpretar os sinais do mistério que se lhe apresentavam. Nos tempos atuais, "Torres Queiruga sustenta que não é mais fiel à tradição quem mais a repete, senão quem melhor a interpreta"[45]. Moisés entende a necessidade de identificar a sua história com a história mesma de Deus e com seus desdobramentos em cada etapa do significante humano e do significado divino. Hoje somos desafiados a entender que a história da revelação está atrelada à nossa história atual.

> Por isso, o processo de revelação se identifica com a história mesma do homem, avançando em seu avanço e realizando-se em sua realização. Por isso, a revelação é sempre palavra *nova* para o homem, chamado concreto que fala com acento distinto em cada etapa de sua história. Por isso, finalmente, não há concorrência possível entre a revelação de Deus e o desenvolvimento do homem: rompida a mentalidade "intervencionista" e esclarecida [...] a realidade da ação de Deus, não é concebível uma revelação divina que não inclua, como seu corpo expressivo, a densidade do mundo e da história. Mais ainda: dado que a realidade mesma é o "gesto" de Deus que nela se expressa, quanto mais densa essa realidade, melhor manifesta a intenção reveladora nela incorporada: quanto mais pleno o significante humano, mais plena a significação divina[46].

Sabemos que sempre se fez necessário possibilitar ao homem a verdadeira imagem de Deus para que ele se dedique a se refazer à imagem

---

43. TORRES QUEIRUGA, *Repensar a revelação*, 221.
44. Id., *A revelação de Deus na realização humana*, 200.
45. CASTELAO, PEDRO, A teoloxía da creación de Andrés Torres Queiruga, in: CAAMAÑO, XOSÉ MANUEL; CASTELAO, PEDRO (org.), *Repensar a teologia, recuperar o cristianismo. Homenagem a Andrés Torres Queiruga*, São Paulo, Fonte, 2015, 208.
46. TORRES QUEIRUGA, *A revelação de Deus na realização humana*, 200.

e semelhança do seu criador. O essencial é entender que "a revelação quando é acolhida e vivida constitui a mais radical entrega do ser humano a si mesmo"[47].

Moisés captou essa essencial verdade e, ao aprofundar a sua experiência com Deus, compartilhou a imagem verdadeira desse Deus na sua lista de contatos. Percebemos a urgente necessidade de cativar os homens da atualidade para essa mesma partilha e intimidade com a revelação do transcendente na nossa história, a fim de que, ao experimentar essa realidade, possamos nos integrar cada vez mais como seres humanos e realizarmos a nossa verdadeira teleologia.

> Para fazer-se à semelhança de seu criador, o homem terá necessidade de ver o modelo que deve reproduzir, isto é, conhecer Deus para ordenar sua liberdade e seu amor segundo o plano de suas vontades que Deus, ao criar, se engaja a revelar-se a ele[48].

Moisés estava absolutamente vulnerável ao que vinha como oferta de Deus. Vulnerabilidade que hoje reivindica uma seriedade sempre maior, uma vez que o processo revelador se abre a todo um realismo que deve ser "simultaneamente ação de Deus e realização humana"[49]. A comunicação com o transcendente requer a suave compreensão de que a força criadora e salvadora de Deus que pressiona a natureza humana para a sua plena realização é, antes de tudo, realização da criatura ao misturar-se com o seu Criador. Sendo assim, para uma efetiva realização dessa criatura, é preciso repensar a teologia sistemática tradicional à luz das conquistas da modernidade para que seja possível um pensamento cristão suficientemente atualizado e significativo para a cultura atual[50].

A literatura de Torres Queiruga reivindica um crescimento humano que possibilite uma dialética progressiva, na medida em que reativa novas capacidades de acolher a ação de Deus na cultura hodierna. "Verdadeiramente daqui se compreende muito bem que a revelação consiste no vir de Deus até nós como o chegar do homem a si mesmo. [...] Deus é uma descoberta que ensina a ver tudo com novos olhos."[51] Entendemos que essa conquista será absolutamente possível ao reinterpretarmos os nossos tempos

---

47. Id., *Repensar a revelação*, 220.
48. MOINGT, *Deus que vem ao homem*, v. 2, 167.
49. TORRES QUEIRUGA, *Repensar a revelação*, 221.
50. CASTELAO, A teoloxía da creación de Andrés Torres Queiruga, 205.
51. TORRES QUEIRUGA, *Repensar a revelação*, 222.

à luz da fé revelada em Jesus de Nazaré. Fé que vem desde o ato criador, aprimorando-se desde a época de nossos pais na fé: Abraão, Isaac e Jacó.

Alguns questionamentos: será que a cultura atual está convicta da importância de nos educarmos para aprimorarmos a percepção de Deus? Educarmo-nos para entender que o ato criacional é ao mesmo tempo ato soteriológico? Entendemos que ao configurarmos a nossa vida com a vida do nosso Criador facilitaremos a qualidade da vida no planeta? Essas questões objetivam ressaltar que o desejo de Deus de se revelar e se dar a conhecer não é exibicionismo, mas uma sincera e pura doação amorosa para nos divinizar. Daí a percepção de que refletir sobre a revelação de Deus hoje não constitui um trabalho desconectado da *práxis* histórica. Qual é a sensibilidade dos profetas ou educadores na fé da atualidade para essas questões? Está a sensibilidade religiosa dos pastores de hoje atenta e desperta o suficiente ao grau de sua responsabilidade ética, no sentido de contribuir para a transformação da história? Os "profetas" de hoje nos ajudam a sermos melhores, conforme o projeto criacional, inserindo-nos na intimidade de Deus? Têm eles plena consciência de que criação e salvação estão intimamente atreladas à revelação de Deus?

> Que o ato criador deva traduzir-se em ato revelador, já o sabíamos desde que aprendemos que o projeto criador é o desígnio de Deus de introduzir suas criaturas em sua intimidade. Isso implica que ele se mostre a elas de perto; e a criação do homem à sua semelhança apareceu-nos, de fato, como uma obra de revelação, porque é o próprio Deus que forma a sua imagem no homem, tendo-o sob seu olhar. [...] o ato criador é criação atual e contínua, presença, aproximação, proximidade de Deus em relação ao mundo (ele estava no mundo), como também atividade de salvação que arranca a humanidade ao deslize na matéria, ao aniquilamento na morte, ao mal originário da divisão das consciências. Criação e salvação constituem, pois, uma na outra, a mesma história da revelação, porque a presença de Deus no mundo, finalizada por seu projeto de adoção filial, não tem outro sentido senão dar-se a ver, amar, e já participar[52].

Na realidade cultural daquele grupo conduzido por Moisés, a experiência do javismo foi fazendo o seu caminho, dando sentido à existência do povo. E, na medida em que iam fazendo novas descobertas, consequentemente as pessoas iam colorindo, corrigindo, matizando e aprofundando o mundo mitológico em que viviam, transformando esse mundo em expe-

---

52. Moingt, *Deus que vem ao homem*, v. 2, 266.

riência de revelação. Segundo o autor, as descobertas do caminho sempre serão determinantes no conjunto da ação reveladora.

> Para quem tiver um mínimo de familiaridade com a história das religiões, isto é quase evidente. Aqui, reforça a evidência que trato de sublinhar: a revelação — seja lá o que for em sua essência íntima — não apareceu como palavra feita, como oráculo de uma divindade escutado por um vidente ou adivinho, mas como experiência viva, como "dar-se conta" a partir das sugestões e necessidades do que estava em volta e apoiada no contato misterioso com o sagrado[53].

Percebemos que a sensibilidade religiosa da cultura mosaica, com as ferramentas do seu tempo, procurava captar o mistério. De modo semelhante, Torres Queiruga busca ali a sua inspiração e, de forma brilhante, esforça-se a partir daí por oferecer uma fiel compreensão de Deus, como bem faz notar no seu livro *Um Deus para hoje*. Aliás, toda a sua literatura é, nesse sentido, uma riqueza ímpar para os tempos hodiernos, como podemos ver:

> [...] o verdadeiro *cantus firmus* do pensamento de Torres Queiruga é este: o Mistério dos mistérios que transcende o mistério do mundo é o mistério de Deus. Do Deus de Jesus Cristo. Um Deus que é amor, só amor, amor pleno e máximo que supera a sua realização sempre em ato toda expectativa humana[54].

É voltando-se para o olhar dos antepassados e para os desafios do tempo presente que Torres Queiruga alimenta a sua crítica teológica da revelação, exortando o leitor para a necessidade fundamental de refletirmos sobre a percepção de Deus agindo na história. Sabemos que essa percepção da revelação divina ganha contornos de forma tematizada, isto é, a partir da realidade cultural de cada povo. Por isso, em cada realidade cultural faz-se necessário uma leitura atenta dos sinais dos tempos à luz da fé, captando a manifestação sempre nova de Deus.

Entendendo verdadeiramente a preocupação de Torres Queiruga acerca da revelação divina e as consequências a ela inerentes, veremos que a comunidade eclesial estará sempre apta a atualizar e comunicar em linguagem acessível a todos a essência mesma do mistério revelado na história. O despertar para a necessidade da vivência e da experimentação da

---

53. Torres Queiruga, *Repensar a revelação*, 56.
54. Castelao, A teoloxía da creación de Andrés Torres Queiruga, 208.

presença desse mistério consiste, pois, numa tarefa urgente e necessária ao homem de hoje. Para tanto, a teologia de Torres Queiruga aponta para a necessidade de o fiel desenvolver um olhar transponível, místico, que seja capaz de captar a presença misteriosa de Deus nas realidades históricas. Segundo o seu olhar teológico, é a partir de uma experiência do transcendente, de contemplar a dura realidade cultural do mundo de hoje com um olhar iluminado por essa experiência mística, que o ser humano será capaz de fazer a diferença na história, pois saberá fazer livremente a opção pelo amor. A partir de então, agirá contribuindo com vivacidade e perseverança para o fomento de um mundo justo e humano: "somos chamados a amar 'não com palavras, mas com obras e de verdade' (1Jo 3,18)", "pois quem não ama seu irmão, a quem vê, não poderá amar a Deus a quem não se vê' (1Jo 4,20)"[55].

O povo de Israel se deu conta de uma provocação religiosa do homem pelo mundo, que o interpretou na perspectiva da fé em Iahweh, único Criador. Ao descobrir no mundo uma ordem, um sentido, uma razão, uma sabedoria, o homem bíblico sentiu-se interpelado por suas mensagens, não diretamente por uma palavra de Deus semelhante à dos profetas, mas pelo mistério mesmo da criação do mundo, pela voz de ordem primordial, de que Iahweh se serve para atingir os homens como de um mediador da revelação, voz sapiencial que canta a glória de Deus e pela qual Deus busca fazer-se ouvir pelo homem de fé[56].

Acreditamos, pois, que o estudo de Torres Queiruga em torno do processo de percepção da revelação aponta para a necessidade de nos apoiarmos na captação dessa voz silenciosa de Deus que grita em meio ao turbilhão de estímulos do tempo presente. Grito que é, ao mesmo tempo, uma Presença que nunca se ausenta. Ouvindo esse grito, seremos certamente capazes de transformar em um mundo mais doce e feliz, no que de nós depender, o cenário atual da aldeia global, eivada de ódio, de violência, de paganismo e de mortes de todo tipo.

A presença misteriosa do amor não se pode captar com o olhar turvo pelo brilho ofuscante dos estímulos do mundo atual. Eles cerram o ouvido ao som da brisa suave. É preciso, pois, purificar o olhar e manter o ouvido atento, a fim de que sejamos capazes de perceber Deus em nosso meio. Para a exequibilidade dessa tarefa, faz-se necessário um esforço de buscarmos a convergência em detrimento das diferenças que, na atual conjuntura

---

55. Torres Queiruga, A., *Um Deus para hoje*, São Paulo, Paulus, ⁴2011, 57.
56. Rad, Gerhard von, *Israel et la Sagesse*, Genève, Labor et Fides, 1971, 184.

global, em vez de serem riquezas, viram desavenças. O autor pondera que, nesse processo, a interdisciplinaridade surge como fator importante:

> Na realização, as citações e remissões expressas a outros posicionamentos, mais que marcar as diferenças, esforçaram-se o possível para buscar a convergência. Esta é sempre um sinal excelente de se estar em comunicação com as preocupações atuais e, até certo ponto, uma verificação da legitimidade de qualquer tentativa. Também por aí passa a interdisciplinaridade, tão necessária hoje na teologia[57].

Assim, o leitor notará a necessidade de nos voltarmos à questão da revelação divina com o olhar e ouvidos atentos, a fim de uma reconstrução do Reino onde todas as mãos sejam dadas. Desse modo, seremos capazes de verbalizar a mensagem revelada.

3.1.3. A verbalização da revelação e a genealogia em torno desse processo

A teologia da revelação de Torres Queiruga, sintonizada com o pensamento de Karl Rahner, tem a preocupação inicial de criticar o entendimento segundo o qual as Escrituras foram ditadas como uma carta vinda diretamente do céu para os homens, tendo Deus por autor. Contrariamente a essa tese, Torres Queiruga assevera que Deus habita desde sempre no interior do ser humano, logo ele não é estranho aos homens.

> A obra de Rahner é disso um bom exemplo: sua preocupação pela salvação universal — tema do "cristianismo anônimo" — constitui a mola mestra de seu conceito de revelação transcendental, o qual consiste, afinal, em mostrar que "já dentro" de todo homem está a presença reveladora de Deus. Desse modo, quando a revelação aparecer em sua forma histórica "categorial", não será estranha ou heterônoma[58].

Sabemos que esse entendimento de Deus como autor direto da revelação manifestada nas Escrituras ganhou força cada vez maior ao longo da história da salvação. "Esta propriedade de Deus como autor é interpretada no decorrer dos tempos de modo cada vez mais claro, como se Deus fosse o próprio autor literário, 'autor' de uma 'carta' escrita do céu para os

---

57. TORRES QUEIRUGA, *Repensar a revelação*, 103.
58. Id., *A revelação de Deus na realização humana*, 98.

homens."⁵⁹ A partir da literatura queiruguiana, questionamos: como a revelação ganhou força? Como ela surgiu e foi crescendo na consciência dos indivíduos e na vida do povo?

Dado que é preciso superar duas questões importantes, a concepção fundamentalista da Bíblia com o processo histórico-crítico e a concepção de revelação como "lista de verdades", Torres Queiruga enfatiza a necessidade de relembrarmos que é a partir de uma consciência teológica que se vai forjando a concepção de revelação e sua profundidade misteriosa. "A revelação [...] está pedindo uma aproximação mais sintética e unitária, que responda à nova sensibilidade cultural: esta é, enfim, a carne em que ela tem que se expressar."⁶⁰ A literatura do teólogo galego, no seu conjunto, faz-nos ver que, numa cultura cristã multimilenar, muitos elementos foram agregados à essência mesma do cristianismo. Daí a necessidade, segundo ele, de uma retradução global do cristianismo para que tenhamos acesso à verdadeira imagem de Deus hoje. Na verdade, percebemos, com a literatura do teólogo galego, a oportunidade de uma sistematização da concepção de revelação de Deus, a fim de que tenhamos uma melhor percepção do transcendente e a melhor maneira de como partilhar essa percepção hoje.

O grande desafio nesse processo consiste em fazer com que a nossa linguagem possa fomentar uma comunicação da mensagem acerca de Deus em sintonia com a sensibilidade da cultura hodierna. Nunca é demais ressaltar que sempre, e em todo lugar, a sensibilidade cultural reivindica uma maneira nova de compreender e atualizar a concepção de revelação divina. Sabemos que a revelação de Deus se manifesta na experiência histórica e na forma de viver de um povo, de modo que a concepção dessa revelação é dinâmica e nunca definitiva, justamente porque ela se dá no dinamismo da história. Entendemos, pois, que experiência histórica e revelação divina estão atreladas uma à outra em seu acontecer ordinário. É, em última instância, o desafio de perceber a forma extraordinária de Deus se apresentar no ordinário da vida. São sutilezas que, na linguagem de Torres Queiruga, necessitam ser recuperadas, repensadas e teologizadas à luz da fé na revelação.

Com refinada atenção, numa visão perspicaz da concepção de revelação divina ao longo da história da salvação, a literatura queiruguiana — em seu recorte histórico a partir da modernidade — inspira algumas indagações:

---

59. Rahner, Karl, *Inspiración. Conceptos fundamentales de Teología I-II*, Madrid, Cristiandad, 1979, 781-787.
60. Torres Queiruga, *Repensar a revelação*, 45.

como se deu o processo gestacional da revelação? Como surgiu o enraizamento do processo revelador? Existe realmente o ditado verbal? De onde brotam as evidências da revelação? Qual é a sua essência afinal? O caminho para o esclarecimento dessas questões é o da análise bíblica. Esse é o lugar onde nos situamos e refletimos, seguindo o raciocínio do autor.

Para justificar o seu ponto de partida, ele começa ponderando o nascimento da Bíblia e o processo histórico da revelação. Recorre sabiamente a uma frase famosa do poeta lírico e romancista alemão de Tübingen, Friedrich Hölderlin: "onde aparece o perigo, ali nasce a salvação"[61]. Ressalta o teólogo galego que, ao fazer a crítica bíblica, o Iluminismo gera o melhor caminho para a compreensão atual do problema da revelação de Deus. Inicialmente, o Iluminismo desbaratou a "ingenuidade inicial", depois iniciou uma caminhada nova para a assimilação de um renovado olhar sobre o processo revelador.

Sabemos que a riqueza da crítica bíblica se deve, principalmente, às aventuras do cristianismo protestante com todos os riscos que ele corria. A esse respeito, assevera Paul Tillich: "Não o fizeram nunca, certamente, nem o islã nem o judaísmo, nem o cristianismo romano"[62]. Compreendemos, pela história, que é graças ao trabalho dessa crítica bíblica que hoje visualizamos a evolução histórica do processo revelador. Evidentemente, essa visualização é mais clara na atualidade que para os contemporâneos imediatos da revelação histórica. A aventura de percorrermos o germinar evolutivo da percepção da manifestação de Deus na história da salvação consiste não só num exercício apaixonante, como também em um itinerário que nos torna aptos para entender a complexidade da questão, pois nos habilita a ver a grandiosidade do mistério universal revelado no germinar na encarnação de um povo.

> Aqui teremos de pressupor isto, ainda que não queiramos nos dispor de uma rápida visão dos passos fundamentais da evolução. Será a melhor maneira de nos aproximarmos do maravilhoso e humaníssimo germinar da revelação na história real de um povo: em sua experiência coletiva e na consciência de seus gênios individuais. Talvez não exista exercício mais apto para fazer ver a unilateralidade abstrata de uma concepção verbalista da revelação[63].

---

61. TORRES QUEIRUGA, *Repensar a revelação*, 47.
62. TILLICH, P., *Teología sistemática*, Barcelona, Ariel, 1972, v. 1, 146.
63. TORRES QUEIRUGA, *A revelação de Deus na realização humana*, 46.

Por meio dos escritores sagrados, entendemos que os eventos sempre falarão mais alto que as palavras. Iluminados pelo Espírito de Jesus Cristo, compreenderemos a mensagem no presente e alimentaremos a esperança para o futuro[64]. Ressaltamos que o que se pretende "é esclarecer algo fundamental [...]: o vivo, concreto e decisivo enraizamento do processo revelador na história das comunidades onde ele tem lugar"[65]. Torres Queiruga, ao longo de sua literatura, enfatiza sempre que os eventos interpretados como manifestação ou revelação de Deus aconteceram dentro de um quadro de sentidos, de forma que as pessoas de fé os reinterpretaram à luz do mistério revelado. Entendemos, assim, que uma coisa é a compreensão da redação final do texto, outra bem distinta é entender o percurso longo da sua trama gestacional nos contextos reais onde foram originados e amadureceram. Em outras palavras:

> Fatos só se tornam história dentro de um quadro de sentido, numa tradição de fatos interpretados. [...] Pessoas crentes confessam então que Deus trouxe salvação em e através de homens. O evento profano torna-se o material para a palavra de Deus. Nesse sentido, a revelação tem estrutura sacramental[66].

Dentro desse quadro de sentido, sabemos historicamente que a Bíblia começou a ser escrita com a constituição da monarquia em Israel. Ou seja, quando Israel se constituiu Estado[67]. Conforme alguns estudos[68], são os fatores políticos e culturais da monarquia que, influenciando intimamente a vida do povo de Israel, levaram-no à busca da compreensão de sua origem histórica. Esclarecendo esse fato, Torres Queiruga, sustentando-se no pensamento do historiador do Antigo Testamento Siegfried Herrmann, ressalta que as épocas davídica e salomônica são consideradas aquelas em que se recolheu e fixou a antiga herança israelítico-judaica de tradições. Desde então interpretada como patrimônio comum de Israel e de Judá. Atuava aí o desejo por um Israel total. Diante disso, ressaltamos que "não existe, pois, um ditado verbal, nem sequer uma experiência extática ou extraordinária, nos inícios da Bíblia, senão uma necessidade histórica e a consequente

---

64. Harrington, Wilfrid John, *Chave para a Bíblia. A revelação, a promessa, a realização*, São Paulo, Paulus, 1985, 36.
65. Torres Queiruga, *Repensar a revelação*, 49.
66. Schillebeeckx, *História humana*, 23.
67. Torres Queiruga, *Repensar a revelação*, 49.
68. Rad, Gerhard von, *Teología del Antiguo Testamento I-II*, Salamanca, Sígueme, 1969, 78.

criação das condições de sua possibilidade"[69]. É sob o signo dessa necessidade histórica que o processo revelador foi se construindo, mesmo que os seus autores vivessem sem a percepção imediata de todo o processo.

Na construção histórica de um povo, "tradições antigas, amiúde muito dispersas, são recompiladas mediante um vigoroso trabalho de composição, em torno de um modelo de pensar imposto a partir de cima, e se transformam em literatura"[70]. Com Israel não foi diferente. É justamente a partir daí que Israel se consolida. É partindo da forma real de viver a sua fé que Israel se entende. A fé de Israel modela o seu jeito de pensar, envolve a sua vida e atravessa a sua história. Notamos, assim, não só a importância e a graça de possuir uma fé, como também o seu papel na constituição de um povo: o povo de Israel. Portanto, faz jus à história de Israel assegurar que foi esse modelar da vida à luz da fé na revelação que lhe fez enxergá-la de forma transponível a um olhar imediato. Olhar transponível porque é pela mediação da fé — que lhe possibilitou um olhar místico — que Israel foi capaz de fazer uma releitura da vida e entendê-la conduzida pelo Deus revelado nas entranhas do seu amor pleno[71], cuja concretização será percebida *a posteriori* — e em plenitude — na pessoa de Jesus Cristo. É necessário enfatizar que é a expressão dessa consciência de fé na presença do transcendente, relatada na Bíblia ao longo da história de Israel, que o autor quer evidenciar. É a partir daí que temos acesso ao Documento Javista. Captando a presença de Iahweh, Israel se encontra consigo mesmo e orienta a sua existência.

Pela história da conquista e da constituição da monarquia, Israel teve presente o seu passado imediato e construiu — mediante a percepção de revelação divina — a sua visão global do mundo envolta numa determinada experiência religiosa. "A revelação é, então, para Israel este conjunto de uma visão global do mundo e a narração de sua experiência religiosa;

---

69. Torres Queiruga, *A revelação de Deus na realização humana*, 47.
70. Rad, Gerhard von, *Estudios sobre el Antiguo Testamento*, Salamanca, Sígueme, 1976, 53.
71. Oseias 11,1-4.8c-9: "¹Quando Israel era um menino, eu o amei e do Egito chamei meu filho. ²Mas quanto mais eu os chamava, tanto mais eles se afastavam de mim. Eles sacrificavam aos Baals e queimavam incenso aos ídolos. ³Fui eu, contudo, quem ensinei Efraim a caminhar, eu os tomei em meus braços, mas não reconheceram que eu cuidava deles! ⁴Com vínculos humanos eu os atraía, com laços de amor eu era para eles como os que levantam uma criancinha contra o seu rosto, eu me inclinava para ele e o alimentava. ⁸ᶜMeu coração se contorce dentro de mim, minhas entranhas comovem-se. ⁹Não executarei o ardor de minha ira, não tornarei a destruir Efraim, porque sou um Deus e não um homem, eu sou santo no meio de ti, não retornarei com furor" (*Bíblia de Jerusalém*, São Paulo, Paulus, 1996, 1730).

ou melhor: uma visão do mundo totalmente modelada sobre sua experiência religiosa."[72] Ao destacar esse fragmento, o autor evidencia que o segredo para captar o conceito de revelação consiste em perceber qual o sentido da presença divina e como se dá a sua atuação mediante a Palavra reveladora. Conforme captamos a Deus, vamos modelando a nossa vida e o seu entorno. "A Palavra de Iahweh é revelação. Falando aos homens, Deus se revela; a sua Palavra é uma lei e regra de vida, um descobrir o significado das coisas e eventos e uma promessa para o futuro."[73] A construção, a reforma e as melhorias que o homem vai realizando na história da salvação exteriorizam a sua visão de Deus e do mundo. Desse modo, a noção de revelação de Deus tem relevância fundamental no dinamismo histórico, aterrissada no proceder humano e válida para todos os tempos e lugares.

O homem de fé percebe, pois, que a providência divina abarca todos os acontecimentos que circunscrevem a seara da existência, iluminada pela Palavra criadora.

> [...] partindo da ideia de revelação como "palavra de Deus": enquanto tal, a autocomunicação divina se serve de mediações histórico-concretas e supõe no destinatário a capacidade de perceber através delas o mistério que nos é proposto[74].

Entendemos, assim, que somente uma pessoa com o olhar educado na fé será capaz de captar nas mediações histórico-concretas esse mistério que nos é proposto. De forma que o uso concreto e existencial da Palavra na vida cotidiana aponta a perspectiva futura e indica a ideia correlata de revelação[75]. A manifestação do transcendente vai, pois, surgindo e ressurgindo constantemente, na medida em que se renova em cada fato que se dá na dinamicidade da história.

Entendemos, outrossim, que é o modo de conjugar a vivência histórica com a experiência cultural de Deus — ponto forte da religião israelita —, em que Israel, pela relevância da sua ação litúrgica, valoriza sempre a sua relação com o mistério. O teólogo galego nos faz ver que "o que realmente funda a relação de Israel com Deus não é a teofania do Sinai, mas sim o acontecimento do Êxodo"[76]. O israelita percebe que essa experiência expressiva do Êxodo, já vivida historicamente, vai se consolidando e per-

---

72. TORRES QUEIRUGA, *Repensar a revelação*, 51. Grifo do autor.
73. HARRINGTON, *Chave para a Bíblia*, 34.
74. FORTE, *Teologia da história*, 150.
75. HARRINGTON, *Chave para a Bíblia*, 35.
76. TORRES QUEIRUGA, *Repensar a revelação*, 51.

fazendo a história da revelação. "A compreensão da revelação no AT move-se de início inteiramente na linha do seu retorno."[77]

A construção da consciência reveladora se circunscreve a "um feixe de expressões concretas", constituindo-se, assim, no ingrediente que designa os diferentes fenômenos do evento revelação. "De fato, a história da revelação será a história desta penetração cada vez mais profunda e intensa na existência do indivíduo e na vida do povo."[78] Sendo assim, é mediante a irrupção da consciência histórica que foi sendo gestado o sentido originário e vivo do processo revelador. O enraizamento desse processo possibilitou a verbalização da revelação divina ao longo da sua história. Nada foi ditado verbalmente, mas as evidências reveladoras foram tornando possível ao israelita entender a genealogia em torno do processo revelador.

Vejamos agora o refinamento desse contínuo processo revelador.

3.1.4. O refinamento do processo revelador a partir da ótica queiruguiana

A literatura de Torres Queiruga, sintonizada com a sensibilidade cultural da era moderna, provoca o leitor atual a fazer esse mesmo exercício mosaico na releitura dos nossos tempos, visando contribuir com uma nova forma de captar Deus. Após consolidar a monarquia israelita, um narrador individual ou coletivo fez nascer a narrativa javista. A íntima essência da revelação, naquele contexto, já estava sendo evidenciada. A Escritura era assimilada na experiência viva daquele povo. Era assimilada e construída a partir das sugestões e das necessidades surgidas em torno da realidade histórica daquele contexto. Mergulhado na tradição, esse narrador retira de possíveis documentos, das lendas, sagas e da memória viva do povo a inspiração necessária para escrever essa história, registrando de forma magnífica a memória do passado.

> Desse modo, Israel se reconhece a si mesmo, entende o sentido de sua história, aprende como há de comportar-se: esse é seu Deus, esse é ele, essa deve ser sua conduta. Essa é a revelação. Assim pode nascer a narração javista, como a primeira grande cristalização em palavra humana, literalmente elaborada, daquele longo processo revelador[79].

---

77. EICHER, PETER, *Dicionário de conceitos fundamentais de teologia*, São Paulo, Paulus, 1993, 795.
78. TORRES QUEIRUGA, *Repensar a revelação*, 52.
79. TORRES QUEIRUGA, *Repensar a revelação*, 56.

É bastante gratificante, em nossos dias, tomar contato com essa reconstrução. Por mais que tantos anos já se passaram, sempre resta uma forma nova de inspirar a recriação, com o colorido circunstancial de cada pessoa e de cada realidade ou releitura. O dinamismo de construção e reconstrução sempre navega no tempo imperfeito. Ou seja, há continuamente a necessidade de reforma e atualização. Precisamos sempre de um refinamento da percepção da revelação divina, do ressoar da voz de Deus em todos os tempos e lugares. "As religiões da história e da pré-história são as respostas dos seres humanos a essa voz de Deus que ressoa no mundo desde o começo dos tempos."[80]

No reino do norte, a teoria javista, já elaborada e documentada, foi reinterpretada e remodelada, uma vez que ali beirava o perigo da idolatria. "Diante da ameaça de assimilação por parte dos cultos da fecundidade e demais práticas da religião cananeia, surge um movimento de alerta para preservar a fé javista, dirigido sobretudo pelos grupos proféticos."[81] Dentro desse processo, os grupos proféticos têm a sua gênese com os *neviim*, culminando nas figuras de Elias e Eliseu. É a partir desses grupos que se acentua a percepção cada vez mais clara da transcendência de Iahweh. Segundo Torres Queiruga, é aí que o processo revelador ganha um novo refinamento, uma nova ética e, retomando as mesmas experiências e materiais documentados de bases originais, é elaborada a narração eloísta (E).

A literatura do teólogo galego, compreendendo esse itinerário do processo revelador, ressalta que já em torno do ano 700 a.C., no reinado de Ezequias, por confluir entre si as narrações javista e eloístas (JE), há uma tranquila harmonização de ambas, respeitando suas características. Segundo ele, na continuidade do processo, já no exílio, incorpora-se o Deuteronômio e elabora-se a Narração Sacerdotal (P), confluindo, assim, com a última fundição do Pentateuco. Assevera Torres Queiruga que os hagiógrafos, conscientes das diferenças teológicas, tiveram sempre o cuidado de salvaguardar a transcendência de Deus, conservando as diferenças de Israel sobre a circuncisão e o sábado. Na dinamicidade e refinamento do processo revelador, "este tipo de reflexão constitui um lugar privilegiado, a partir do qual se observa [...] o processo real da revelação através de seu caminho na história e na consciência de Israel"[82].

---

80. Castelao, A teoloxía da creación de Andrés Torres Queiruga, 208.
81. Torres Queiruga, *Repensar a revelação*, 57.
82. Ibid., 57.

Essa dinamicidade permite notar o perfilar dinâmico e o refinamento do processo revelador. Sabemos, pela história, que somente a partir do profetismo é que se "apalpa", com maior clareza, esse processo revelador em ação. No profetismo, o processo se tornou mais cognoscível e evidenciado pelo próprio estilo da literatura profética de anunciar esperança e denunciar injustiças. A percepção do mistério revelado oferece ao homem a intuição necessária para continuarmos transformando as realidades à luz da fé revelada.

Entendemos, pois, que foi essa atenção profunda e sensível em torno da percepção de Deus que lançou Torres Queiruga nessa empreitada de refletir com afinco sobre a concepção de revelação hoje, pois sua literatura mostra que da doação reveladora que brota da Palavra de Deus depende a qualidade e a capacidade da ação humana. "A história da revelação — na interpretação de Torres Queiruga — mostra-nos que a Palavra de Deus é a sua doação ao ser humano e que esta doação é livre, incondicional e universal."[83] Ora, se é universal, serve para todos os tempos e lugares.

No profetismo, "o caráter imediato do contato com Deus impressiona. Sua palavra sai ainda viva e ardente da relação com a divindade: como foi indicado, foi nos profetas que se forjou definitivamente a concepção da revelação como 'palavra de Deus'"[84]. Durante a atuação do período profético, quanto mais se aprofunda a sua experiência do transcendente, mais a presença do indivíduo e da sociedade se sobressai, evidenciando o refinamento mistagógico desse período, em que a educação para a experiência individual e coletiva do transcendente se acentua. A experiência profética não educa para uma compreensão vertical de Deus, mas realiza uma vivência enraizada e rica da fé na coletividade. A revelação acontece no conjunto da palavra profética. Deus se encarna na palavra humana a partir de dentro. Portanto, a palavra profética aparece atrelada à vida e à história. "A revelação aparece assim descobrindo-se e expressando-se através das dimensões mais íntimas do humano."[85] Adquire um caráter encarnado e concreto naquilo que dá consistência ao mundo real. "O que Deus manifesta a seu povo não são normas e caprichos, senão sua sabedoria mesma que dá consistência ao mundo."[86]

---

83. Castelao, A teoloxía da creación de Andrés Torres Queiruga, 208.
84. Torres Queiruga, *Repensar a revelação*, 57.
85. Ibid., 62.
86. Novo, Alfonso Cid-Fuentes, *Jesucristo, plenitud de la revelación*, Bilbao, Desclèe De Brouwer, 2003, 62.

Na literatura sapiencial, o aspecto orante dos salmos, segundo o autor, apresenta-se de forma inversa. Ou seja, a Palavra de Deus contém não somente o que Deus tem a nos dizer, mas também o que quer ouvir de nós. É um aspecto "constitutivo de toda a revelação: a contribuição humana para captar, articular e expressar o impulso revelador que vem de Deus"[87]. As palavras de louvor, súplica e ação de graças aparecem na Bíblia porque os autores sagrados, como pessoas de fé que são, reconhecem nelas a presença viva de Deus. Somos desafiados a reconhecer que a Bíblia, em seu conjunto dialético, consiste na expressão da revelação em sua realidade concreta de um Deus vivo e pessoal, embora, em muitos gêneros literários, ela sofra resistências.

> É claro que, se devemos ser fiéis aos dados da Bíblia, não devemos compreender a "revelação" apenas no sentido de afirmação de verdade abstrata, puramente especulativa; devemos compreendê-la no sentido que inclina todo o campo da automanifestação de Deus, devemos abarcar tanto as ações como palavras — pois Deus não é essência abstrata, mas uma pessoa viva[88].

A literatura sapiencial encontrou resistências para ser reconhecida enquanto elemento importante e agregador para assimilação da revelação de Deus. Torres Queiruga chega a afirmar que ao mostrar para um grupo de professores a apresentação galega da obra *Repensar a revelação* "um deles se aborreceu porque ali se considerava como suposto que também a Sabedoria era revelação"[89]. Isso quer mostrar que a resistência em considerar que a revelação também está presente na literatura sapiencial não é um problema somente do ambiente bíblico, mas também algo que continua presente nos contextos nos quais há a pretensão de engessamento do transcendente. Sabemos que isso se dá essencialmente na mentalidade daqueles que vão contra a defesa dos menos favorecidos. Por meio da história da revelação, sabemos que, a fim de combater a proliferação casuística cada vez mais desmesurada dos escribas e do rabinismo em Israel, surge a sabedoria como base teórico-teológica para evitar todos os tipos de arbitrariedades. "A lei é a expressão da vontade de Deus. Além disso, a lei é a expressão da sabedoria de Deus."[90]

---

87. Torres Queiruga, *Repensar a revelação*, 63.
88. Harrington, *Chave para a Bíblia*, 35.
89. Torres Queiruga, *Repensar a revelação*, 67, nota 78.
90. Novo, *Jesucristo. Plenitud de la revelación*, 62.

Não obstante essas resistências, a sabedoria "acaba impondo-se e conseguindo em certos pontos uma profundidade 'reveladora' que ilumina aspectos não igualados por nenhum gênero"[91]. Essa forma de perceber a presença iluminadora de Deus como transbordamento do mistério na literatura sapiencial aconteceu já no pós-exílio e foi ela mesma considerada fruto da revelação, de maneira que é possível perceber um caráter todo sapiencial no trabalho teológico do judaísmo tardio[92]. E, portanto, é vital para o tema da revelação levar em conta a estreita inter-relação entre a história vivida efetivamente pelos israelitas e sua maneira de vivenciarem a experiência reveladora, liderada por um mediador, que era uma pessoa de fé, cuja experiência pessoal é perpassada pelo encontro com o amor de Deus.

> O mediador ou intérprete dessa revelação não é apenas um "profeta" que "recebeu" uma visão ou um oráculo, e, em seguida, o transmitiu a outros; ele é, antes de tudo, um homem que teve um encontro com Deus, um homem que chegou a reconhecer o Salvador e Criador, que experimentou o amor criador e salvífico de Deus[93].

Essa forma sapiencial da percepção de Deus acontece desde a releitura pós-exílica, quando a terrível experiência do exílio quase colocou em xeque não somente Israel enquanto Estado, mas a terra prometida e a existência mesma do povo enquanto tal. Foi quando se deram conta de que:

> [...] apesar de tudo, foi esse terrível desafio que permitiu à fé de Israel alcançar os mais altos níveis de revelação. [...] justamente essa dolorosa dissolução do povo, com a situação sofrida e derrotada, tem como consequência a abertura de novos canais à experiência reveladora. A totalização da derrota, ao não anular a fé em Iahweh, constitui uma condição de possibilidade para compreender sua universalidade como Deus de todos os povos[94].

Segundo o autor, tudo isso se deve ao comovente e fiel trabalho de Jeremias, bem como à genial atuação de Ezequiel na sua tarefa de reconstrução teológica. Além disso, vale ressaltar que, em meio à crise de solidariedade comunitária, os dois perceberam a responsabilidade individual de

---

91. Torres Queiruga, *Repensar a revelação*, 65.
92. Rad, *Estudios sobre el Antiguo Testamento*, 534.
93. Harrington, *Chave para a Bíblia*, 36.
94. Torres Queiruga, *Repensar a revelação*, 68.

cada israelita diante do Senhor. Não somente era importante a ação coletiva, mas a atitude fundamental de testemunho da parte de cada um abriria novos acenos de acesso à intimidade divina. Ninguém deveria fracassar nem desconhecer essa realidade. "Fracassar em reconhecer a revelação nos eventos da história sagrada como na iluminação concedida aos profetas significaria um perigoso empobrecimento da extrema riqueza daquele encontro que Deus oferece aos homens na Bíblia."[95]

Acerca disso, Torres Queiruga arremata perfeitamente com uma longa citação de Jeremias e Ezequiel, de que veremos apenas um pequeno fragmento:

> Nesses dias já não se dirá: os nossos pais comeram uvas verdes e os dentes dos filhos embotaram. Mas cada um morrerá por sua própria falta. [...] Eis que dias virão — oráculo de Iahweh — em que selarei com a casa de Israel (e com a casa de Judá) uma aliança nova. [...] Eu porei a minha lei no seu seio e a escreverei no seu coração. [...] todos me conhecerão, dos menores aos maiores — oráculo de Iahweh —, porque vou perdoar sua culpa e não me lembrarei mais de seu pecado (Jr 31,29-34; Ez 14,12;18,33,10-20)[96].

No período da pregação exílica é onde a revelação de Iahweh como verdadeiro Deus melhor se revela como um Deus todo misericordioso que esquece o pecado humano. Sobre isso vejamos: "Não seria errado afirmar que na pregação dos profetas do exílio, por diferentes que sejam suas mensagens nos detalhes, é onde melhor se revela, no momento em que é maior a crise de Israel, quem é Iahweh"[97].

Podemos perceber que na dinamicidade da história da salvação surge no cristianismo a universalização do pensamento bíblico. Essa universalização teve o seu ponto culminante após conflituoso contato com a cultura helênica. A partir de então, com profundo enraizamento ético e histórico, uma nova lógica aberta à mentalidade universal se faz presente. Do contato da fé cristã com o mundo grego foi que a fé de Israel, alcançando um patamar universal, abre a perspectiva de constante atualização e reforma na história. "Porque a religião bíblica é básica e essencialmente histórica, os eventos sempre falarão mais alto que as palavras."[98] Por ser essencialmente

---

95. HARRINGTON, *Chave para a Bíblia*, 36.
96. TORRES QUEIRUGA, *Repensar a revelação*, 69.
97. ZIMMERLI, WALTHER, *Manual de teología del Antiguo Testamento*, Madrid, Cristiandad, 1980, 260.
98. HARRINGTON, *Chave para a Bíblia*, 36.

histórica, ela só cumprirá o seu papel se conservar a sua maleabilidade interpretativa, sendo sempre fiel ao essencial da mensagem para a qual foi criada: a salvação universal. Em suma, entendemos que o mais importante é compreender que "a revelação se realiza incorporando em si a carne e o sangue do esforço humano"[99]. Ao falar de encarnação da carne e do sangue, remetemo-nos imediatamente àquele que é a plenitude da revelação de Deus: Jesus Cristo.

3.1.5. Jesus é a automanifestação de Deus, o termo definitivo da revelação

A teologia do NT evidencia que os sinóticos e outros escritos não tratam formalmente da ideia de revelação. Não o fazem claramente porque "Jesus é a automanifestação de Deus, e, relatando a sua vida, morte e ressurreição, eles propõem o termo definitivo da revelação. Isto é visto na história simbólica do batismo de Jesus (Mt 3,13-17; Mc 1,9-11; Lc 3,21-22)"[100].

O aparecimento de Jesus, enquanto figura histórica e concreta tornou-se um acontecimento de tamanha magnitude que a sua presença viva possibilitou a experiência cristã original e a oportunidade pessoal e real da revelação de Deus. Faz jus registrar que Jesus de Nazaré, enquanto Palavra Encarnada, proporciona-nos o acesso a Deus mesmo. "A palavra apareceu sustentada e transcendida pela encarnação."[101] "Depois de ter falado muitas vezes e de diversos modos por meio dos profetas, ultimamente Deus falou-nos pelo seu Filho."[102] Sabemos que não somente com a doutrina, mas principalmente com a sua vida, Jesus foi mestre e revelador, nele nós temos acesso a Deus Pai Criador. Deus envia o seu Filho para revelar aos homens os seus segredos. A esse respeito podemos conferir:

> Ele enviou Seu Filho, o Verbo eterno que ilumina todos os homens, para que habitasse entre os homens e lhes expusesse os segredos de Deus (cf. Jo 1,1-18). Jesus Cristo, portanto, Verbo feito carne, enviado como "homem aos homens", profere as palavras de Deus (Jo 3,34) e consuma a obra salvífica que o Pai lhe confiou (Jo 5,36; 17,4). Eis por que Ele, ao qual quem vê vê também o Pai (cf. Jo 14,9), pela plena presença e manifestação de Si mesmo por palavras e obras, sinais e milagres, e especialmente por Sua

---

99. Torres Queiruga, *Repensar a revelação*, 70.
100. McKenzie, Revelação, 796.
101. Torres Queiruga, *Repensar a revelação*, 35.
102. Hebreus 1,1-2.

morte e gloriosa ressurreição dentre os mortos, enviado finalmente o Espírito de verdade, aperfeiçoa e completa a revelação[103].

A partir deste fragmento da *Dei verbum* — como referencial teórico fundamental em qualquer estudo sobre a revelação divina —, podemos ressaltar, de forma bastante sintética, a compreensão teórica da revelação que se efetiva plenamente em Jesus de Nazaré. Ela que foi oficialmente reconhecida pela Tradição, por ocasião do evento Vaticano II. Isso fica bastante claro ao concluir com as palavras basilares da *Dei Verbum*, presente no fragmento, ao afirmar que "Jesus aperfeiçoa e completa a revelação". Ele o faz de forma muito específica também pela sua sintonia com a Palavra que saiu de Deus. Em Mateus 11,25-27 e Lucas 10,21-22[104], é possível perceber a perfeita sintonia do Nazareno com a Palavra, com a qual ele mesmo se identifica.

Nem mesmo a revelação de Jesus conseguiu "escapar" de ser percebida como "Palavra". A sua própria vida chega aos fiéis como *anúncio, euangelion*. Ressaltamos que a importância da "Palavra do Senhor" ganha destaque na medida em que vai se afastando no tempo a atividade terrena de Jesus. O próprio Jesus é chamado de *Logos*. Jesus passa, com o tempo, "de pregador a objeto de pregação [...]: ele é por inteiro revelação e palavra [...], também precisa chegar-nos por meio de palavras e que por palavras nos entrega sua revelação"[105]. Nele se cumpre a lei veterotestamentária: "Do conjunto dos testemunhos bíblicos do Antigo e do Novo Testamento surge a homogeneidade e correspondência existente entre a ordem da criação e a ordem da salvação"[106]. Vale a pena observar o texto abaixo que nos apresenta o *link* perfeito entre AT e NT:

> Se se considera a lei como a revelação fundamental do AT, compreende-se Jesus quando diz que veio para cumprir a lei; com isso, afirma uma posição de igualdade com a lei e com Moisés (Mt 5,17-20). Ele propõe a si

---

103. *Dei Verbum*, n. 4.
104. "Eu te louvo, ó Pai, Senhor do céu e da terra, porque ocultasse estas coisas aos sábios e doutores e as revelasse aos pequeninos. Sim, Pai, porque assim foi do teu agrado. Tudo me foi entregue por meu Pai e ninguém conhece o Filho senão o Pai, e ninguém conhece o Pai senão o Filho e aquele a quem o Filho o quiser revelar".
105. Vejamos a íntegra de como se dá pela palavra a entrega de sua revelação: "Manifestei o teu nome àqueles que do mundo me deste. Eram teus e os deste a mim e eles guardaram a tua palavra. Agora reconheceram que tudo quanto me deste vem de ti, porque as palavras que me deste eu as dei a eles, e eles as acolheram" (Jo 17,6-8a) (cf. Torres Queiruga, *Repensar a revelação*, 36).
106. Forte, *Teologia da história*, 147.

mesmo como aquele que os antigos desejaram ver e ouvir e não alcançaram (Mt 13,16-17; Lc 10,23-24). Ele não somente continua os profetas, mas também é a plena revelação do que os profetas predisseram. Aquele que aceita em Jesus o Cristo o faz em virtude de uma revelação recebida do Pai (Mt 16,17). O texto mais formal concernente à revelação se encontra em Mt 11,25-27; Lc 10,21-22: Jesus recebeu todas as coisas do Pai; só ele conhece o Pai, ninguém pode conhecer o Pai senão através da revelação do Filho. Jesus é a revelação do Pai[107].

Quando Jesus de Nazaré aparece em seu ministério público, pela primeira vez, os céus se abrem e ouve-se a voz do Pai. A voz que falou a Palavra de Iahweh no AT confirma Jesus como o seu Filho. Ao mesmo tempo, torna-se visível outra personagem importantíssima no processo da revelação, tornando-a, a partir daí, trinitária: a figura do Espírito Santo, que Jesus comunica aos que nele creem. Como vimos no fragmento acima: "ele não somente continua os profetas, mas também é a plena revelação do que os profetas predisseram". "Jesus Cristo não só é o revelador definitivo do Nome de Deus (Jo 17,26), mas o Nome do próprio Deus, a possibilidade de invocá-lo e a presença de Deus, o Deus conosco (Mt 1,23)."[108]

O processo de assimilação da revelação veterotestamentária clareia-se sempre mais na medida em que se visualiza a pessoa de Jesus Cristo como a figura da revelação anunciada anteriormente no AT. Essa clareza vai tecendo paulatinamente um conceito novo de revelação que se circunscreve à teologia cristã da revelação divina e que perfaz o seu caminho, especialmente em Paulo e João, valendo-se das representações tradicionais da revelação (retorno às fontes) e apontando o novo agir salvífico de Deus em Jesus Cristo[109]. Além dos Evangelhos e da carta aos Hebreus 1,1-2, merecem destaque os acentos a Paulo, Atos e João.

Paulo insiste intencionalmente que o evangelho que prega é de origem divina: ele o recebeu da revelação de Jesus Cristo[110], e, como é próprio de um profeta, o que Paulo anuncia não é a sua vontade própria, mas o que recebeu da revelação de Jesus Cristo (Gl 1,12-16). O Evangelho não é palavra humana, mas Palavra de Deus (1Ts 2,13). Ele o recebeu do Senhor (1Cor 15,1ss.; 11,23). Nele é revelado o plano divino da salvação, o mistério (Rm 16,25-26; Cl 1,26). Paulo vê a encarnação de Jesus como um

---

107. McKenzie, Revelação, 796.
108. Eicher, *Dicionário de conceitos fundamentais de teologia*, 796.
109. Ibid., 797.
110. McKenzie, Revelação, 797.

ocultamento do divino, que, paradoxalmente, é revelação do divino (Rm 8,3; Gl 4,4; Fl 2,7). Segundo ele, a vinda de Jesus na parusia o revelará plenamente, mais que na encarnação (1Cor 1,7; 2Ts 1,7; 1Pd 1,7.13). Enfim, Paulo, impregnado de sua experiência da revelação divina na tradição bíblica e imerso no mundo grego, inspirado pelo Espírito Santo, decididamente centra a sua percepção da revelação no acontecimento morte-ressurreição de Cristo, de tal forma que faz profundamente a experiência da conversão por força da sua vivência cristã: "não sou eu quem vivo, é Cristo quem vive em mim" (Gl 2,20).

Entendemos, ademais, que os escritos joaninos expõem uma ideia de revelação mais aperfeiçoada do que os demais escritos do NT, atribuindo o título de Verbo (Jo 1,1ss.) à pessoa de Jesus Cristo como automanifestação de Deus. Jesus é o Unigênito que revela Deus, que só é visto pelos homens na pessoa do seu Filho (Jo 1,17-18). Percebe-se que em João Jesus Cristo não é apenas a revelação: ele é também o revelador que desceu do céu, que fala do que conhece e que atesta o que viu e viveu (Jo 3,11-13.31-33). A palavra de Jesus não pertence a si mesmo, mas é daquele que lhe enviou (Jo 5,24). Deus Pai usa a boca do Filho para falar aos homens a sua Palavra. Sabemos que quem vai a Jesus ouve a voz de Deus e é por ele instruído (Jo 6,45-46). A verdade por Jesus anunciada é a verdade mesma de Deus Pai.

Percebe-se, desse modo, que há em Jesus de Nazaré uma profunda e definitiva ligação com o Pai, bem como uma evolução da Palavra profética, uma vez que o profeta fala em nome de Deus, enquanto o galileu fala como Deus mesmo. Jesus aperfeiçoa, portanto, o profetismo dando-lhe plenitude (Jo 12,49). Há uma profunda simbiose entre Jesus e o Pai (Jo 14,10-11). Em Jesus temos acesso à Palavra definitiva do Pai. Eles são Um no Outro. Vale ressaltar que essa forma refinada de escrever do evangelista João nasce da necessidade de combater uma pseudorrevelação e pseudoprofetismo, cujas pretensões seriam mudar ou acrescentar a revelação do Evangelho e a pregação[111]. João identifica Jesus com a própria palavra (*Logos*): ele é inteiramente revelação e palavra, carne viva e concreta que chega a nós por meio da palavra e por suas palavras entrega-nos a revelação[112].

---

111. McKenzie, Revelação, 798.
112. "Manifestei o teu nome àqueles que do mundo me deste. Eram teus e os deste a mim e guardaram a tua palavra. Agora reconheceram que tudo quanto me deste vem de ti, porque as palavras que me deste eu as dei a eles, e eles as acolheram" (Jo 17,6-8a).

Em suma, a novidade da compreensão da revelação no NT está no fato de que os fenômenos de revelação entram na seara da percepção que circunscreve a pessoa, a mensagem e a história de Jesus de Nazaré. Graças à encarnação do Jesus histórico, a revelação está, ao mesmo tempo, funcionalmente ordenada e atrelada à manifestação de Deus encarnado na história[113]. Ainda mais, a essa presença histórica de Deus Criador na pessoa de Jesus Cristo está igualmente ligado o desencadeamento da presença do Espírito de Deus escatologicamente vinculado à história, que completa e conclui o processo revelador.

Com a crescente compreensão da revelação, houve a necessidade de sua verbalização à luz do Jesus histórico. O afastamento das experiências teofânicas e as variedades de experiências suscitam a possibilidade de invocar a presença de Deus na pessoa de Jesus Cristo. Ele já não é somente o arauto profético da palavra de Deus, mas é a Palavra de Deus e é Deus mesmo, o oculto mistério transcendente que agora se revela (Cl 1,24-29; Ef 1,8-12)[114]. Esse meio avançado de compreensão da presença do transcendente mediante a Palavra Encarnada no bojo da história da salvação, de forma explícita na pessoa de Jesus de Nazaré, transfere-se da seara da linguagem e da experiência para o nível da reflexão teológica acerca da revelação divina. Em suma, por meio da verbalização da revelação, que antes era equivocadamente compreendida como ditado divino, como pacote de verdades descido do céu, com Jesus de Nazaré é assimilada como realidade encarnada na história. É construção teológica da vida a serviço da vida. A partir da experiência de convivência com o Nazareno, o que temos como revelação são as verdades experimentadas, partilhadas, teologizadas e tematizadas historicamente na Igreja apostólica. Diante desse contexto, vejamos a matriz teórica do autor aqui estudado.

3.2. A Matriz teórica de Torres Queiruga acerca da revelação de Deus

Ángel María José Amor Ruibal[115] é o principal pensador do quadro que integra a matriz teórica de Torres Queiruga. Prova disso está no fato de

---

113. Eicher, *Dicionário de conceitos fundamentais de teologia*, 796.
114. Ibid.; Torres Queiruga, *Repensar a revelação*, 38.
115. "Foi um destacado pensador galego, nascido em San Veríssimo del Barro (Pontevedra), em 11 de março de 1869 e falecido aos 61 anos de idade em 4 de novembro de 1930, em Santiago de Compostela (Espanha). Sacerdote, filósofo, filólogo, canonista e profes-

sua disposição em estudar a teoria de Amor Ruibal, tanto na sua tese doutoral de teologia quanto na de filosofia. Confiramos a influência de Amor Ruibal na vida de Torres Queiruga em suas próprias palavras: "o encontro com a obra de Amor Ruibal me libertou de toda angústia anacrônica da escolástica, me ensinou a enfrentar de corpo limpo os problemas a decidir, usando a erudição como foco que ilumina"[116]. Não resta dúvida que essas intensas palavras foram escolhidas de forma consciente e intencionalmente utilizadas pelo autor, a fim de enfatizar a importância de Ruibal em seu pensamento. Diante desse fragmento, podemos perceber que "Ruibal e Queiruga possuem em comum uma preocupação teológica que se revela pertinente e fundamental para transpor a fé cristã na perspectiva da cultura moderna"[117].

Ao refletir sobre a questão da revelação divina hoje, Torres Queiruga pondera que há uma grande urgência em buscar uma nova compreensão global do problema. Segundo ele, sem dispensar as investigações pormenorizadas, sejam elas exegéticas ou históricas, talvez

---

sor em Santiago de Compostela. Apesar de sua educação escolástica, manifestou um espírito independente e crítico em sua obra filosófica fundamental, *Los problemas fundamentales de la filosofía y el dogma* (1914-1936), ao considerar que a Escolástica é só uma adaptação não alcançada, e até mesmo não conveniente, do platonismo e do aristotelismo para a revelação. Segundo a sua teoria do relacionismo, a relação não é um elemento acidental do mundo, como na filosofia clássica, mas a própria estrutura de todas as coisas, que "são compostas de elementos constitutivos e seus relacionamentos. Essas relações são organizadas em um conjunto significativo para a compreensão atenta à natureza relacional do ser. Entre sujeito e mundo, entre o homem e o ser, há uma correlação prévia a todo o conhecimento consciente. Há uma afinidade natural, pela qual o homem capta que o ser é. É o conhecimento por noções. Conhecimento por ideias, consciente e lógico, consiste em saber o que são os seres. As suas propostas mais originais de filosofia, útil como suporte da mensagem cristã, são denominadas correlacionismo e teoria nocional do conhecimento. Suas investigações principais se concentram no estudo da relação existente entre a filosofia e o dogma religioso. Como filólogo, considera-se sua principal obra *Los problemas fundamentales de la filología comparada*, Santiago, 1904; como canonista publicou a *Esponsales y matrimonio*, Santiago, 1908; mas a obra que o consagrou foi *Derecho penal de la Iglesia católica*, 3 vols., Santiago, 1919 a 1924. A obra que o consagrou como teólogo foi *Los problemas fundamentales de la filosofía y del dogma*, com 10 volumes, 1900-1945. Escreveu também a obra *De platonismo et aristotelismo in evolutione dogmatum* (1898). Os quatro manuscritos inéditos não publicados: *Introducción a la ciencia del linguaje* (1964); *Isabel y babilonia*, ou seja, as influências dos assírios sobre os ensinamentos bíblicos. Eis um resumo breve da sua biografia" (cf. MERCABA, *Amor Ruibal, Ángel.* Disponível em: <http://mercaba.org/DicFI/A/amor_ruibal_angel.htm>. Acesso em: 12 jul. 2016).

116. NAVARRO, J., BOSCH, *Panorama de la teología española*, Estella, Verbo Divino, 1999, 558.

117. COSTA, JUAREZ APARECIDO, *A contribuição de Andrés Torres Queiruga para uma releitura moderna do cristianismo*, Tese de Doutorado, São Paulo, PUCSP, 2009, 152.

[...] seja mais urgente hoje a recuperação do elementar, que no fundo equivale à redescoberta do fundamental. Sem perder a consciência viva da complexa retaguarda crítica que hoje deve prescindir qualquer reflexão sobre o tema, convém esforçar-se pelo claro e simples[118].

A busca de clareza e simplicidade na transmissão da fé genuinamente revelada em Jesus Cristo é o que o teólogo galego procura com firmeza e insistência a fim de responder aos anseios da modernidade. A vastidão da literatura queiruguiana ainda vivamente em curso é prova dessa firmeza e insistência. Nisto se constitui o seu grande esforço e a sua matriz teológica.

> A matriz teológica de Torres Queiruga é o diálogo da fé cristã com a cultura moderna, numa incessante busca de superação da mentalidade pré-moderna. Sua teologia dialoga com a filosofia, buscando responder aos mais profundos anseios da Modernidade. Ele constata que não há mais distinção entre o "Deus dos filósofos" e o "Deus dos teólogos". Mesmo que filósofos e teólogos partam de origens diversas, a finalidade será sempre a mesma: penetrar na intimidade do mistério[119].

A esse respeito ele admite que para tratar da complexa e necessária questão da percepção de Deus na cultura moderna não se poderá evitar a multiplicação de referências, mas que ele, por influência de sua formação, esforçar-se-á por não se perder em detalhes. Na tarefa de responder aos seus desafios teológicos atuais de modo que eles sejam sempre mais orgânicos e abertos, no sentido de fazer um movimento de olhar tanto para trás, no retorno às fontes, quanto para a frente, em atenção à sensibilidade moderna, é que o autor referenda a importância de Amor Ruibal em sua formação. A esse respeito, certifiquemos em suas palavras:

> Quiçá por herança de Amor Ruibal — o pensador que seguramente mais influiu no meu modo de pensar — se dá aqui um tratamento "correlacional": algo assim como por unidades concêntricas relacionadas entre si. Cada uma se organiza ao redor de um tema fundamental, e este desdobra suas possibilidades com certa autonomia, percorrendo todo o círculo de sua compreensão. Porém, um círculo que não está fechado, mas que, desde seu mais íntimo dinamismo, se abre às questões ulteriores representadas pelos demais círculos, com os quais procura se articular, recebendo deles

---

118. Torres Queiruga, *Repensar a revelação*, 17.
119. Costa, *A contribuição de Andrés Torres Queiruga para uma releitura moderna do cristianismo*, 130.

claridade enquanto lhes oferece a própria. A algo parecido — para evocar de pronto a herança hegeliana — nos acostumou o estruturalismo; só que há aqui um caráter mais orgânico e aberto: muito consciente, olhando para trás, de sua gênese; e sensível olhando para a frente, aos diversos horizontes da profundidade do real[120].

Ainda a respeito da influência recebida de Amor Ruibal, que, como ele mesmo acena, tem uma herança hegeliana, Torres Queiruga deixa claro que as suas reflexões estão em sintonia com o pensamento do autor e também ressalta que o ponto de partida de Ruibal é notadamente filosófico, como podemos ver: "as correntes profundas de seu pensamento levam a uma orientação fundamentalmente filosófica"[121]. Percebe ainda que o pensamento de Amor Ruibal em interlocução com a filosofia kantiana possibilitou-lhe uma abertura com a cultura filosófica moderna, o que lhe logrou "o título de teólogo contemporâneo do modernismo religioso. [...] Amor Ruibal retoma categorias kantianas e lhes dá uma aplicação cristã, preconizando o advento de uma nova era teológica"[122]. A esse respeito, segundo Torres Queiruga, o pensamento de Amor Ruibal consiste "fundamentalmente numa intensa vivência metafísica da comunidade intrínseca no que são e se realizam os seres"[123]. Em outras palavras, a obra filosófica de Amor Ruibal, que se fundamenta na teoria do conhecimento kantiana, leva em conta o sujeito cognoscente e o objeto conhecido, bem como a síntese de ambos, a fim de expressar que no ser humano, enquanto considerado ser cognoscente, reside o conhecer como representação do ser[124].

Por extensão, toda essa herança de referencial teórico está concomitantemente atrelada ao modo de pensar queiruguiano. Ruibal assume os juízos sintético e analítico de Kant[125] e parte dessas categorias para processar a transformação do seu pensamento.

---

120. Torres Queiruga, *A revelação de Deus na realização humana*, 14; Id., *Repensar a revelação*, 17; Id., *Del terror de Isaac al Abbá de Jesús. Hacia una nueva imagen de Dios*, Estella (Navarra), Verbo Divino, ²2000, 19.

121. Id., *Constitución y evolución del dogma. La teoría de Amor Ruibal y su aportación*, Madrid, Marova, 1977,17.

122. Costa, *A contribuição de Andrés Torres Queiruga para uma releitura moderna do cristianismo*, 151.

123. Torres Queiruga, *Constitución y evolución del dogma*, 30.

124. Costa, *A contribuição de Andrés Torres Queiruga para uma releitura moderna do cristianismo*, 151.

125. É importante registrar que o termo "juízo" deriva do latim *judicium*, e entende-se como uma opinião, como a faculdade de julgar. Em Kant, o juízo "se define em geral como

Segundo Torres Queiruga, pode-se constatar que Ruibal foi realmente o pensador católico com maior energia, conhecimento, decisão e profundidade que soube enfrentar a crise imposta pela Modernidade ao cristianismo. Ele rompeu com a neoescolástica sem se deixar levar pela vertigem do protestantismo liberal, estudando a evolução do dogma numa longa abordagem do problema sobre Deus desde a filosofia pré-socrática até a Modernidade[126].

Diante dessa sensível e perspicaz percepção da urgência e responsabilidade que pesa sobre a reflexão teológica de comunicar Deus com a cultura moderna, Torres Queiruga dedica a sua pesquisa nessa direção. A preocupação fundamental de Queiruga em transportar a fé cristã na sua genuína essência para a compreensão da mensagem reveladora na atualidade torna-se perceptível em qualquer de seus escritos. A sua literatura enfatiza a urgente necessidade de recordar que, a partir do evento cristão, sejamos desafiados a fugir de todo tipo de mentalidade literalista da Bíblia para captarmos a verdadeira revelação de Deus. Segundo ele, essa se dá às claras a partir do Novo Testamento, com o evento de Jesus Cristo.

> No Novo Testamento tudo aconteceu mais rápido: o fundamental no curto espaço de tempo que vai dos anos trinta aos cem anos de nossa era. Por outro lado, a figura de Jesus concentrou em si toda a força hierofânica herdada do Antigo Testamento. Não é, pois, estranho que, como fica sublinhado, também os escritos neotestamentários fossem assumidos cada vez com mais naturalidade e evidência sob a pré-compreensão de palavra direta e imediata "ditada" pelo Espírito. A humanidade dessa palavra tendeu a ser totalmente esquecida, e talvez reprimida, inclusive naqueles

---

o poder de regras, o juízo será o poder de subsumir sob regras, isto é, de decidir se uma coisa está ou não submetida a uma regra dada (*Crítica da razão pura*, Analítica Transcendental)". Para Kant, juízo sintético é o juízo em que "o predicado não está contido no sujeito (acrescenta algo à essência deste último). Ou o predicado *B* faz parte do sujeito *A* como algo que está contido (implicitamente [...]) no conceito *A*, ou *B* está inteiramente fora do conceito *A*, embora esteja, na verdade, em conexão com ele. No primeiro caso, chamo o juízo analítico, no outro sintético (*Crítica da Razão Pura*, Introdução IV)" (cf. Juízo, in: Russ, Jacqueline, *Dicionário de filosofia*, São Paulo, Scipione, 1994, 159). Ainda é preciso esclarecer que segundo Kant Juízos analíticos são os que "limitam-se a dizer no predicado o que já foi pensado no conceito do sujeito, embora menos clara e conscientemente (*Prolegômenos a toda Metafísica Futura*, cap. 1)" (cf. Analítico, in: Russ, *Dicionário de filosofia*, 12).

126. Costa, *A contribuição de Andrés Torres Queiruga para uma releitura moderna do cristianismo*, 152.

pontos em que apareciam mais obviamente humanas. A necessidade de harmonizar "os quatro evangelhos num só" [...] não encontrou aceitação, mas os críticos compartilhavam seu *pressuposto*: as diferenças seriam apenas aparentes. Isso é bem demonstrado pelas tentativas posteriores, que, desde o *De consensu evangelistarum*, de Santo Agostinho, passando pelos de Andreas Osiander e Cornelius Jansen, para citar os mais conhecidos, somente perderam sua base científica com a vitória do Iluminismo sobre a Ortodoxia e da exegese histórico-crítica da Bíblia sobre as concepções tradicionais de corte agostiniano ou osiândrico. O próprio Lutero [...] moveu-se sempre entre um biblicismo literal e os primeiros passos de um enfoque crítico. Ainda em nossos dias essa mentalidade literalista segue dominando excessivamente diversos enfoques comuns, que às vezes impedem de ver o que simplesmente diz a Bíblia[127].

De forma muito enfática e aberta, o autor denuncia essa mentalidade literalista da Bíblia que, na verdade, presta um desserviço ao anúncio genuíno da Boa Nova e admoesta sobre a necessidade de observarmos atentamente a humanidade da Palavra de Deus para nela percebermos o seu amor para conosco. Ele está, na verdade, reivindicando uma percepção cada vez mais fiel da revelação de Deus. Por isso a sua crítica para que "a humanidade dessa palavra [que] tendeu a ser totalmente esquecida, e talvez reprimida, inclusive naqueles pontos em que apareciam mais obviamente humanas" possa ser valorizada e assimilada na sua essência reveladora. Quando ele conclui: "é preciso ver o que simplesmente diz a Bíblia", está, pois, chamando o fiel a esse dever e a essa sensibilidade — que a razão moderna não deixa passar despercebida — de captar a verdadeira imagem de Deus hoje. Dito de outra forma, o autor aponta para a urgência de olharmos com mais criticidade, por exemplo, os relatos da infância de Jesus, da sua vida pública, da sua própria paixão e morte, bem como da sua Páscoa. Percebamos a necessidade atual de um avanço na compreensão da revelação de Deus, em que ele, ao ser desenrolado do invólucro da cultura pré-moderna, manifesta a sua verdadeira identidade.

De fato, é impossível deixar a fé cristã aprisionada num invólucro cultural que não corresponda mais aos anseios da cultura moderna. Valorizar os esforços de Ruibal foi a melhor inspiração que Queiruga teve para proceder ao longo e difícil processo de resgatar a fé cristã e transpô-la para

---

127. TORRES QUEIRUGA, *Repensar a revelação*, 70.

categorias que façam o ser humano cair na realidade da verdadeira identidade de Deus, que é amor[128].

O teólogo galego enfatiza que não é sem espanto que o abalo tenha sido radical quando o criticismo tocou o próprio núcleo do cristianismo[129]. Segundo ele, isso se deu de forma acentuada quando o ser humano começou a se dar conta de que a revelação se realiza não mais como um ditado, mas que se efetiva incorporando em si mesma a carne e o sangue do esforço humano[130]. A sua obra possibilita entender que é sempre criticável o modo de conceber a Bíblia e, por conseguinte, a revelação divina. A assimilação da criticidade bíblica ressaltada por Torres Queiruga provoca um novo viés para repensar a revelação com novas categorias da linguagem moderna.

A partir do contato com a literatura queiruguiana é possível notar a sua valiosa contribuição nesse campo: de uma nova forma de refletirmos sobre a percepção de Deus, ao enfatizar que: "a ciência bíblica e depois dela, muito lentamente, a teologia acabaram comprovando que a densidade humana em que se encarna a revelação neotestamentária não é menor que a do Antigo Testamento"[131]. Com a humanidade do Cristo da fé se nos desvela o mistério de Deus que ficou escondido na história da salvação por um grande lapso temporal. Assim, o autor possibilita uma dupla contribuição: ameniza o escândalo da crítica bíblica e provoca uma nova forma do olhar humano sobre a revelação de Deus.

Essa diferença do lapso temporal que acabou por cristalizar a mensagem é compensada pela profundidade do mistério culminante e desvelada no Cristo da fé. Segundo ele, o acesso ao nazareno é facilitado, por exemplo, à percepção de Deus revelado no problema das vidas divina e humana de Jesus e na sua consciência. A continuidade desse processo de desvirtuamento cognitivo da essência da pessoa e mensagem do mistério de Deus desvelado em Cristo se deu também após Jesus de Nazaré.

Segundo Bultmann, "a mediação humana da Escritura é tão densa que não deixa transparecer mais o que foi, fez ou disse Jesus, mas, pelo contrário, o encobre: não vemos Jesus, vemos apenas a subjetividade de quem crê que o confessa"[132]. Ao observar o peso de cada palavra de Bultmann

---

128. Costa, *A contribuição de Andrés Torres Queiruga para uma releitura moderna do cristianismo*, 152.
129. Torres Queiruga, *Repensar a revelação*, 71.
130. Id., *A revelação de Deus na realização humana*, 66.
131. Id., *Repensar a revelação*, 72.
132. Bultmann, Rudolf, *Jesucristo y la mitología*, Barcelona, Ariel, 1970, 40.

nesse fragmento, percebe-se que elas afrontam a postura "quase patética" da cultura hodierna na sua relação com o transcendente. É nesse sentido que a obra de Torres Queiruga, em seu conjunto, aponta para a necessária e urgente percepção da revelação no seu acontecer originário.

Fundamentando-se no trabalho do teólogo alemão Martin Kähler, o autor enfatiza que é a partir de uma abordagem crítica da vida de Jesus que evitamos as reduções de percepção da doação reveladora do transcendente. Segundo ele, a partir da clara distinção entre o Jesus histórico e o Cristo da fé, a revelação de Deus — que nos é fartamente oferecida na generosidade do seu amor, estampado em Jesus de Nazaré — torna-se absolutamente inteligível e crível. Para Torres Queiruga, a partir desse fenômeno significativo das vidas divina e humana de Jesus, foi se desconstruindo o ambiente profundamente literalista das escrituras, o que possibilitou a percepção de que:

> [...] o que temos de Jesus são testemunhos de fé, isto é, visões já mediadas pela crença subjetiva. Constatação que seria afirmada e acentuada pela História das Formas, com Rudolf Bultmann como figura extrema e culminante: todo o referente a Jesus foi conservado não enquanto refletia sua realidade — afinal ele não era um cristão, mas um judeu — senão enquanto refletia a fé comunitária, ou seja, seu significado para a vida e a devoção das primitivas comunidades cristãs. [...] Contudo, sem entrar nessa discussão, um dado já ficou definitivamente claro: quer se acentue mais a transparência dos dados históricos, quer se tenda a um maior ceticismo, conforme os autores ou as escolas, o que não se pode mais negar é sua mediação pela subjetividade crente. Não existe vida de Jesus, "em estado puro". Nem tampouco fatos, nem palavras [...] nem "revelação". Isso que chamamos revelação [...] dá-se somente na densidade do humano: no laborioso processo das tradições e no *croyable disponible* [acreditável disponível] (Ricoeur), na capacidade cultural do ambiente sociocultural e nas possibilidades da língua, no esforço por responder às perguntas ou necessidades concretas das diversas comunidades e na reflexão teológica de figuras individuais (Paulo) ou de escolas determinadas (João). Atenção ao que digo: dá-se em tudo isso, sem pressupor que se reduza a isso[133].

Esta advertência final do fragmento queiruguiano é de fundamental importância: "dá-se em tudo isso, sem pressupor que se reduza a isso". Por aí se percebe que a abertura e a preocupação do teólogo galego se cir-

---

133. TORRES QUEIRUGA, *Repensar a revelação*, 74.

cunscrevem no sentido de destacar a importância que devemos devotar à fidelidade da revelação cristã que se dá na densidade do humano. Esta é fortemente acentuada nos dados da Escritura sem se reduzir a ela nem a outras "camisas de forças", ou invólucros aprisionantes. Como ele enfatiza claramente, a partir do evento Jesus Cristo — o que não se pode mais negar é sua mediação pela subjetividade crente —, somos desafiados a perceber Deus nele que se desvela na tessitura do real. Por fim, sem considerar esgotada a reflexão nesse campo, continuemos a desbravar o pensamento de Torres Queiruga, a partir da percepção de suas influências teológicas que, sem sombra de dúvidas, contribuíram efetivamente para a fecundidade de sua obra.

3.2.1. Influências filosóficas na vida e obra de Andrés Torres Queiruga

Torres Queiruga fundamenta o seu pensamento dialogando com os mais diversos interlocutores. Como não poderia ser diferente, em se tratando de um pensador autêntico e profundo, ele tem consciência que assim é mais fácil avançar no processo de percepção de Deus a fim de corrigir os equívocos atuais. Nesse processo de interlocução com outros pensadores, o autor constrói a sua teologia da revelação apontando para os caminhos de maior fidelidade possível à percepção do Deus revelado em Jesus Cristo. Segundo essa percepção, somos desafiados a captá-la em cada tempo e realidade histórico-salvífica em que estejamos inseridos.

A teologia da revelação de Torres Queiruga lida, mediante um olhar crítico-reflexivo, com a forma de vivenciar e repensar a fé, possibilitando ao leitor maior capacidade de aprimorar a sempre nova percepção do mistério revelado que aterrissa no devir histórico, assim conjuga simplicidade, atualidade e clareza na abordagem da sua teologia da revelação. Vale destacar que, para chegar a esse patamar, o autor tece ponderações atreladas às teorias de vários filósofos, "desde René Descartes até Paul Ricoeur, com ênfase especial para Immanuel Kant, Hegel, Feuerbach, Karl Marx, Nietzsche, Freud, Husserl, Heidegger, Sartre, Levinas"[134].

Consciente da época crítica em que vive o mundo atual, e a partir dos ideais do Vaticano II, o autor sabe que ela precisa ser enfrentada com preocupação e discernimento, por isso ressalta a necessidade de

---

134. Costa, *A contribuição de Andrés Torres Queiruga para uma releitura moderna do cristianismo*, 132.

[...] ver o que passa e em que nível, esquadrinhar quem sabe o novo que se aproxima através do velho que fenece. A crise foi sempre, com efeito, ocasião de discernimento: dela pode sair a ruína, porém, nela pode também amanhecer a salvação[135].

Notemos que Torres Queiruga tem a perspicácia de perceber uma característica essencial da crise. Segundo ele, a crise é uma grande oportunidade de percepção do mistério; nela os fundamentos ficam descobertos. Em outras palavras, quando balançam as estruturas os alicerces ocultos que as sustentam ficam visíveis. Assim, as realidades ocultas ficam esclarecidas e os homens são transportados de uma situação de escravos para senhores do conhecimento. Como sabemos, as crises são sempre oportunidades de ousadias para o ser humano se reinventar, ao invés de continuar escravo do medo de ousar a dar passos novos diante das "areias movediças" do Desconhecido que, paradoxalmente, faz-se sempre presente. "No sentido mais amplo do progresso do pensamento, o esclarecimento tem perseguido sempre o objetivo de livrar os homens do medo e de investi-los na posição de senhores."[136]

Na verdade, Torres Queiruga apregoa que é sempre bom discernir entre essência e aparência, isto é, quando falta o solo aos nossos pés, atrevemo-nos a caminhar e essa atitude evita que afundemos. Na sua obra ressalta-se que os fundamentos postos a descoberto pela crise possam vir a ser diferentes daquilo que espontaneamente se supunha, dado que as crenças nem sempre respondem às ideias com perfeita simetria. Assevera o autor que a nossa era, educada pelos "mestres da suspeita" (Ricoeur), sabe muito bem que "o profundo ama a máscara" (Nietzsche), que os ideais sociais ocultam explorações reais (Marx), que os comportamentos conscientes evidenciam os mecanismos inconscientes (Freud)[137].

O autor insere-se, assim, na seara da criticidade do real para que a essência mesma da revelação de Deus seja mais facilmente perceptível hoje. É mister ressaltar que isso que chamamos de criticidade nada tem a ver com a ausência de fé.

Ao Deus que se revela deve-se "a obediência da fé" (Rm 16,26; cf. Rm 1,5; 2Cor 10,5-6). [...] Para que se preste essa fé, exigem-se a graça prévia e

---

135. TORRES QUEIRUGA, *Recuperar a salvação*, 11.
136. ADORNO, T.; HORKHEIMER, M., *Dialética do esclarecimento. Fragmentos filosóficos*, Rio de Janeiro, Zahar, 1985, 17.
137. TORRES QUEIRUGA, *Recuperar a salvação*, 12.

adjuvante de Deus e os auxílios do Espírito Santo, que move o coração e converte-o a Deus [...]. A fim de tornar sempre mais profunda a compreensão da revelação, o mesmo Espírito Santo aperfeiçoa continuamente a fé por meio de Seus dons[138].

Na nossa atual conjuntura cultural da ciberteologia[139], essa compreensão mediante a ajuda do Espírito Santo no aperfeiçoamento da fé revela e possibilita uma incrível oportunidade de partilha. Sabemos, pela pneumatologia[140], que o Espírito de Deus tem a tarefa de "aperfeiçoar continuamente a fé". Ora, se é um aperfeiçoamento contínuo, ela nunca deveria estar desatualizada como muitos "pregadores e fiéis insistem" em deixá-la refém, aprisionada em uma mentalidade obsoleta[141]. A literatura de Torres Queiruga aponta para a necessidade de admitirmos essa atualização constante da compreensão da fé no processo de percepção da revelação de Deus. Só para exemplificar, no "imaginário religioso da nossa cultura" muitas vezes a fé é forçada a permanecer no "limbo da incompreensão" e das retóricas teológicas.

> Isso pode parecer uma caricatura, e, na realidade é mesmo, porém todos sabemos que fantasmas iguais ou parecidos habitam de maneira muito eficaz o imaginário religioso da nossa cultura. [...] Assim, por exemplo, segue-

---

138. *Dei Verbum*, n. 5.
139. Dizemos que essa compreensão ajuda quando não caímos na seara das "ciber-religiões", no "tecnognosticismo" e no "tecnopaganismo", mas quando levamos em conta que hoje o campo de reflexão teológica permeia também o grande desafio de pensar o cristianismo em tempos de rede. "Na verdade, a reflexão ciberteológica se iniciou, mas na incerteza de um ter *status* epistemológico. De fato, o termo é pouco usado e muitas vezes seu sentido não está claro. No entanto a pergunta é bastante clara: se as mídias eletrônicas e as tecnologias digitais 'modificam o modo de comunicar e até mesmo aquele de pensar, qual o impacto que terão no modo de fazer teologia?'. [...] Susan George recolheu quatro definições de ciberteologia como exemplo de uma possível compreensão. A primeira definição a enquadra como teologia dos significados de comunicação social em tempos da internet e tecnologias avançadas. A segunda, a entende como uma reflexão pastoral da forma de comunicar o Evangelho com as capacidades próprias da rede. A terceira, a interpreta como um mapa fenomenológico da presença do religioso na internet. A quarta, como o singrar a rede entendida como lugar das capacidades espirituais. Como se vê, trata-se de uma tentativa interessante, embora inicial, de definir um campo de reflexão" (cf. Spadaro, Antonio, *Ciberteologia. Pensar o cristianismo nos tempos de rede*, São Paulo, Paulinas, 2012, 39).
140. "Tratado dos espíritos, dos seres intermediários que formam a ligação entre Deus e o homem." Cf. Pneumatologia, in: Ferreira, *Dicionário Aurélio*, 512.
141. Isso não é muito difícil de perceber, se, com o mínimo de criticidade, pararmos diante dos canais de televisões com viés pentecostal para notarmos que propagam pregações infindáveis numa retórica oca teologizando sobre o nada.

se falando com demasiada facilidade de um "deus" que castigará por toda uma eternidade e com tormentos infinitos culpas de seres tão pequenos e frágeis como, em definitivo, somos todos os humanos. Ou que existiu a morte do seu Filho para perdoar os nossos pecados; e grandes teólogos, desde Karl Barth a Jürgen Moltmann e Hans Urs von Balthasar, não se cansam em fazer afirmações que recordam demasiado aquelas teologias e pregações que falam de que na cruz Deus estava a descarregar sobre Jesus a "ira" que tinha reservada para nós[142].

A seu juízo, alguns teólogos, como Bruno Forte[143], apesar de um discurso que, de algum modo, admite essa visão horrível, felizmente sabem ler na cruz o incrível amor de Deus. Sem dúvida, é esse incrível amor de Deus que todos querem dizer, crer e experimentar. Senão como poderiam ser teólogos? Porém, o afã de conservar a letra de certas passagens da Escritura levou a esse tipo de retórica teológica. Retórica que, de entrada, resulta muito eficaz, porém, com o tempo, deixa transparecer o estrago de suas incoerências num contexto secularizado, que, interpretadas num sentido normal, tornam-se absurdas e insuportáveis[144].

Normalmente as pessoas foram "adestradas" a preferirem uma imagem do "deus castigador" à verdadeira imagem do Deus amoroso, revelado em Jesus Cristo. Imaginemos uma situação em que, na atualidade, durante o encontro de oração e partilhas da compreensão de Deus, feito por algumas senhoras, uma começa a dizer que não gosta da expressão "Deus todo amoroso", pois ela sempre aprendeu no colégio religioso que "Deus é todo poderoso". Ao que a outra — iluminada por uma genuína compreensão atual da revelação de Deus — retruca: "naquela época a senhora sofria cirurgias de bisturi, e hoje as sofre a *laser*"! Qual não seria a surpresa da primeira? Ou seja, constituiu sempre um grande desafio para o teólogo de todos os tempos facilitar uma percepção continuamente atualizada da revelação divina. Somente pensando assim, evoluiremos na nossa compreensão genuína de um "Deus para hoje" como a ele se refere Andrés Torres Queiruga, "batizando" um livro com este título e outro com a seguinte expressão para referir-se a Deus: *Alguien así es el Dios en quien yo creo*[145].

---

142. Torres Queiruga, A., A linguaxe relixiosa. Desmitoloxización e cambio cultural, *Encrucillada*, v. 40, n. 198 (2016) 8.
143. Forte, Bruno, *Xesús de Nazaret, historia de Deus*, Madrid, Paulinas, 1983, 255-268.
144. Torres Queiruga, A linguaxe relixiosa, 8.
145. Id., *Alguien así es el Dios en quien yo creo*, Madrid, Trotta, 2013.

Em se tratando, portanto, da matriz teórica de Torres Queiruga, é importante destacar que ele se ocupa dos principais questionamentos que foram impostos à fé cristã suscitados pela cultura moderna. É dentro desse cenário que o teólogo galego se esmera para fazer uma cordial interlocução com a maioria dos grandes pensadores da modernidade. Para tanto, ocupa-se de uma análise sensível da Palavra de Deus, bem como dos pensamentos místicos e filosóficos, atrelados ao processo de percepção do transcendente. Com o desejo de responder aos anseios do ser humano na atualidade, o autor enfatiza a necessidade de uma linguagem que dê conta de comunicar de maneira a mais fiel possível a essência de Deus mediante uma lógica fraternal. Desse modo, convida o leitor a tecer uma justa e honesta interlocução sobre a percepção da revelação divina nos tempos hodiernos. No afã de ressaltar a mais depurada imagem de um Deus para hoje, pondera o autor que:

> [...] é preciso buscar mecanismos que introduzam a gratuidade do amor evangélico, que sejam capazes de "emprestar sem esperar nada em troca" (Lc 6,35) ou de dar "aos que não podem retribuir" (Lc 14,14). Compreende-se que as concretizações poderiam continuar. Mas decisivo mesmo é o princípio: os cristãos e as cristãs, reconhecendo-nos, juntamente com todos os homens e mulheres, como filhos e filhas do mesmo Pai, somos chamados a transmitir ao mundo a urgência, realista e utópica a um só tempo, dessa lógica fraternal. Lógica que conta, por um lado, com a cruz da história, sujeitando-se à paciência das mediações e até mesmo a seu eventual fracasso; e, por outro, não cede à resignação nem renuncia à urgência. Porque, contra o que diz o mote, "o céu não pode esperar", pois já se acha aqui entre nós o Reino (cf. Lc 10,42), esperando conquistar a "violência do amor" (Mt 11,12; Lc 16,16), acelerando o avanço, até que a criação "seja libertada da escravidão da corrupção" (Rm 8,21) e Deus possa por fim ser "tudo em todos" (1Cor 15,28). Tornar presente de alguma forma a força desse apelo, unindo-nos aos esforços de todas as pessoas de boa vontade, sem dúvida constitui o melhor modo de testemunhar nossa fé em Deus pai-mãe criador e a melhor contribuição que poderemos dar a esse mundo em busca da iluminação de um futuro que gostaríamos que fosse mais igualitário, livre e fraternalmente mais humano[146].

Sem que houvesse prejuízo em uma só palavra de Torres Queiruga, decidimos transcrever a íntegra deste texto a fim de partilharmos a inten-

---

146. Id., *Um Deus para hoje*, 58.

sidade e a pureza do pensamento do autor, exortando todos à efetivação de uma lógica fraternal que seja capaz de testemunhar o amor de Deus.

A teologia do autor galego tem uma forte fundamentação bíblica e uma preocupação com a *práxis* histórico-eclesial. É a partir desse ponto de vista que percebemos a sua autoridade para a sistematização de uma releitura do cristianismo. Ele o faz cunhando categorias próprias, tais como "repensar/recuperar" a fé. Categorias estas que estão presentes ao longo de sua literatura.

> O fundamento filosófico e teológico de Torres Queiruga lhe dá a autoridade para sistematizar uma releitura do cristianismo. Ele se sente chamado a "recuperar" e a "repensar"' o específico da fé cristã, reformulando categorias teológicas. Ele aponta a urgência de se traduzir a fé cristã para uma linguagem que possa convencer a cultura moderna. Também, deseja rever todos os conceitos cristalizados no cristianismo, repensando a imagem de Deus e a prática de fé. Sua maior preocupação é romper com o mal entendido que levou o ser humano moderno a considerar Deus como rival da humanidade[147].

Em outras palavras, a literatura de Torres Queiruga está circunscrita a um enorme e claro esforço para apresentar, na atualidade, o mistério divino revelado às claras, especialmente a partir de Jesus de Nazaré, daquele que verdadeiramente nos criou só por puro amor e quer somente o bem da sua criatura. Notamos que a teologia queiruguiana está igualmente empenhada na realização plena do ser humano. Portanto, é possível afirmar que da verdadeira percepção de Deus depende a constituição mesma do ser enquanto humano. Desse modo de perceber, existe uma plena sintonia entre realização humana e revelação de Deus. Entendemos que a realidade do mistério divino e a realização do ser humano estão fundamentalmente atreladas entre si. "'Revelação de Deus e realização humana não estão em contraposição, antes, estão em total complementaridade'. Essa é espinha dorsal da teologia de A. T. Queiruga."[148]

Juntando influências teológicas e relevância da obra queiruguiana para os nossos dias, observemos o texto a seguir:

> Torres Queiruga é um pensador rigoroso e de cunho especulativo. [...] a sua qualificação intelectual e teológica para enfrentar esse desafio do "novo

---

147. Costa, *A contribuição de Andrés Torres Queiruga para uma releitura moderna do cristianismo*, 131.

148. Rocha, Alessandro, *Experiência e discernimento. Recepção da Palavra numa cultura pós-moderna*, São Paulo, Fonte, 2010, 228.

horizonte" da fé é inseparável de uma sensibilidade aberta ao novo, de um inegável *sensus ecclesiae* e de uma solidariedade que o aproxima de todos os homens e mulheres, irmãos na fé que buscam para crer com sentido e dos que apesar de tudo não podem crer. A vida e a reflexão deste teólogo é a prova concreta de que é possível "crer de outra forma" porque, ao que tudo indica, essa será cada vez mais a única forma de "poder crer de verdade"[149].

Pensar que "é possível crer de outra forma" como a "única forma de poder crer de verdade", diante da sensibilidade da cultura moderna, é o que procuramos ressaltar em nossa tarefa de sistematizar a concepção de revelação de Deus em Torres Queiruga. Ora, se Torres Queiruga tem essa forma aberta e sensível de refletir os fundamentos da fé revelada no Deus de Jesus Cristo, só podemos entender que ele seja capaz disso devido à sua abertura e interlocução com os pensadores da atualidade. Essa abertura, por extensão, influencia a nossa motivação de perceber Deus tal como ele o entende. Partindo de Torres Queiruga, somos desafiados a fazer o mesmo, dando a nossa justa contribuição na tarefa de espalhar a essência da mensagem da Boa Nova e fomentar uma metodologia eficiente de comunicar a Deus na atualidade, correspondendo aos anseios e às exigências da nossa sensibilidade cultural.

O teólogo galego assevera que é em um Deus amoroso em quem, enfim, devemos sempre crer. É um crer que nasce a partir de uma fervorosa e razoável experiência de fé. "A fé não é conhecimento empírico, embora seja *razoável*. A experiência da fé, na ótica cristã, é um dom, é revelação de Deus, é graça acolhida pelo ser humano"[150], especialmente por um ser humano que teve a fortuna de captar que Deus é todo poderoso no amor. Certamente a consciência religiosa da necessidade da crítica impregnada na teologia da revelação de Torres Queiruga tem o seu nascedouro na sua percepção sagaz da sensibilidade do homem moderno. O autor adverte que é necessário fugir da crítica a-religiosa, uma vez que ela concentra suas objeções não na experiência genuína do transcendente, mas nos ataques, no choque e enfrentamentos. Nesse sentido, as suas ponderações são sempre oportunas para a cultura secular hodierna. Entendemos que elas contribuem para uma atitude de humildade dos interlocutores, no tocante

---

149. Palácio, Carlos, Fin del cristianismo premoderno. Retos hacia um nuevo horizonte, *Perspectiva Teológica*, n. 94 (2004) 371.
150. Rúbio, A teologia da criação desafiada, 23.

à percepção mesma de Deus. Ele enfatiza incansavelmente a necessidade da percepção dinâmica da revelação divina, uma vez que ela muda com o evoluir natural da história.

> Nenhuma época pode ter a pretensão de esgotar o Evangelho, nem de pronunciá-lo em toda a sua pureza: há sempre, fatalmente, dimensões que vêm a ser obstruídas e, o que é mais grave, aspectos que acabam sendo deformados. Essas dimensões e esses aspectos são, normalmente, os lugares onde, por um lado, a *consciência religiosa* compreende que deve se autocriticar em vista de uma superação, e onde, por outro lado, a consciência a-religiosa concentra as suas objeções ou seus ataques [...]: na superfície aparece unicamente o choque, o enfrentamento. Para se precaver da coincidência é preciso descer até o fundo, ali onde deitam suas raízes comuns as diferentes aparências [...]: se em dado momento, se por ocasião de uma crise religiosa, queremos nos orientar acerca do que realmente está acontecendo, é preciso abandonar o terreno das *ideias* — seja em seu aparente desmoronamento interno, seja no ataque sofrido por forças externas — e descer às *crenças*, onde realmente são jogadas as cartas decisivas do processo. No melhor dos casos, desse modo saltam diante de nosso assombro coincidências surpreendentes, aproximações inesperadas[151].

Segundo Torres Queiruga, a fé conserva uma consciência muito viva da transcendência da Palavra, e essa transcendência sempre se dá a conhecer na seara das configurações concretas. Ou seja, é importante descermos até o fundo das questões, onde estão as raízes das diferentes aparências, uma vez que é sempre bom ter em mente que, paradoxalmente, as configurações concretas da consciência viva da fé fecham-se, ao mesmo tempo em que se abrem, e ocultam-se, ao mesmo tempo em que se manifestam[152]. A partir dessa visão crítica da realidade com que a filosofia sempre tem a tarefa de contribuir, podemos dirigir a nossa atenção para suas influências teológicas.

3.2.2. Influências teológicas na vida e obra de Andrés Torres Queiruga

Como sabemos, os estudos de Andrés Torres Queiruga durante o período de sua tese teologal inserem-se no contexto do Concílio Vaticano II

---

151. TORRES QUEIRUGA, *Recuperar a salvação*, 13.
152. Ibid., 12.

(1962-1965). Imbuído do espírito de abertura crítica que, de lá até os nossos dias, tem despertado o evento, ele se dedica a transportar para a cultura moderna a continuidade reflexiva em torno das questões concernentes à revelação divina. Para tal, vem fazendo uso de uma linguagem religiosa acessível a todas as mudanças culturais[153]. O teólogo galego absorveu o entusiasmo pós-conciliar e, durante esse período, "[...] foram gestadas suas primeiras obras, as quais trazem a marca desse tempo de busca de diálogo com a sociedade europeia, com sua mentalidade moderna, exercendo uma autocrítica e uma revisão contínua da teologia"[154].

A atualidade, clareza e profundidade da literatura queiruguiana, bem como a dedicação com que o autor se esmera para contribuir com a renovação da teologia — no sentido de apresentar um cristianismo aberto ao diálogo com as diferentes culturas e com a linguagem moderna —, coloca-o na fronteira entre filosofia e teologia, entre fé e cultura[155]. Diante da autonomia[156] da cultura moderna e da necessidade de uma genuína percepção de revelação de Deus, Torres Queiruga percebeu a relevância deste tema para o cristianismo e, a partir de então, ele se dedica a pesquisar sistematicamente o que ele chama de "repensar a revelação". A esse respeito, pondera que: depois da tese em teologia, o livro sobre a revelação foi sem dúvida o trabalho a que dedicou mais tempo e esforço. É também o que tem trazido maiores críticas e desgostos. Apesar disso, o autor o considera a sua melhor e mais criativa contribuição especulativa para a renovação de uma teologia verdadeiramente atualizada.

Segundo ele, seu interesse pelo tema tem confluído a partir de dois fatores: de uma adiantada preocupação teórica e, cada vez mais, de uma

---

153. Conforme podemos conferir no seu mais recente texto, cujo título já nos diz tudo: Torres Queiruga, A., *A linguaxe relixiosa*, 5-16.

154. Costa, *A contribuição de Andrés Torres Queiruga para uma releitura moderna do cristianismo*, 129.

155. Torres Queiruga, A., El amor de Dios y la dignidad humana, in: Navarro, J. B. (ed.), *Panorama de la teología española*, Estella (Navarra), Verbo Divino, 1999, 3.

156. "Liberdade política de uma sociedade capaz de governar-se por si mesma e de forma independente, quer dizer, com autodeterminação" (*Autonomia*, in: Japiassu, Hilton; Marcondes, Danilo, *Dicionário básico de filosofia*, Rio de Janeiro, Jorge Zahar, ³1996, 21). Diante da consequência de uma nova visão de mundo, cuja religiosidade procura olhar a revelação a partir de sua estrutura íntima, a autonomia constitui um conceito chave. A perda da autoridade e o desperdício da tradição podem ter sido reações excessivas, mas supuseram um alerta justificado. Não era possível continuar com a concepção a-histórica do dogma nem, sobretudo, com a leitura literalista da Bíblia (cf. Torres Queiruga, *Fim do cristianismo pré-moderno*, 46).

nova preocupação religiosa[157]. Para fundamentar o seu pensamento, o autor, além de Amor Ruibal e de Xavier Xubiri, recebe influência de grandes teólogos, entre os quais destacamos Henri de Lubac, Marie-Dominique Chenu, Yves Congar e Karl Rahner.

Comecemos por este último, pelo nível de importância que teve na tarefa de repensar a revelação. Ao tratar da consciência de Jesus, por exemplo, o próprio Queiruga fala que o normal é que, a partir da literatura neotestamentária, não mais deveríamos falar do testemunho sobre Jesus, mas de Jesus mesmo, de sua vida histórica, do próprio centro vivo e pleno da revelação que ele é. A esse respeito, remetendo a Karl Rahner, o teólogo galego apresenta a sua crítica à teologia clássica enfatizando que:

> A teologia clássica trabalhou com um esquema vertical e no fundo — como tantas vezes assinalou Karl Rahner — "monofisista": Jesus chegou à terra sabendo já de tudo, e sua missão consistiu em ir nos revelando isto aos poucos. Era este o significado da tripartição da ciência de Cristo: beatífica, infusa e experimental. Destes, à última correspondiam unicamente às coisas práticas da vida sem relevância reveladora, e às duas primeiras todo o propriamente revelador. Porém, a ciência infusa e a beatífica eram, por definição, algo dado e perfeito, que a humanidade de Jesus recebia passivamente. [...] A verdade é que essa concepção mostrava-se profundamente infiel aos dados da Escritura[158].

A antropologia teológica de Karl Rahner oferece uma grande contribuição ao pensamento de Torres Queiruga. Ao fazer do humano um lugar teológico possibilita uma reflexão sobre a crise de fé que se abateu na modernidade. A partir de então, o teólogo galego assevera que, por meio dos desejos profundos do homem moderno, a reflexão teológica se esmera para destacar que a experiência de Deus hoje vem ao encontro da realização e da plenificação do homem[159]. Em outras palavras, daí deriva a tarefa de apresentar a mensagem cristã em linguagem antropológica. Podemos dizer que a teologia de Rahner e de Queiruga tem a fundamental preocupação de transpor a teologia de uma seara cosmocêntrica para o esquema atual, de um mundo moderno antropocêntrico.

---

157. TORRES QUEIRUGA, A., *Quale futuro per la fede? Le sfide del nuovo orizzonte culturale*, Turin, Elledici, 2013, capítulo 3.
158. TORRES QUEIRUGA, *Repensar a revelação*, 75.
159. COSTA, *A contribuição de Andrés Torres Queiruga para uma releitura moderna do cristianismo*, 140.

Olhando os demais teólogos que influenciaram Torres Queiruga, ressaltamos Henri de Lubac, que, com o desejo de evidenciar e recuperar a dimensão social do cristianismo, do ponto de vista de um avanço teológico, enfatizava um homem que não aceitava a comodidade do mundo e entrava na luta para melhorá-lo. Diante dessa postura, apresentava duplo alcance: o histórico, que recupera a tese da autêntica tradição católica, e o teórico, que contribui para o fomento de uma antropologia cristã[160]. Podemos dizer que Torres Queiruga coloca em prática o que Lubac desejou desde antes. Lubac "tinha o desejo de realizar uma análise recuperando o cristianismo para que a teologia pudesse dialogar com a cultura moderna. A encíclica *Humani Generis* de agosto de 1950 bloqueou esse processo de renovação"[161].

O outro teólogo importante no pensamento queiruguiano foi Marie-Dominique Chenu que, com o livro *Une école de théologie. Le Saulchoir*[162], coloca em discussão o papel da revelação, defendendo que o dado revelado se mostra na história, e não sob a forma de ideias abstratas. Com essa tese, o autor coloca-se em conflito com aquilo que a Igreja preservava e acreditava até então, vindo a sofrer sérias reprimendas, sendo forçado à inércia[163]. A importância ou influência de Chenu na teologia de Torres Queiruga é evidente

> [...] quando ele define esta dentro da categoria da história, como seu caráter imanente, pois ocorre dentro da experiência humana; transcendente, porque a experiência que o homem tem da palavra divina o leva a encontrar um sentido que ele atribuiu a uma revelação de Deus[164].

Nota-se que ambos consideram o processo de percepção da revelação a partir de dentro da intimidade humana. Desse modo, o caráter encarnado da experiência reveladora dá-se no corpo da experiência inteira do homem. Sabemos que "a revelação de Deus tão somente na resposta do homem se faz realidade concreta"[165].

---

160. Torres Queiruga, *Um Deus para hoje*, 47-58.
161. Costa, *A contribuição de Andrés Torres Queiruga para uma releitura moderna do cristianismo*, 135.
162. Chenu, Marie-Dominique, *Une école de teologie. Le Saulchoir*, Etiolles, Le Saulchoir, 1937.
163. Gibellini, Rosino, *A teologia do século XX*, São Paulo, Loyola, 1998, 198-204.
164. Costa, *A Contribuição de Andrés Torres Queiruga para uma releitura moderna do cristianismo*, 137.
165. Torres Queiruga, *A revelação de Deus na realização humana*, 200.

Outro teólogo que influenciou Torres Queiruga foi Yves Congar. Influência que se nota não somente pelo caráter de reforma da teologia, mas especialmente pelo foco na questão do diálogo ecumênico e inter-religioso. É a partir da inspiração ecumênica e inter-religiosa de Congar que o teólogo galego cunha as categorias de inreligionação, universalismo assimétrico e teocentrismo jesuânico[166]. É notório que os elementos da modernidade estavam imbuídos no pensamento e nas reflexões de Congar. Ele, como o ecumenista mais influente da Igreja católica, mesmo consciente de que estava lidando com o campo minado da teologia ecumênica, defendia especialmente o diálogo com as Igrejas da reforma, uma vez que entendia ser esse um caminho imprescindível para a atividade missionária do catolicismo. A partir disso é fácil chegarmos à conclusão de que "reflexões como estas, estruturadas na Modernidade, vão de encontro com a teologia desenvolvida por Queiruga que procura intensamente renovar o pensamento teológico na cultura moderna"[167]. Em outras palavras, quando Costa afirma que as reflexões "vão de encontro" com a teologia de Queiruga, na verdade ele enfatiza que são reflexões que legitimam e vão ao encontro do pensamento do teólogo galego.

Olhando por essa ótica, podemos concluir que os teólogos católicos que integraram o Concílio Vaticano II influenciaram definitivamente a teologia de Torres Queiruga que, assimilando o espírito conciliar e o atraso da ação evangelizadora da Igreja, admoesta sobre a necessidade urgente de um olhar da teologia para que o mundo moderno possa experimentar e refletir criticamente sobre a fé. Com a clara percepção da urgência de comunicar Deus na atual realidade cultural, o teólogo galego tece reflexões fazendo larga interlocução com vários pensadores.

3.2.3. Torres Queiruga e seus interlocutores imediatos

É na interlocução com uma grande quantidade de outros teólogos, numa atitude de fraternidade e cordialidade, que Andrés Torres Queiruga oferece a sua grande contribuição para a compreensão dos graves problemas teológicos abertos pela modernidade. Na tentativa de que a fé possa se tornar sempre mais significativa, vivida e praticada no cerne de cada cultura, o seu diálogo com outros teólogos torna-se cada vez mais importante. Ele tem uma refinada consciência de que

---

166. Id., *Del terror de Isaac al Abbá de Jesús*, 315-355.
167. Costa, *A contribuição de Andrés Torres Queiruga para uma releitura moderna do cristianismo*, 139.

A teologia tem diante de si a tarefa de ir sedimentando as inquietudes difusas e unificando as questões dispersas. A revelação, com sua profundidade misteriosa nunca totalmente objetivável, está pedindo uma aproximação mais sintética e unitária, que responda à nova sensibilidade cultural: esta é, enfim, a carne em que ela tem de se expressar[168].

Com essa viva consciência da necessidade de aproximação sintética e unitária para captar mais profundamente a revelação de Deus, destacamos alguns interlocutores imediatos de Torres Queiruga.

O primeiro é Wolfhart Pannenberg[169] que, ao enfrentar os problemas do cristianismo num mundo pós-iluminista, procura superar a marginalização da fé e da teologia em relação à razão moderna. Segundo Torres Queiruga, diante da universalidade da fé na revelação, com a profunda mutação dos parâmetros trazidos pela razão iluminista, a fé já não mais se sustenta pela autoridade da tradição.

Pela primeira vez na história do Ocidente, o cristianismo foi radicalmente posto em questão; não esta ou aquela verdade, mas sim a fé como tal se viu submetida a uma crítica implacável, e interrogada acerca de seus fundamentos. [...] Desse modo, o cristianismo, enquanto religião [...] e enquanto religião ocidental, precisa justificar-se diante das demais religiões. Talvez nenhum teólogo tenha sentido como W. Pannenberg a novidade e a urgência da nova problemática. Por isso utilizaremos sua postura como guia e como contraste, e sobre ela trataremos de verificar uma vez mais a força clarificadora de nossos princípios de base[170].

A teologia pannenberguiana sente fortemente a urgência de uma justificação racional da verdade da fé revelada. Nesse sentido, é uma teologia estruturalmente — e não somente — cronológica ou intencional-

---

168. Torres Queiruga, *A revelação de Deus na realização humana*, 44; Id., *Repensar a revelação*, 45.

169. É considerado um dos maiores teólogos protestantes contemporâneos. Nasceu em 1929, na cidade de Stettin, Alemanha. Estudou teologia e filosofia na Universidade de Göttingen, sob a direção de Nicolai Hartmann; na Universidade de Basel estudou sob a orientação de Karl Jaspers e Karl Barth. Estudou na Universidade de Berlim e doutorou-se em Teologia na Universidade de Heidelberg em 1954, onde lecionou até 1958. Em seguida, lecionou em Wuppertal (1958-1961), Mainz (1961-68) e Munique (1968-1993). Entre suas publicações, destacam-se: *A redenção como acontecimento e história* (1959); *Revelação como história* (1962); *Que é o homem? Antropologia atual à luz da teologia* (1964) (cf. Gibellini, *A teologia do século XX*, 270-278).

170. Torres Queiruga, *A revelação de Deus na realização humana*, 305.

mente pós-iluminista. Alheio a toda mística, Pannenberg é um moderno que tenta evitar os excessos da modernidade, pois a concepção tradicional, com sua visão do processo revelador como um "ditado" divino, não corresponde mais aos anseios do mundo pós-iluminista[171]. A partir do paradigma moderno, o diálogo de Torres Queiruga com Pannenberg possibilita uma compreensão mais arraigada da revelação no sentido de chegar ao ponto esclarecedor, segundo o qual "todo autêntico conhecimento de Deus é sempre de algum modo um conhecimento revelado (os demais são elaborações secundárias e abstrações, que o supõem)"[172].

Uma das maiores contribuições pannenberguianas centra-se no campo da universalidade da fé, do seu reconhecimento no campo racional. Em outras palavras, Pannenberg era absolutamente contra qualquer tipo de subjetivismo irracionalista ou concepção autoritária da fé que pudesse se converter em uma fé cega e supersticiosa, direcionando ao anacrônico asilo da ignorância. Torres Queiruga assim se refere a Pannenberg:

> De certo modo, todo o seu intento, no que tem de específico e renovador, encaminha-se no sentido de enfrentar a problemática do cristianismo num mundo *pós-iluminista*. Daí ser sua origem imediata a reação contra o "fideísmo" e o "irracionalismo" da *teologia da palavra*, antes de tudo na versão neo-ortodoxa de Barth, mas também na distância introduzida por Bultmann entre o fato e o significado. [...] Diante disto sua postura é clara: a revelação só é hoje aceitável e universal se consegue justificar-se diante da razão crítica e da investigação histórica[173].

Para dar uma maior consistência na sua nova concepção de revelação — como um ato de doação de Deus ao ser humano, do qual ele espera a sua percepção, recepção e disponibilidade —, Torres Queiruga fundamenta-se tanto na Escola de Pannenberg quanto na constituição dogmática *Dei Verbum*. Sobre essa, o autor se refere como a uma guinada radical que não admitia a redução da revelação a mero produto da subjetividade humana[174]. A teologia de Torres Queiruga considera que a realidade histórica tem prioridade sobre a fé e o raciocínio humano. Para ele, a história toda é a revelação de Deus e é tão claramente assim em suas funções revelatórias que sua interpretação pode ser feita sem interferência do sobrenatural,

---

171. Costa, *A contribuição de Andrés Torres Queiruga para uma releitura moderna do cristianismo*, 143.
172. Torres Queiruga, *Fim do cristianismo pré-moderno*, 49.
173. Id., *A revelação de Deus na realização humana*, 305.
174. Id., *Fim do cristianismo pré-moderno*, 47.

uma vez que a verdade revelada está necessariamente inerente à totalidade da história. Basta uma atenção refinada nesta direção para chegarmos a esse entendimento[175].

Ao criticar a concepção de revelação de Deus, que, até então, era vista como algo externo ao homem, o teólogo galego fundamenta-se na mística agostiniana. Assevera que não se trata de que Deus "venha de fora", mas sim do interior do homem. É um novo paradigma que, quando levado a sério, oferece novas possibilidades de saída criativa. A revelação é uma oferta de Deus ao ser humano.

> Trata-se exatamente do contrário, pois Deus já está sempre dentro, sustentando, promovendo e iluminando a própria subjetividade, que por isso o busca e pode descobri-lo. Afinal, a revelação consiste em aperceber-se do Deus que como origem fundante está "já dentro", habitando nosso ser e procurando se manifestar a nós: *noli foras ire: in interiore homine habitat veritas*[176].

A partir desse novo paradigma, que não considera a revelação algo meramente subjetivista, o diálogo de Queiruga com Pannenberg nos faz ver que, ao levar a sério e de maneira nova o problema da revelação de Deus, é possível ver outra saída e perceber que ele já habita no mais íntimo do ser humano. Assim, abre-se uma renovadora e fecunda perspectiva para a percepção da revelação como realidade presente em todas as religiões e até mesmo nos diferentes conhecimentos filosóficos que buscam verdadeiramente perceber a Deus[177].

Segundo o teólogo galego, a partir do novo paradigma moderno, insistir na revelação de um Deus que seja distante e que necessite intervir em cada oportunidade não somente é uma "heresia", como também um disparate teológico. Torres Queiruga pondera que é inútil qualquer discussão que não parta do debate prévio sobre essa mudança. Do contrário, tudo acabará se revolvendo em mal-entendidos e, o que é pior, em acusações e condenações. Isso nos permite compreender a maioria dos conflitos que dilaceram a teologia na modernidade[178].

Outro teólogo que faz interlocução imediata com Torres Queiruga é Edward Schillebeeckx.

---

175. Costa, *A contribuição de Andrés Torres Queiruga para uma releitura moderna do cristianismo*, 143.
176. Torres Queiruga, *Fim do cristianismo pré-moderno*, 48. A expressão agostiniana traduz-se livremente assim: "É no interior do homem que habita a verdade e não fora dele".
177. Ibid., 49.
178. Id., *A revelação de Deus na realização humana*, 131ss.

Plenamente empenhado na renovação e *aggiornamento* da Igreja, seu trabalho consistiu em repensar a fé tradicional em função da situação presente no mundo, nesse sentido vai ao encontro do pensamento de Queiruga[179].

A teologia de Schillebeeckx está atrelada a uma mentalidade, segundo a qual a ortodoxia só será exequível plenamente se estiver sustentada pela *ortopráxis*. Ao refletir sobre o marco cultural no projeto cristológico de E. Schillebeeckx, Torres Queiruga pondera que existem, por um lado, as épocas "horizontais", quando a tarefa teológica consiste em prolongar a si mesma, explorando as sínteses globais da realidade em todas as direções. E, por outro lado, épocas em que a inovação se impõe: as épocas de rupturas. Enquanto nas primeiras o pensamento se acentua acima do pensamento, nas segundas, o pensamento se acentua acima da realidade em si mesma. Sobre a realidade em que nos coube viver, o autor pondera que a realidade é que vivemos nessa segunda época.

> A realidade sociocultural mudou e sua repercussão na vida religiosa faz com que esta não se sinta refletida no sistema teológico herdado, nascido como tematização de uma época anterior. São épocas de ruptura nas quais espontaneamente se busca a confrontação "vertical" com a experiência própria, para tentar tematizá-la partindo de suas próprias perguntas, problemas e expectativas. [...] Nossa época pertence com toda certeza a esse segundo tipo. [...] Produziu-se uma profunda comoção nas bases da cultura teológica. [...] Pois bem, caberia dizer que a obra de Schillebeeckx representa o gráfico mais nítido e coerente do fenômeno sobre a consciência teológica atual[180].

Na maneira de pensar de Torres Queiruga, a teologia de Schillebeeckx contribui fortemente com uma nova forma de viver a fé. Torres Queiruga aponta para o real e urgente desafio de repensar e recuperar a experiência fundante do cristianismo. Segundo ele, somente com ousadia e responsabilidade no esforço de expressar a fé cristã, valendo-se da linguagem hodierna e recuperada originalmente a essência dessa fé, ela será inteligível para o homem de hoje. Uma vez delineados os problemas não se pode sair do assunto com uma posição autoritária[181]. Segundo Torres Queiruga, "a

---

179. Costa, *A contribuição de Andrés Torres Queiruga para uma releitura moderna do cristianismo*, 144.
180. Torres Queiruga, A., *Repensar a cristologia. Sondagens para um novo paradigma*, São Paulo, Paulinas, 1998, 61.
181. Ibid., 63.

profundidade da mudança cultural e a inaudita novidade do horizonte que nesta mudança epocal se abre diante da humanidade exigem que se repense uma religião que conta sua duração não mais por séculos, senão por milênios"[182].

Para ele, a consciência viva da cultura hodierna evidencia que, para captarmos a essência reveladora do mistério, requer-se uma ancoragem no "rio da fé"[183], a fim de nos libertar de qualquer relativismo. Pondera Torres Queiruga que, para tal empreitada, há sempre mais a necessidade de um novo estilo teológico apto a dialogar com a sociedade em aceleradas transformações. A seu juízo, a duração do cristianismo, paradoxalmente, é uma credencial de seriedade e um perigo. Credencial de seriedade pela riqueza na proposta e nos conteúdos, mas perigo porque o tempo endurece as instituições, desgasta as palavras e pode deformar, esvaziar ou, até mesmo, perverter o sentido genuíno dos conceitos[184].

Torres Queiruga recorre também ao teólogo Hans Küng para fundamentar o paradigma moderno. Denomina as mudanças atuais de um tempo não de pós-modernidade, mas de "revolução epocal" ou mudança de paradigma. "Queiruga trata a Modernidade como um novo paradigma, porém não faz o mesmo com a chamada Pós-Modernidade, que para ele, constitui-se em desafios enormes, mas não de superação da Modernidade."[185] O que Hans Küng chama de Pós-Modernidade para Torres Queiruga é apenas a segunda etapa da modernidade ou a Alta modernidade. Ao seu juízo, estamos muito longe de calcular as consequências do nosso tempo moderno. O que importa é nos darmos conta de que a época hodierna nos impele a nos dedicarmos com plena consciência na tentativa de repensar teologicamente a secular experiência da fé. Assim, enfatiza a urgente necessidade de sair ao encalço do perigo que representa o endurecimento das instituições que deformam a suavidade da mensagem originária. Para tanto, faz-se necessário articular uma fé intelectualmente significativa, vivida e praticada culturalmente, respeitando a autonomia do sujeito.

---

182. Id., *Fim do cristianismo pré-moderno*, 9.

183. "Temos nossa maneira sempre relativa de captar o absoluto; porém, a justa aterrissagem no rio fundamental da fé liberta do relativismo" (CARRERO, ÁNGEL DARÍO, Repensar criticamente la fe. Un diálogo com Andrés Torres Queiruga, in: CAAMAÑO, XOSÉ MANUEL; CASTELAO, PEDRO (org.), *Repensar a teologia, recuperar o cristianismo. Homenagem a Andrés Torres Queiruga*, São Paulo, Fonte, 2015, 32).

184. TORRES QUEIRUGA, *Fim do cristianismo pré-moderno*, 9.

185. COSTA, *A contribuição de Andrés Torres Queiruga para uma releitura moderna do cristianismo*, 145.

Sair ao encalço desse perigo, procurando recuperar o sentido original, para que a fé se torne intelectualmente significativa e possa ser vivida e praticada culturalmente, define claramente um dos eixos decisivos sobre os quais se deve articular a atual preocupação teológica. Preocupação de altíssimo espectro, pois deve atender a muitas frentes, todas elas rodeadas de múltiplas e complexas questões[186].

Na peculiar preocupação de uma genuína revelação de Deus, a literatura do teólogo galego reivindica da reflexão teológica hodierna a sua contribuição no sentido de reconstituir uma linguagem religiosa, que seja capaz de comunicar Deus ao indivíduo de hoje.

O indivíduo vive hoje num mundo empossado pelo Espírito de Deus. Deus se encarnou na natureza humana, mudando para sempre o relacionamento da humanidade para com Deus. Todo homem nasce destinado a uma ordem sobrenatural e é orientado a um fim sobrenatural antes mesmo de percebê-lo consciente e reflexivamente[187].

A percepção consciente dessa encarnação reveladora constitui-se num processo de esclarecimento da fé no contexto da sensibilidade do tempo moderno. Esse desafio de comunicar Deus a partir da "virada linguística" do tempo moderno reivindica a importância capital de uma elaboração hermenêutica no modo novo de fomentar uma teologia da revelação que seja aberta, que possa reverter as consequências a que chamamos de esquecimento de Deus, causado pelo fechamento da concepção de revelação até então defendida pela visão clássica.

Como questão conectada a este ponto, porém numa forma de certo modo autônoma, cabe assinalar o *fechamento da revelação*. Conforme se conceba o modo da revelação, resultarão consequências muito diretas para seu fechamento. A revelação concebida como uma série de "verdades" leva a pensar num "depósito" estático, com a ameaça imediata de ver o processo como algo passado, sem dinamismo atual e que só é possível repetir ou memorizar. Quase sempre a ênfase na "experiência" destina-se a salvar este ponto. E, por certo, para a cultura moderna, intimamente trabalhada pela história e apontada em direção ao futuro, esta questão reveste-se de uma importância singular[188].

---

186. Torres Queiruga, *Fim do cristianismo pré-moderno*, 10.
187. Moran, *Teologia da revelação*, 183.
188. Torres Queiruga, *Repensar a revelação*, 100.

A grande tarefa da teologia está atrelada a essa preocupação de despertar a atenção para o dinamismo da mensagem revelada. A ela cabe recorrer ao uso de uma linguagem religiosa que esteja apta a auxiliar o ser humano no processo de assimilação do transcendente. Tarefa essa circunscrita à seara da comunicação tematizada, isto é, que leva em conta a amplitude dos novos enfoques. Essa comunicação tematizada faz uso de uma linguagem transversal e multidisciplinar, geralmente "comovida pelo desafio radical a que é submetida pelo 'giro linguístico' que marca todo o pensamento na atualidade"[189].

Entendemos, por isso, que Torres Queiruga, ao tecer as suas reflexões acerca da necessidade fundamental de uma nova percepção da revelação de Deus, busca sempre a sintonia com os seus interlocutores imediatos por ser consciente de que a complexidade dessa temática requer muitos olhares competentes[190]. A literatura queiruguiana reivindica do leitor hodierno a patente responsabilidade de uma reflexão teológica que leve em conta duas preocupações importantes:

> A primeira refere-se ao *modo* da revelação, aos caminhos pelos quais a consciência humana pode chegar a se expressar dentro dela. A segunda centra-se nas *consequências* para o ser humano, sobretudo para a autonomia do seu saber e da sua liberdade[191].

Notamos que ao continuar enfrentando decididamente as mudanças constantes de compreensão da fé cristã plenamente revelada em Jesus Cristo, a partir do paradigma moderno, o homem, ao exercer a sua autonomia, concomitantemente é desafiado a efetivar a sua teleologia[192]. Em outras palavras, a percepção atualizada da presença de Deus agindo na história, segundo o que enfatiza a literatura de Torres Queiruga sobre a revelação divina, ressalta que a ação humana está absolutamente atrelada à noção que o homem tem do seu criador. Quanto mais o humano cap-

---

189. Id., *Fim do cristianismo pré-moderno*, 11.
190. Id., *Repensar a revelação*, 80-91. O autor recorre a uma síntese filosófico-teológica em torno dos autores que repensam a problemática da revelação, ressaltando a sua importância na construção da pessoa humana.
191. Id., *A revelação de Deus na realização humana*, 95.
192. Termo derivado do grego *teleos*, fim, e *logos*, estudo, discurso, ciência. Em um sentido metafísico, trata-se de um estudo ou ciência dos fins ou da finalidade (Teleologia, in: Russ, *Dicionário de filosofia*, 288). Aplicando à concepção de revelação divina, é o mesmo que dizer que quanto maior a percepção da manifestação de Deus, mais o ser humano efetivará a sua finalidade para a qual ele foi chamado à vida, isto é, para ser bênção de Deus por onde circular.

tar a revelação de Deus, mais ele configurará a sua vida e ação com o agir de Deus. A nosso juízo, a percepção da revelação de Deus incide diretamente no agir humano. Essa noção tem levado Torres Queiruga a propor a revisão do tratado da teologia da revelação, a fim de que tenhamos uma religião humanizadora[193]. A partir desse ponto, daremos continuidade à reflexão, compreendendo a matriz hermenêutica da antropologia da revelação de Torres Queiruga.

3.3. A matriz hermenêutica na antropologia da revelação de Torres Queiruga

Entendemos por matriz hermenêutica aquilo que vamos construindo, como que o fio condutor que norteia e ajusta o nosso foco de visão da realidade. Assim, na seara da percepção da revelação divina, a matriz hermenêutica vai se constituindo por aquilo que:

> [...] impregna totalmente a atmosfera religiosa que respiramos, filtrando todas as nossas vivências, colorindo todas as nossas atividades e marcando o estilo profundo de nossa vida. Com isso, vai-se constituindo, enfim, a matriz hermenêutica a partir da qual interpretamos a presença — ou ausência — de Deus na história e a partir da qual lemos a própria Sagrada Escritura[194].

A importância de percebermos a matriz hermenêutica da antropologia da revelação de Queiruga não deixa nenhum resquício de dúvida sobre o seu esforço em esclarecer que a ação humana molda-se de acordo com a concepção que temos ou não de Deus. É a partir dos nossos referenciais que vamos selecionando, conscientemente ou não, na revelação os dados ou expressões que confirmam a atuação de Deus na história. Se essa consciência crítica sobre a ação reveladora do mistério não estiver ativa na consciência humana, corremos o risco de nos deixar cegar pelos obstáculos que nos impedirão de criar perspectivas novas, justas, reconfortantes e libertadoras.

Desse modo, fica claro que a matriz hermenêutica da antropologia da revelação de Torres Queiruga circunscreve-se em torno do processo de compreensão de autonomia da subjetividade humana. Segundo ele, "um conhecimento que venha 'de fora' não rompe pela raiz a autonomia do sujeito,

---

193. TORRES QUEIRUGA, *Recuperar a criação*, 18-25.
194. TORRES QUEIRUGA, *Recuperar a salvação*, 30.

situando-o diante do dilema ou de destruí-lo como tal ou de permanecer para ele como algo alheio e, por fim, indiferente ou insignificante?"[195]. O autor, no afã de recuperar a experiência original do homem na sua relação com Deus, assevera que há uma necessidade urgente de reformular a teologia, a fim de tornar compreensível hoje a relação do homem com Deus. Pondera o teólogo galego sobre o núcleo vivo de sua teologia:

> O núcleo mais vivo e fundamental da minha teologia se move sempre entre dois polos: "repensar" os conceitos da teologia, a partir do reconhecimento da autonomia das criaturas, e "recuperar" a experiência original, tornando patente a sua relação constitutiva com Deus[196].

A esse respeito, ressaltamos a sua interlocução com a teologia de Paul Tillich. Queiruga enfatiza a importância de Tillich ao introduzir na teologia o conceito de "teonomia" e pondera que mesmo sendo um conceito advindo da primeira Ilustração, Tillich foi "um dos pensadores que mais estudaram o problema"[197]. O conceito de teonomia tillichiana sintetiza as concepções de autonomia[198] e heteronomia[199], tão conhecidas pela filosofia kantiana. Esse conceito de teonomia, introduzido na teologia por Paul Tillich, mas agora visto a partir da leitura de Torres Queiruga, possibilita a valorização da razão autônoma. Segundo ele, a assimilação da imagem verdadeira de Deus, na sua própria profundidade, liberdade e realismo histórico, facilita o exercício humano de entender as raízes autênticas das experiências de fé, assumindo os compromissos a ela inerentes[200].

A contribuição de Tillich recupera o papel decisivo da religião. Segundo esse autor, é na razão teonômica que se enraízam a heteronomia e a autonomia. Contrariamente ao que se pensava — que a teonomia fosse

---

195. Ibid., 100.
196. IHU. "Eu pedi o diálogo". Entrevista com Andrés Torres Queiruga.
197. TORRES QUEIRUGA, *Recuperar a criação*, 208.
198. Em Kant, a autonomia da vontade é essa propriedade que a vontade possui de ser para si mesma sua lei. "[...] O princípio da autonomia é, pois, sempre escolher de tal sorte que as máximas de nossa escolha sejam compreendidas ao mesmo tempo como leis universais nesse mesmo ato de querer" (KANT, IMMANUEL, *Fundamentação da metafísica dos costumes*, São Paulo, Martin Claret, 2002, 170).
199. Termo oposto a autonomia. Na filosofia kantiana, entende-se "quando a vontade procura a lei que deve determiná-la em outro lugar que não na aptidão de suas máximas para instituir uma legislação universal que venha dela; quando, em consequência, passando sobre si mesma, ela procura esta lei na propriedade de algum de seus objetos, segue-se daí sempre uma heteronomia. Não é, então, a vontade que dá a si mesma a lei, é o objeto que lha dá por sua relação com ela" (KANT, *Fundamentação da metafísica dos costumes*, 202).
200. TORRES QUEIRUGA, *Recuperar a criação*, 203.

uma lei divina que se impusesse sobre a liberdade humana —, o autor assevera que, ao invés de cercear o homem, insere-o exatamente na sua própria liberdade criadora. "A teonomia não significa a aceitação de uma lei divina imposta à razão por uma alta autoridade. Significa a razão autônoma unida à sua própria profundidade."[201]

Em outras palavras, a matriz hermenêutica da teologia da revelação queiruguiana, estritamente embasada no conceito de autonomia, defende que Deus funda e sustenta, mas não substitui a liberdade da sua criatura, uma vez que cria o ser humano livre, para que este se realize enquanto pessoa com liberdade criativa. "Deus criador criou o ser humano criador."[202] E é assim que também nós empreendemos a tarefa de sistematização do conceito de revelação divina a partir de Torres Queiruga. A concepção de revelação, quando entendida dessa forma, tem a grande relevância ao potencializar o ser humano para que, cada vez mais, ele tome o seu lugar na história, tornando-se protagonista da liberdade criadora, inspirado pelo amor de Deus, na liberdade do Espírito. Entender de outra forma é ser absolutamente injusto com a teologia da revelação de Torres Queiruga. Em suma, é não entendê-la.

Com ele, compreendemos que a autorrealização humana é tarefa insubstituível da própria pessoa. Na realização humana reconhecemos o lugar natural da presença divina. "A revelação divina se realiza precisamente na realização humana, como aquela ultimidade que lhe permite sua plenitude definitiva."[203] Segundo ele, aquilo que na religião é tido como peso não passa de falta de assimilação da pura graça que é o amoroso encontro de Deus voltado para o ser humano.

A crítica queiruguiana acerca da incompreensibilidade da essência mesma do cristianismo admoesta severamente aqueles que acabam por vivê-lo sob um certo "véu de tristeza". Ele se reporta à sensibilidade sempre certeira de Nietzsche, ao ressaltar que "os cristãos têm pouca aparência de redimidos". O autor ressalta que é preciso despertarmos para a alegria do encontro com o amor de Deus revelado a nós. Assevera Torres Queiruga que aquilo que nos é dado por ele como pura graça deve ser aproveitado como tal, e não como um peso.

> Demasiado legalismo, demasiado temor, demasiada falta de espontaneidade e de alegria na relação com Deus. Olhe, se não, cada um para si mesmo:

---

201. Tillich, *Teología sistemática*, v. I, 116.
202. Gesché, Adolph, *O ser humano*, São Paulo, Paulinas, 2003, 76.
203. Torres Queiruga, *El amor de Dios y la dignidad humana*, 571.

que significam para você a confissão, a obrigação de ouvir missa e, em geral, o cumprir com as obrigações; que supõe em sua vida a possibilidade de salvação-condenação; como vive os mandamentos, de que aspecto afetivo se reveste para você a moral cristã...? Dificilmente escaparemos da impressão de que tudo isto, que é pura graça, pura vinda de Deus ao nosso encontro para nos potencializar e nos ligar à vida, vivencia-se como pesado fardo sobre as costas, como enfadonha série de estorvos que entorpecem e tornam nebuloso o nosso caminhar[204].

Na perspectiva da sua teologia da revelação, a descoberta da genuína manifestação e graça de Deus facilita ao próprio ser humano se redescobrir constantemente enquanto criatura criadora. Dessa forma, o próprio ser humano se dará conta da responsabilidade inerente ao seu ser. Será ele quem decidirá sobre si mesmo, valendo-se de sua autonomia. Entendendo dessa maneira, pondera o autor que o ser humano vai, paulatinamente, construindo a realização de seu próprio ser. À primeira vista pode parecer imposição (heteronomia), mas um olhar mais apurado notará que a noção coerente da revelação de Deus contribui para a tarefa imediata de a própria pessoa ir se reconhecendo no impulso vital que a faz perceber-se semelhante ao Deus criador (teonomia)[205].

Essa noção de revelação que fomenta e valoriza a genuína autonomia humana possibilita traçarmos na literatura queiruguiana o caminho que evidencia a relação viva do ser humano com o Deus verdadeiro e amoroso plenamente revelado na história por Jesus Cristo, favorecendo a emancipação[206] do ser humano. Podemos ver, então, que, diante dos novos caminhos que pretendem buscar a união viva entre a revelação de Deus e a nova situação do homem, tudo acontece a partir de uma nova dialética de compreensão, e não mais de forma dada, uma vez por todas, pronta e acabada.

O teólogo galego nos faz ver que a constituição da noção de revelação divina ganha um dinamismo novo a partir do pensamento iluminista, cujo

---

204. Id., *Recuperar a salvação*, 30.
205. TORRES QUEIRUGA, *Recuperar a criação*, 209.
206. Julgamos importante entender a noção de emancipação no seu sentido etimológico: "[...] a palavra é empregada em seus primeiros usos num âmbito jurídico e que significa tirar a tutela de alguém. Na base da palavra, encontra-se o vocábulo latino *manus*, em português 'mão', e a emancipação seria algo assim como tirar a alguém a mão que a segura para permitir que caminhe por si próprio. O âmbito jurídico se mantém no uso contemporâneo do termo" (KOHAN, WALTER OMAR, Paradoxos da emancipação, in: SEVERINO, ANTÔNIO JOAQUIM; ALMEIDA, CLEIDE DE; LORIERI, MARCOS (org.)., *Perspectivas da filosofia da educação*, São Paulo, Cortez, 2011, 170).

próprio nome enfatiza a sua tarefa: iluminar o nosso presente. A partir de então, a literatura queiruguiana assume a tarefa de ressaltar que nada está superado, muito menos a filosofia iluminista[207]. Na verdade, o que quer a mentalidade iluminista não é negar o cristianismo, mas colocá-lo à altura do tempo, torná-lo natural, isto é, inteligível e aceitável, destacando a necessária maturidade nas relações de homem com Deus. A esse respeito, assevera o autor que:

> No catolicismo tudo transcorreu num tom mais equilibrado, tanto pelo motivo interno de sua concepção mais proporcionada das relações fé-razão — aspecto tão bem analisado por Amor Ruibal — quanto pelo controle do magistério. O preço foi um visível estancamento na reflexão e nas formulações. Mesmo aí, porém, deixou-se sentir o impulso da nova dialética[208].

Entre os referenciais de matriz hermenêutica da antropologia da revelação de Torres Queiruga destacamos o documento *Dei Verbum* do Vaticano II. Fundamentado na *Dei Verbum*, o autor ressalta que os escritores sagrados, numa atitude de humildade, responsabilidade, encantamento e partilha, registraram essas experiências reveladoras a fim de que pudessem chegar até nós[209]. Ele nos faz ver que é Deus mesmo que se ocupa amorosamente com a sua criatura, revelando-se a nós de diferentes e criativas maneiras. "Deus é como o sol irradiante que está pressionando em todas as partes o espírito da humanidade, para se fazer perceber a si mesmo; é a palavra viva que está chamando continuamente a sensibilidade profunda de todo homem, para fazer-se sentir."[210]

Entendemos que a preocupação fundamental do autor, a partir da perspectiva cristã, é expressar o interesse de Deus em se fazer conhecido. Isso se faz evidente em toda a sua teologia da revelação. Aprouve a Deus, em sua bondade e sabedoria, revelar-se a si mesmo e tornar conhecido o mistério de sua vontade (Ef 1,9), pelo qual os homens, por intermédio do Cristo, Verbo feito carne, e no Espírito Santo, têm acesso ao Pai e se tornam participantes da natureza divina (Ef 2,18; 2Pd 1,4)[211]. Entendemos que a

---

207. "Os impulsos intelectuais mais fortes do Iluminismo e sua peculiar pujança espiritual não se enraízam em seu desvio da fé, mas no novo ideal da fé que apresenta e na nova forma de religião que encarna" (cf. CASSIRER, E., *La filosofía de la Ilustración*, México, Fondo de Cultura Económica, 1972, 158).
208. TORRES QUEIRUGA, *A revelação de Deus na realização humana*, 83.
209. Id., *Repensar a revelação*, 40-42; *Dei Verbum*, n. 11.
210. Id., *A revelação de Deus na realização humana*, 408.
211. *Dei Verbum*, n. 2.

teologia da revelação de Torres Queiruga tem o grande mérito de levar o homem a ter consciência dessa sua participação na natureza divina concedida por intermédio de Cristo aos seus irmãos. A teologia atual tem a tarefa de entender que o centro de gravidade do debate hoje se deslocou do problema cosmológico para o problema antropológico da ação humana. O tema agora é o homem "criador" ou "criativo"[212].

Conforme podemos ver, a teologia da revelação converte-se, na verdade, em uma antropologia, uma vez que se configura como um ponto de enlevação[213] da vida de qualquer homem crente. Vista com um olhar místico, percebemos, de forma tematizada, o dinamismo da revelação divina na história da salvação em prol da afirmação plena do humano no ato criacional.

Segundo o autor, por essa "visão da revelação integrada na própria dinâmica da criação, não é difícil descobrir também aí uma presença real do Espírito, acolhido sem nome nos lábios, mas com eficácia na realização das obras"[214]. Nesse impulso criador e criativo da pessoa humana está o papel fundamental da antropologia teológica. Para o teólogo galego, "religiosa ou não religiosa, a pessoa tem que se construir secundando seu impulso profundo de autorrealização, mas também opondo-se à inércia da finitude, à resistência do instinto e à contradição das tendências"[215]. Nesse dinamismo da existência humana, a religião, sem negar a justa liberdade da autonomia, reconhece-a, fundada e apoiada em Deus, contribuindo para a integração plena dessa autonomia. Ou seja, vemos aqui a relevância da razão teonômica na valorização do ser humano.

Vale ressaltar que todo conhecimento autêntico de Deus é sempre, e de algum modo, um conhecimento revelado (os demais são elaborações secundárias e abstrações, que o supõem)[216]. É preciso estar atento às diferentes tentativas de descrições com que a questão da revelação divina é percebida, experimentada e vivida pelo ser humano. Entendemos que a revelação acontece no amplo caminho em que o transcendente vai conseguindo fazer o humano sentir a sua presença. A religião tem papel fun-

---

212. MOINGT, *Deus que vem ao homem*, v. 2, 209.
213. O ato de enlevar-se consiste em um estado de encantamento, de êxtase, de arrebatamento no sentido de que a pessoa se deixa maravilhar a tal ponto que chega a um espírito absorto, suspenso, kenótico. Na linguagem teológica, é um estado de esvaziamento de si (FERREIRA, *Dicionário Aurélio*, 250).
214. TORRES QUEIRUGA, *Fim do cristianismo pré-moderno*, 133.
215. Id., *Recuperar a criação*, 209.
216. Id., *Fim do cristianismo pré-moderno*, 48.

dante nesse caso. Aí "chega o momento de completar a visão, recuperando também o papel positivo da religião em suas relações com a moral"[217] no aperfeiçoamento do homem. Como sabemos, nesse processo antropológico de melhoria do aperfeiçoamento da criatura humana, a iniciativa é sempre de Deus, cujo acolhimento cabe ao humano. Podemos dizer que em Jesus Cristo acontece o *start* decisivo no ser humano para que a percepção da presença divina seja desvelada indubitavelmente.

> Em Cristo o ser humano tem, finalmente, desvendadas as chaves fundamentais em que se funda sua existência. Longe de paralisá-lo, isso significa que se lhe abre, enfim, o espaço no qual pode ser plena e ultimamente humano. A humanidade tem *já* abertas diante de si todas as suas possibilidades fundamentais, sabe definitivamente quem é Deus para ela — continua sendo mistério, certamente; mas mistério já desvelado como amor incondicional e promessa sem volta —, sabe também qual é o sentido fundamental de seu caminho no mundo e com o próximo diante de Deus, pois tem presente o chamado sempre válido e irreversível do seguimento de Jesus[218].

Em suma, como desdobramento dessa compreensão acerca da matriz hermenêutica da antropologia da revelação divina, culmina no humano Jesus Cristo a chave plena de acesso ao Pai. Ele é quem nos possibilita uma nova inteligência da revelação. Com o evento modernidade — que é muitas vezes considerada uma "filha perdida da revelação" —, Torres Queiruga assevera que "sua volta para a casa pode e deve trazer novas riquezas"[219]. Riquezas cuja vivacidade consiste em entender a revelação sem cair nas posturas estáticas que não cabem no dinamismo da sensibilidade moderna. Por falar em modernidade, Alain Touraine pondera que:

> A ideia de modernidade, na sua forma mais ambiciosa, foi a afirmação de que o homem é o que ele faz e que, portanto, deve existir uma correspondência cada vez mais estreita entre a produção, tornada mais eficaz pela ciência, a tecnologia, ou a administração, a organização da sociedade, regida pela lei, e a vida pessoal, animada pelo interesse, mas também pela vontade de se libertar de todas as opressões[220].

---

217. Id., *Recuperar a criação*, 209.
218. Torres Queiruga, *Repensar a revelação*, 452; Id., *A revelação de Deus na realização humana*, 414.
219. Id., *Repensar a revelação*, 82.
220. Tourayne, Alain, *Crítica da modernidade*, Petrópolis, Vozes, [10]2002, 9.

A importância central que ocupa a revelação divina na teologia circunscreve-se exatamente nesse campo da antropologia teológica, pois procura, no seu bojo, facilitar a realização humana, sem que essa realização seja coagida por qualquer que seja o seu foco. O uso da liberdade na produção e organização da vida humana, sem ser reduzida à exiguidade teórica da antropologia teologal[221], reivindica a valorização de todas as vozes humanas, escutando-as com tranquilidade, abertura e atenção. Não há dúvidas de que, entre os grandes temas das teologias, a compreensão de revelação divina ocupa importância central[222], justamente porque é a partir da percepção da revelação de Deus que o homem molda o seu ser, conforme toma consciência da sua medida original: o Criador.

Compreendemos que a forma como todas as questões teológicas são refletidas deriva, necessariamente, do viés como se dá a percepção da revelação[223], tanto para ensinar a Verdade revelada compreensível a todos os homens quanto para responder às dificuldades e aos problemas humanos e sociais. Percepção essa que, em todo tempo e lugar, exige sempre uma atitude nova. É essa atitude nova na compreensão da revelação de Deus que o pensamento de Torres Queiruga reivindica do homem hodierno. Ao propor um repensar a revelação, o teólogo galego convoca a teologia a oferecer novas respostas aos questionamentos atuais sobre Deus. Segundo ele, a partir da modernidade, para entendermos a questão de Deus "é preciso reconfigurar a experiência de sempre no novo contexto. É preciso buscar novas categorias, que rompam rotinas e permitam abrir novos espaços mais amplos de diálogos, comunicação, encontro"[224].

Como sabemos, sempre nos aproximamos dos grandes temas com certo conhecimento prévio. Por se tratar de um tema de grande importância no bojo das questões antropológico-religiosas, segundo Andrés Torres Queiruga, com a concepção de revelação não é diferente: todos nós temos dela alguma noção, mesmo que elementar. Argumenta o autor que "até mesmo quem a repele sabe o que está indicando com ela: desvelamento do mistério, acesso às profundidades, abertura do sentido da vida [...]"[225].

---

221. SEQUERI, PIERANGELO, *Il Dio affidabile. Saggio de teologia fundamental*, Brescia, Queriniana, 2000, 93.
222. TORRES QUEIRUGA, *Repensar a revelação*, 28.
223. *Optatam Totius*, n. 16; *Gaudium et Spes*, n. 12, 23, 44.
224. TORRES QUEIRUGA, *Repensar a revelação*, 358.
225. Ibid., 25; Id., *A revelação de Deus na realização humana*, 19.

Paradoxalmente, esse saber prévio, inerente ao entendimento humano, consiste em um não saber e pode encobrir os melhores caminhos. Sabemos que a partir de uma boa hermenêutica antropológico-teológica reconhece-se nesse estágio cognoscitivo religioso a realidade do "pré-conceito"[226]. Evidentemente, entendemos que falar da matriz antropológica da teologia da revelação exige refletir sobre a noção de comunicação da percepção de Deus, de uma comunicação que faz a diferença na seara da revelação divina, e de sua incidência prática na vida humana. "A revelação não é algo que constitua automaticamente uma verdade, sem antes transformar a vida histórica do ser humano."[227] Entendemos que essa transformação histórica se dará na medida em que se conseguir converter tal verdade comunicada em diferença humanizadora. Dito de outra forma, a experiência mesma da revelação divina circunscreve-se ao campo vivencial, na realidade histórica. E para que essa verdade seja perceptível dentro da história — em que as diferenças serão eliminadas e a comunicação propriamente dita se estabelece —, faz-se necessário uma atitude de busca humana pelo transcendente. Atrelando-se, assim, a percepção da revelação à vida pessoal e que seja testemunhal, tendo em vista a universalidade.

Sem dúvida, as compreensões primeiras acerca da revelação divina derivam tanto da história pessoal quanto da universal. Por um lado, na dimensão pessoal, as crises e rejeições da fé na revelação têm seu assento no choque entre uma concepção pueril e as indagações que brotam naturalmente de uma cultura mais adulta e crítica. Por outro lado, na dimensão global, acontece de modo semelhante:

> [...] na imensa mudança cultural do presente, a conceitualização da revelação na teologia tradicional choca-se muitas vezes de frente com as novas perguntas, ou simplesmente passa sem encontro possível ao lado dos novos paradigmas cognoscitivos[228].

Diante desta constatação, nos tempos hodiernos, urge uma atitude nova do homem de fé: a de procurar a essência genuína da revelação, a fim de que ela seja crível e significativa nas categorias da transversalidade da linguagem. Entendemos que, partindo dessa atitude nova, será possível perceber que a experiência da revelação é oferecida por Deus ao homem,

---

226. Id., *Repensar a revelação*, 23.
227. SOARES, AFONSO M. L., *Interfaces da revelação. Pressupostos para uma teologia do sincretismo religioso no Brasil*, São Paulo, Paulinas, 2003, 156.
228. TORRES QUEIRUGA, *Repensar a revelação*, 23.

de diferentes maneiras em lugares fundamentais, isto é, nas religiões da humanidade e "dentro delas, para nós, a religião bíblica"[229].

Quando falamos de percepção da essência genuína de revelação não estamos nos referindo a uma inteligência refinada ou erudição apenas, mas da singeleza mesma da receptividade humana à doação gratuita e amorosa do mistério de Deus. É presente que ele escolhe carinhosamente para nós e, portanto, deve ser um dom que se recebe com gratidão. "E, justamente, à medida que esse dom e esse presente se referem à descoberta do Divino que se manifesta, são *revelação*."[230] Toda essa forma livre de falar da revelação gratuita de Deus ao ser humano, paradoxalmente, é dada e captada naquilo que Torres Queiruga chama de maiêutica histórica e hermenêutica do amor. Ao mesmo tempo em que é uma dádiva de Deus tão gratuita, exige a atenção que envolve o mediador e a receptividade no processo de captação da manifestação amorosa de Deus, revelada na história da salvação.

3.3.1. Maiêutica histórica

Para tratarmos deste item optamos por subdividir numa espécie de contextualização, a que damos o nome de considerações preliminares, seguida de uma justificação do porquê de uma maiêutica histórica.

3.3.1.1. Considerações preliminares

O autor traz algumas considerações preliminares sobre a maiêutica histórica. Considerando que a revelação é algo que acontece entre Deus e o homem na história, ele destaca três dimensões fundamentais: a divina, a subjetiva e a histórica[231]. Segundo o pensamento de Torres Queiruga, nenhum teólogo autêntico deve deixar de lado essas dimensões nem privilegiar uma mais do que a outra.

A dimensão divina acentua a revelação como palavra autorizada de Deus apenas atendidas as condições subjetivas do ser humano a quem ela se dirige de forma eletiva. Do lado protestante, é Karl Barth quem representa essa tendência. Para ele, a revelação apenas acontece na Bíblia, reduzindo-se à Palavra de Deus, no sentido mais rigoroso da expressão. Do lado católico, Hans Urs von Balthasar defende que a revelação circuns-

---

229. Id., *A revelação de Deus na realização humana*, 20.
230. Id., *Repensar a revelação*, 25.
231. Id., *Repensar a revelação*, 92-98.

creve-se apenas à história do amor intratrinitário. Nessa perspectiva não está presente a dimensão da mediação humana da revelação, opondo-se a tudo o que se refere ao moderno. Tal postura, que é essencialmente antiiluminista, rejeita, por exemplo, as teorias de Karl Rahner e de Teilhard de Chardin[232]. Com esse pensamento, segundo Queiruga, Balthasar descuida-se intencionalmente da crítica bíblica e histórica defendendo que a revelação é contemplada em si mesma de forma direta. Despreocupase, assim, dos múltiplos condicionamentos humanos, desde a sua gênese e formulações até suas recepções. Torres Queiruga ressalta que enquanto se desconsideram as perguntas críticas, bem como a mediação histórica, o sujeito moderno permanecerá insatisfeito na compreensão e na aceitação da mensagem cristã[233].

Acentuando a dimensão subjetiva, considerada o ponto de partida e o motor da revelação, o teólogo galego enfatiza que ela tem o seu acento garantido na teologia existencial de Rudolf Bultmann. Esse, inspirado na filosofia heideggeriana, assevera que a revelação concentra a sua preocupação sobre o sujeito. Sendo assim, a revelação que é Palavra de Deus se manifesta no ser humano autêntico que, ao acolhê-la, a partir da autocrítica, sente-se pecador e necessitado da graça divina capaz de justificação.

Paul Tillich, por sua vez, com atenção especial à preocupação existencial, acentua a subjetividade profunda e cultural da revelação. Segundo ele, "o 'profundo', o 'abismo', o 'fundo do ser'... são símbolos do Divino. Quando este consegue mostrar-se, emergindo à consciência, nasce a revelação, que 'é a manifestação do fundo do ser para o conhecimento humano'"[234]. A partir desse modo de pensar, nada escapa do ser humano, dado que a revelação nasce no fundo do seu ser. Nela, sintetizam-se todas as dimensões inerentes ao humano. Na revelação de Deus, vista a partir do pensamento tillichiano, as estruturas da existência ficam restabelecidas.

Em outras palavras, a genuína percepção da manifestação de Deus possibilita ao ser humano o preenchimento de todas as suas lacunas, dado que ele toma consciência de ser amado incondicionalmente. Na intimidade da sua consciência que gera a profunda comunhão com Deus, o homem se descobre verdadeiramente amado. E é no amor de Deus revelado

---

232. Para maior aprofundamento, cf. BALTHASAR, H. U., *Seriedad con las cosas, córdula o el caso auténtico*, Salamanca, Sígueme, 1968.

233. TORRES QUEIRUGA, *Repensar a revelação*, 92-93.

234. TILLICH, *Teologia sistemática*, v. 1, 128. Este assunto pode ser aprofundado em CASTELAO, PEDRO, *El trasfondo de lo finito. La revelación en la teología de Paul Tillich*, Bilbao, Desclée de Brouwer, 2000.

em Jesus Cristo que o ser humano se realiza[235]. As lacunas de um mundo fragmentário real e efetivo encontram na revelação divina a sua liga. Nessa nova forma de entender a revelação de Deus, o ser humano tem um papel mediador da revelação. Não só no humano enquanto tal, como também na cultura, em cujos aspectos do fundo do ser encontram o seu aporte. "A história do mundo é a base da história da revelação, e na história da revelação a história do mundo revela o seu mistério."[236] Assim, o dinamismo que a concepção de revelação ganha com Tillich perde qualquer monotonia e adquire objetividade.

Não poderíamos deixar de acenar a importância da subjetividade transcendental ressaltada na obra de Karl Rahner. No processo de percepção da revelação divina, ao enfatizar a configuração ontológica que leva em conta o existencial sobrenatural, destaca que todo ser humano está impregnado pela presença da revelação. Segundo ele, pelo fato de a vocação humana estar voltada para a escuta da palavra de Deus, no próprio movimento de sua existência cristã, já estão intrinsecamente atreladas a revelação transcendental e a categorial[237]. Torres Queiruga ressalta que, na seara da subjetividade da revelação, ganha destaque importante a contribuição de Xavier Zubiri ao acentuar categoricamente o enraizamento ontológico do processo revelador[238].

Por último, o autor destaca a dimensão histórica da revelação, que ressalta o local aberto da comunicação entre Deus e o homem. É, portanto, na história real que a revelação se realiza e se materializa com exatidão. Torres Queiruga pondera que a concepção personalista de Martin Buber abre o caminho nessa perspectiva, assinalando a realidade unificante do "ente". A realidade histórica constitui o espaço aberto do eu e do tu e desemboca em um nós dialogante. A revelação de Deus perpassa de um processo meramente objetivo para fazer-se comunicação viva e pessoal no genuíno encontro entre Deus, que chama e salva, e o homem, que escuta e aceita[239].

A dimensão histórica, a partir de Oscar Cullmann, ganha significado relevante quando ele destaca a objetividade histórica, evidenciando que são nos fatos soteriológicos que a revelação divina cumpre o seu papel no

---

235. *Gaudium et Spes*, n. 16; 19.
236. TILLICH, *Teologia sistemática*, v. 1, 206.
237. RAHNER, KARL, *Curso fundamental da fé. Introdução ao conceito de cristianismo*, São Paulo, Paulus, ⁴1989, 173-212.
238. TORRES QUEIRUGA, A., *Filosofía de la religión en Xavier Zubiri*, Valência, Tirant lo Blanch, 2005, 135-152.
239. Id., *Repensar a revelação*, 96.

espaço aberto da dialética promessa-cumprimento. Desse modo, a história universal torna-se o lugar autêntico da revelação. A partir da ressurreição de Cristo, podemos entender sem restar dúvidas que os fatos integrados na história da tradição da palavra revelada não são vindos de fora da história, mas gestados no próprio devir histórico, acessível e universalmente significativos. Sendo assim,

> O acento recai em mostrar que a revelação não é mera "epifania", senão impulso prático, que trata de mudar o presente com base no futuro da promessa. Deus se manifesta enquanto ajuda a transformar o mundo; o critério decisivo não é a "ortodoxia", mas a "ortopráxis"[240].

Por fim, a teologia de E. Schillebeeckx ratifica essas reflexões acentuando que a revelação "tem a ver por sua própria natureza com a experiência humana. A revelação é uma experiência expressa com palavras; é ação salvífica de Deus enquanto experimentada e expressa pelo homem"[241]. Sendo assim, não há experiência reveladora na dimensão a-histórica, dado que a revelação toca a história pela mediação humana. A partir desse entendimento, é possível enfatizar que "fora da história não há revelação". A riqueza dessa compreensão eclode como prelúdio ao propósito do item da maiêutica histórica, importante categoria cunhada por Torres Queiruga.

3.3.1.2. Maiêutica histórica por quê?

Etimologicamente a palavra maiêutica deriva do "grego *maieutikos* (subentendido *tekhne*), a arte de fazer dar à luz. Como a arte de fazer os espíritos darem à luz, a maiêutica designa o método pelo qual Sócrates levava seus interlocutores a descobrirem a verdade que trariam em si mesmos, sem saber"[242]. Aplicada às questões que brotam da revelação divina, a partir do pensamento de Torres Queiruga, a maiêutica pretende aproximar-se da gênese ou do próprio nascimento da experiência reveladora, sem necessidade de abandonar a exigência crítica.

O teólogo galego recorda que dois fatos foram marcantes na sua vida para aprofundar a categoria de maiêutica histórica. O primeiro foi a leitura

---

240. Ibid., 98.
241. SCHILLEBEECKX, E., *Cristo y los cristianos, gracia y liberación*, Madrid, Cristiandad, 1982, 38.
242. Maiêutica, in: RUSS, *Dicionário de filosofia*, 174.

do livro *A concepção hindu da vida*²⁴³, de Sarvepalli Radhakrishnan, que ressalta o caráter afirmativo da experiência religiosa hindu e critica a adesão mecânica à autoridade que, infelizmente, a teologia cristã europeia seguiu como caminho de fé. O outro fato foi o seu diálogo sobre ateísmo e cristianismo em que ele percebeu a necessidade de enfrentar e aprofundar a questão da revelação diante da complexidade que representava a desconfiança da sensibilidade da consciência crítica frente à revelação como ditado.

Torres Queiruga, já a partir de *Constitución y evolución del dogma*, de 1977, percebeu a necessidade de repensar a revelação como um pressuposto indispensável para a percepção da verdadeira pessoa e mensagem do Deus de amor. Desde então, notou que a sociedade moderna não admitia mais a teologia confessional que defendia a revelação como um ditado desconexo da realidade histórica do homem. Foi então que essa compreensão fez com que ele passasse a dedicar-se à questão, tornando-a determinante em sua vida. O autor compreende a incontestável inaceitabilidade, por parte da consciência crítica moderna, de se convencer de que é verdade o que alguém nos diz, porque Deus lhe disse, sem que se possa chegar a nenhum tipo de verificação. Diante da complexidade dessa questão, ressalta o autor que:

> Vale a pena indicar o significado fundamental da maiêutica histórica, em si claro em sua estrutura mais decisiva. Definir a revelação bíblica como uma maiêutica quer indicar que, em última instância, também ela é "autoafirmativa". Porque a palavra bíblica informa e ilumina, porém não remete a si mesma nem a quem a pronuncia, mas faz as vezes de "parteira" para que o ouvinte perceba por si mesmo a realidade que ela põe a descoberto. De modo definitivo, a pessoa crente deve acabar dizendo como Jó: "Conhecia-te só de ouvido, mas agora viram-te meus olhos" (Jó 42,50), ou como os samaritanos à sua conterrânea: "já não é por causa do que tu falaste que cremos. Nós próprios o ouvimos, e sabemos que esse é verdadeiramente o salvador do mundo" (Jo 4,42)²⁴⁴.

Consideramos basilar esse fragmento para a compreensão da categoria maiêutica histórica cunhada pelo teólogo galego. É preciso ficar claro que a concepção de revelação divina, em seu sentido mais radical, proporciona a captação da presença do Divino na existência concreta do ser

---

243. Radhakrishnan, Sarvepalli, *La concepción hindú de la vida*, Madrid, Alianza, 1969, 16-18.
244. Torres Queiruga, *Repensar a revelação*, 106.

humano. Concomitantemente, entender-se-á que essa será condição para o alcance do pleno sentido à vida humana. A literatura queiruguiana ressalta que a clareza essencial da manifestação de Deus plenifica e enleva o ser humano. Torna-o apto a enfrentar as suas perguntas, aspirações, angústias e esperanças. O homem experimenta a sensação tanto de transcendência quanto de imanência, diante da concretude histórica da sua existência. Por isso o próprio nome "maiêutica" remete à história e acentua o seu qualificativo. A revelação divina, segundo o pensamento de Torres Queiruga, não é um presente dado por Deus para um grupo de privilegiados guardarem no escondimento de sua etnia. Em função da finitude humana, não alcançaremos a percepção absoluta da revelação, pois ela é constantemente atualizada.

Por meio de duas leis fundamentais de Israel, enfatizamos que fica mais direta a possibilidade de assimilação do aprofundamento do mistério que gira em torno da questão da percepção da revelação de Deus e sua aplicação na *práxis* histórica. Essas leis que caracterizam essencialmente a revelação são: a lei da universalização e a lei da atualização. Como o próprio nome já indica, somos desafiados a entender que a revelação divina experimentada por alguém, em qualquer lugar, está destinada a todos e a todos pertence. Isso implica uma compreensão global da revelação:

> Mesmo as tradições mais recônditas de um clã tratavam de todo o Israel e, por conseguinte, pertenciam a todo o povo. Israel estava disposto a reconhecer-se a si mesmo na tradição mais longínqua de um de seus membros e a inscrever e absorver as experiências destes no quadro geral de sua história[245].

A abordagem que aqui enfatizamos apoia-se num enfrentamento prévio do significado vital da religião e da compreensão global da revelação. Isso exige a renovação nos moldes globais de forma que possa fazer frente ao estado atual da questão no sentido de que a compreensão da revelação de Deus deve estar em constante reforma e atualização.

Ao propor a compreensão global da revelação já se reivindica uma abertura para levar em conta, de forma respeitosa, todas as compreensões culturais globais. Elas são tematizadas em todos os tempos e lugares, a partir das ferramentas de compreensões de cada realidade. Só assim ela estará livre de amarras, hermetismos, preconceitos e indiferenças. A importância disso é entender que assimilar a genuína mensagem do amor de

---

245. CULLMANN, O., *La historia de la salvación*, Barcelona, Herder, 1967, 167.

Deus, que por puro amor nos cria, facilitará a compreensão da existência com o olhar de Deus. Para isso, faz-se necessário, a partir de Torres Queiruga, entender aquilo que ele chama de estrutura maiêutica da revelação, que consiste em

> [...] uma resposta real e concreta a perguntas humanas que são nossas perguntas; descobrimo-la porque alguém no-la anuncia, porém a aceitamos porque, despertados por esse anúncio, "vemos" por nós mesmos que essa é a resposta certa[246].

Está aqui o bojo da questão que gira em torno da hermenêutica histórica tecida nas reflexões de Torres Queiruga. Sua relevância se torna imprescindível para aproximarmos nós mesmos do mistério revelado. A segunda lei, da atualização, de igual modo, como o próprio nome diz, traz para o nosso tempo o mesmo princípio:

> Cada geração encontra-se diante da tarefa, sempre antiga e sempre nova, de compreender-se a si mesma como "Israel". De certo modo, cada geração deveria primeiro fazer-se Israel. Por regra geral, os filhos poderiam reconhecer-se na imagem que lhes transmitiram seus pais; porém, isto não os dispensaria de se reconhecerem na fé como o "Israel" de seu tempo e de se apresentarem como tal diante de Iahweh[247].

Bastante propício para captar a revelação de Deus quando o homem se identifica como "Israel", isto é, na medida em que as pessoas crentes se reconhecem destinatárias da mensagem divina, a revelação torna-se cada vez mais clara. Nas diferentes situações vitais e culturais em que esse crente está inserido, vivenciando sua fé e se relacionando com Deus, entenderá que ele sempre se quer dar a conhecer[248] para que cada vez mais a criatura humana se sinta participante da natureza divina[249]. "Na revelação, a pessoa se sente, certamente, levada ao mais profundo de si mesma, elevada acima de suas possibilidades."[250]

Um método importante para entendermos onde se situa a revelação é a partir da polaridade conceitual fato-interpretação. Dito de outra forma, a percepção da revelação de Deus dar-se-á no intervalo entre o fato acontecido e a sua interpretação. É quando o crente faz uma retrospectiva da

---

246. TORRES QUEIRUGA, A., *O diálogo das religiões*, São Paulo, Paulus, 2005, 12.
247. CULLMANN, *La historia de la salvación*, 163.
248. *Dei Verbum*, n. 2.
249. Efésios 2,18; 2 Pedro 1,4.
250. TORRES QUEIRUGA, *Repensar a revelação*, 111.

sua vida à luz da fé e capta a manifestação de Deus diante das situações concretas da vida. Perceberá, concomitantemente, a sequência: fato-revelação-interpretação. Ou seja, a revelação está localizada no passo anterior à interpretação[251]. Ela está entre o fato e a sua interpretação, mas só será percebida *a posteriori*.

Vimos anteriormente que a época da saída do Egito possibilitou a interpretação à luz da fé na revelação, e a posterior reconstrução dialética entre o que aconteceu com os grupos hebreus-egípcios. A libertação vem pela fé e, então, os israelitas percebem que "Iahweh ia adiante deles, de dia numa coluna de nuvem, para lhes mostrar o caminho e de noite, numa coluna de fogo, para os alumiar a fim de que caminhassem de dia e de noite"[252]. Foi nesse processo que Israel descobriu a presença ativa de Deus, transformando e potencializando definitivamente a sua história.

É interessante notar que a descoberta da experiência reveladora se situa exatamente no amplo espaço entre a possível reconstrução "histórica" dos fatos e sua narração "teológica" na Bíblia.

> O decisivo consiste seguramente em procurar compreender o que sucedeu nesse precioso espaço que se abre entre os "fatos" e sua "interpretação". [...] É justamente aí que acontece e toma forma específica e definitiva isso que chamamos "revelação"[253].

Nesse processo dialético, que poderia ter de um lado, por exemplo, um historiador egípcio, e de outro, outro não bíblico, é que se evidencia a revelação na história. É aí que a percepção de Deus vem à tona.

A partir da compreensão da categoria "maiêutica histórica" que ressalta o papel da dimensão mediadora da revelação, fica muito mais clara a percepção do transcendente agindo na realidade histórica. Diferentemente da visão clássica, em que se consideravam os fatos tal como eram narrados na Bíblia. Independentemente de suas contradições internas, o fato era tomado como verdade absoluta da "inspiração" tal e qual o Senhor deu a Moisés. Contudo, na atual conjuntura, já sabemos que não cabe mais tomarmos os fatos ao pé da letra, muito menos pensarmos que as metanarrativas foram escritas por Moisés. A interpretação bíblica, a partir da visão crítica moderna, possibilita o entendimento como um processo de

---

251. "Já não é pelo teu dito que nós cremos; porque nós mesmos o temos ouvido, e sabemos que este é verdadeiramente o Cristo, o Salvador do mundo" (Jo 4,42).
252. Êxodo 13,17-22.
253. Torres Queiruga, *Repensar a revelação*, 112.

construção e reconstrução da revelação. Entendemos que ela é forjada na medida em que um homem vive a sua experiência de Deus e favorece que outros homens também possam viver a mesma realidade.

A história da salvação ressalta que Moisés viveu tal experiência e, de algum modo, promoveu os acontecimentos. Então, foi a partir da profundidade de sua experiência religiosa que ele a interpretou à luz da fé, possibilitando que outros, paulatinamente, experimentassem o mistério e, da mesma forma, ao reler os sinais dos tempos, vivenciassem a mesma realidade. "Quando isso acontece, naquele pequeno grupo, se vive uma experiência de revelação."[254]

É a partir daí que o seu alcance passa de uma experiência local para um patrimônio local e, posteriormente, por meio do cristianismo, para um patrimônio mundial, e é a partir desse processo que a importância do mediador tem o seu lugar de destaque e contribui fortemente para a assimilação do processo. O iniciador desse caminho vive a sua experiência de forma tão intensa que seria superficial atribuir-lhe uma simulação. É uma iniciativa divina tão extraordinária que o iniciador não a toma como propriedade privada, mas se dirige sempre aos demais: é para todos, pois se trata de uma realidade comum que, a partir de então, deve ser tratada de um modo novo[255].

Nos receptores, como no caso de Moisés e dos profetas, o processo de percepção da revelação reveste-se de autenticidade e de tão grande realismo da experiência religiosa para eles que seria, no mínimo, pueril falar de simulação. De certo modo, a incompreensão da totalidade do mistério revelado vai de Moisés ao Calvário.

Por um lado, o processo revelador nasce de uma iniciativa externa e, por outro, está a apropriação interna. Ou seja, sem a iniciativa externa não haveria o início do processo. Isso significa dizer que, sem a iniciativa divina, o povo hebreu não captaria o chamado para a saída do Egito e nem mais tarde os contemporâneos de Oseias intuiriam Iahweh como um amor profundamente disposto ao perdão. É o que, posteriormente, São Paulo vai explicar dizendo que a fé vem da pregação[256]. Diante disso, é possível afirmar que, sem a pregação, consequentemente, a comunidade não se haveria apropriado da convocação divina para a sua própria libertação da escravidão. É a partir dessa assimilação que a expressão divina se esta-

---

254. Id., *A revelação de Deus na realização humana*, 107.
255. Id., *Repensar a revelação*, 114.
256. Romanos 10,17. *Fides ex auditu.*

belece em "meu povo" e posteriormente em o "Deus dos Pais" e o "Deus de Moisés", vindo só então a ser "nosso Deus". Igualmente, o Pai de Jesus torna-se o "nosso Pai". Diante disso é possível perceber que a partilha comunitária da experiência reveladora possibilita uma dialética peculiar da exterioridade-interioridade. É a partir daí que, ao apoiar-se na palavra do mediador, dentro de uma dinâmica kenótica e vivencial, o outro é levado à experiência e "intuição" direta do mistério revelado.

A dualidade na mediação dialética da revelação, por um lado, tende a conduzir ao *extrinsecismo*, em cuja teologia clássica se fundamenta, defendendo que a revelação é a "comunicação de algo oculto" por um mediador que dirige a sua palavra sem que o receptor tenha um contato direto com o Deus revelado. Por outro lado, quando a revelação é entendida como presença imediata do revelado na experiência humana, o *intrinsecismo* se acentua: o revelado é, pois, interno ao sujeito. Torres Queiruga aponta que a herança socrática desse conceito nos introduz na seara viva da relação mestre-discípulo. Para ele, essa categoria quer "mostrar sua compatibilidade com a abertura à liberdade de Deus e à novidade da história. Daí a denominação maiêutica histórica"[257].

Historicamente falando, a primeira entrada da maiêutica na reflexão teológica se realizou no Iluminismo na segunda metade do século XVIII, através do mundo da catequese, cuja posição foi rejeitada pelo romantismo. A segunda entrada se deu por meio de Kierkegaard, mas esse sofre duras rejeições por defender que a categoria maiêutica não fez as adaptações necessárias à dinâmica mesma da revelação. O teólogo galego ressalta a necessidade de uma cuidadosa adaptação da mensagem divina na sua aplicação à revelação:

> Muito concretamente, com o fito de mostrar sua capacidade de esclarecer esse momento fundamental em que a revelação proclamada pelo mediador é apropriada pela comunidade. E tenha-se em conta que, ainda quando, de ordinário, a distinção não é tematizada de maneira expressa, este é o ponto em que, em geral, o problema se faz agudo: como pode ser crível e significativa para as gerações posteriores a revelação testemunhada na Escritura[258].

A tematização da revelação é fundamental para que ela possa ser crível em todos os tempos e espaços. A maiêutica faz o interlocutor descobrir, engendrar ou dar à luz a verdade que leva consigo mesmo. Dessa forma,

---

257. Id., *Repensar a revelação*, 118.
258. Ibid., 119.

no contexto atual, na aplicação à revelação de Deus, estão em jogo dois elementos básicos:

> A palavra externa do mediador (do *maiêuta*) e o envio do ouvinte à sua própria realidade. O mediador, com sua palavra e com seu gesto, faz os demais descobrirem a realidade em que já estão colocados, a presença que já os estava acompanhando, a verdade vinda de Deus que já eram ou estão sendo e são chamados a ser. A palavra externa é necessária, porque sem ela não se produziria a descoberta — *fides ex auditu* —, porém ela não remete o sujeito para fora de si mesmo ou de sua situação, senão para dentro, num processo de reconhecimento e apropriação[259].

A profundidade dessa fala queiruguiana ressalta a relevância do processo maiêutico na constituição da própria autoconsciência humana. Consiste-se em uma riqueza ímpar saber que a realização humana está condicionada à percepção do seu Criador. Durante o processo do êxodo, mediados por Moisés,

> Aqueles homens e mulheres descobrem o Deus que estava em sua realidade, fazendo-os ser, sustentando e dinamizando sua vida, tratando de fazer-se sentir em suas consciências; talvez já o pressentissem, mas agora o descobrem de uma maneira nova e inesperada[260].

A partir do pensamento de Torres Queiruga, utilizamos a maiêutica numa perspectiva aberta e dinâmica, no sentido de que o ser humano é sempre um ser-no-mundo da vida real e histórica. É o ser a partir de Deus no mundo.

A qualificação histórica acrescentada à maiêutica ressalta a liberdade de Deus e a novidade histórica. Na maiêutica socrática, fiel ao "conhece-te a ti mesmo", o método não traz nada de novo, mas oferta uma presença antiga e perfeita, tal como é ou era, de modo que os interlocutores não aprendem nada de novo, mas tudo encontram e dão à luz por si mesmos. Desse modo, a maiêutica socrática está mais voltada para o reino neutro da teoria do que para a história, a liberdade e a graça. Contrariamente, a partir da categoria de maiêutica histórica — inserida pelo teólogo galego —, tudo deve remeter à novidade de uma origem histórica. Em outras palavras, inclui-se a lembrança que, paulatinamente, abre-se para o futuro.

---

259. Id., *A revelação de Deus na realização humana*, 113.
260. Id., *Repensar a revelação*, 119.

Isto é, não existe possibilidade de estagnação quando nos deparamos com a dinamicidade vivaz do Deus revelado em Jesus Cristo.

Do nosso ponto de vista, na concepção de revelação divina na literatura queiruguiana, a manifestação de Deus não é lembrança, antes é anúncio que quando remete à lembrança não se fixa no passado, mas lança o novo ser para a sua realização plena na história. A palavra passa de mero ensinamento para ser captada como graça, interpretação e chamado. A partir dessa compreensão, o ser humano se descobre fundado, habitado, agraciado e promovido por Deus. A fé genuína e pura, que nasce pela palavra do pregador, remete à realidade do ouvinte.

> Despertada pela palavra (*ex auditu*), a pessoa reconhece e confessa por si mesma e em si mesma (*fides*) a presença reveladora de Deus. [...] a palavra do profeta a respeito de seus ouvintes, a palavra da Escritura a respeito de todos, é realmente "maiêutica", porque em ambos os casos a pessoa que escuta descobre o que se está manifestando — revelando —, na realidade profunda em que está e em que ela mesma é. O específico da revelação consiste em descobrir e aceitar que essa realidade é a verdadeiramente própria, *sua* realidade, não apesar de, mas sim *graças* a que foi fundada e promovida por Deus. Revelação significa descobrir o próprio-ser-a-partir-de-Deus-no-mundo; ou seja, descobrir que à definição do próprio pertence seu ser-criado, seu estar fundado e agraciado por Deus que nele se manifesta para orientar e salvar[261].

O específico da revelação consiste em nos reconhecermos inseridos na realidade divina, em nos sentirmos verdadeiros partícipes da vida divina. Aí reside o bojo da questão. Isto é, somos e estamos no mundo não a partir de nós mesmos, mas a partir de Deus, uma vez que fomos fundados, gerados e criados por ele. A profícua concepção da revelação nos dá a dimensão real de que é ele quem inaugura todo o processo da nossa existência. Sendo assim, no itinerário de captação do manifestar divino, descobrimo-nos na única e definitiva verdade do Evangelho.

A clareza estrutural da maiêutica histórica se apoia na polaridade: "palavra maiêutica-realidade iluminada". Para se chegar à compreensão do processo maiêutico na perspectiva queiruguiana uma complexa hermenêutica se faz necessária. Normalmente, a palavra anunciada vem de um horizonte longínquo, de uma cultura com características sociais, preocupações e hábitos bem diferentes da configuração da nossa realidade.

---

261. Ibid., 122.

Daí a importância do papel hermenêutico que seja capaz de enfrentar o grande desafio de fundir os dois horizontes da palavra com o hoje para se chegar à maior fidelidade da mensagem compreensível e crível dentro da vivência do fiel.

Obviamente que a crise se faz presente nesse processo de fundição e comunicação da mensagem. Crise no seu mais genuíno sentido de purificação, de acrisolamento. Ressaltamos que, não obstante as crises e resistências diante da palavra reveladora,

> [...] a revelação quando alcançada, é vivida como *graça*, sob o impacto da palavra viva que faz nascer para a luz. [...] por afetar os estratos mais íntimos e as opções mais decisivas da pessoa, exige a veracidade da busca, o esforço da compreensão e a correta opção da vontade[262].

O processo de percepção da revelação exige uma busca sincera e madura. Uma disposição autêntica de encontro com o transcendente permitirá o acesso à Verdade. Somente "quem é da verdade, escuta a voz da verdade"[263]. O esforço vale muito, pois o dinamismo transformador da revelação proporciona à subjetividade humana realizar-se autenticamente, de tal sorte que o ser humano passa a reconhecer e prolongar em si mesmo a ação criadora de Deus. Justamente por se apoiar no descobrimento daquilo que já somos a partir de Deus, a maiêutica transporta-nos do passado estático para um dinamismo efetivo. A percepção da revelação de Deus, ao chamar o homem à conversão, provoca-o a uma verdadeira tomada de consciência de si e o desafia a ser mais. Lança esse ser humano a uma intensa e radical transformação e possibilita a realização plena de sua vida. Pondera Torres Queiruga que:

> Em seu sentido verdadeiro, a revelação [...] constitui justamente essa tomada de consciência que, rompendo falsas aparências e desmascarando resistências ou egoísmos ocultos, abre os caminhos por onde a pessoa pode realizar-se a partir de suas raízes últimas e abrir-se a suas aspirações supremas. Ajudando-a a "negar o que a nega", abre-lhe os caminhos de sua verdadeira realização[264].

Entendemos que o viés revelador ressaltado pela maiêutica histórica, enfatizada na literatura queiruguiana, visto a partir das ferramentas

---

262. Ibid., 125.
263. João 18,17.
264. TORRES QUEIRUGA, *Repensar a revelação*, 126.

da atualidade a que temos acesso, faz-nos questionar: por quanto tempo perdemos de vista as oportunidades reais de implantar efetivamente essas aspirações supremas na *práxis* pastoral, diante do anseio que todos temos de plena realização humana?

Isso nos leva ao entendimento de que, diante da cultura fragmentada em que vivemos, normalmente corremos o risco de gastarmos demasiada parcela da existência reclamando que a vida não faz sentido. Evidenciamos a importância do contato com a leitura do professor de Compostela, pois percebemos que a "sua teologia toca as fibras íntimas da experiência cristã no mundo moderno tardio e assim abre caminhos para dar razão da manifestação de Deus à humanidade, com a sua plenitude cumprida em Jesus Cristo"[265]. É preciso levar em conta que:

> [...] o que está em jogo na fragmentação da cultura e do pensamento em geral — desde os pré-socráticos até o chamado movimento pós-moderno — é a questão mesma do significante e, em última análise, a questão do sujeito, ou do fim do sujeito, na sua interativa e sempre recomeçada satisfação-insatisfação[266].

Com esse trocadilho satisfação-insatisfação atrelado à dialética da existência humana, entendemos que a concepção de revelação divina, fundamentada pela compreensão queiruguiana, tem papel de destaque. Possibilita uma ascese humana para que o humano, na medida em que é lançado corajosamente para exercer, com afinco, a sua missão, ganhe a motivação necessária para aperfeiçoar-se e cumprir sempre mais a sua teleologia.

A partir dessa compreensão, somos desafiados a retomar o caminho do dinamismo do Espírito que constantemente nos revigora, nos regenera e proporciona um novo nascimento na ação cotidiana. Aqui está em realce a dinâmica verdadeiramente reveladora que nos renova: "purificai-vos do velho fermento para serdes nova massa, já que sois fermento"[267].

O teólogo galego desafia-nos a revermos e reavaliarmos a nossa maturidade na vivência da nossa fé cristã. Segundo ele, é necessário fazermos a nossa autocrítica diante da nossa posição cristã. Não a partir de um juiz implacável, mas sim a partir do *Abbá* revelado por Jesus Cristo. O seu pensamento aponta para a compreensão de que, de posse da força

---

[265]. MENDOZA-ÁLVAREZ, CARLOS, *Deus ineffabilis. Una teología posmoderna de la revelación del fin de los tiempos*, Barcelona, Herder, 2015, 283.

[266]. ALMEIDA, ROGÉRIO MIRANDA DE, *A fragmentação da cultura e o fim do sujeito*, São Paulo, Loyola, 2012, 286.

[267]. 1 Coríntios 5,7.

motivadora e regeneradora desse *Abbá* teremos uma nova concepção de revelação. E, concomitantemente, sentiremos a urgência de mudarmos a ideia de Deus[268], não sendo possível tomar consciência e experimentar a efusão desse amor permanecendo indiferente. Sabemos, por meio da experiência mística, que é impossível encontrarmos com a misericórdia de Deus e permanecermos inertes ou fechados à sua graça. Para tanto, o contato com a teologia queiruguiana nos faz ver que é preciso perder o medo de amar. Somos desafiados a dominarmos a força do ego quando foca no egoísmo. Esse atrapalha a ação divina de agir em nós quando nos abrimos à graça divina. "Quando Deus se faz presente, o ego se rebela, já que não quer perder o controle sobre a sua vida nem sobre seus sentimentos."[269]

Em outros termos, refletir sobre a percepção da revelação divina na atualidade e o seu papel na realização humana é um convite para retomarmos a consciência da simbiose que existe entre a Palavra revelada e a alma humana. Esta Deus escolheu como sua morada. A reflexão sobre a importância de revisitarmos a concepção de revelação de Deus nos remete ao pensamento de Henri de Lubac, que pondera sobre a necessidade de a atenção humana se voltar para essa simbiose, ou conaturalidade, que existe entre a Escritura e a alma humana dado que ambas são templo onde reside o Senhor, um paraíso por onde ele passeia. Segundo Lubac,

> O que na Escritura chamamos sentido espiritual, na alma chamamos imagem de Deus. [...] A alma e a Escritura, simbolizando-se entre elas, se esclarecem mutuamente: seria uma pena descuidar do estudo de uma ou de outra. Se tenho necessidade da Escritura para compreender-me, também compreendo a Escritura quando a leio em mim mesmo. [...] À medida que penetro seu sentido, a Escritura me faz penetrar no sentido mais íntimo de meu ser; ela é, pois, o sinal que normalmente me revela a minha alma; a recíproca também é verdadeira[270].

Acolher as Escrituras como o sinal que revela a alma humana é descobrir nela a morada de Deus. Concomitantemente entenderemos que, por meio da meditação das Escrituras, estaremos habilitados para acessar a manifestação de Deus historicizado no humano. Nas Escrituras encontramos ensinamentos e verdades sobre o Eterno Deus que nos possibilitam

---

268. Torres Queiruga, *Del terror de Isaac al Abbá de Jesús*, 20-21.
269. Catalán, Joseph Otón, *A experiência mística e suas expressões*, São Paulo, Loyola, 2008, 72.
270. Lubac, H. de, *Histoire et Esprit. L'intelligence de l'Écriture d'après Origène*, Paris, Aubier-Montaigne, 1950, 347-348.

uma viagem para dentro de cada um de nós mesmos. Aí reside a certeza do encontro mais profundo com o sobrenatural que em nós habita.

A nosso juízo, nisso consiste estritamente o papel do processo maiêutico que Torres Queiruga quer evidenciar. Apontando para a destinação da atenção divina a nós dispensada pela misteriosa doação do transcendente, a revelação tem um papel social e antropológico quando por meio da sua percepção acontece a realização humana. Um ser humano realizado só pode se dedicar às ações de fraternidade. Nos bondosos gestos fraternos eclode a assimilação desse ensinamento. Eis um rico aprendizado, na medida em que a compreensão maiêutica da revelação divina proporciona a fusão, ou conaturalidade, entre alma humana e vida divina.

A teologia de Karl Rahner recorda que a captação da presença misteriosa de Deus se processa na relação profunda entre revelação transcendental e revelação categorial, isto é, a capacidade humana de perceber o transcendente residente em si mesmo, e daí nasce a tarefa de comunicação da experiência do mistério divino recorrendo às categorias humanas. Segundo Rahner, no processo maiêutico a palavra categorial do mediador bíblico faz eclodir na consciência do ouvinte a manifestação do Sagrado que já desde sempre está presente nele.

> Em termos teológicos, a "luz da fé" ofertada a todo homem e a luz sob a qual os "profetas" captam e proclamam a mensagem divina a partir do centro da existência humana constituem a mesma luz, sobretudo em razão de que a mensagem pode vir a ser escutada realmente de forma devida só sob a luz da fé, que por sua vez não passa da subjetividade divina do homem que é constituída pela autocomunicação de Deus. [...] Em consequência, também na sua experiência religiosa e inclusive na unicidade e irresponsabilidade última de sua objetividade, o homem é sempre homem com outros homens. Também a autoexplicação histórica da própria existência religiosa não é trabalho solipsista, mas, pelo contrário, ocorre necessariamente também através da experiência histórica da autoexplicação religiosa do próprio ambiente, da "comunidade religiosa". Suas figuras criativas e únicas, seus profetas, conseguem de maneira especial objetivar historicamente a autocomunicação transcendental de Deus no material de sua história em virtude dessa autocomunicação. Em consequência, logram tornar possível a autodescoberta, na história, da experiência religiosa transcendental para outros membros de seu ambiente histórico[271].

---

271. Rahner, *Curso fundamental da fé*, 195.

Acerca da questão intrínseca à concepção da revelação, Rahner pondera que o homem logra tornar possível a autodescoberta de Deus na história aos seus semelhantes. A mediação hermenêutica reveladora do divino possibilita ao homem assimilar a experiência transcendental, bem como tomar consciência de ser ele mesmo a morada de Deus. O pensamento de Rahner ressalta que a experiência transcendental não é propriedade para ser agarrada e escondida sob sete chaves, mas constitui uma tarefa inerente ao profeta tornar possível ao humano essa mesma experiência que em nós se faz histórica.

No âmbito da maiêutica histórica, podemos entender que a maneira de fazer isso à luz do pensamento queiruguiano dar-se-á quando o mediador ou o crente "sensibilizar" o seu semelhante para que ele também se dê conta da realidade do mistério em si:

> Deus influencia a todos com a sua presença viva, mas transcendente, sem exclusão e nem favoritismo. O profeta é o primeiro em "se dar conta" e então acontece nele a revelação. Conforme o esquema tradicional, ele anuncia aos demais. Os resultados são também diferentes, mas agora, nos que recebem e acolhem o anúncio, a revelação acontece diretamente: uns descobrem em e por si mesmos a presença reveladora; alguns recebem, mas não a acolhem; a outros não lhes chega o anúncio[272].

Na verdade, "a questão de fundo está na abertura ao Deus sempre presente e no acolhimento de sua mensagem. E o cristianismo — unicamente pelo mérito de Jesus, não por qualquer apriorismo exclusivista — testemunha em alto grau tal abertura e acolhimento"[273]. A nosso juízo, a teologia da revelação constitui um campo privilegiado para repensar as questões inerentes à percepção de Deus na história da salvação.

O teólogo galego pondera ser necessário repensar uma nova maneira de comunicar e fazer perceber a manifestação de Deus sempre presente. A mediação humana na perspectiva de Torres Queiruga possibilita entendermos que, rompido o literalismo bíblico, torna-se possível reconhecer a manifestação de Deus também nas outras religiões, quebrando assim todo tipo de exclusivismo. O Deus que se revela num determinado ponto da história quer se valer dessa experiência para atingir universalmente a todos, disto, infere-se que seu caminho prático é chegarmos à noção de criação por amor como o cerne da questão. "Deus cria criadores. [...] A ação di-

---

272. Torres Queiruga, *Quale futuro per la fede*, 243.
273. Rocha, *Experiência e discernimento*, 265.

vina é criatural."²⁷⁴ Logo, ao delegar poderes e habilidades ao humano para multiplicar a sua intimidade, cada vez mais a maiêutica histórica, nutrida pela maiêutica do amor, faz-se presente por onde circularem as criaturas divinas. A noção de hermenêutica do amor constitui o local apropriado para trafegar nessa questão com consequente aterrissagem na prática.

3.3.2. A hermenêutica do amor como aplicação prática da maiêutica histórica

A teologia da revelação de Torres Queiruga tem a sua aterrissagem naquilo que chamamos de hermenêutica do amor. Podemos atribuir toda a inércia de que o campo eclesial padece hoje[275] a uma mentalidade presa à concepção clássica de revelação, que apregoa um Deus indiferente, punitivo e distante da vida. Sabemos que essa mentalidade não atrai o ser humano para um engajamento pastoral e uma vivência madura da fé. Entendemos que se o homem conseguir captar um Deus que se interessa pelos seus atos, certamente terá engajamento eclesial efetivo. O resultado certamente será um ato dinâmico na construção do Reino.

Entendemos, pois, que esse ato dinâmico, sempre ativo e presente, concomitantemente se torna promotor, motivador e sustentador da existência mesma do ser humano criado-criador e colaborador da dinamicidade do reino.

> Não basta afirmar o intrinsecismo da revelação, é preciso chegar à sua raiz última: criação por amor. Como *creatio continua*, é presença sustentadora e promotora, sempre ativa: não os criou *in illo tempore*, abandonando-os deisticamente na terra, enquanto ele permanece no céu. Não sendo movido por necessidade ou carência, Deus cria unicamente por amor: cria homens e mulheres, como filhos e filhas, não "para a própria glória ou serviço", mas para que alcancem a máxima realização possível. Por isso, seu interesse decisivo é manifestar-se a eles e ajudá-los, revelar-se a eles e salvá-los. Existe algum pai ou mãe decente que não procure o mesmo para os seus filhos? Poderia esquecê-los uma mãe humana, mas Deus ja-

---

274. Torres Queiruga, *Recuperar a criação*, 124.
275. "Podemos prever (o que já vem acontecendo) que a situação atual provocará uma *diminuição* da população de cristãos batizados e desprovidos de vivência e prática religiosa séria, que viviam tranquilamente numa sociedade de cristandade. Não lhes bastará mais uma tintura superficial de religião e práticas devocionais festivas, quando não interesseiras" (Miranda, Mário de França, *Igreja e sociedade*, São Paulo, Paulinas, 2009, 132).

mais (Is 49,95). E sendo o seu "um amor maior do que tudo que se possa pensar", se há limites neste processo, não pode vir nem de sua reserva — ou, contra certas modas, de seu "silêncio!" — nem de sua mesquinhez. A revelação perde assim seu caráter de processo isolado, milagroso ou arbitrário. [...]. E, pelo lado humano, como um "cair na conta" desse Deus que estava a falar-nos na realidade, na história e na vida. [...]. Por isso, jamais existiu *ninguém*, homem ou mulher, indivíduo, sociedade ou cultura, que nasça desamparado de seu amor incondicional e a quem não queira manifestar-se o mais possível[276].

É possível perceber na intensidade dessas palavras que a noção de revelação de Deus abordada na literatura queiruguiana enleva a criatura humana a um novo patamar de consciência e de autorrealização. Julgamos impossível que ela permaneça na inércia após o momento em que captar o estonteante e universal amor de Deus. Portanto, "em função de ser o amor de Deus o núcleo do centro do pensamento de A. T. Queiruga é que se faz necessário falar de uma 'hermenêutica do amor'. Esta tem a função prática de iluminar a maiêutica histórica"[277].

Como deve ser todo amor, Torres Queiruga nos faz ver que Deus é amor e todas as suas ações manifestam o seu verdadeiro Ser. A sua percepção provoca a conversão humana. A Palavra Sagrada, instruída pela nova concepção de revelação, desvela na história a ação de um Deus amoroso. Possibilita a nossa situação humana a partir de sua consciência do local onde o homem está situado. O homem toma conhecimento de que a sua vida não deve passar em brancas nuvens. Sabe que a sua constituição humana só é necessariamente plena por originar-se a-partir-de-Deus-no-mundo.

Esse entendimento é significativo para o ser iniciado no processo revelador, pois desperta a pessoa humana a uma sincera conversão. Não uma conversão qualquer, carregada de um sentimento de negatividade, mas sim de preenchimento das lacunas inerentes aos "tombos sofridos" no caminho da existência. "Converter-se então não significa sair da realidade ou voltar-se 'objetivamente' para algo externo, senão re-conhecer-se, re-encontrar-se, re-afirmar-se no que se está manifestando na única realidade autêntica e verdadeira que se é."[278]

---

276. TORRES QUEIRUGA, A., Repensar o pluralismo. Da inculturação à inreligionação, *Concilium*, Petrópolis, Vozes, n. 319 (2007) 111.
277. ROCHA, *Experiência e discernimento*, 268.
278. TORRES QUEIRUGA, *Repensar a revelação*, 162.

Pela hermenêutica do amor, o ser humano, sabendo-se criado por puro amor, depara-se com a sua origem no amor, e então as suas ações só poderão ser pautadas por esse amor.

O que deve vir à luz por intermédio da parteira é o amor de Deus que está sempre aí sustentando/salvando sua criação. O exercício obstetrício precisa ser bem dirigido para que venha à luz a verdade. Uma hermenêutica do amor possibilita à maiêutica histórica a efetividade de seus esforços, pois só a lógica do amor conduz ao amor. Qualquer outra hermenêutica, literalista ou criticista, que compreenda a verdade como pura objetividade doutrinária ou científica não pode servir à maiêutica histórica[279].

Somente assim o ser humano se reencontrará e se reafirmará enquanto humano, e então se dedicará a fazer o bem, sabendo-se no mundo a partir do Deus criador. Abdica de qualquer possibilidade imediata de mal que tente desviá-lo da sua teleologia. O olhar sobre a percepção de Deus, habilitada pela hermenêutica do amor, capacita o homem a fixar o seu foco nas virtudes, não nas limitações. A partir disso, o homem sabe que toda virtude deve ser potencializada e toda limitação descartada.

A hermenêutica do amor tem papel relevante no amadurecimento do fiel a fim de que possa lidar tranquilamente "com o mistério do próprio surgimento da revelação. Esse altíssimo segredo, no qual o espírito humano é fecundado para gerar aquilo que com temor e tremor nos atrevemos a chamar de 'palavra de Deus'"[280]. Na maiêutica histórica, a hermenêutica do amor encontra a sua grande aliada. Juntas, podem potencializar ou empoderar o fiel para ter um olhar devotado sobre a revelação que seja dirigido sempre à ótica da realização humana. Desse modo, o papel obstétrico da maiêutica histórica será muito mais facilitado. O homem, instruído assim, entenderá que o "Deus que cria por amor, e tudo em sua criação, visa o bem e a realização de sua criatura"[281].

Percebemos que há um divisor de águas na questão da percepção da revelação de Deus a partir da maiêutica histórica maturada pela hermenêutica do amor, presente na obra de Torres Queiruga. "Deus, longe de parecer um 'estranho em nossa casa', é o *Goel*, o advogado da causa humana num mundo atormentado pelo sofrimento individual e pela tragédia

---

279. Rocha, *Experiência e discernimento*, 268.
280. Torres Queiruga, *Repensar a revelação*, 164.
281. Rocha, *Experiência e discernimento*, 268.

coletiva."²⁸² Ou seja, sua literatura oferece um novo olhar sobre a fé e traz para a realidade da revelação vigor e expectativas novos para a percepção de Deus hoje. Até então, parecia incompatível um diálogo franco entre revelação divina, liberdade e autonomia humana. Eram realidades que não se conversavam entre si e daí a causa de tão grande ateísmo no mundo de hoje²⁸³. Com a literatura queiruguiana, necessariamente entendemos que não há mais espaço para essa concorrência e/ou paradoxo, mas sim complementaridade e convite a uma maneira nova de o homem estar no mundo em paz com Deus.

> A revelação de Deus funda a liberdade humana em sua expressão mais plena. Não há concorrência de liberdades — divina e humana — mas constituição e confirmação do encontro ativo de liberdades, que permite uma maneira nova de o homem estar presente na história²⁸⁴.

Assim, a hermenêutica do amor potencializa o homem para uma vivência autêntica na história. A literatura queiruguiana ressalta que o homem é desafiado a testemunhar com liberdade a sua experiência do amor de Deus. Sendo assim, entendemos que o encontro das duas liberdades, divina e humana, só poderá fazer com que o homem realmente assuma o seu lugar no mundo a partir da percepção de um Deus de amor. Ele faz com que o homem se torne cada vez mais parábola viva do Evangelho, cujo Cristo é o protótipo por excelência, tendo na cruz redentora a síntese desse processo. A cruz é uma escola, uma cátedra a partir da qual o Redentor nos fala, fazendo arder o coração e abrir os nossos olhos (Lc 24). De posse dessa concepção, seguindo o exemplo do peregrino que caminhou com os discípulos de Emaús, é fácil deduzirmos que o homem se torna um mediador apaixonado desse trabalho maiêutico da manifestação de Deus que cria, revela e salva.

A partir de então, percebemos Deus não mais como um ser distante e indiferente, mas como aquele que cria salvando, estando ele absolutamente dedicado à salvação. E, ao salvar, acaba revelando-se continuamente. A hermenêutica do amor, na seara da maiêutica histórica, possibilita ao ser humano uma visão de fé que não admite mais imaturidade. Como pondera Padre França:

---

282. TORRES QUEIRUGA, A., Repensar a teodiceia. O dilema de Epicuro e o mito do mundo-sem-males, *Concilium*, Petrópolis, Vozes, n. 366 (2016), 99.
283. Id., *Creio em Deus Pai*, 11 s.
284. ROCHA, *Experiência e discernimento*, 269.

Podemos acrescentar a urgência de uma formação cristã adulta (pois a infantil é presa fácil da ciência moderna) que forneça internamente o quadro interpretativo cristão ausente da sociedade. Esta só poderá resultar numa fé realmente vivida se for oxigenada por um compromisso de vida. Não só missionário, como lucidamente afirma o *Documento de Aparecida*, mas em todo envolvimento concreto pelo outro mais necessitado ou excluído como concretização do amor fraterno e confirmação de uma fé não teórica, mas que chegue à vida[285].

Essa constatação endossa o nosso pensamento de que a hermenêutica do amor proporciona a aterrissagem da hermenêutica histórica na *práxis* eclesial, reivindicando uma compreensão de que a percepção de Deus será tanto mais eficiente quanto mais possibilitar ao fiel dedicar-se aos menos favorecidos, por quem Deus tem a sua predileção. Pelo que percebemos, estamos longe de atingirmos esse ideal, na atual conjuntura, pois "a teologia na Modernidade está marcada por uma viva tensão entre as tentativas de renovação e as resistências a ela"[286].

Essa constatação mostra a dinâmica paradoxalmente presente de constante criação, salvação e resistência aos problemas em aberto que a nova concepção de revelação trazida por Torres Queiruga põe a descoberto. Deus é eterno, mas a sua manifestação realiza-se na história e será sempre tematizada a partir das necessidades e questionamentos que as diferentes épocas e culturas apresentam. "Mais de três mil anos de tradição bíblica e dois mil em sua reconfiguração cristã explicam as mudanças pelas quais a teologia foi passando ao longo do tempo."[287]

Essas mudanças ganham configuração peculiar na atualidade, em que há uma confluência de mentalidade. Entendemos que, por se tratar de uma questão sempre atual, a revelação de Deus sempre esteve diretamente atrelada à *práxis* pastoral. Ou seja, implica a realidade de cada comunidade eclesial, circunscrita na sociedade hodierna, irreversivelmente plural no imaginário social. Debruçar sobre as questões acerca da revelação divina sempre reivindicará um aprofundamento mais apurado sobre o como perceber Deus. Diante disso, não poderíamos ter outra preocupação atualmente, senão fomentarmos uma evangelização.

---

285. Miranda, *Igreja e sociedade*, 133.
286. Torres Queiruga, A., A tarefa da teologia após a restauração pós-conciliar, *Concilium*, Petrópolis, Vozes, n. 364 (2016) 27.
287. Ibid., 26.

Nessa perspectiva, a revelação de Deus é concebida claramente como "o esforço supremo do amor que faz tudo quanto esteja a seu alcance — até a morte do Filho — para que o homem o perceba e o acolha, e acolhendo-o se realize na máxima plenitude: isso é a *salvação*"[288]. Percepção e acolhida da revelação de Deus hoje, a nosso juízo, tornam-se condições essenciais para que a tríade revelação, criação e salvação humana encontre o seu verdadeiro lugar na reflexão teológica a serviço da realização humana.

3.4. Revelação, criação e salvação a partir de Torres Queiruga

A partir do contato com a literatura de Torres Queiruga entendemos que a tarefa da teologia da revelação reside efetivamente na sua capacidade de estabelecer um possível reequilíbrio entre os avanços gnosiológicos na distinção sujeito-objeto. Explicamos: isso pode ser aplicado pela relação entre a fé e a ciência[289]. Quando falamos de revelação divina a partir de Torres Queiruga falamos intrinsecamente de criação e salvação. Só é possível falar de uma levando em conta as outras duas. Entendemos que não é possível dissociar uma ação da outra. Ambas estão atreladas entre si. Ao criar por amor, Deus já cria salvando e, no ato soteriológico, revela-se. Na verdade, entendemos que se trata de uma intersecção entre fé, ciência, criação e salvação.

Compreendemos que sem o firme propósito de unir a nossa mente aos sinais que nos levam à percepção de Deus não acontece a captação da presença misteriosa e reveladora de Deus. A esse respeito, notamos que o autor está constantemente chamando a atenção do leitor.

> Durante muito tempo uma boa parte da filosofia do conhecimento viveu obcecada pelo famoso "problema da ponte": como é possível que o entendimento chegue às coisas que estão fora dele? [...] *Ángel Amor Ruibal* — semelhante ao que faz a fenomenologia e reafirma Heidegger — parte do dado fundante da inclusão do homem no seio da realidade. A pergunta teórica se dissolve na evidência do fato[290].

---

288. Id., *A Revelação de Deus na realização humana*, 409.
289. A esse respeito, um aprofundamento pode ser conferido em RÚBIO, A. G.; AMADO, J. P., *Fé cristã e pensamento evolucionista. Aproximações teológico-pastorais a um tema desafiador*, São Paulo, Paulinas, 2012.
290. TORRES QUEIRUGA, *Repensar a revelação*, 178.

Ao descrever assim a situação acerca da evidência do fato revelado na história, o teólogo galego enfatiza que esse "fato revelado" está dado de forma sempre imediata no acontecer da vida. Resta ser captado, percebido, notado, desvelado pelo fiel. Em outras palavras, o dado revelado está se oferecendo para ser captado e cabe ao fiel ligá-lo à realidade. Isso só acontece quando a pessoa é alertada ou despertada para o dado evidente da revelação que, paradoxalmente, é um presente ocultado a olho nu. Segundo ele, a dificuldade está em o ser humano se aperceber da relação entre dois fatos reais: a existência concreta do eu e do não eu (transcendente), ambos objetivos em relação ou oposição entre si, deve ser um dado do problema gnosiológico a ser levado em conta, e não pode ser ignorado. Entendemos que o desafio da captação da revelação de Deus consiste no fato de o ser criado estar circunscrito ao seu criador e percebê-lo, assim como o feto está circunscrito à sua mãe e percebe todos os seus sentimentos e movimentos. Sendo assim, a revelação, criação e salvação se associam na unidade da natureza.

> Desta maneira, o que há de se estudar não é como se efetua o enlace entre o entendimento e a coisa, pois este nos é dado na unidade da natureza e como base anterior às funções humanas. Senão antes, como, suposta a unidade na qual se completam o ser real e o intelectual em seu devido dinamismo, se efetua a dissociação e se contrapõe a ideia à coisa, e esta à ideia[291].

Dessa forma, aplicado esse pensamento à revelação, é possível perceber que, suposta a unidade entre Criador e criatura, resta a essa processar a percepção da manifestação amorosa do Criador, sempre envolvente e potencializador. Somos desafiados a perceber que a revelação deve ser entendida não como algo vindo de fora que precisa chegar ao humano, mas que, ao contrário, está absolutamente íntima ao ser humano, ligada a ele. Restam, portanto, aos seres humanos estarem atentos à sua percepção. O fato de Deus fazer morada no interior do ser humano não faz de Deus um ser intervencionista que vem de fora, mas de um ser que está já aí como força fundamental para a vida humana que a sustenta, impulsiona e proporciona a sua plena realização.

> A união radicalíssima — prévia a tudo e mais profunda que tudo — da criatura com o seu Criador, que "está a realizá-la e a sustentá-la" [...].

---

291. AMOR RUIBAL, A., *Los problemas fundamentales de la filosofía y del dogma*, Santiago, Imprenta y Librería del Seminario Conciliar, 1933, v. 8, 69-70.

A união com Deus não só não chega ou se estabelece a partir de fora, senão que está sempre constituindo o ser da criatura: a revelação não precisa "entrar" na vida do ser humano, posto que é a presença viva daquele mesmo que está sustentando seu ser, suscitando sua liberdade e empurrando sua história[292].

Ora, se é fundamental assimilarmos de uma vez por todas essa verdade acerca da revelação divina, podemos afirmar que a obra de Torres Queiruga nos faz ver que Deus não esconde de nós quem ele é. Muito pelo contrário, percebemos aí o seu enorme empenho em se desvelar a sua essência: um ser apaixonado pela sua criatura. Ao criar por amor só quer o bem de suas criaturas.

Notamos que Torres Queiruga tem como preocupação clara evidenciar a importância da percepção da revelação de Deus para que o ser humano chegue verdadeiramente à sua teleologia. Ressalta a necessidade de oferecermos ao mundo um discurso satisfatório sobre a essência mesma da revelação de Deus. Suas inquietações estão em pleno vapor nos tempos hodiernos. O teólogo permanece incansável na sua empreitada de contribuir com o pensar e repensar a questão de Deus para que o ser humano tenha sempre mais uma realização maior nesta terra. Torres Queiruga aproveita todas as oportunidades para deixar transparecer a sua visão amorosa de Deus e o seu cuidado no anúncio da Boa Nova, como consequente benefício para o homem:

> Poderá ser considerado um momento da captação plena do ato salvífico: aquele que a vivencia — ainda que de modo inconsciente — de sorte que não só é vivido passivamente, senão que possibilita uma vida e um desenvolvimento autenticamente pessoal[293].

Reafirmando sempre essa sua sensibilidade teológica, como que um médico com um bisturi afiado e/ou um *laser*, ele vai separando nervos e adentrando na percepção de Deus, vai quebrando preconceitos a fim de que o homem capte com maior clareza a presença do mistério. Como João Batista, que admoestava sobre a necessidade de preparar o caminho do Senhor no deserto (Mc 1,3), de forma criativa, brilhante, insistente e eficaz, o teólogo compostelano, como um João Batista da atualidade, anuncia o amor do Senhor, no "deserto" das cátedras universitárias, situadas nas

---

292. Torres Queiruga, *Repensar a revelação*, 179.
293. Torres Queiruga, *Constitución y evolución del dogma*, 249.

"selvas de pedras", das megalópoles da aldeia global hodierna. Seus ensinamentos ecoam nos "novos areópagos" do mercado editorial:

> Enquanto não conseguirmos pôr a teologia à altura do nosso tempo, avançando numa assimilação rigorosa e consequente daquilo que foi iniciado após a entrada da Modernidade, continuaremos naquilo que Hegel chamava de "iluminismo insatisfeito". E nos exporemos ao risco de perder as energias em "discursos [falsamente] edificantes", em vez de concentrar-nos em "dar a razão" crítica, responsável e atualizada da esperança que vive em nós (1Pd 3,15) e que devemos oferecer ao mundo. Não quero renunciar à esperança de que também nesta oportunidade a revista *Concilium* encontrará o caminho justo e assim contribuirá para manter viva a grande esperança da qual ela nasceu e que hoje encontra um novo chamado e uma ocasião especialmente propícia[294].

Diante do vigor, lucidez e incentivo destas palavras, indagamos: como falar da tríade revelação-criação-salvação a partir de Torres Queiruga ante a sensibilidade cultural hodierna? Em que medida a fé tem espaço para se posicionar diante de uma sociedade racionalista, positivista e, às vezes, indiferente? Em que grau é possível encontrar o ponto de intersecção entre fé e ciência, contribuindo para um melhor alcance da Boa Nova? Ou em quem as pessoas depositam a sua confiança na atual sociedade desmaterializada?

Levantamos essas indagações como pano de fundo da nossa reflexão. Como questões que fazem com que falemos de revelação de Deus a partir de anseios que estão diretamente atrelados ao nosso existir imediato e concreto. É isso que percebemos no esforço do autor com o qual fazemos uníssono na defesa da necessidade de uma percepção de Deus como condição necessária para a realização humana.

A nosso juízo, a literatura de Torres Queiruga vem como um divisor de águas entre a antiga concepção de Deus, o intervencionista, vingativo, alheio à sua criatura, e a concepção atual, que apresenta a riqueza estonteante de seu amor. O teólogo galego contribui enormemente para a percepção do amor de Deus revelando a sua verdadeira face como um aliado do ser humano.

Essa nova maneira de perceber Deus influirá consequentemente na adesão espontânea dos fiéis, que sempre buscaram a Deus como um sustento, uma graça, uma força potencializadora, e não como um castigador castrante. Ressaltada pela teologia da revelação, a percepção de um Deus

---

294. Id., A tarefa da teologia após a restauração pós-conciliar, 34.

amoroso faz com que as pessoas consigam percebê-lo num clima de complementaridade mútua, e não na competição deletéria com a sua liberdade, visto que a mentalidade secularizada[295] o cultiva equivocadamente.

A parcela da atual cultura fragmentada, cuja percepção divina ainda se mantém presa ao passado, quer prescindir da fé, justamente por entender que ela atua como atenuadora de liberdades, fazendo do sujeito um ser que, cada vez mais, vive uma tensão de satisfação-insatisfação[296]. Segundo essa mentalidade, para que a vida prossiga com independência e liberdade, é preciso emancipar-se da atitude infantilizada[297].

Olhando a teologia da revelação segundo as contribuições de Torres Queiruga, que tem como escopo fundamental a realização do sujeito, mediante genuína percepção de Deus, somos desafiados a entender que a tarefa da teologia da revelação consiste em ser um ponto de equilíbrio na verdadeira percepção de Deus. Diante disso, os diferentes intentos encontram nela a sua referência. A partir daí, o teólogo é desafiado a se posicionar de maneira tal que, no contato com as religiões, inspire uma atitude em que todos percebam que devem contribuir para a realização humana. Posicionando-se dessa maneira, entendemos que a tripartição criação, revelação e salvação terá cada vez mais espaço para o exercício livre e justo da fé.

O estudo de Torres Queiruga sobre a percepção de Deus nos faz pensar que, apesar de qualquer divergência que venha a surgir acerca da verdadeira revelação de Deus, deve ser buscado um ponto de união. Um encontro[298] aberto e desarmado deve acontecer em que o respeito mútuo tem o seu lugar de destaque e de comunhão. Com razoabilidade por parte de todos os intentos, quando voltam a sua atenção para a percepção da criação, cuja revelação se dá no ato soteriológico, a vida torna-se muito

---

295. Podemos "entender a secularização como uma queda da fé e da prática religiosa por parte das pessoas, fenômeno que também pode ser observado em nossos dias em alguns países ocidentais" (cf. MIRANDA, *Igreja e sociedade*, 110).

296. "[...] a cultura — enquanto espaço de valoração, de interpretação, de escrita, de *texto*, de leitura, de releitura e, portanto, de fragmentação, dispersão e reunificação — está intrinsecamente vinculada às vicissitudes, às ambiguidades e revalorações que radicalmente pontilham o sujeito, ou desejo que habita o sujeito, na sua infinita tensão de satisfação-insatisfação" (ALMEIDA, *A fragmentação da cultura e o fim do sujeito*, 288).

297. "[...] uma formação cristã infantil é presa fácil da ciência moderna" (MIRANDA, *Igreja e Sociedade*, 133).

298. "[...] o encontro está sustentado nas exigências da sensibilidade moderna, brotando da própria experiência reveladora que não admite qualquer tipo de fechamento, preconceito ou afã de domínio" (NOBRE, JOSÉ AGUIAR, Ecumenismo e o diálogo das religiões na perspectiva de Andrés Torres Queiruga, *Atualidade teológica*, Rio de Janeiro, Ano XX, n. 53 (2016) 346).

mais plena, doce e feliz. Entendemos que num espaço aberto e justo a uma experiência transcendental, auxiliada por uma visão interdisciplinar, certamente será possível desenhar o ponto de intersecção entre as diferentes áreas do conhecimento em que a ciência e a teologia (fé revelada) estarão de mãos dadas em prol da vida realizada.

Compreendemos que, a partir das mudanças atuais de um novo olhar místico e iniciado na percepção de Deus, a fim de contribuir com a realização da vida humana, cada área do conhecimento deve falar com criticidade e propriedade a partir do seu objeto de estudo. Sabemos que entre a percepção de Deus e o ser humano existe um abismo e que a teologia da revelação tem grandes chances de prestar um grande serviço ao homem moderno, apresentando o novo que, paradoxalmente, revela-se e se oculta num mundo de formas e de cores inimagináveis.

> Ora, entre a nomeação e a coisa nomeada, entre o pedido e a coisa desejada, se abre um abismo que, no entanto, torna possível um novo e insuspeitado mundo de formas, de cores, de palavras, de modalidades, de variedades, de tonalidades, de belezas[299].

Isso é possível apenas quando se valoriza o entusiasmo das descobertas atuais aplicando-as de forma honesta e transparente, a fim de que as mudanças não sofram resistências da tradição, mas tenham a sua contribuição na assimilação do transcendente que, desde sempre, esforçou-se para desvelar a sua verdadeira face. Diante do calibre das mudanças da atualidade, o teólogo galego nos faz ver que é de bom alvitre levar em conta a quantidade de conhecimentos adquiridos que devem estar sempre abertos ao aperfeiçoamento.

> Quando se produz uma mudança de tal calibre, a vertigem ameaça apoderar-se do espírito, e tendem a se produzir reações polares. É o típico jogo do tudo ou nada, na base de atitudes totalizantes que, ou se entregam de maneira acrítica ao novo, ou se agarram de maneira dogmática ao velho. [...] Quando se observa o processo religioso dentro da Modernidade, não é difícil perceber como esse fenômeno foi sendo produzido de maneira cada vez mais clara e com exclusões cada vez mais decididas. Conservadorismo eclesiástico e teológico por um lado, e crítica secularista e ateia, por outro, polarizam a marcha da cultura carregando-a por ambas as partes de agressividades e mal-entendidos[300].

---

299. ALMEIDA, *A fragmentação da cultura e o fim do sujeito*, 17.
300. TORRES QUEIRUGA, *Fim do cristianismo pré-moderno*, 23.

É imprescindível nesse processo levar sempre em conta o caminho já percorrido pela tradição a fim de oxigenar os conteúdos que, pela longevidade dos conceitos, necessitam ser transpostos para uma correta inteligibilidade no limiar dos nossos tempos. Se hoje temos respostas diferentes das de outrora "de modo algum isso nos afasta do sentido do mistério e de maneira alguma questiona a existência de Deus. Ao contrário, provoca-nos a ver mais a fundo, entrando cada vez mais no mistério divino e compreendendo a amplitude de sua ação"[301].

Todos sabemos que "não é fácil para a teologia determinar em cada momento a justa proporção entre sua atuação ao que dizem as ciências e a dedicação fundamental ao estudo e elaboração daquilo que a ela e só a ela corresponde dizer"[302]. Entretanto, a partir da visão cristã, é óbvio que essa tarefa se impõe como urgente e decisiva. Entendemos que a recepção histórica da revelação possibilita ao ser humano uma transformação pessoal e social. E isso evidencia o grande e relevante papel que a reflexão teológica tem para a sociedade.

> O processo revelador se mostra, por força, em sua realidade de nascimento contínuo, de irrupção histórica, que transforma quem a recebe e, por reação, faz com que ela mesma cresça graças às novas possibilidades abertas por essa transformação. Dado que isso se realiza sempre na interação horizontal e expansiva de um grupo social, a revelação aparece, partindo de sua própria raiz, não só nascendo na história, senão criando história e realizando-se nela[303].

A manifestação contínua do processo revelador, na história da criação, torna-se uma realidade possível de ser captada. Percebemos que quem volta a sua atenção para esse processo facilmente notará a relevante contribuição para o efetivo desenvolvimento social e antropológico. O texto queiruguiano põe a descoberto que a questão fundamental não reside na revelação divina em si, mas na sua recepção e acolhida por parte do ser humano. Isso implica dizer que a tarefa da teologia da revelação reside em evidenciar a relação imediata entre criação, revelação e salvação, como um fator importante para a realização humana. E isso

---

301. KUZMA, CESAR, A ação de Deus e sua realização na plenitude humana. Uma abordagem escatológica na perspectiva de Jürgen Moltman, in: SANCHES, M. A.; KUZMA, C.; MIRANDA, M. (org.), *Age Deus no mundo. Múltiplas perspectivas teológicas*, Rio de Janeiro, PUC-Rio, Reflexão, 2012, 228.
302. TORRES QUEIRUGA, A tarefa da teologia após a restauração pós-conciliar, 34.
303. Id., *Repensar a revelação*, 165

se destaca por se tratar de um "processo sempre aberto e, portanto, história em marcha"[304].

Assim como todo sistema social e/ou político não nasce naturalmente, a percepção de Deus também não é uma coisa que acontece de forma espontânea. A nosso juízo, devemos educar o olhar para percebermos o mistério de Deus revelado na história. Na condição de filhos no Filho[305] é preciso ter um olhar místico, ver a realidade com os olhos de filhos de Deus.

O contato com a obra queiruguiana nos faz entender que a percepção da revelação de Deus deve ser desejada e buscada conscientemente. Aplicando esse raciocínio à educação democrática, pondera Anísio Teixeira que "a sociedade democrática não pode, por natureza, ser espontânea. [...]. Foi e é uma opção, e só se realiza, se é que chegará um dia a realizar-se, por um tremendo esforço educativo"[306]. Da mesma forma, por analogia, entendemos que a percepção genuína da revelação carece de um "tremendo esforço educativo" na fé. Quando acolhida/recebida pelo fiel, nele certamente a fé encontrará terreno fértil para florescer e continuar a realizar o seu percurso soteriológico.

Que sentido tem dizer que Deus age na história? Que efeitos é possível notar na prática humana, a partir da percepção do Deus revelado? O pensamento de Torres Queiruga favorece significativamente os passos para a autorrealização humana, na medida em que o trocadilho revelação de Deus e realização humana tem, na sua obra, um assento especial. Vale, pois, ressaltar que a revelação, a criação e a salvação se dão, paradoxalmente, no ocultamento do surgir divino. Enquanto a salvação divina se faz presente "sustentada e movida pela ação criadora"[307], o ser humano, que faz a experiência de revelação, ajusta a sua maneira de proceder de acordo com a forma como percebe o seu Criador.

É possível afirmar, com Torres Queiruga, que desde sempre Deus foi aliado da criatura, mas sofreu de incompreensão, sendo visto como aquele que até permite o sofrimento humano. Sabemos, ainda, que desde sempre, e em todas as partes, os homens acreditaram que Deus se manifestou a nós, mas, a partir da modernidade e de suas indagações, começou-se a questionar se seria improcedente acreditar num Deus que não defendesse a sua criatura do sofrimento. Com o Iluminismo essa maneira de perceber

---

304. Id., *A revelação de Deus na realização humana*, 414.
305. Gálatas 3,26: "[...] porque todos sois *filhos* de Deus pela fé em Jesus Cristo".
306. TEIXEIRA, ANÍSIO, *Educação e o mundo moderno*, Rio de Janeiro, UERJ, ²2006, 269.
307. TORRES QUEIRUGA, *Recuperar a criação*, 124.

Deus se mostra insatisfatória. Tendo isso em mente o teólogo galego começou a sua grande empreitada de mostrar como procede essa percepção da manifestação de Deus na história, e como ele é Deus todo poderoso no amor. A literatura do teólogo galego aponta para a percepção de Deus na beleza e harmonia de um cristal, na vitalidade das plantas e dos animais, no caráter, na compreensão e na ternura da face humana. Somos desafiados a "ver" Deus no mundo, habitando na sua criatura, de tal maneira que ele transparece e transluz o seu ser, que a "fé estreita" e o racionalismo sentem dificuldade de enxergar[308]. Torres Queiruga nos faz ver que o homem iniciado no processo revelador não teme ver a Deus no mundo.

Ele saberá notar que o mundo que vemos é mais do que o simples mundo, cada coisa é mais do que simplesmente uma coisa, o próprio olho humano é mais do que um órgão físico-psicológico. Um fiel iniciado na percepção de Deus sabe aguçar a sua percepção e romper hábitos. Saberá ser capaz de ver que as coisas não existem por si mesmas e nem os instrumentos se bastam ou baseiam-se em si mesmos. E a literatura do teólogo galego tem, pois, a grande virtude de habilitar o leitor a perceber a presença de Deus se revelando na história a partir da inspiração das ações humanas. Segundo o teólogo compostelano, e a título de exemplo, ele também nos lembra de que o *Canto às criaturas*, de Francisco de Assis, bem como a *Contemplação para atingir o amor*, de Inácio de Loyola, são modelos significativos e bem conhecidos desse ensinamento[309]. Todas essas ponderações, segundo o pensamento de Torres Queiruga, não passam de um convite para aprendermos a "ver" a Deus presente na história. Isso se faz acostumando a nossa percepção, por meio dos nossos sentidos, a fim de descobrirmos o real na aparência[310].

Aqui nos vem a seguinte indagação: se parece que estamos transitando da realidade da natureza para a subjetividade humana, como então procederemos para captarmos o correto manifestar de Deus a fim de que tenhamos uma voz uníssona acerca da percepção da revelação? A esse res-

---

308. Id., *Repensar a revelação*, 170.
309. Id., *A revelação de Deus na realização humana*, 147.
310. Ilustra bem esse entendimento a parábola do peixe perdido: "'Por favor, por favor'! Disse um peixe do mar a outro peixe: 'você que deve ter mais experiência, talvez possa ajudar-me... Então me diga: onde posso encontrar a coisa imensa que chamam de oceano? Em toda a parte eu o venho buscando sem sucesso'. 'Mas é precisamente no oceano que você está nadando', disse o outro. 'Oh!... isto? Mas é pura e simplesmente água!' Disse o peixe mais jovem, 'eu procuro é o grande oceano!' E lá se foi nadando, muito desapontado, buscar em outra parte" (MELLO, ANTHONY DE, *O canto do pássaro*, São Paulo, Loyola, [11]2003, 22).

peito, aponta resumidamente a teologia da revelação de Torres Queiruga sobre a eleição.

O autor tece uma severa crítica à visão tradicional que defende uma concepção de revelação "de um Deus que se revela a um só povo, permanecendo totalmente ausente de todos os demais que nada experimentariam de sua presença nem de sua força salvadora"[311]. Pondera o teólogo galego que a partir do Vaticano II podemos entender essa problemática sobre a revelação de Deus aos homens de uma forma absolutamente diferente: "Tudo o que de bom e verdadeiro se encontra entres eles, a Igreja julga-o como uma preparação evangélica outorgada por aquele que ilumina todos os homens, para que enfim tenham a vida"[312].

Diante do conjunto de bagatelas importadas no mercado cultural atual, ao refletirmos sobre a percepção de Deus presente em toda a realidade e abertos à experiência religiosamente cognoscitiva do ser humano, é preciso combater quaisquer tipos de preconceito, a fim de focarmos nossa atenção naquilo que é o fundamental, a saber:

> *Deus está presente em todos os homens e mulheres,* e — apesar de todas as deformações — se revela a eles realmente. Revela-se a eles *sobretudo nas experiências mediadas por suas tradições religiosas.* Existe, portanto, um *continuum* salvífico revelador na experiência religiosa da humanidade. A Bíblia se perfila sobre ele, de modo que, sem por isso perder sua especificidade, não deve ser concebida como se obedecesse a leis completamente heterogêneas. [...]: Deus está realmente presente em todos os seres humanos; estes, em sua experiência religiosa, captam sua presença como revelação ativa e salvadora; entre eles há um povo, o de Israel, que vive e expressa de um modo específico essa revelação, iniciando assim a história santa que aparece recolhida na Bíblia[313].

Diante do exposto sobre o item em questão: criação, revelação e salvação, consideramos ponto fundamental assimilarmos com clareza que, a partir dessa constatação enfatizada pelo autor, "há um *continuum* salvífico e revelador na experiência religiosa da humanidade". Entendemos aí que não é possível separar criação, revelação e salvação, pois todas estão atreladas entre si. Isso fica bastante claro quando ressalta que "os seres humanos, em sua experiência religiosa, captam sua presença como revelação ativa e

---

311. Torres Queiruga, *A revelação de Deus na realização humana*, 150.
312. *Lumen Gentium*, n. 16.
313. Torres Queiruga, *Repensar a revelação*, 175.

salvadora". Ora, revelação ativa é revelação em estado de ebulição criadora e soteriológica. Julgamos interessante destacar ainda que o teólogo galego enfatiza dois pontos fundamentais a esse respeito:

> (a) Que, segundo a nossa fé, essa história culmina na revelação total e definitiva de Deus em Jesus, o Cristo: ele extrai todas as consequências e elimina todas as ambiguidades da vivência de Deus acumulada em tão longo, alternante e intenso processo; enriquece-a, além disso com a experiência insuperável originada na abertura total de sua vida e de sua morte, e confirmada em sua ressurreição. (b) Que justamente nessa culminação aparece a presença salvadora de Deus a todos os povos. A captação definitiva da revelação divina significou, com efeito, o final histórico do particularismo bíblico e a descoberta de seu destino universal; não, porém, como algo totalmente novo, e sim como o oferecimento em plenitude do mesmo Deus já procurado "às apalpadelas", por todos, pois nele, em sua presença viva e reveladora, "viviam, moviam-se e existiam" (At 17,27-28)[314].

Torres Queiruga evidencia a plenitude originária da revelação culminada em Jesus Cristo. Põe fim ao particularismo bíblico e ressalta a universalidade da salvação. A respeito da relevância atual da obra do teólogo de Compostela, vejamos: "sua teologia toca as fibras íntimas da experiência cristã no mundo da modernidade tardia e abre assim caminhos para dar razão da manifestação de Deus na humanidade, com sua plenitude cumprida na revelação de Jesus Cristo"[315].

Sobre o desafio na pesquisa acerca da revelação forjando a tarefa árdua da atual percepção da ação de Deus no mundo, vejamos:

> Pensar a ação de Deus no mundo é um desafio constante para a tradição cristã e uma questão crucial para os nossos dias, em que diferentes visões de mundo convivem e se entrechocam. Há os que defendem uma ausência total de Deus no mundo, negando a sua ação. Outros apregoam um modo de poder controlar Deus, quase defendendo que ele age com hora marcada, local definido e em situações previamente determinadas pelo ser humano. Podemos certamente afirmar que, se as diferentes perspectivas cristãs que se propõem a pensar o modo como Deus age no mundo forem fiéis à tradição, situam-se em algum lugar entre os dois extremos[316].

---

314. Id., *A revelação de Deus na realização humana*, 151.
315. Mendoza-Álvarez, *Deus ineffabilis*, 283.
316. Sanches, Mário Antônio; Kuzma, Cesar; Miranda, Mário de França, *Age Deus no mundo?*, 7.

Em consonância com esse pensamento, o teólogo galego chama a teologia à responsabilidade de tecer as suas críticas sobre a sua concepção de revelação diante da sensibilidade moderna. Ele ressalta o dever teológico de responder às perguntas atuais, à altura do tempo presente. A teologia da revelação é desafiada a trafegar na presunçosa ousadia de afirmar que Deus fala enquanto mistério do mundo, cuja fala brota de dentro para fora. Vale dizer que, a partir da própria experiência da fé cristã, alargamos um conceito de Deus com pretensão de validez universal[317].

De tudo o que foi dito, implicitamente surge a questão gnosiológica de saber não somente do fato revelador em si, mas também de como ele se dá. A esse respeito, o autor afirma que não se trata de perguntar pelo fato revelador, mas de saber como ele se dá. Ainda assim, segundo ele, corremos o risco de cairmos no jogo imaginativo de um Deus distinto do humano e/ou separado dele no mundo, tendo de intervir na história para se revelar. O pensamento queiruguiano, em que a tríade criação-revelação-salvação não pode ser dissociada, deve ser assim entendido de maneira fundamental:

> A união radicalíssima — prévia a tudo e mais profunda que tudo — da criatura com seu Criador, que "está a realizá-la e a sustentá-la" (que expressivo é, neste ponto, substituindo o gerúndio, o infinitivo galego-português de atividade instante e continuada). A união com Deus não só não chega ou se estabelece a partir de fora, senão que está sempre constituindo o ser da criatura: a revelação não precisa "entrar" na vida do ser humano, posto que é a presença viva Daquele mesmo que está sustentando seu ser, suscitando sua liberdade e empurrando sua história[318].

Ora, se é Deus mesmo quem constitui o ser da criatura e a revelação não parte de algo externo, o que resta é fazer com que o ser criado tome consciência dela. Isso, entretanto, não faz da revelação um ato simples nem tampouco misterioso, mas trata, na verdade, de uma implicação ontológica no mundo, em que o ser é desafiado a se dar conta dessa implicação. A tarefa imposta ao fiel é, portanto, saber fazer a distinção entre si e o Criador. Deve, todavia, levar em conta que "Deus não pode ser contado como mais uma realidade ao lado de outras, porque é o fundamento e a razão de ser de todas elas"[319]. Trata-se de um dinamismo de acolhida de Deus no

---

317. TORRES QUEIRUGA, *Repensar a revelação*, 176-178.
318. Id., *A revelação de Deus na realização humana*, 154.
319. MIRANDA, MÁRIO DE FRANÇA, A ação de Deus no mundo segundo Karl Rahner, in: SANCHES, MÁRIO ANTONIO; KUZMA, CESAR; MIRANDA, M. F., *Age Deus no mundo. Múltiplas perspectivas teológicas*, Rio de Janeiro, PUC-Rio; Reflexão, 2012, 197.

centro mesmo da pessoa em relação com os outros, com o mundo e com o transcendente, no coração mesmo do mistério divino.

> O acontecimento da revelação possui importância capital no seu momento de realidade. É antes de tudo uma transformação. A autocomunicação divina supõe uma radical inflexão — estrutural, não necessariamente temporal — da ação criadora; afeta o homem, ou melhor o homem-desde-Deus-no-mundo, em suas mesmas raízes; reorienta-o desde a sua intimidade mais radical até suas relações, de todo o seu modo de ser. O homem é constitutivamente um "novo ser", entra literalmente em um "novo mundo", o mundo da revelação[320].

Como podemos perceber pela intensidade do fragmento acima, captar a percepção de Deus trata-se, na verdade, de uma compreensão da própria participação humana no ser de Deus, seu Criador. É na verdade uma experiência de plenitude humana, sabendo-se ser a partir de Deus no mundo, desvelada na metanarrativa evangélica. Aí o ser humano chega ao ponto culminante de sua existência e seu estatuto de experiência de plenitude em Jesus Cristo se põe a descoberto. "Essa expressão é fundamental para compreender, primeiro, as raízes subjetivas da revelação que acontece transformando a pessoa enquanto experiência que toca o seu ser mais profundo."[321]

Diante dessa percepção refinada, indagamos: quão realizador é para o ser humano tomar consciência dessa realidade misteriosa e sentir-se partícipe dela? Essa experiência gera no fiel um vigoroso dinamismo espiritual, chamado de "vida teologal", cujo resultado sempre será a condução a um estado de autenticidade profunda do humano. Entendemos ser uma energia divina que é gerada para a finalidade mesma da pessoa humana e que, enquanto não assimilada e acolhida, fica ao seu dispor no "estoque divino". Uma vez assimilada a presença divina no humano, ele passará a agir com profunda vivacidade como filho de Deus, iniciado no processo revelador:

> A palavra revelada, como insistentemente temos sublinhado, não fala ao homem de algo externo a si mesmo, senão que, pelo contrário, trata de fazê-lo tomar consciência de seu ser mais autêntico, de iluminá-lo sobre a concreta situação em que se realiza sua história. A palavra não é centrífuga, senão centrípeta: embarca no seu dinamismo, o homem não navega em mares estranhos, senão fazer o encontro consigo mesmo[322].

---

320. TORRES QUEIRUGA, *Constitución y evolución del dogma*, 220.
321. MENDOZA-ÁLVAREZ, *Deus ineffabilis*, 288.
322. TORRES QUEIRUGA, *Constitución y evolución del dogma*, 225.

O autor evidencia um acentuado tom antropocêntrico na ideia de revelação que possibilita ao ser humano tomar consciência da manifestação da presença de Deus em sua vida. Ao entrar em contato com o seu eu mais profundo, o homem age de tal maneira que a realização da sua vocação eclode em plenitude. Fica evidente que está fortemente atrelado a essa afirmação da plenitude da revelação o encontro do homem consigo mesmo.

Como sabemos, é impossível para o ser criado encontrar-se com o amor de Deus e permanecer inerte. Esse raciocínio só faz acentuar a intersecção existente entre criação, revelação e salvação, de forma que podemos dizer que a captação da revelação é plena do ato soteriológico, uma vez que a revelação tem sempre a iniciativa divina, mas que o seu efeito materializa-se sempre no desenvolvimento autêntico do ser humano, que não fecha o indivíduo em si, mas que lhe possibilita uma maior abertura para uma dimensão social na comunidade eclesial. Deus não é um ser que espera ser chamado para intervir na história. "Ele não intervém quando é chamado, ao contrário, é ele que nos chama e solicita a nossa colaboração."[323] Nesse sentido, o teólogo galego vincula a dimensão da revelação divina ao caráter social-eclesial:

> O homem que se abre à revelação não é um indivíduo "encerrado" no círculo de sua intimidade. Em primeiro lugar, a fé é recebida na Igreja, de modo que a dimensão eclesial lhe é intrínseca. E, sobretudo, o homem é por essência social. [...] de modo que não se pode ser verdadeiramente iluminado se a iluminação não alcança a sua essencial articulação com o tecido social[324].

Consideramos de significativa importância esse acento social da experiência reveladora destacada pelo autor, porque de nada adiantaria toda a sua teoria se conduzisse o sujeito no mundo a um comportamento solipsista. Seria, pois, incoerente falar de plenitude humana sem que ela aterrizasse na vida prática. De modo que a revelação divina, a partir do pensamento de Torres Queiruga, ao ressaltar a polaridade revelação-realização humana, enfatiza também que a revelação, na medida em que consiste no encontro do humano com a intimidade divina, introduz-nos no coração mesmo do mistério. Esse encontro tem a sua ressonância na vida eclesial, cujo amor de Deus aí se faz notar.

---

323. Kuzma, A ação de Deus e sua realização na plenitude humana, 228.
324. Torres Queiruga, *Constitución y evolución del dogma*, 232.

Sendo assim, ao ser um ato de amor de Deus que se revela e outro de abertura e acolhida do ser humano, a consequência não poderia ser diferente do acolhimento contínuo e da efetivação prática de novas promessas de riquezas. A partir do entendimento de que a percepção da revelação de Deus potencializa a criatura humana, é possível afirmar a sua relevância para os nossos tempos, pois somos conscientes da importância da incessante revelação de Deus na humanidade.

> Parece-nos que ela é hoje, em meio aos escombros da modernidade, a receptora criativa da surpreendente novidade da graça de Deus que acontece em Cristo Jesus, e que, na vida que surge da sua páscoa, tem sido possível para a humanidade como experiência de plenitude humano-divina[325].

Tudo isso nos faz mostrar a força viva criadora, reveladora e salvadora de "um *Deus que vem* ao encontro do ser humano como um ato livre de amor"[326]. Nessa força nasce e renasce o ser humano e o reino de Deus em suas genuínas natureza e graça.

3.5. O ser humano e o reino de Deus: natureza e graça

Partindo do contato com a teologia da revelação de Torres Queiruga, entendemos que a percepção de Deus e de sua relação com o reino faz com que o ser humano comece por descrevê-la a fim de melhor socializar a sua percepção. Acerca da relação do acontecer real da revelação de Deus na história e da sua efetiva ação no homem, Amor Ruibal já teorizava que se trata de algo "que jamais entenderíamos, se não o percebêssemos: que jamais tentaríamos definir, sem supô-lo conhecido; e que jamais poderíamos descrever, sem fazer entrar na descrição o descrito"[327]. O paralelismo entre "aparecer" e "desaparecer" da revelação faz com que o desafio do conhecimento de Deus permaneça sempre aberto ao campo da inteligibilidade humana.

> O mundo é acontecimento, evolução, história; dentro dele a ação e a reação produzem mudança; à medida que trata de um Deus vivo e que sua ação sustenta o ser humano através do dinamismo cósmico e histórico, dentro da qual e a partir da qual este se abre à sua presença, também a relação reveladora acontece, se muda e se multiplica. A revelação, por ser revelação divina acolhida na subjetividade humana, intrinsecamente his-

---

325. Mendoza-Álvarez, *Deus ineffabilis*, 294.
326. Kuzma, A ação de Deus e sua realização na plenitude humana, 225.
327. Amor Ruibal, *Los problemas fundamentales de la filosofía y del dogma*, v. 8, 381.

tórica, acontece necessariamente na mudança e no drama inerentes a toda história viva[328].

O dinamismo humano a partir da experiência reveladora, da ação e reação da presença inspiradora de Deus, deve ser lido como revelação de Deus na história da salvação. Essa ação divina é possível de ser percebida, por exemplo, na construção das Sagradas Escrituras. "Deus escolheu homens, dos quais se serviu fazendo-os usar suas próprias faculdades e capacidades, a fim de que agindo Ele próprio neles e por eles, escrevessem, como verdadeiros autores, tudo e só aquilo que Ele próprio quisesse."[329]

Manter viva a consciência da transcendência divina e de sua efetividade na vida humana, com a devida acolhida, torna-se uma tarefa perspicaz para não cair na objetivação cristalizada da mensagem revelada. Isso sem fechamento às exigências da criticidade. É inerente à natureza humana a sua vocação para a acolhida consciente da graça, presentificadora, dom gratuito e santificante do mistério.

Na dinâmica cativante da vida, inerente à vivacidade histórica, o Criador se faz presente, pois "sendo Deus a raiz viva do ser e da atividade, sua presença não pode deixar de se tornar supremamente efetiva no curso das coisas"[330]. A teologia da revelação de Torres Queiruga ressalta que a modalidade da presença divina se dá na tessitura do real, e não em intervenções pontuais na história mundana. Em todos os tempos e lugares das transformações concretas da vida humana, aí está Deus. Isso é perceptível na medida em que os fiéis, nutridos pela graça divina, procedam naturalmente com atitudes de acolhida do mistério. Deus se faz presente na *práxis* cotidiana, eclesiológica e histórica. Os seus filhos reluzem em si o reflexo da sua Luz como discípulos e "parábolas vivas do Evangelho"!

Próprio da natureza humana é fazer o bem. Quando assim não procede, cai na servidão do pecado. A leitura do teólogo galego nos leva a entender que, quando fizermos algo de bom, não devemos nos envaidecer, acreditando sermos bonzinhos por nós mesmos. Na verdade, somos desafiados a entender que nada mais é do que a acolhida da graça divina que se transforma em ação misteriosa e reveladora dessa graça de Deus, cuja força presentificadora sempre nos precede e acompanha[331]. O contato

---

328. Torres Queiruga, *Repensar a revelação*, 180.
329. *Dei Verbum*, n. 11.
330. Torres Queiruga, *Repensar a revelação*, 180.
331. Conforme podemos conferir na oração inicial (coleta) da missa dominical do 28º Domingo Tempo Comum, ano "C": "Ó Deus, sempre nos preceda e acompanhe a vossa

com a literatura de Torres Queiruga proporciona ao leitor captar a força do transcendente agindo nele.

O contato com a teologia queiruguiana possibilita ao fiel a percepção madura de que toda boa ação é, na verdade, a presença do Espírito de Deus se manifestando. "O ser humano, que prova em si mesmo a potência destruidora do pecado e a própria impotência diante dele, experimenta em Deus a presença poderosa do amor que salva."[332] Ao refletirmos sobre o ser humano e o reino de Deus, de sua relação e graça, é preciso levar em conta que:

> Constitui elemento de sua vitalidade a permanente capacidade de surpreender. A existência humana não é um jogo de cartas marcadas. [...] A experiência religiosa, possibilidade essencial para o ser humano, nem em todos encontra espaço de acolhida e expressão. A razão maior disso reside no fato de que, em tal situação, o mais importante ocorre no espírito de gratuidade. Teologicamente, diria que temos aí uma das manifestações privilegiadas da Graça. Acrescente-se a isso o fato singular de o ser humano ser capaz de trair sua identidade profunda e de negar sumariamente dimensões que são constitutivas de sua estrutura de ser. Bem diferente, na verdade, seria a história humana se o ser humano soubesse sempre discernir e acolher aquilo que reveste maior relevância[333].

Desprovidos da graça divina, somos incapazes do bem. A presença santificante da graça de Deus estará em nós, mas pode passar despercebida numa alma não receptiva e atenta. Assim como a identidade humana é dinâmica e se constitui ao longo da história, essa compreensão também se dá de forma dinâmica e tematizada. Na condição de ser histórico, ao homem, permanecendo o mesmo na sua linhagem, é impetrada a tarefa de fazer com que também a mesma e sempre nova mensagem da salvação, trazida por Jesus Cristo, chegue, de modo sempre novo, ao coração dos fiéis de todos os tempos e lugares.

Essa mesma mensagem advinda do Cristo Jesus não nasceu para ser algemada[334], mas deseja ser captada, acolhida, assimilada e vivida por to-

---

graça para que estejamos sempre atentos ao bem que devemos fazer" (CONFERÊNCIA NACIONAL DOS BISPOS DO BRASIL, *Missal dominical, missal da assembleia cristã*, São Paulo, Paulus, ⁸1995, 1265).

332. TORRES QUEIRUGA, *Recuperar a salvação*, 167.

333. PRETTO, HERMILO E., *A teologia tem algo a dizer a respeito do ser humano?*, São Paulo, Paulus, 2003, 6.

334. "[...] a Palavra de Deus não está algemada"! (2Tm 2,9).

dos. Em consonância com a dinamicidade das transformações históricas, o homem também se transforma, mas, paradoxalmente, permanece o mesmo com as suas dúvidas, os seus questionamentos, as suas insuficiências e os seus anseios. Entretanto, a essência humana mantém a sua identidade ao longo do tempo. Identidade carregada de razão e liberdade, bem como de seus profundos anseios.

> Somos um espírito na matéria, somos corpóreos, e por meio do corpo é que interagimos com outros seres humanos e com o mundo. A matéria é a porta de entrada para tudo o que conhecemos e queremos. […]. Mas essa matéria também nos limita, nos condiciona, nos expõe ao sofrimento. […]. Sentimo-nos frágeis e impotentes diante dos desafios da vida. Toda essa realidade complexa constitui a realidade do ser humano: alguém que não se satisfaz com o que a vida lhe oferece ou com o que consegue conquistar. Alguém que sofre com a nostalgia da perfeição, da paz, do amor, da felicidade. […]. No fundo essa identidade significa que o ser humano não se basta a si mesmo e busca algo que vai além de si próprio, embora viva e exprima esta verdade em configurações históricas diversas[335].

A partir dessa percepção da necessidade humana de buscar algo que vai além de si próprio, o teólogo galego, inspirado em Heidegger, assevera que, no processo de percepção da revelação de Deus, "o ser não se manifesta só como natureza, mas também — e sobretudo — como história. E não cai mal esta transição, pois pode ajudar a ver melhor algo não tão facilmente captável pelo homem"[336]. O autor aponta para a percepção de que o exercício autêntico da liberdade humana é lugar privilegiado para a transparência divina "como fonte de energia que suscita e como polo de amor que atrai"[337].

Apesar das consequências deletérias do ateísmo presente na atual realidade cultural secularizada, é possível defender eficazmente que a percepção da revelação divina em Cristo possibilita a afirmação do humano na sua autonomia e consequente coconstrução do Reino. "Concretamente, hoje, a grande saída, ao mesmo tempo humilde e enérgica, consiste em dizer ao ateísmo que olhe para o Evangelho, a fim de ver se é possível continuar afirmando que Deus, tal como aparece em Cristo, nega o homem."[338]

---

335. MIRANDA, MÁRIO DE FRANÇA, *A salvação de Jesus Cristo. A doutrina da graça*, São Paulo, Loyola, 2004, 9.
336. TORRES QUEIRUGA, *Repensar a revelação*, 186.
337. Id., *A revelação de Deus na realização humana*, 163.
338. Id., *Creio em Deus Pai*, 44.

Torres Queiruga, contrariamente ao que apregoam aqueles que não avançam da mera confrontação teórica[339] e não chegam à experiência de Jesus e de seu Deus, reivindica uma postura firme do cristão com fé clara, a fim de que possa perceber que Deus não nega o humano, mas antes o eleva e vem à nossa vida para nos salvar, para nos tornar livres, apoiar e afirmar. Se as condições culturais parecem enfatizar o papel da crise, coisificando e pervertendo a tudo e a todos, nem por isso os indícios do mistério se deixam abater.

> Quando, como foi o caso na Bíblia, essa experiência encontra o verdadeiro caminho, aparecem sua enorme eficácia e riqueza reveladoras. Na origem de sua história — principalmente como foi compreendida em sua rememoração posterior —, no momento de sua plenitude — quando verdadeiramente toma consciência de ser povo — e nos mesmos avatares de sua decadência — onde a dura prova da crise fortaleceu e aprofundou sua consciência —, Israel descobriu a presença ativa de Deus. No trabalho mesmo da própria liberdade ia vendo alguém maior que essa liberdade: como fonte e guia, como corretivo e promessa[340].

Ressaltando essa sensibilidade do homem de fé, como contraponto à cultura moderna, negativamente marcada por certo pietismo atrasado — que mais contribui para o ateísmo do que para a concepção verdadeira do Deus revelado Jesus Cristo —, o teólogo compostelano convoca o cristão para apregoar que, para além de nossas falhas e fragilidades históricas e humanas, devemos transmitir aos outros o Evangelho que nos julga e que salva a todos. "Renunciando ao narcisismo das próprias posições, todos nós podemos avançar juntos para o contato com uma experiência que nos transcende."[341]

---

339. "A rigor, a crítica insere-se no contexto de uma postura que, mesmo reivindicando um caráter científico, na verdade expressa preconceitos ideológicos que ficam à distância de uma abordagem científica. Em seu interior, com certa frequência, a dimensão religiosa é relegada a um segundo plano e até passa a ser identificada com estágios inferiores na evolução da humanidade. Apesar de todo o extraordinário desenvolvimento das ciências humanas, ainda é possível encontrar pessoas de elevado saber sustentando a ideia de que, mais dia menos dia, a ciência suplantará a religião ou que somente as ciências exatas teriam condições de assegurar um saber realmente científico, merecedor de credibilidade" (PRETTO, *A teologia tem algo a dizer a respeito do ser humano?*, 5).

340. TORRES QUEIRUGA, *Repensar a revelação*, 187.

341. Id., *Creio em Deus Pai*, 44.

A vivência cristã, contrariamente ao que apregoa a cultura moderna, eivada de morte, como quem perdeu o horizonte de Deus[342], é chamada a testemunhar a experiência da natureza divina, fazendo morada no humano. Assim o ser humano vai evoluindo da ontoteonomia para a autonomia, dando um passo firme em direção ao que o autor chama de cristonomia, a autonomia ontológica que o Cristo confere ao humano o capacita para ver Deus através de Cristo.

> Com a cristonomia, aludimos à necessidade de ver Deus através de Cristo, para recuperá-lo em seu verdadeiro rosto e fazer frutificar sua presença na sociedade moderna. Em todo caso, é o que se quer dizer, independe destas disputas terminológicas[343].

O Deus de Jesus Cristo é o lugar por excelência do encontro para a afirmação do humano. A teologia da revelação divina de Torres Queiruga é um eficaz instrumento para a qualificação de um testemunho do *sensus fidelium* presente no ser humano. Ele reivindica uma volta ao Evangelho, à escola de Jesus de Nazaré para nos tornarmos, de novo, os seus discípulos. Na oração está a atitude por excelência da presença visível de sua natureza e Graça:

> Cada vez que oramos, estamos dando por suposto que nós "falamos" com Deus e que ele nos responde: por isso buscamos sua luz na oração e tratamos de determinar os movimentos de sua graça, isto é, de sua presença viva em nosso ser. Todos desejamos saber o que Deus está nos dizendo em nossa vida: que caminhos deseja para nossa realização, que tipo de conduta nos está chamando a adotar para que possamos ajudar aos outros a fazer deste o seu reino. Em cada situação tratamos de ver como nos está olhando e acolhendo, que chamamentos nos dirige, que palavra de salvação pronuncia a nosso favor [...][344].

A teologia da revelação de Torres Queiruga sugere firmemente uma maneira de viver a fé que esteja em sintonia com o Deus de Jesus Cristo. É uma forma de fazer teologia que vem como alternativa ao cultivo de espiritualidades piegas, facilmente alardeadas na atual conjuntura socioeclesial. A teologia queiruguiana surge como um antídoto a qualquer tipo de

---

342. "O Verbo estava no mundo e o mundo não o reconheceu" (MOINGT, *Deus que vem ao homem*, v. 2, 266).
343. TORRES QUEIRUGA, *Creio em Deus Pai*, 43.
344. Id., *Del terror de Isaac al Abbá de Jesús*, 23.

percepção de Deus que não seja a do amor. É uma teologia que abomina qualquer postura que possa ser conservadora e obsoleta, bem como fundamentada em uma teologia fetichista da prosperidade, implementada pela racionalidade mercadológica, cuja piedade atrasada está por detrás. "Uma piedade 'atrasada' ou um falso respeito pela letra da 'tradição' são demasiadas vezes o mais eficaz caldo de cultivo para o ateísmo."[345]

A literatura de Torres Queiruga, ao motivar o fiel para o genuíno retorno ao encontro com Jesus e o seu Deus, contrariamente ao que muitos apregoam[346], traz uma percepção positiva da existência humana. Visão essa que brota da sua própria experiência e visão do cristianismo. A obra de Torres Queiruga, apesar dos sinais de morte da cultura hodierna, aponta para a existência de um fio de esperança salvífica e vivificadora, que revigora a vida e a chama para uma experiência de autorrealização humana.

É preciso observar que no entremeio da cultura reveladora do transcendente há uma juventude explosiva que renova a vida, que faz dela uma festa. "A vida é uma festa. Para a vida ser vinho, e não água, nada melhor que jarras enormes cheias de juventude. Na explosão carregada de novidade da juventude, compreendemos por que, para ela e para o cristão, a vida é uma festa."[347] A juventude é, por excelência, um local teológico fundamental para percebermos o fio de esperança na festa da vida, em que Deus se revela explosivamente. Esse fio de esperança não pode ser encontrado a olho nu. É preciso ir aos textos dos Evangelhos para buscar a mesma esperança salvífica dos primeiros cristãos e encontrar aí a mensagem límpida das narrativas pascais para que ela seja eficazmente encarnada também na cultura de hoje.

> Através de um material expressivo comum, as narrativas pascais expressam uma pretensão salvífica de caráter único, que chega até mesmo a fórmulas que, fora de seu contexto, revestem um caráter exclusivista: "Em nenhum outro [que não seja 'Jesus Cristo de Nazaré, a quem vós crucificastes e Deus ressuscitou dentre os mortos'] há salvação, pois não existe debaixo do céu outro nome dado à humanidade pelo qual devamos ser

---

345. Torres Queiruga, *Recuperar a criação*, 26.
346. Conforme o texto que encontramos no *site* abaixo, podemos ver o quanto o autor é entendido superficialmente. Consequentemente, é mal compreendido por parte de pessoas que tentam desqualificar o seu pensamento, bem como a qualidade e a riqueza da sua teologia da revelação. Disponível em: <https://exsurge.wordpress.com/2010/04/13/padre-fabio-de-melo-e-torres-queiruga/>. Acesso 04.11.2022
347. Dick, Hilário, *O divino no jovem. Elementos teologais para a evangelização da cultura juvenil*, São Paulo, CCJ, 2009, 47.

salvos" (At 4,12). O que sucede é que, ensinados pela crítica, sabemos que a resposta para nós hoje não está na superfície dos textos, mas no espaço que se abre entre eles e a intenção original que os utilizou para encarnar-se na própria cultura[348].

O teólogo de Compostela incentiva encarar positivamente a existência a fim de que a mensagem genuína do Deus revelado chegue à flor da terra. "Tem de haver algum tipo de experiência positiva, porque somente o positivo pode mover de verdade o esforço contínuo e a atividade contínua de tantos homens."[349] A partir dessa percepção do fio tênue da vida divina em meio ao caos inserido "por uma concepção vulgar de revelação"[350], o teólogo galego implementa a certeza de fé na revelação de Deus. É a partir do dinamismo cósmico que se abre-se à presença do transcendente. Segundo ele, para perceber Deus na nossa cultura é preciso que saibamos evangelizar desejando evangelizar-se. Assim é que se vai desvelando um Deus que, quando encontra acolhida no humano, faz eclodir a criatividade dinamizadora da existência. Encontrando no humano o local privilegiado de sua morada[351], ele aí se expande e se multiplica infinitamente.

Quando ocorre o desvelamento imediato de Deus que esteve sempre aí, mas não é percebido, claramente, no meio da cultura, esta cai em crise, perde o sentido de sua existência. Segundo o professor de Compostela, quando não se vê Deus com claridade, como é o caso real do nosso tempo, é necessária a abertura a uma nova experiência reveladora:

> A nova evangelização se transforma assim na recordação de uma crise, em um reconhecimento de um fato óbvio: que a boa nova cristã tem se transformado para muitos em relato velho de um passado morto. É preciso, portanto, renová-la, mostrá-la de novo em sua força original, em sua intocada criatividade de experiência reveladora[352].

O teólogo galego nos faz ver, portanto, que o homem tem papel fundamental nesse processo, dado que é na criatura humana que Deus encontra

---

348. TORRES QUEIRUGA, A., *Repensar a ressurreição. A diferença cristã na continuidade das religiões e da cultura*, São Paulo, Paulinas, 2010, 75.
349. Id., *Creio em Deus Pai*, 22.
350. Id., *Del terror de Isaac al Abbá de Jesús*, 20.
351. Hilário Dick, ao buscar elementos teológicos para a evangelização da cultura juvenil, pondera sobre essa morada no capítulo 2 ao dizer da semente do Verbo na juventude: "Falar da juventude é, também, falar de Deus que é semente dentro dela" (DICK, *O divino no jovem*, 13).
352. TORRES QUEIRUGA, *Del terror de Isaac al Abbá de Jesús*, 325.

o terreno privilegiado que contribui para a comunicação do seu agir, para a expansão do seu reino e consequente atuação de sua graça. Desse modo, o manifestar da graça vivificante na realidade mesma da vida "é atingível mediante as estratégias da *linguagem simbólica*"[353]. Sem se manifestar em si mesma, essa linguagem revela-se no outro, no empírico. "A realidade mesma tem uma estrutura 'relevante', enquanto é nela que se 'mostra' o oculto do 'Ser', cuja 'graça' o faz ser e de cuja 'luz' inobjetivável recebe sua iluminação."[354]

Por meio da Graça divinizante, escutemos os dizeres na linguagem do mistério, de cujas sementes do Verbo estão plenas todas as tradições religiosas. "Familiarizem-se com suas tradições nacionais e religiosas. Com alegria e respeito descubram as sementes do Verbo aí ocultas."[355] Na verdade, o autor propõe uma "nova hermenêutica" a fim de potencializar o fazer teológico, de modo que possamos captar a transcendência do divino na história. Isso se faz aplicando expressamente essa percepção a Cristo, mediante a vivência religiosa. "Quando a vivência religiosa dá o passo escutando, como palavra viva de Deus, essa palavra presente na criação — essa palavra que é a criação — produz-se o reconhecimento pessoal da experiência reveladora."[356] Reafirmamos que, "nesse sentido, precisamos aprender a estudar, reconhecer, aprofundar e estimular o divino que há no jovem."[357] Assim, como num efeito dominó, a percepção da revelação de Deus causará no humano a ação criativa, que, por sua vez, fica imbuído da consciência de transformação humana e social, o caráter indireto da revelação.

> Em todo caso, a consciência dessa transformação dá-nos condições de sublinhar um traço da revelação, que em si é óbvio e que está implicado no que dissemos, mas que não será demais enunciar agora de modo expresso: seu *caráter indireto*[358].

Quando falamos de caráter indireto da manifestação de Deus, remetemo-nos à necessidade de alusão ao símbolo. Em outras palavras, é entender que Deus não tem boca e nem mão. Logo, ele se vale da boca e mãos humanas como uma das formas de se revelar. Na verdade, quando navegamos na seara do campo simbólico, estamos nos referindo a algo que é

---

353. Id., *Repensar a ressurreição*, 76.
354. Id., *Repensar a revelação*, 185.
355. *Ad Gentes*, n. 11.
356. Torres Queiruga, *Repensar a revelação*, 186.
357. Dick, *O divino no jovem*, 14.
358. Torres Queiruga, *Repensar a revelação*, 181.

imensamente rico. Como uma dádiva divina concedida ao ser humano, que o mistério utiliza para se comunicar.

Trata-se do universo simbólico que marca de forma essencial a existência humana. Há dimensões de realidade que não se encaixam em raciocínios bem elaborados e fundamentados de forma consistente. A experiência do inefável, daquilo que o ser humano vivencia intensamente sem, no entanto, poder expressar em palavras, constitui um dos momentos de maior elevação em sua vida. Toda vez que ele compreende alguma iniciativa no sentido de verbalizar a riqueza de suas experiências mais significativas, dá-se conta da extrema pobreza de sua linguagem. Temos aí algo que ultrapassa a realidade mesma do ser humano e que integra um dado elementar da teoria do conhecimento: nenhuma verdade pode ser aprisionada em conceitos[359].

O Deus todo mistério e transcendente se manifesta especialmente no símbolo, pois "o símbolo nos leva a pensar", dizia Paul Ricoeur, alhures. Temos, pois, aí, nada mais nada menos que o auge da experiência estética que se desvela na metáfora, na poesia, no símbolo, no mito, na linguagem lúdica. Essa realidade ou recursos que eclodem na elaboração da linguagem significante do mistério é que possibilitam ricas formas de aproximação e revelação da ação de Deus e do seu reino na realidade dos humanos.

A nosso juízo, nesse processo de percepção da realidade da ação divina no humano e na história, é necessário o conhecimento tanto do humano quanto do divino:

De modo mais autorizado e sintético o expressou Paulo VI no discurso de encerramento do Vaticano II, ao dizer na mais alta e límpida ocasião para o encontro entre o cristianismo e o mundo moderno: "Para conhecer o homem [...] é necessário conhecer a Deus e para conhecer a Deus é necessário conhecer o homem"[360].

Nesse encontro de puro amor se manifesta a sua natureza e a sua graça de forma definitiva no ato da criação humana. Na perspectiva do autor, a partir da experiência da libertação no Egito, a criatura humana é convocada a olhar a vida de maneira positiva. É na experiência libertadora que deve focar a sua existência, e não no castigo do cativeiro.

---

359. Pretto, *A teologia tem algo a dizer a respeito do ser humano?*, 8.
360. Paulo VI, Discurso de encerramento (7 de dezembro de 1965), n. 16, apud Torres Queiruga, *Creio em Deus Pai*, 45.

Daí por diante, essa experiência foi mantendo o fogo da história santa; daí para trás, levou à ideia do domínio universal de Deus sobre todos os povos e sobre o próprio universo: à *criação*. Esta aparece, pois, como um conceito derivado, todo ele embebido pela ideia fundamental de salvação: a criação por parte de um Deus que liberta, que acompanha amorosa e fielmente a seu povo, tinha que ser concebida como criação para a felicidade, para a comunhão, para a confiança. [...], onde o ser humano aparece plenamente feliz, reconciliado consigo mesmo, com a natureza e com Deus[361].

O teólogo galego nos ajuda a entender, a partir deste trecho, que assim é preciso ser encarada a vida: focar as nossas energias nas potencialidades humanas, e não nas suas limitações. A partir da experiência revelada do amor de Deus em Jesus de Nazaré, somos, pois, chamados a tomar um grande cuidado para que a imaginação não tente anular a revelação, colocando-a como uma voz entre outras vozes, como uma causa entre outras causas mundanas.

Somos desafiados a captar Deus como transcendência que não somente está ao lado, mas como um sustento do ser criado; como presença que não interfere para valorizar a liberdade, mas que auxilia toda outra presença, transformando-a positivamente pela energia dessa presença. Faz-se necessário, portanto, perceber a simbiose que existe de Deus conosco e de nós com Deus. "Se se toma um mínimo de tempo para a reflexão, talvez não seja demasiado difícil captar a profunda unidade dessa presença."[362] Na verdade, é presença excelsa e radiante que se dá absolutamente e de diversos modos em sua aparição e ação.

É óbvio que isso de modo algum equivale a uma espécie de recaída ao que antecedeu à moderna secularização, que deixasse de admitir a justa autonomia do mundo. Trata-se de um *além de*, de um *plus*: como um lavrador que além de, sem deixar de ver sua terra como um campo de trabalho é capaz de vê-la como uma paisagem; ou como a pessoa sensível que, além de apreciar a utilidade de um presente, consegue ver nele o carinho — ou a petição, ou o agradecimento [...] — daquele que o faz. No primeiro caso, a realidade física se vê realmente mais rica; no segundo, se conhece além disso uma pessoa; ainda mais, enquanto ação intencional, a pessoa se revela a si mesma através do objeto presenteado[363].

---

361. Torres Queiruga, *Recuperar a salvação*, 158.
362. Id., *Recuperar a criação*, 39.
363. Id., *Repensar a revelação*, 185.

A manifestação de Deus está no limiar entre a vida e a cultura, cujo desafio da percepção da sua presença revelada e misteriosa, verdadeiramente, convida-nos a captar as suas sutilezas e os seus rastros sempre discretos. Isso implica repensar os conceitos e os limites nos quais essa manifestação está situada.

> O que é duro muitas vezes, mas profundamente sadio, porque obriga a pensar verdadeiramente os conceitos, contrapondo-os com a vida real, e a buscar palavras que sejam deveras significativas. De fato, devo confessar uma coisa: tanto pelo ofício de teólogo fundamental como, sobretudo, por talante pessoal, meu pensamento religioso sempre se moveu na fronteira. [...] E, sobretudo, reforço a minha preocupação por conseguir *que a teologia diga palavras reais ou se cale humildemente quando (ainda) não as tem*[364].

Falar do ser humano e do reino de Deus, de sua natureza e graça, com base em Torres Queiruga, implica abraçar para si a sua chamada para a responsabilidade que se impõe ao homem hodierno: de pronunciar claramente palavras de vida ou se calar num silêncio humilde. Fazer isso com ouvido de discípulo enquanto não entender que:

> Deus, ao criar, pretende unicamente, a salvação do ser humano, e que faz tudo quanto esteja a seu alcance para evitar-lhe a queda no pecado. [...]. A intenção salvífica de Deus, que a narração simboliza na felicidade paradisíaca, Israel a viu encarnada em toda a sua história da salvação[365].

A verdadeira salvação de Jesus Cristo estabeleceu sempre uma inteligível e significativa comunicação da mensagem revelada. Deus amoroso perpassou todas as crises da linguagem, inspirando a todos uma forma de se expressar, sem perder de vista a sua comunicação amorosa.

> Essa situação hodierna pede também que a compreensão da salvação de Jesus Cristo, sempre única e a mesma, deva ser proclamada de modo novo para poder ser captada, entendida e vivida por nossos contemporâneos. Pois só assim essa salvação poderá ser significativa e pertinente para hoje. A atual crise do cristianismo é, em grande parte, uma crise de linguagem. A ação salvífica de Deus continua tão generosa hoje como no passado, pois Deus é fidelidade e misericórdia. Mas o gesto divino não é facilmente de-

---

364. Id., *Recuperar a criação*, 21.
365. Id., *Recuperar a salvação*, 160.

tectado e valorizado por causa da linguagem arcaica que o expressa. Daí a necessidade de proclamar essa salvação numa linguagem condizente[366].

Entendemos, pois, que, para comunicar constantemente a mensagem revelada com sentido espaçotemporal que seja condizente, cabe ao teólogo, a partir da nova mentalidade eclesiológica trazida pelo Vaticano II, inspirar-se nos seus textos, reinterpretar a necessária função da Igreja "e a consequente revisão da noção de 'revelação'"[367]. Essa necessidade de renovação dos conceitos teológicos considerados obsoletos para a comunicação da mensagem revelada para o homem de hoje é própria da teologia de Torres Queiruga. Segundo ele, é preciso ser levado seriamente em conta essa devida renovação, pois sabemos "que, em sua origem, chegam até nós desde a tradição bíblica, separados da atualidade por dois milênios nos estratos mais recentes e por três nos mais antigos"[368].

Percebemos, assim, a necessidade de atualização de alguns conceitos inevitavelmente em desuso ou que não dizem mais nada à sensibilidade dos tempos modernos. Essa depuração da teologia fundamental, bem como o processo do repensar que propõe a teologia da revelação de Torres Queiruga, certamente trará um benefício incomensurável para que uma eficiente comunicação da mensagem reveladora do Reino e da presença misericordiosa do amor de Deus possa servir de conforto ao homem hodierno.

A sua literatura vem como um suporte eficiente que, certamente, tornará presente aquele que "continua ausente", mas que facilitará a sua percepção "simbólica" e satisfatória por parte da sociedade moderna e secularizada.

> Daí poder-se entender que todos os filósofos, de Heráclito a Heidegger, de Platão a Lacan, não fizeram outra coisa senão ensinar a apreender — a partir de uma sensação de borda ou em torno de um vazio que suscita a inscrição ou o traçado centrífugo da letra — *aquela* unidade, *aquele* fundamento, *aquela* palavra ou, em suma, *aquele* significante que, não obstante, permanece recalcitrante e resistente ao próprio discurso. É que o nome, a palavra, o *verbum* ou, se se quiser, o símbolo tem a função de tornar presente aquilo que, justamente, continua ausente. Em outros termos: a ambivalência do símbolo reside precisamente nesta capacidade de

---

366. MIRANDA, *A salvação de Jesus Cristo*, 10.
367. SOARES, AFONSO M. L., *Revelação e diálogo intercultural. Nas pegadas do Vaticano II*, São Paulo, Paulus, 2015, 18.
368. TORRES QUEIRUGA, *Recuperar a criação*, 22.

re-presentar, ou seja, de trazer de volta ou de nos remeter àquilo que, no entanto, se encontra alhures ou, mais exatamente, não se encontra em parte alguma. Esta é a razão pela qual jamais se termina de escrever, de se nomear, de se designar, de se significar, de se simbolizar. De se recriar[369].

Assim é a natureza humana diante do desafio de percepção da revelação de Deus. Ela necessita constantemente "ensinar a aprender", repensar a revelação sem jamais se cansar "de se nomear, de se designar, de se significar" e, por meio dessa constante atualização da mensagem, sempre captar Deus.

Para tanto, a teologia da revelação segue valendo-se das palavras e símbolos que sejam realmente significativos para urdir ou maquinar, em cada cultura, uma maneira eficiente e inteligível de comunicar a Deus. Todo esse esforço que, na verdade, o autor chama de um processo de "retradução global do cristianismo"[370], deve processar a mensagem divina revelada na materialidade e no dinamismo histórico, entendendo que o seu fim último tem por escopo a realização humana, e, consequentemente, a salvação da humanidade. Essa tem na mediação humana, enquanto ação eclesiológica, o ponto de exequibilidade, e assim o faz dialogando com os que tropeçam na "ignorância secular", sedentos pela doçura do amor de Deus revelado em Jesus Cristo. Sabemos que, "no plano da salvação da humanidade, aqueles que conhecem o mistério do amor estão no meio dos homens, e junto de todos, dialogando com quem, neste caminhar rumo ao Evangelho, tropeça com as exigentes interrogações do amor"[371].

À guisa de conclusão deste capítulo, ressaltamos que, certamente, foi ao tropeçar nessas exigências do amor salvífico de Deus que a teologia foi cativando tantas pessoas ao longo da história da salvação. É graças ao fato de se deixarem cativar mediante essas exigências que as pessoas viveram e vivem atreladas à realidade histórica — sob a acusação de que, cegas pelo ópio e/ou atraídas pela utopia, vivem embriagadas por esse amor desconcertante de Deus revelado em Jesus de Nazaré.

Torres Queiruga assim se manifesta: "a salvação realiza-se plenamente na história; a plenitude total já é possível neste aquém-túmulo; não é preciso morrer para ressuscitar... [...] Nem ópio nem utopia, portanto, a palavra justa é esperança"[372]. Esperança que não permite que a presença do

---

369. ALMEIDA, *A fragmentação da cultura e o fim do sujeito*, 17.
370. TORRES QUEIRUGA, *Recuperar a criação*, 17.
371. SEGUNDO, J. L., *Libertação da teologia*, São Paulo, Loyola, 1978, 78.
372. TORRES QUEIRUGA, *Recuperar a salvação*, 203.

pecado na história seja capaz de eliminar a certeza da graça[373]. Na atual conjuntura, sabemos que, por detrás das discussões, os antagonismos, as acusações e os ressentimentos acabam por dominar a cena da existência. Mas há um desejo implícito no coração da criatura de que um dia possa surgir um lugar mais humano em que os seres criados possam se entender e se realizar enquanto filhos de Deus.

É em resposta à busca de um alento para essas situações que brota a teologia da revelação de Torres Queiruga. Isso a fim de que, quiçá, um raio de luz trazido pela revelação divina possa iluminar, ainda que às apalpadelas, a existência. "E a revelação tampouco nos deixa completamente às escuras: em meio às incertas apalpadelas da esperança, oferece-nos frases-relâmpago, imagens-farol que demarcam o caminho."[374] Em face dessa tirada apocalíptica, entendemos que, diante da sensação de silêncio de Deus, se evidenciam distintas as respostas ao problema comum.

Sendo assim, "de um ou de outro modo, na vida de cada um de nós — na certeza da presença e na esperança do encontro, ou na angústia da ausência e no temor do desamparo — deixa sentir inevitavelmente seu peso. A dificuldade é real"[375]. Diante disso, atraídos, pois, por um anseio de novidades, de pistas e de orientações que servirão como consequências pastorais, prosseguiremos trilhando a literatura de Andrés Torres Queiruga no capítulo seguinte.

---

373. Id., *Creio em Deus Pai*, 23.
374. Id., *Recuperar a salvação*, 213.
375. Id., *Creio em Deus Pai*, 170.

4
Consequências teológicas e sua *práxis*

Vimos que a concepção de revelação de Deus, a partir do pensamento de Andrés Torres Queiruga, tem como ponto-chave da sua teologia a autonomia e a realização humanas. Sua literatura ressalta a oração como propedêutica no caminho da experiência reveladora. Mediante uma atitude orante, atingiremos o ponto fundamental da realização do homem:

> Tudo na revelação evangélica convida a aproximar-se dele e a ir adaptando à sua luz o mistério pequeno porém entranhável, de nossa própria vida. Pois Deus como *Pai* nos revela que somos *filhos*. E, se de algum modo esta revelação nos alcança deveras, nosso ser inteiro fica iluminado e transfigurado. [...] Se no fim tudo ficasse um pouco mais claro e expedito para que a grande revelação de Jesus — Deus como *Abbá*, como Pai de misericórdia, respeito e amor entranháveis — soasse de modo mais perceptível em nosso espírito e de modo significativo para a sensibilidade de nosso tempo, estaria conseguido o fundamental[1].

Segundo essas palavras, o fundamental não pode ser senão a realização humana diante da iminente presença do mistério. Torres Queiruga ressalta que pela própria história bíblica, durante o acontecer dos fatos, é possível captar o esforço dos seus autores para dar forma ao que dificilmente pode ser expresso e comunicado. Segundo ele, "aparece ao realismo da história bíblica: no próprio esforço por afirmar-se — através da dor e

---
1. Torres Queiruga, *Creio em Deus Pai*, 75.

da alegria, da escravidão e da libertação — conseguiram descobrir e ir interpretando a presença viva de Deus"[2].

A nosso juízo, é a partir dessa interpretação da presença viva de Deus ao longo da história da salvação que o homem bíblico constrói uma unidade de seguidores e aprimora a sua desenvoltura enquanto ser que se deixa guiar pela experiência com o Deus revelado em Jesus Cristo. A literatura queiruguiana ressalta que em Cristo encontra-se o ponto culminante da revelação. Sobre isso, não obstante muitas resistências, evidenciadas por meio de alambicadas justificações teológicas e amontoados de textos, acabaram construindo muros de contenção. "Mas contra isso [...], o *movimento vivo da revelação* revela-se bem claro. Mais ainda, se ficasse alguma dúvida, bastaria olhar sua culminância em Jesus de Nazaré."[3]

Vale relembrar que o divisor de águas, de onde é gestada a teologia da revelação de Torres Queiruga, dá-se a partir do Concílio Vaticano II. É o atual esforço da Igreja, com o magistério de Francisco, procura, com todas as forças, retirar da clausura os ideais deste Concílio, a fim de que a revelação genuína de Cristo seja efetivamente captada. "Se o Vaticano II foi, como dizia Karl Rahner, o começo de um novo começo, o pontificado de Francisco é um novo começo daquele início de reforma promovido pelo concílio."[4] Relembramos que a teologia queiruguiana nasce desse contexto de recomeço do Vaticano II. Daí eclode a riqueza dessa síntese:

> Aprouve a Deus, em sua bondade e sabedoria, revelar-se a si mesmo e tornar conhecido o mistério de Sua vontade (cf. Ef 1,9), pelo qual os homens, por intermédio de Cristo, Verbo feito carne, e no Espírito Santo, têm acesso ao Pai e se tornam participantes da natureza divina (cf. Ef 2,18; 2Pd 1,4). Mediante esta revelação, portanto, o Deus invisível (cf. Cl 1,15; 1Tm 1,17), levado por seu grande amor, fala aos homens como a amigos (cf. Ex 33,11; Jo 15,14-15), e com eles se entretém (cf. Br 3,33) para convidá-los à comunhão consigo e nela recebê-los[5].

É por perder de vista essa concepção de Deus que o homem hodierno se encontra desamparado. A economia da revelação não se dá por meio de

---

2. Id., *Repensar a revelação*, 187.
3. TORRES QUEIRUGA, *Recuperar a criação*, 68.
4. GALLI, CARLOS MARÍA, La reforma missionera de la Iglesia según el papa Francisco: la eclesiología del Pueblo de Dios evangelizador, in: SPADARO, ANTONIO; GALLI, CARLOS MARÍA (ed.), *La reforma y las reformas en la Iglesia*, Milano (Cantabria), Espanha, 2016, 60.
5. *Dei Verbum*, n. 2.

um jorro de asserções a serem decoradas, mas mediante palavras e ações intimamente correlacionadas. Às obras realizadas pelas mãos humanas corroboram as realidades significadas pelas palavras. Tendo Cristo como mediador e plenitude de toda a revelação, ele fará com que as palavras humanas sejam transformadas em obras, em cujo mistério divino se revela. É o reflexo da sensibilidade religiosa. E, "uma vez alertada a sensibilidade religiosa no mistério da liberdade e do destino humano, o mistério de Deus brilha com maior intensidade"[6]. Na intersecção entre sensibilidade religiosa e liberdade humana, eclodem as consequências teológicas e sua *práxis*.

A partir de Torres Queiruga, a revelação de Deus possibilita ao homem tomar consciência da sua crença e fé na revelação, por meio de uma sadia interpretação bíblica. Sobre a importância da interpretação bíblica, podemos conferir nas palavras de um pesquisador devidamente autorizado:

> Todos os trechos da Bíblia, por exemplo, as parábolas de Jesus, devem ser entendidos dentro de seu contexto e conforme seu gênero de intenção. Não devem ser tomados cegamente ao pé da letra. Muitas vezes apresentam imagens que querem exemplificar um só aspecto, mas não devem ser imitados em tudo. [...] Também importa ler a Sagrada Escritura no horizonte do momento presente, interpretá-la à luz daquilo que estamos vivendo hoje. Sem explicação e interpretação, a Bíblia é como faca em mão de criança, ou como remédio sem bula: pode até matar! Ora, a interpretação se deve relacionar com a vida do povo. Por isso o próprio povo deve ser o sujeito desta interpretação, mediante círculos bíblicos e outros meios adequados[7].

Estamos diante de um claro exemplo da temática em questão, de interpretar as sagradas escrituras "à luz daquilo que estamos vivendo hoje", isto é, fazendo uso da linguagem moderna para comunicar também a imagem mesma do Deus Iahweh. Agindo assim, estaremos favorecendo uma forma exequível de lidar com as consequências práticas da fé na revelação do Deus de Jesus Cristo. Segundo o que entendemos da literatura queiruguiana, para uma genuína percepção da manifestação de Deus na realidade espaçotemporal, o fiel deve alimentar o seu caráter dialogal, mas só o faz interpretando e partilhando a Palavra mediante a sua íntima relação entre fé e vida. A respeito da valorização da Palavra e as suas consequên-

---

6. Torres Queiruga, *Repensar a revelação*, 188.
7. Konings, Johan, *Liturgia dominical. Mistério de Cristo e formação dos fiéis (Anos A-B-C)*, Petrópolis, Vozes, 2003, 467.

cias teológicas, a Sagrada Escritura deve ser inserida no diálogo aberto e respeitoso.

Tratando do diálogo religioso, nota-se a grande familiaridade e o uso das Escrituras para fundamentar o seu pensamento, especialmente na assertiva de que é desejo de Deus se revelar a todos, mediante a centralidade de Cristo com destinação de salvação universal. Sobre isso, contrariamente a quem se perguntava por que Deus veio se revelar tão tarde na história da salvação, o autor enfatiza exatamente a pressa desse amor se fazer presente na história. O autor, olhando para o lento processo da história humana, bem como para a imensidade do horizonte aberto diante dela, levanta a relevante pergunta: "Como foi possível essa inaudita 'aceleração do tempo' — note-se: um tópico bíblico — que fez do ponto zero da nossa era a culminação definitiva que, segundo aquilo que cremos, aconteceu na revelação em Cristo?"[8] Torres Queiruga fundamenta o seu pensamento argumentando que, ao examinar a experiência cristã, é perfeitamente possível entender que Deus acelerou o tempo para se revelar[9]. O teólogo galego, munido de uma reflexão *a posteriori*, de posse daquilo que de fato aconteceu historicamente, aponta que:

> [...] a revelação definitiva em Cristo foi produzida num tempo em que havia um mínimo de condições de possibilidade para sua inserção definitiva na história universal. [...] De qualquer modo, tome-se essa ideia na justa medida de sua intenção fundante: a de sublinhar a infinita generosidade do amor de um Deus que "é amor" e que está trabalhando desde sempre (Jo 5,17)[10].

No seu modo de entender, um fiel maduro em seu pensar teológico terá facilidade em perceber a brevidade da revelação, tendo em mente o laço amplo da história antiga e futura. O autor tece os seus argumentos, fundamentando-os sempre nas Sagradas Escrituras, para tanto enfatiza a necessidade de olhar a atitude gratuita da revelação com vocação de universalidade:

> O Deus que aqui se revela a nós não aparece jamais como possessão própria nem salvação exclusiva, e sim como aquele que mantém sua trans-

---

8. TORRES QUEIRUGA, A., *Autocompreensão cristã. Diálogo das religiões*, São Paulo, Paulinas, 2007, 61.
9. "Quando, porém, chegou a plenitude do tempo, enviou Deus o seu Filho, [...] a fim de que recebêssemos a adoção filial" (Gl 4,4).
10. TORRES QUEIRUGA, *Autocompreensão cristã*, 62.

cendência gratuita e intrinsecamente destinada a todos. [...], a experiência cristã que bem rápido anunciou a centralidade de Cristo, a ponto de afirmar que "não há salvação em nenhum outro" (At 4,12), não podia deixar de proclamar igualmente a universalidade da salvação, que brota da essência íntima de seu Deus que "é amor" (1Jo 4,8.16) e que por isso mesmo "quer que todos os homens se salvem" (1Tm 2,4)[11].

Mediante a plenitude da revelação de Deus em Jesus Cristo, o teólogo galego não deixa qualquer sombra de dúvidas de que Jesus vem para todos. Sem qualquer tipo de limitação, ele se dá a todos. Para a sua percepção é necessário que o ser humano se deixe tocar por esse Deus, que deseja ardentemente ser visto e experimentado a partir de seu filho amado. Filho que não somente revela a Deus para nós, como também é ele mesmo a revelação de Deus.

> Jesus de Nazaré revela definitivamente Deus à humanidade e não só revela, mas é, ele próprio, a revelação de Deus [...], se uma única vida humana — a experiência de Jesus de Nazaré — revela quem/o que/como Deus realmente é, então a humanidade dessa vida é, legitimamente, a analogia da existência de Deus. E, além disso, se colocada dentro de seu contexto sócio-histórico, essa única vida humana não é qualquer Deus, mas um Deus zeloso que é definitivamente percebido como verdadeiro na experiência humana da derrota do homem Jesus e também por meio dela[12].

As consequências teológicas da revelação e sua *práxis* circunscrevem-se num teologizar da realidade histórica. Encontramos aí um verdadeiro *lócus* teológico. Para o seu enriquecimento, é necessário ter em mente a importância de uma leitura transponível da realidade à luz da fé. Ao entendermos como revela Deus, descobriremos o que ele realmente quer comunicar. O que significa dizer que é dever permanente da Igreja "perscrutar os sinais dos tempos e interpretá-los à luz do Evangelho, de tal modo que possa responder, de maneira adaptada a cada geração, às interrogações eternas sobre o significado da vida presente e futura e relações mútuas"[13].

Desse ponto de vista, as consequências teológicas da revelação concentram-se na existência concreta da vida circunscrita à realidade eclesial. "Assim, a existência concreta e histórica do homem torna-se fonte teoló-

---

11. Id., *O diálogo das religiões*, 21.
12. Espín, Orlando O., *A fé do povo. Reflexões teológicas sobre o catolicismo popular*, São Paulo, Paulinas, 2000, 45.
13. *Gaudium et Spes*, n. 4.

gica, como a condição de discernir, no conjunto dos fatos, a direção para a qual eles convergem (para nós, o reino)"[14]. Mesmo sabendo que só muito mais tarde, no tempo histórico-salvífico, a afirmação da divindade se tornou crença cristã comum, "entretanto, a afirmação da divindade por meio de Jesus foi crença cristã desde o início. Por meio dele Deus foi percebido ou sentido como alcançando e afetando a humanidade de maneira única e definitiva"[15].

Entendemos que se sabendo afetada pela rica experiência de Deus, que é experimentada em Jesus Cristo, a teologia queiruguiana da revelação divina reclama para a Igreja uma postura que possa fazer jus a essa revelação que vem infinitamente transparecendo na história e potencializando a criatura humana para tomar a sua vida nas próprias mãos. Em outras palavras, é preciso

> [...] deixar bem claro para a cultura atual que, criando livremente a partir da plenitude infinita, Deus não busca nada para si, e que por isso [...], pode entregar a criatura totalmente a si mesma. E, criando-a *por amor*, ele a sustenta e acompanha, buscando unicamente seu bem[16].

Na verdade, a percepção da revelação divina potencializa a criatura para o processo consciente de emancipação do ser criado. Entendemos que nesse processo de emancipação do ser, a revelação de Deus tem papel fundamental. Ela motiva a criatura a pensar, criar e reinventar-se sempre, não havendo, portanto, uma hierarquia entre emancipador e emancipado, mas sim uma relação de solidariedade recíproca, por se tratar de ações entre seres adultos. Compreendemos que a emancipação, cuja experiência reveladora desperta,

> [...] não depende de um estado de espírito, mas do esforço individual que tem na educação a mola propulsora para a construção da cidadania. Em se tratando de emancipação, ela é entendida também como igualdade de inteligência dos seres que se falam[17].

Não foi para deixá-lo na ignorância que Deus permitiu ao homem perceber a sua transcendência revelada por meio da experiência com o Seu

---

14. CONFERÊNCIA NACIONAL DOS BISPOS DO BRASIL, *Missal cotidiano. Missal da assembleia cristã*, São Paulo, Paulus, 2015, 1417.
15. ESPÍN, *A fé do povo*, 46.
16. TORRES QUEIRUGA, *A tarefa da teologia após a restauração pós-conciliar*, 35.
17. NOBRE, JOSÉ AGUIAR, *Desafios para a educação democrática e pública de qualidade no Brasil*, Curitiba, Appris, 2016, 155.

Filho Unigênito, Jesus de Nazaré. Ele veio à luz para uma profícua e profética ação na história, a partir de onde vive. Sabemos que, "por meio da experiência de Jesus de Nazaré, as pessoas *sentiam* a Deus de tal maneira que podiam reivindicar para Jesus o papel revelador definitivo (e, na verdade, a revelação!) de Deus"[18]. Essa revelação que já brotou desde a criação, foi fazendo com que, inspirada pela ação divina, a ação criadora do humano prolongasse o mistério divino. Esse prolongamento da ação divina mediante a mão humana aponta que a presença divina não suplanta ou subtrai a criatura, mas, pelo contrário, a potencializa. Mediante o avanço da cristologia, foi ficando cada vez mais claro que todo o avanço humano é, na verdade, uma forte presença da ação divina. Aqui, fica evidente que a humanidade e divindade se entreajudam.

> Jesus, quanto mais divino, mais humano é; quanto mais humano, mais divino. Todo avanço verdadeiro em qualquer dimensão humana prolonga a ação criadora. Aplicações gerais, como a realizada no social pela Teologia da Libertação e no ecológico que o papa acaba de oficializar, o reconhecem. O concílio, ao afirmar que a voz de Deus se manifesta na linguagem da criação, ilumina a *revelação*[19].

Essa atitude divina de se prolongar na criatura humana estabelece a profunda sintonia entre a voz do Criador e a de sua criatura. Sabemos que a profunda sintonia entre a "voz de Deus" e a vida de cada ser criado nasce do acentuado esforço humano em perceber essa presença divina na história. Encarnando na humanidade, Jesus se tornou presença forte e visível de Deus que se revela claramente como divisor de águas na história da salvação. O ser humano atento aos sinais dos tempos torna-se, assim, o local privilegiado no qual eclode a consequência teológica desse encontro do humano com o seu Deus na sua efetividade histórico-prática.

> Já que Deus na Sagrada Escritura falou através de homens e de modo humano, deve o intérprete da Sagrada Escritura, para bem entender o que Deus nos quis transmitir, investigar atentamente o que os hagiógrafos de fato quiseram dar a entender e aprouve a Deus manifestar por suas palavras[20].

No dinamismo histórico, as consequências teológicas se tornam evidentes. Do fiel, espera-se que esteja educado e aberto para uma intera-

---

18. Espín, *A fé do povo*, 47.
19. Torres Queiruga, A tarefa da teologia após a restauração pós-conciliar, 35.
20. *Dei Verbum*, n. 12.

ção com os impactos das experiências. Nessas experiências, os aspectos da presença do Mistério perfilam até a plenitude escatológica. A abertura de compreensão expressa na *Dei Verbum* números 15 e 16 sobre a importância da percepção da revelação de Deus em Jesus Cristo reivindica do leitor essa constante abertura e uma profunda educação do olhar. Enfatizamos que essa postura é importante também, entre outras coisas, para uma boa relação com as teologias e as demais religiões. Sabemos da necessidade de termos fiéis aptos a uma boa relação com o Ser Supremo, presente não só no cristianismo, como nas outras denominações religiosas.

No nosso entender, a realização do ser humano levando sempre em conta a sua irrestrita dimensão integral constitui uma empreitada implícita na figura do *maiêuta*. E, por extensão, poderíamos dizer também: do profeta, do catequista, do pregador ou, ainda, do educador na fé. "Importa lembrar que o objetivo da educação é precisamente o homem todo e o cristão integral, sob o aspecto próprio que lhe imprimem as condições interiores e exteriores [...], tratando de maneira aparentemente 'geral' do homem e do cristão.[21]"

É importante ressaltar, nesse caso, em se tratando de uma formação integral do ser humano a partir da sua percepção de Deus, o modo como o texto conciliar se refere à pedagogia divina para valorizar a comunicação de Deus aos homens por meio de Jesus Cristo. Na riqueza de seu conteúdo, não deixa dúvidas de que essa pedagogia consiste em uma preparação da humanidade para o momento culminante da revelação de Deus, expressivamente nos livros do AT.

> Os livros do Antigo Testamento, em conformidade com a condição do gênero humano dos tempos anteriores à salvação realizada por Cristo manifestam a todos o conhecimento de Deus e do homem e os modos pelos quais o justo e misterioso Deus trata com os homens. Estes livros, embora contenham também coisas imperfeitas, manifestam, contudo, a verdadeira pedagogia divina. Por isso, devem ser recebidos devotamente pelos cristãos esses livros que exprimem um senso vivo de Deus e contêm sublimes ensinamentos acerca de Deus e uma salutar sabedoria concernente à vida do homem e admiráveis tesouros de preces, nos quais enfim está latente o mistério de nossa salvação[22].

---

21. Rahner, Karl, *Missão e graça. Função e estado de vida na Igreja*, Petrópolis, Vozes, 1965, v. 2, 175.
22. *Dei Verbum*, n. 15.

Diante da obrigação de refletir sobre as consequências teológicas e a sua *práxis*, ressaltamos a grande responsabilidade que pesa sobre o cristão adulto na sua fé. O ideal deveria ser encará-la não como um peso, mas como uma alegria explosiva que brota do Evangelho. Ressaltamos que esse desafio é para o fiel consciente de sua missão, aquele disposto a contribuir para que a mensagem cristã, genuína e purificada, chegue ao homem moderno.

> O Evangelho convida-nos sempre a abraçar o risco do encontro com o rosto do outro, com a sua presença física que interpela, com seus sofrimentos e suas reivindicações, com sua alegria contagiosa permanecendo lado a lado. A verdadeira fé no Filho de Deus feito carne é inseparável do dom de si mesmo, da pertença à comunidade, do serviço, da reconciliação com a carne dos outros. Na sua encarnação, o Filho de Deus convidou-nos à revolução da ternura[23].

É preciso termos clareza da necessidade de fazer a passagem: do repetir a tradição à responsabilidade de transmitir a genuína mensagem revelada, que necessita ser inteligível e praticável para o homem hodierno. O atual pontífice é imensamente assertivo nessa tarefa, em especial quando convida o homem hodierno para uma "revolução da ternura", que é exatamente a reivindicação da sensibilidade moderna e pela qual está sedenta.

Entretanto, essa ousadia explosiva que brota da Palavra, contrariando a sua finalidade, permanece algemada[24] nas estruturas rígidas do nosso tempo. Por isso, quando nos referimos à "revolução da ternura" que brota da Boa Nova, não significa que defendemos o anúncio de um Evangelho *light*, mas que façamos justiça à verdadeira essência da mensagem revelada do Deus de Jesus Cristo, sempre terno e amoroso. Dito de outra forma, é preciso termos consciência de que uma das maiores riquezas do cristianismo é a sua antiguidade e que dela advém o desafio para que o cristão possa transpor a sua mensagem traduzindo-a da distância do seu passado para as realidades e exigências do nosso presente.

Na antiguidade cristã está embutido um enorme tesouro de experiências e saberes, tanto teóricos como práticos, que nos chega à compreensão da fé em molde cultural, pertencente a um passado que, em grande parte,

---

23. Francisco, *Evangelii Gaudium*, 59.
24. "Mas a Palavra de Deus não está algemada" (2Tm 2,9). Ainda bem que a força viva da Palavra jamais será algemada definitivamente, pois "o Espírito sopra onde quer" (Jo 3,8) e com ele está a força viva da Palavra.

já se tornou caduco, obsoleto. Confiramos a atualidade desse pensamento nas palavras a seguir:

> Para perceber a magnitude do problema, basta pensar que a maioria dos conceitos intelectuais, representações imaginativas, diretrizes morais e práticas rituais do cristianismo forjaram-se nos primeiros séculos de nossa era, e que, quando muito, foram parcialmente refundidos na Idade Média. Na realidade, se exige de nosso tempo nada menos que *remodelação total* dos meios culturais com que compreendemos, traduzimos, encarnamos e tentamos realizar a experiência cristã[25].

Sabemos que muita coisa já foi feita nesta direção, mas que também houve retrocessos, como a reimposição da neoescolástica e o silenciamento da *Nouvelle Théologie*[26]. A percepção crítica da realidade nos mostra que o avanço cultural hodierno reivindica a referida "revolução da ternura" — como profeticamente aprega o atual pontífice — rumo a uma nova compreensão do Deus de Jesus Cristo que é puro amor. É essa revolução, referida pelo papa Francisco, com a estratégia mistagógica, que se constitui em uma eficiente ferramenta para a comunicação atualizada da mensagem cristã. Mensagem revelada no Evangelho, de que tanto tem falado o professor compostelano quando recorre inúmeras vezes à figura do Deus amoroso, misericordioso, poderoso.

Infelizmente, não é preciso muito esforço para percebermos certas mentalidades na atualidade incrustadas na cultura eclesiológica que têm um forte apreço por uma saudosista volta ao passado cristalizado, sem vida nem dinamismo, em detrimento de uma sadia volta às fontes[27]. A abertura para uma real e justa compreensão da revelação de Deus expressa pelas Sagradas Escrituras, na atual conjuntura eclesial, coloca-se como um desafio ímpar à intelectualidade cristã.

Essa abertura para a busca de um sentido que não está posto de uma vez por todas, mas balança entre o que o hagiógrafo pôde dizer daquilo que

---

25. Torres Queiruga, *Um Deus para hoje*, 12.
26. Costa, Marcelo Timotheo da, *Um itinerário no século. Mudança, disciplina e ação em Alceu Amoroso Lima*, Rio de Janeiro, PUC-Rio, 2015, 121.
27. Sabemos que para entender o caminho do rio não há nada melhor que ir à sua fonte. Para o cristão, a fonte por excelência é a Palavra de Deus, na qual o teólogo galego se fundamenta e recorre criticamente para fundamentar a genuína concepção da revelação de Deus como puro amor. Por meio das Sagradas Escrituras, o Espírito de Deus dá ao seu povo um senso renovado do que é missão integral. Sobre este assunto, cf. Padilha, C. René, *Missão integral. O reino de Deus e a Igreja*, Viçosa, Ultimato, 2014.

experienciou e o que Deus pode comunicar, dadas as reais condições históricosociais, abre uma larga vereda para futuros desenvolvimentos da teologia da revelação e até a teologia dogmática, como ramificações para o ecumenismo e o diálogo inter-religioso[28].

Mais do que nunca, diante da mudança radical que o paradigma moderno impõe na maneira de compreender as relações entre Deus e o mundo, o autor nos faz ver que a descoberta da revelação não é fixa e nem se permite ficar atrelada a qualquer ordem resistente à mudança. O dinamismo é inerente à sua essência histórica. Nesse sentido, o autor ressalta que:

> Na história, essa descoberta se realiza numa interação aberta, que se vai aprofundando e autodesdobrando com o impacto de cada nova experiência: novos aspectos da presença divina promovem e aprofundam a experiência humana, que assim se faz mais sensível para ulteriores aspectos dessa presença, em uma abertura sem limite nem confim, até a plenitude escatológica[29].

A autonomia e interação abertas com as realidades criadas, em face do advento da ciência e da emancipação da razão filosófica, no jogo da legalidade intramundana, a partir do *fato* paradigmático da modernidade, reivindicam da teologia da revelação uma postura que "só levando em conta e repensando-o a partir de nossa concepção de Deus e de suas relações com o mundo, é que hoje se torna possível uma fé coerente e responsável"[30]. Ou seja, sem deixar de reconhecer a graça divina potencializando o homem para criar a novidade que favorece a vida, o autor aponta que é valorizando as conquistas do espírito moderno, reconhecendo os avanços claros e irrenunciáveis trazidos pela modernidade que o homem, como interlocutor de Deus, põe em prática as inspirações que brotam da sua experiência com o Criador. Age assim em prol de uma vida digna para a humanidade. Hoje sabemos que sem a ciência e sem a técnica a humanidade não pode viver.

O teólogo galego, falando a partir da perspectiva cristã, reafirma conscientemente a sua fé *a priori* na existência do Deus Criador. Assevera ele que Deus existe e não só quer se comunicar com a criatura humana, mas a criou em vista dessa sua comunicação. Daí ele utilizar tão fortemente o termo "repensar". Sabemos que, dada a profundidade da fé e do seu enraizamento

---

28. Soares, Revelação, 842.
29. Torres Queiruga, *Repensar a revelação*, 188.
30. Id., *Um Deus para hoje*, 14.

na cultura, é mister repensar a revelação, a fim de recompormos novas linhas de coerência, em sintonia com uma profícua atitude de serviço.

O Deus de Jesus Cristo não veio para ser servido[31], como tão esplendidamente corrobora São João da Cruz:

> Porque ainda chegam a tanto a ternura e a verdade de amor com que o imenso Pai regala e engrandece a esta humilde e amorosa alma [...], como se ele fosse seu servo e ela fosse seu senhor, e está tão solícito em a regalar, como se ele fosse escravo e ela fosse seu Deus. Tão profundas são a humildade e a doçura de Deus[32].

Atualmente, a sensibilidade moderna não suporta atitudes cristãs que não estejam plenamente em sintonia com esse verdadeiro, humilde e doce amor de Deus experimentado pelos místicos e profetas. Eles viveram uma sempre desejada harmonia com o transcendente e, para nos comportarmos de acordo com essa almejada sintonia, com esse verdadeiro amor, faz-se necessária uma percepção muito real e ajustada da genuína essência de Deus, desenhada tão eficazmente pelo teólogo galego.

> A meu ver, do modo como os cristãos e as cristãs concebem e proclamam a relação de Deus com o mundo vai depender, em medida muito profunda, tanto a atitude que tomamos nós para com os grandes problemas da humanidade como o sentido que os outros atribuem a nosso esforço e colaboração[33].

A nosso juízo, trata-se de consequências teológicas, e sua *práxis* consiste exatamente em debruçar sobre as principais atitudes que se esperam de um cristão de fé madura. E essa consciência, quando adquirida, reivindica do cristão a aplicação prática de uma vida que se põe a colaborar eficientemente com a criação constante deste mundo que nos foi doado como um precioso tesouro.

Na atual mentalidade moderna estão circunscritas aquelas pessoas que superam, por exemplo, todo o dualismo de que a mentalidade antiga se ocupava, ou seja, dividindo a realidade em duas zonas: uma *sagrada*, que corresponde a Deus, e outra *profana*, que corresponde a nós. Torres

---

31. "Pois o Filho do Homem não veio para ser servido, mas para servir e dar a sua vida em resgate por muitos" (Mc 10,45).
32. Cruz, São João da, Cântico espiritual, c. 27, n. 1, in: Id., *Vida y obras completas*, Madrid, BAC, 1964, 704.
33. Torres Queiruga, *Um Deus para hoje*, 17.

Queiruga, diante dessa questão, assevera que: "a ideia de criação a partir do amor, que se faz única e exclusivamente por nós, elimina todo equívoco e rompe pela raiz com todo dualismo"[34]. É um Deus que "pressiona" com o seu amor para ser acolhido, e ao ser acolhido é desvelado.

Aí está uma forma de conceituar a revelação de um Deus que, ao irromper na história, potencializa a sua criatura para que ela seja capaz de responder ao chamado da realidade divina sobre a sua vida. "Tal irrupção é chamada tradicionalmente de 'revelação', e essa revelação, como sugeri, ocorreu já no plural [nas grandes religiões]."[35] Podemos observar de forma perspicaz a sua presença amorosa nas atitudes dos pais dedicados. Eles também "pressionam" os seus filhos para o caminho do bem, pois buscam somente o bem de seus filhos. E de todos os seus filhos, sem discriminação.

> Devo dizer que esse conceito de revelação, enquanto resultado de um Deus que "pressiona" com amor para ser acolhido livremente por sua criatura, é aquele que está na base de toda minha reflexão, a tal ponto de eu tê-lo qualificado de certo modo como o começo da "máxima revelação possível". Todavia, justamente por isso, ela deve ser pensada como uma revelação estendida a todos os homens e mulheres desde o começo do mundo, pois seria absurdo pensar que Deus tenha começado a cuidar da humanidade com maior amor a partir da época axial. Outra coisa — aí reside a minha principal insistência — é a inevitável diferença nas respostas humanas[36].

Esse foco nas diferentes respostas humanas para captar a revelação é bem característico da teologia queiruguiana. Segundo percebemos de sua literatura, os seus ensinamentos vão na direção de um entendimento de que as religiões são sempre conclusões às quais se chegou a partir das descobertas, naquilo que chamamos de revelação. Sabemos que o homem ocidental busca ardentemente "conhecer os 'fatos' [...]. Para os Iluministas, [...] a verdadeira figura de Jesus teria sido recoberta com cores cada vez mais magníficas, elevando seus contornos ao nível divino"[37].

As descobertas da revelação de Deus, interpretadas ao longo da história, mediante as evidências desveladas na pessoa de Jesus de Nazaré, encontram no pensamento queiruguiano não a defesa de uma verdade caída

---

34. TORRES QUEIRUGA, *Um Deus para hoje*, 27.
35. HICK, JOHN, *God many names*, London, Macmillan, 1980, 48.
36. TORRES QUEIRUGA, *Autocompreensão cristã*, 75.
37. LOHFINK, GERHARD, *Jesus de Nazaré. O que ele queria? Quem ele era?*, Petrópolis, Vozes, 2015, 11.

isoladamente do céu, mas a certeza de que "a revelação acontecida em Jesus de Nazaré tem historicamente sua base muito real e indispensável naquele que ele próprio herda e recebe de fora. Acima de tudo, na tradição do seu próprio povo"[38].

A tarefa de percepção da revelação não se restringe apenas à compreensão cristã, mas aponta para um olhar de fé que seja capaz de sucumbir qualquer olhar egoísta, a fim de que o fiel possa dedicar-se ao serviço desinteressado. Para o autor, a percepção de Deus ultrapassa qualquer aprisionamento religioso. Acerca disso é bastante interessante a sua asserção:

> Deus não cria homens e mulheres "religiosos"; cria simplesmente homens e mulheres humanos. Ousaria dizer, um pouco paradoxalmente, que neste sentido "Deus não é nada religioso". Porque, se a religião é pensar em Deus e servir a Deus, o *Abbá* de Jesus não pensa em si mesmo nem busca ser servido. Ele pensa em nós e busca exclusivamente nosso bem[39].

Consideramos de suma importância essa visão do autor, uma vez que dela nasce uma maneira aberta e profundamente positiva de encarar a realidade da vida. Desse ponto de vista, o homem atua na história em consonância com a busca de uma plena sintonia entre as consequências teológicas da revelação divina e a sua efetivação na aplicação prática. A partir de um olhar iluminado pelo crivo da fé trinitária, entendemos que a força trinitária vai nos "mostrando que Deus é mistério central de nossa fé, e que, se esse mesmo Deus não fosse Trindade, seria impossível conhecê-lo, pois não teríamos acesso a ele"[40]. Quando o fiel é capaz de ver o mundo com um olhar de Deus, místico, transponível, um olhar de filhos no Filho, certamente as consequências primeiras atingem o próprio homem na sua dimensão mais profunda da realização humana.

Diante disso, as consequências seguintes serão as de um dinamismo e engajamento, tanto pessoal quanto coletivo. O ser humano, iluminado pela revelação de Deus, certamente se debruçará na transformação do mundo onde está inserido, pois vive em plena sintonia com o dinamismo criador. Sabemos que "Deus cria criadores". Sendo assim o homem, potencializado por Deus, torna-se um verdadeiro opositor do mal. Sabe que esse impede, de todas as formas, a realização humana, aprisionando o humano,

---

38. Torres Queiruga, *Autocompreensão cristã*, 91.
39. Id., *Um Deus para hoje*, 28.
40. Bingemer, Maria Clara Lucchetti, *Deus trindade. A vida no coração do mundo*, São Paulo, Paulinas; Valência, Siquem, 2009, 163.

Diante do impulso que a leitura do teólogo galego nos proporciona, observemos a seguir as consequências da revelação de Torres Queiruga no que diz respeito à sua *práxis* histórica.

4.1. As consequências da revelação em Torres Queiruga: *práxis* histórica

O pensamento de Torres Queiruga nos leva a entender que a percepção da manifestação de Deus se deu efetivamente na história da salvação quando o transcendente se revelou aos homens como verdadeiros autores das Escrituras (DV 11). No entanto, a autoria humana das escrituras não impede que Deus mesmo seja seu autor por excelência (DV 12). Deus fala aos autores sagrados de coisas que superam a mente humana (cf. DV 6); por isso, entende-se que esses autores inspirados são humanos, mas imunes ao erro.

Entendemos que a leitura de Torres Queiruga desinstala o leitor para outro patamar da percepção de Deus. Por meio do contato com os seus textos, podemos compreender que, num determinado tempo da história da salvação, o Criador faz interlocução com a sua criatura. Deus é um grande educador da humanidade que ajusta a sua percepção mediante a vivacidade e profundeza do seu mistério. Sendo assim, a revelação se nos abre como um encontro entre divino e humano. Um encontro interpessoal, cujo amor se faz presente primeiramente de Deus para a sua criatura. Encontro que somente é percebido e experimentado pela humanidade na medida em que situações existenciais e históricas lhe são colocadas ou lhe acontecem, enquanto para a humanidade atenta aos sinais divinos essas lhe são perceptíveis.

A percepção da revelação de Deus é um processo de mistagogia divina em que ele próprio se torna o instrutor da humanidade e se revela sem impedir que o seu ser Deus continue sendo Deus. Isso se efetivou concretamente em seu insondável mistério de amor desvelado em Jesus de Nazaré. Entendemos que Deus, sempre presente, ao nos revelar, transforma-nos, capacitando-nos para um novo avanço de revelação e transformação. Assim, a criatura humana, inspirada pelo mistério revelado, vai remodelando o presente e suscitando o futuro, tornando-se sempre "nova criatura". A palavra revelada nos livros da tradição é uma mediação necessária para o nascimento e alimentação da fé. Sabemos que a fé nasce pela pregação da Palavra. Ainda mais, a Palavra revelada nos liberta da escravidão, uma vez que permite ao seu ouvinte verificar por si mesmo o que lhe é anunciado, seja nas suas dimensões física, espiritual, individual ou coletiva tamente com o homem na dedicação amorosa de construir e 1 o mundo, lá está Deus, pois sabemos que, "onde reina o amc amor, Deus aí está"[41].

Não faltam consequências teológicas e sua devida *práxis* atual no modo de pensar do teólogo galego, a partir da captaçãc ção de Deus. A sua teologia nos coloca diante de realidades bast e convoca o leitor para que, em sintonia com "um Deus para h sicione ferozmente contra todos os entraves e avanços do amadt pessoal, científico, político ou social. A esse respeito, pondera (

> Ao invés do que, infelizmente acostumou acontecer, todo cr cristã deveriam situar-se espontaneamente do lado de tudo (avanço para a humanidade, conscientes de que dessa maneir lhendo o impulso divino e colaborando com ele. De fato, (consegue compreender-se e realizar-se assim, desperta enor no melhor da sensibilidade moderna[42].

Entendemos que essas palavras do teólogo galego são bast cias e assertivas para o nosso tempo. São palavras de encorajamo cristão se posicionar com firmeza, perspicácia, coragem e coerê dos temas da atualidade. A sua literatura nos faz pensar em um enquanto criador, é o grande "artífice do mundo". Deus atrai a s para colocar em prática a sua teleologia, isto é, para que atin nível de perfeição possível. Encoraja o ser criado para que atu cupações do mundo hodierno.

O que implica dizer: o fiel de fé crítica de posse da exp mistério capta um Deus que vai

> [...] orientando a nossa fantasia criadora para sua expan (que começa a deixar de ser ficção e pode converter-se em rei do que pensamos). Não resta dúvida de que, para todos os pelo destino da fé no mundo, oferece-se aqui uma tarefa ver te estimulante[43].

---

41. COMUNIDADE TAIZÉ ALAGOINHAS, UBI, CÁRITAS. É um mantra bas na cultura católica, utilizado para momentos de espiritualidade e formação (
42. TORRES QUEIRUGA, *Um Deus para hoje*, 28.
43. Ibid., 29.

[...] ou seja, coloca-o em condições de "dá-lo à luz" por si mesmo, enquanto o reconhece como interpretação autêntica da presença divina em sua vida individual e em sua realidade histórica. [...], só assim pode, na verdade, apropriar-se do significado vivo da revelação[44].

A Palavra nos interpela sempre pessoalmente. A literatura queiruguiana aponta que a revelação mais completa, total e parcial de Deus é, ao mesmo tempo e de modo indivisível, a mesma revelação sobre quem somos nós e sobre o sentido de nossas vidas: "o mistério do homem só no mistério do Verbo encarnado se esclarece verdadeiramente", pois "Cristo, novo Adão, na própria revelação do mistério do Pai e do seu amor, revela o homem a si mesmo e descobre-lhe a sua vocação sublime"[45].

O Concílio Vaticano II ressaltou de forma lúcida que a revelação deve sempre ser captada como um processo que se faz verdade na medida em que transforma a vida histórica do ser humano[46]. Ressaltamos, reiteradamente, que a posição do teólogo compostelano, ao atrelar sempre um repensar a revelação como uma exigência para a realização humana, está exortando o fiel de hoje para entender que "a cristologia atual não diz outra coisa, quando insiste na necessidade de refazer o caminho da fé dos apóstolos, para poder, de verdade, reconhecer a Jesus como o Cristo, e o próprio Jesus nos convida a dizer com ele e como ele: *Abbá*"[47]. Fazendo isso, o teólogo galego está dando ao leitor a oportunidade de humanização de si na medida em que a criatura humana se permite ela própria trilhar a escola do mestre. Essa atuação educativa de Deus, desabrochada no Concílio Vaticano II, transpõe, com linguagem acessível ao nosso tempo, o processo de concepção de revelação divina. Em Torres Queiruga, ela ganha uma atenção toda especial nesse pensamento.

> Assim, na trilha do Vaticano II, é possível compreender a revelação divina não como acesso intelectual a algo que, de outra maneira, seria impossível saber, mas como atuação educativa que oferece ao ser humano a oportunidade de ser de outra maneira e viver em um nível mais humano[48].

Essa oportunidade oferecida ao ser humano de ser e viver de outra maneira e em um nível mais humano corrobora com a noção fiel da re-

---

44. Torres Queiruga, *Fim do cristianismo pré-moderno*, 51.
45. *Gaudium et Spes*, n. 22.
46. *Gaudium et Spes*, n. 7 e 43.
47. Torres Queiruga, *Fim do cristianismo pré-moderno*, 52.
48. Soares, Revelação, 844.

velação de Deus, pelo próprio fato de entendermos que a fé na revelação, além de alimentar na mente humana aquilo que é necessário e eterno, orienta-a para as soluções da atualidade, iluminando-a de forma transponível. É na verdade um modo de proceder em que o fiel é treinado para olhar a realidade à luz da revelação. Sua percepção de Deus faz com que ele se comporte nas diversas situações da vida "vendo a fé como resposta a partir da realidade à luz da revelação"[49].

É um processo que habilita o coração humano à captação do Deus cheio de misericórdia e compaixão, que não faz acepção de pessoas. Sabemos que o desvelar divino encontra-se acessível a todos os homens de boa vontade, cuja graça opera ocultamente nos seus corações.

> A fé é dada ao cristão para que se coloque a serviço do bem-estar de todos. Não é um privilégio nem lhe dá algum tipo de garantia salvífica acima e/ou além dos demais. E afirma que têm razão as pessoas que, de boa fé, aceitam ou não a Deus e a seu evangelho na medida em que os vejam traduzidos em soluções humanizadoras. [...] O cristão deve, portanto, se unir aos demais homens e mulheres na busca da verdade, já que a verdade revelada só pode ser cumprida ao se tornar verdade que humaniza (GS 16)[50].

Essa verdade que humaniza, adquirida da manifestação de Deus, obviamente não é estatizante nem definitiva, mas, como própria da natureza divina, é sempre aberta, jovem, dinâmica e criativa, e implica uma responsabilidade coletiva dos cristãos e de seus semelhantes na construção conjunta de uma verdade humanizadora. A verdade histórica reveladora do mistério deve ser constantemente ressignificada na ambivalência da *práxis* histórica. Nessa *práxis* estão intrinsecamente atreladas as Escrituras, a Tradição e o magistério. Isso implica reconhecer que o patrimônio da fé está depositado na história por meio dessa junção. Entendemos que a vocação humana nesse processo deve ser sempre de ascese e crescimento espiralado, jamais de engessamento ou estagnação. Dito de outra forma, em todos os tempos da história da salvação houve necessidade humana de experimentar e sentir a Deus para depois teologizá-lo. "As pessoas sentiram Deus pela experiência da vida real de Jesus e só mais tarde pensaram em como explicá-lo. Hoje, quando invertemos a ordem histórica, ficamos cegos ante a dimensão essencial da revelação de Deus por Jesus."[51]

---

49. Torres Queiruga, *Fim do cristianismo pré-moderno*, 57.
50. Soares, Revelação, 844.
51. Espín, *A fé do povo*, 47.

4.1.1. A teologia da revelação pós-conciliar: a riqueza dos novos questionamentos nos avanços históricos

Como Deus pôde querer dialogar com o humano? Como a criatura, presa aos laços da finitude, conseguiu perceber a riqueza da presença divina na história da salvação? Sabemos que a história avança com a narração natural do tempo, com a presença divina se concretizando, se manifestando no processo natural de realização da criatura humana. O diálogo que proporciona essa realização do ser criado está no plano de Deus. É da natureza da religião provocar essa relação dialógica entre Deus e o humano mediante a atitude orante, cuja revelação nesse campo também eclode conceitualmente.

> A revelação quer dizer a relação sobrenatural cuja iniciativa Deus tomou de renovar com a humanidade. Podemos imaginá-la como diálogo, em que o Verbo de Deus se exprime a si mesmo na Encarnação e depois no Evangelho. Esse colóquio paternal e santo, interrompido entre Deus e o homem pelo pecado original, é maravilhosamente reatado no decurso dos tempos. A história da salvação narra esse diálogo longo e variado de Deus com o homem, uma conversação variada e admirável. É nessa conversação de Cristo com os homens (cf. Br 3,38) que Deus dá a entender alguma coisa a mais de si, o mistério da sua vida, admiravelmente una na essência e trina nas pessoas, e diz, em resumo, como quer ser conhecido: Ele é amor, e como quer ser honrado e servido por nós: amor é o mandamento supremo que nos impõe. O diálogo torna-se pleno e confiado; é o convite para a criança, o místico se exaure plenamente nele[52].

Contrariamente à dinâmica estática do eterno retorno mítico, não foi por acaso que se deu, de modo tão intenso e perspicaz, a percepção histórica da revelação divina por parte da criatura humana aberta ao transcendente. De modo excepcional e único, a partir do evento Jesus Cristo, num ponto exclusivo em Israel, Deus se revela concretamente na pessoa do seu Filho encarnando em Jesus de Nazaré. A intuição religiosa da revelação divina nos faz ver que aproue a Deus, na sua infinita sabedoria, de lá atingir o mundo. Numa determinada realidade histórica, Deus proporciona a experiência libertadora de si próprio, até então atrelada ao cárcere cíclico da natureza, que, apesar de revelar a glória e a grandeza divina, sempre aponta para a epifania. "Em lugar de *criação*, aparece *aliança* como matriz

---

52. PAULO VI, *Ecclesiam Suam*, 41.

fecundíssima de sentido, que tende a 'historicizar' o próprio mito, e abre a inesgotável riqueza dos atributos éticos de Deus."[53]

Por meio do viés histórico, podemos fazer uma pequena digressão até o divisor de águas que se circunscreve às balizas do Vaticano II. Reportarmo-nos aos acontecimentos do Êxodo, em que os homens e mulheres insatisfeitos com a realidade do seu tempo, eivado de profunda injustiça, conseguem se libertar das garras de seus algozes sob a proteção de Deus. Para os egípcios, Deus parece tão insignificante que nem registros merece na sua história, mas, de modo bem diferente, os israelitas descobrem ali a presença de Iahweh[54]. Faz-se um enorme "salto" na história da Igreja, quando o papa Paulo VI deseja trazer à tona a mensagem original da revelação, evocando a sua consciência e responsabilidade profética, à luz de Deus, procurando discernir os caminhos da Igreja, buscando libertá-la das amarras do passado. Com esses termos, resolve dirigir-se aos homens de boa vontade em comunhão com a Sé Apostólica:

> É-nos bem difícil concretizar esses pensamentos, porque temos de recolhê-los na meditação mais atenta da doutrina sagrada, uma vez que também a nós se aplicam as palavras de Cristo: "A minha doutrina não é minha, mas daquele que me enviou" (Jo 7,16); porque devemos, além disso, adaptá-los às condições atuais da Igreja, numa hora de vida intensa e de prova, tanto da sua experiência espiritual interior como do seu esforço apostólico externo; e porque, finalmente precisamos não ignorar o estado em que se encontra hoje a humanidade, no meio da qual exercemos o nosso cargo[55].

O papa é profundamente lúcido de que a doutrina daquele que enviou o seu Filho e que depois se aplica aos seus seguidores deve ser atualizada e partilhada com a humanidade no estado em que essa se encontra. Daí a importância constante na história da salvação de traduzirmos a doutrina (mensagem da Boa Nova) em linguagem compreensível para todos os tempos e lugares. É em plena comunhão com esse espírito que a literatura queiruguiana traz, na sua essência, a exortação de que a concepção de revelação de Deus deve estar sempre atualizada na história. Entendemos que aqui reside a preocupação fundante da teologia da revelação do teólogo galego:

---

53. TORRES QUEIRUGA, *Repensar a revelação*, 188.
54. Êxodo 3,7-9.
55. PAULO VI, *Ecclesiam Suam*, 2.

> Em todo caso, é indispensável explicar que "captar" a revelação é um processo de *toda* a pessoa: tem lugar na vida cognoscitiva e na emotiva, mas o tem igualmente, de modo decisivo, na conduta prática. [...] A pessoa, cuja conduta se deixa guiar pelo dinamismo do amor e do serviço, está — mesmo sem sabê-lo — captando e obedecendo ao chamado da graça: nela acontece e se manifesta também a revelação real de Deus. Por sua vez, quem diz ter captado "cognoscitivamente" a revelação, terá que mostrá-lo em sua *práxis* real, pois aceitar a revelação de Deus é aceitar seus "caminhos", e "seguir" a Cristo. Jesus disse isso de modo expresso nos sinóticos: "Nem todo que me diz: Senhor, Senhor, entrará no Reino dos Céus, mas somente quem faz a vontade de meu Pai que está nos céus" (Mt 7,21)[56].

A lucidez desse fragmento ressalta que a percepção da manifestação divina, envolvendo intrinsecamente as dimensões cognitiva, emotiva e prática de vida, quando é descoberta por uma pessoa iniciada na experiência do amor de Deus, a faz avançar de uma tarefa antes entendida como árdua para uma prazerosa empreitada. É importante ressaltar que não se trata de estabelecer diálogo entre duas partes iguais, mas com o puro dom de Deus. Na experiência revelada em Jesus Cristo, mediante esse dom do seu amor, Deus supera toda a distância entre criador e criatura. Especialmente a partir da mentalidade do Vaticano II, a experiência reveladora do amor de Deus, que Torres Queiruga enfatiza, aponta que Deus, na sua longa história de amor, desde a criação até a encarnação, foi se tornando verdadeiramente o nosso "parceiro", de modo a possibilitar a plena realização entre Cristo e sua Igreja. Esta Igreja somos todos nós, quando em pleno diálogo de amor[57].

> É certo que o diálogo [...], quando se refere à revelação comporta o primado da Palavra de Deus dirigida ao homem. [...] Nesta perspectiva, todo homem aparece como destinatário da Palavra, interpelado e chamado a entrar, por uma resposta livre, em tal diálogo de amor[58].

A grande novidade da literatura de Torres Queiruga consiste, de modo especial, em pincelar tons de humanidade, quando ressalta eficazmente que Deus torna cada criatura capaz de escutar e responder à Palavra divina. O grande desafio de refletir e sistematizar um pensamento sobre a revelação

---

56. TORRES QUEIRUGA, *Repensar a revelação*, 191.
57. "Nisso reconhecerão todos que sois meus discípulos, se tiverdes amor uns pelos outros" (Jo 13,35).
58. BENTO XVI, *Verbum Domini*, 47.

divina e a relação do fiel com a Palavra é ter a triste percepção de que os "fiéis" dos tempos atuais, salvo raras exceções, já não se sentem mais destinatários desta Palavra de vida. Logo, perdem o horizonte de Deus. O teólogo da atualidade é, pois, desafiado a cativar o fiel hodierno "a pôr o pé reflexivo em terreno sagrado [...], a fim de abrir novos caminhos para a inteligência da fé e a fecundidade da vida"[59].

Sem esse processo de adentrar no terreno sagrado com honestidade intelectual e fé consistente, a criatura terá certamente grande dificuldade de perceber o amor de Deus plenamente revelado em Jesus de Nazaré. Os homens de hoje tornaram-se desprovidos dessa capacidade de escutar e responder à Palavra sagrada a eles dirigida, exatamente pela postura, muitas vezes, situada entre "o ateísmo social e o espírito burguês"[60]. Cabe, pois, aos profetas e pregadores da atualidade valer-se de uma linguagem e imagem purificadas e genuínas do Deus íntimo da criatura, apregoado por Torres Queiruga[61], a fim de que o ser humano, que foi criado na Palavra, possa viver nela e se tornar capaz de se compreender a si mesmo, abrindo-se cada vez mais ao diálogo humanizador que se deseja concretizar entre a Palavra divina e a criatura humana.

Entendemos que a realização humana e a sua relação com a revelação de Deus depende diretamente dessa abertura do ser criado ao criador, especialmente pela oração e pela contemplação. "A palavra de Deus revela a natureza filial e relacional da nossa vida. Por graça, somos verdadeiramente chamados a configurar-nos com Cristo, o Filho do Pai, e a ser transformados nele."[62] Exige-se, para isso, um discernimento constante pelas atitudes de amor e de serviço, cujo dinamismo se dá na prática cotidiana da graça divina na história.

Entendemos que a experiência reveladora do amor de Deus, que desperta a literatura de Torres Queiruga, aponta que toda essa dinâmica se realiza num processo de ascese humana, obedecendo à seguinte sequência: a oração fortalece a fé; essa por sua vez se transforma em amor que desabrocha na atitude de serviço, cuja paz se faz notar. O fiel que toma plena

---

59. Torres Queiruga, *Repensar a ressurreição*, 21.
60. Id., *Creio em Deus Pai*, 46.
61. "Deus é presença sempre atual que sustenta, promove e habilita a sua criatura. Embora nosso pensar objetivante esteja alimentando sempre seu fantasma, nada mais longe da genuína experiência bíblica, que fala de um Deus sempre em íntima relação conosco e que, como bem notara Santo Agostinho [Confissões III, 6, 11], é-nos 'mais íntimo que nossa própria intimidade'" (cf. Torres Queiruga, *Fim do cristianismo pré-moderno*, 127).
62. Bento XVI, *Verbum Domini*, 48.

consciência desse processo desenvolve uma profunda responsabilidade. Diuturnamente, sabe-se alguém desafiado a viver concretamente os valores do criador. Quando assim procedemos, estamos transitando na seara da manifestação da revelação de Deus.

> Posto que a revelação é a manifestação pessoal de Deus em seu Filho Jesus Cristo para comunicar ao homem seu plano salvífico e fazê-lo participante de sua vida divina, é necessário que essa revelação dirigida ao homem tenha sinais claros da presença pessoal do Filho de Deus na história, a fim de que a resposta do homem por meio da fé viva, estimulada pela graça, seja uma opção livre, conscientemente fundada em razões válidas que legitimem seu compromisso com Cristo. O cristianismo exige, com efeito, um compromisso de vida. Não basta crer em algumas verdades. É necessário viver de acordo com o que professamos, de tal modo que a fé, impregnando profundamente cada um de nós, nos leve a renunciar ao egoísmo para nos abrirmos ao verdadeiro amor ensinado e vivido por Cristo, pois somente nele é que encontramos sentido para a nossa vida[63].

Essa exigência da vivência prática permeada por atitudes de serviço desinteressado que aterrissa o amor duradouro do Pai na história proporá, a partir de então, a tarefa de subsumir conclusões e questionamentos novos que possam favorecer uma melhor evangelização dos povos mediante atitudes práticas. Procedendo assim, visibilizaremos, na comunidade eclesial, a presença viva do próprio Senhor. É a isso que enfatizamos aqui quando nos reportamos à teologia da revelação pós-conciliar e à riqueza dos novos questionamentos nos avanços históricos da Igreja.

Cada vez mais se torna urgente combater na vida eclesial a imagem invertida de Deus que se propagou no imaginário coletivo, inclusive por parte de mentes ultraconservadoras de dentro da própria Igreja. Demasiados legalismos, contratestemunhos, falta de caridade e de alegria na relação desfocam a genuína imagem de Deus, resultando num verdadeiro desserviço. A consciência dos fiéis foi sendo moldada sob a égide da dominação, da imposição, da obrigação, de forma que se criou uma imagem de poder no subconsciente coletivo. Quanto a isso, pôde Nietzsche expressar que "os cristãos têm pouca aparência de redimidos".

Parece existir, com efeito, um sutil véu de tristeza que se estende no interior de nossas igrejas até o estilo normal dos cristãos. A maioria dos de

---

63. ARENAS, *Jesus*, 281.

"fora" parecem estar de acordo em considerar o cristianismo uma "carga" bastante pesada, e a maioria dos cristãos parece consentir tacitamente com o diagnóstico [...]. Essa imagem, que é em muitos aspectos, a imagem invertida do Deus que se apresentou a nós em Jesus de Nazaré, vai emergindo depois, de baixo para cima, contaminando os diversos níveis da consciência religiosa. Assim se fecha um círculo verdadeiramente demoníaco, no qual é sufocada a consciência inicial, viva e gloriosa da "boa notícia" (*eu-angelion*), degenerando, pouco a pouco, num autêntico *dis-angelion*, isto é, na "má notícia" de uma religião triste e desiludida, quando não opressora[64].

Em profunda sintonia com a sua formação pós-conciliar e diante dessa severa crítica que tece o teólogo galego acerca do modo de viver da grande maioria dos cristãos, resta-nos tecer uma reflexão sobre a importância deste estudo sobre a concepção de revelação divina. Somos desafiados a dar credibilidade à revelação a fim de que essa seja assimilada, garantida, vivida e praticada hoje. Cabe ir potencializando as possibilidades de avanços nas atitudes de fé madura. A volta às fontes irá purificar atitudes rudimentares e passivas da fé na revelação de Deus reinante na sociedade moderna da atualidade.

A história pós-conciliar mostrou que, em várias questões, a prática eclesial e a reflexão teológica puseram em movimento um processo de renovação surpreendentemente grandioso. [...], a concepção de revelação retomada pelo Vaticano II, como fruto da decidida volta às fontes cristãs, não dá mostras de ter esgotado seu potencial renovador para a teologia e para a Igreja[65].

O potencial renovador que brota da força do mistério de Deus será sempre capaz de contribuir para combater as contradições inerentes à finitude histórica. Cremos sermos sempre alimentados na fonte misteriosa: Jesus, que, "por seu Espírito, continua manifestando a misericórdia e a benevolência do Pai"[66]. Assim, seremos capazes de nos revestirmos de atitudes proféticas na atualidade, a fim de encararmos corajosamente a "urgência de superar a contradição[67]". Diante da tarefa de captarmos a verdadeira re-

---

64. Torres Queiruga, *Recuperar a salvação*, 29.
65. Soares, Revelação, 844.
66. Arenas, *Jesus*, 281.
67. Torres Queiruga, *Recuperar a salvação*, 35.

velação de Deus é necessário assumirmos com afinco atitudes autônomas na interpretação bíblica. Não há dúvidas de que ela ilumina a compreensão verdadeira da autonomia divina se revelando onde quer:

> Ao reconhecer a devida autonomia da interpretação da Bíblia, ao que seus autores humanos queriam dizer em seus escritos, o magistério pontifício e conciliar destravava a compreensão da revelação como mistério e aproximação surpreendente do Deus vivo, que — como ensina João 3 — sopra onde bem entende[68].

Esse processo de "destravar" a compreensão da revelação, tanto como mistério quanto como aproximação surpreendente de Deus na vida humana, está cada vez mais confiado aos teólogos. Na sua delicada tarefa de possibilitar uma genuína percepção de Deus, a literatura de Torres Queiruga é um instrumento riquíssimo na expressão de um Deus verdadeiramente amoroso. Reiteramos que não se trata de uma empreitada etérea, amorfa ou disforme, pois que ela se dá na concretude histórica. "Deus é eterno, mas sua presença se realiza na história. Por isso a acolhida e a compreensão estão sempre *situadas* a partir das necessidades, das perguntas e dos desafios que as diferentes épocas e culturas vão apresentando."[69]

Bem sabemos que a atual circunstância histórica reivindica uma pregação eficiente da verdadeira mensagem revelada a fim de que sejamos capazes de combater a crise atual que afeta a fé cristã.

> [...] vivemos pressionados por uma cultura que cultua a eficácia e os bens materiais, o prazer imediato e o individualismo. A crise maior não está no tradicionalismo das instituições, na falta de criatividade pastoral, na linguagem inadequada da proclamação da fé, no autoritarismo dos responsáveis pelas Igrejas, ou na maior participação dos fiéis na vida e na atividade da comunidade. Naturalmente são fatores que agravam o quadro atual, mas este tem uma causa mais profunda e mais séria na crise da própria fé cristã[70].

Sabemos que na atual conjuntura sociocultural as conquistas históricas e sedimentações culturais do cristianismo já não são mais aceitas pelos homens da atualidade como eixo estruturante da própria existência. Isso

---

68. Soares, Revelação, 842.
69. Torres Queiruga, A tarefa da teologia após a restauração pós-conciliar, 26.
70. Miranda, Mário de França, Karl Rahner, um inquieto teólogo ecumênico, *Perspectiva teológica*, Rio de Janeiro, PUC-Rio, v. 36 (2004) 33.

não quer dizer, entretanto, que há uma negação de Deus, mas que ele é "usado em demasia", na cultura secular, para legitimar uma ótica hedonista e funcional da própria sociedade em questão. Diante disso, ressaltamos que o contato com a teologia da revelação de Torres Queiruga nos faz pensar que a percepção da revelação de Deus, quando experimentada conscientemente, tanto na presença individual quanto coletiva do ser criado, possibilitará uma apreciação das fundamentações definitivas do processo revelador, como um chamamento ético para o agir humano. Sendo assim, entendemos que a sistematização perceptiva da manifestação de Deus transforma de tal maneira o homem que ele é imediatamente inquirido a se comportar responsavelmente, onde quer que se encontre inserido:

> De fato, já se indicou como a crise da comunidade no exílio babilônico, ao trazer para o primeiro plano o drama e a responsabilidade individual, supôs um avanço culminante no processo revelador. Experimentou-se com decisiva nitidez a presença de Deus no próprio núcleo do estar sendo pessoa. [...] há um fenômeno que por sua importância merece uma atenção expressa e mais pormenorizada: o da consciência. Ela constitui, sem dúvida, um lugar privilegiado no anúncio do divino para o homem. O que não significa, como às vezes acontece, que se deva fazer uma aplicação imediata, identificando simplesmente a "voz da consciência" com a voz de Deus[71].

A nosso juízo, a importância de uma verdadeira noção de revelação divina influi tão fortemente e de forma positiva na maturação da criatura humana que, para ela, a partir da experiência própria com o Deus revelado em Jesus Cristo, a crise já não a amedronta, mas serve como parâmetro de conduzir a pessoa ao seu processo teleológico. Assim, a crise (*krisis*) — como é própria do seu significado etimológico, um processo de "acrisolamento", de "avaliação", de "decisão" e de "purificação" da verdade revelada —, tanto para o pregador (*maiêuta* ou profeta) quanto para o seu interlocutor, torna-se uma grande oportunidade de evolução e um sadio desafio para a maturidade humana.

Entendemos que uma vez feito esse processo de depuração, a voz da consciência exorta o fiel a chamar para si a responsabilidade pessoal, e o interesse diante da experiência do mistério revelado torna-se cada vez mais acentuado perante a voz da consciência. "A voz da consciência não é senão o clamor da realidade, caminho do absoluto."[72] Segundo o teólogo galego,

---

71. Torres Queiruga, *Repensar a revelação*, 191.
72. Zubiri, Xavier, *El hombre y Dios*, Madrid, Alianza, 1984, 104.

essa voz permite desfazer quaisquer equívocos que venham a ser defendidos de que o transcendente aprisiona o ser humano. Por isso, o autor ressalta que a verdadeira percepção da essência mesma da mensagem revelada em Jesus de Nazaré, estendida a uma vocação global, longe de sobrecarregar a plena realização humana, vem exatamente para libertar esses equívocos e suavizar a vida:

> A experiência global não é de uma vida triste, assombrada pela sombra da morte, mas de uma vida tão plena que faz Paulo exclamar: "Onde está ó morte, a tua vitória?" (1Cor 15,55). [...] A revelação de Deus, tal como nos mostra em Jesus, permite desmascarar outro equívoco ainda mais grave e transcendental: o da assunção espontânea largamente assentada nos pressupostos de nossa cultura de uma imagem de Deus e da religião como obrigação suplementar que vem sobrecarregar a vida humana[73].

Contra todo modo de afirmação de que "o cristianismo deve renunciar à reivindicação de uma intervenção histórica da divindade em seu único benefício"[74], o teólogo galego pondera que há uma dificuldade geral, por parte desse mundo secular, de entender que o homem, de posse da experiência do amor de Deus, longe de ser um prisioneiro castrado, está no mundo com a sua "capacidade" normal, realizando seu ser no exercício de sua liberdade.

A experiência de desvelamento possibilita a liberdade humana para o íntimo relacionamento com "um Deus que é amor, que se revela no amor, que chama os seus por seu próprio nome (cf. Is 43,1) e os conhece individualmente desde o seio materno"[75]. O que percebemos é que o teólogo de Compostela reivindica da teologia atual a honestidade e coragem de reafirmar a liberdade humana que brota da sua verdadeira experiência do Deus revelado. Agindo assim, a tarefa da teologia estará sempre em plena sintonia com a sua intenção fundante: ressaltar a força reveladora do amor. Liberdade tamanha que a revelação traz ao humano, a ponto de ressaltarmos que, mesmo sentindo o pleno vazio do obscurecimento de Deus, este homem encontra motivações para recomeçar, pois sabe lidar naturalmente com essa procura tão essencial à sua existência. "O obscurecimento da revelação de Deus na tradição cristã levou-nos a remontar à sua fonte na esperança não somente de reencontrar os ves-

---

73. Torres Queiruga, *Alguien así es el Dios en quien yo creo*, 20.
74. Moingt, *Deus que vem ao homem*, v. 2, 233.
75. Torres Queiruga, *Recuperar a criação*, 102.

tígios da evidência perdidas, mas também de descobrir aí a explicação de sua perda."[76]

Assim, a importância de manter viva a concepção da revelação de Deus reforça a consciência religiosa de uma certeira percepção de Deus presente na história: presença silenciosa, mas atuante. É uma percepção que potencializa cada vez mais a liberdade humana, e não o seu contrário. A contribuição queiruguiana da revelação de Deus vem combater qualquer mentalidade mundana que defenda um tipo de pensamento acerca da revelação cristã como um fenômeno que está diante dos homens "impondo-lhes mandamentos que devem cumprir, limites que não podem transgredir, práticas que obrigatoriamente há de somar em suas vidas. Desse modo, a religião aparece forçosamente como uma 'carga'"[77]. Diante dessa mentalidade extramundana, o professor compostelano pondera que:

> O cristianismo, desde a sua experiência original, oferece uma contribuição específica ao esforço comum. Contribuição nem sempre fácil de explicar ou tematizar concretamente, mas que ao menos deve ser mencionada sem seus traços capitais. De modo geral, a experiência cristã supõe uma oposição frontal contra todo tipo de *reducionismo* da integridade humana[78].

De modo ainda mais perspicaz, assevera Xavier Zubiri, um dos seus interlocutores entre aqueles tomados como plataforma de fundamentação teológica: "A revelação está essencialmente ancorada e voltada para a voz da consciência"[79]. Dessa forma, ao escutar a voz da sua consciência, o homem entenderá que ele será cada vez mais pessoa, na medida em que souber transpor para a sua realidade a essência da mensagem revelada, muitas vezes enforcada no arco temporal das mudanças de amplitudes diferentes e inaudíveis.

A revelação de Deus, que vem, portanto, de uma religião bíblica alicerçada por mais de três mil anos, necessita urgentemente manter a sua credibilidade junto aos homens da atualidade[80]. Na medida em que tanto mais se acentua na consciência humana esse captar da presença do mistério, tanto mais ela se dispõe a fomentar uma partilha sincera da sua ex-

---

76. MOINGT, *Deus que vem ao homem*, v. 2, 273.
77. TORRES QUEIRUGA, *Alguien así es el Dios en quien yo creo*, 20.
78. Id., *Creio em Deus Pai*, 68.
79. ZUBIRI, XAVIER, *El problema filosófico de la historia de las religiones*, Madrid, Alianza, 1993, 72.
80. TORRES QUEIRUGA, A tarefa da teologia após a restauração pós-conciliar, 27.

periência de escutar a voz de Deus, que surge da consciência despertada. É a percepção dessa voz da consciência, que na verdade é a voz de Deus, a manifestar-se num chamar "sem ruído", num "dar a compreender" — cuja "fala" da consciência aí reside —, que a literatura do teólogo galego anuncia para o ser humano moderno. É, em última instância, a revelação de um Deus todo poderoso no amor.

Em síntese, o querer dialógico de Deus com a sua criatura existe em função desse seu desejo de se fazer conhecido. Ressaltamos que essa argumentação, efetivamente, dá-se no fecundo terreno do sagrado. É nele onde o imperativo moral na voz da consciência kantiana faz ressoar "outra voz tão profunda que pode ser legitimamente reconhecida como o Deus que fala à pessoa através do ser ético"[81]. Entendemos, pois, que tudo isso requer um longo percurso. E, certamente, sem estarmos em plena sintonia com a intuição inicial da revelação de Deus, corre-se o risco de desfigurarmos o caráter autêntico e real da revelação divina. Revelação divina essa que, sem dúvidas, possibilita, fundamentalmente, um processo de amadurecimento e realização do ser humano, mediante a acolhida generosa e sábia por parte deste.

4.1.2. Acolhida da revelação como condição para a realização do ser humano

Mediante o que já foi aqui refletido da literatura de Torres Queiruga, podemos inferir que, na medida em que o ser humano se constitui como pessoa consciente diante do Deus revelado, ele se realizará cada vez mais como ser criado. Sabemos que o substrato em que hoje se apoiam as concepções da humanidade não é estático, mas encontra-se num grande processo de mudança.

Diante da situação crítica atual, entendemos que a melhor saída consiste num "desafio e, no melhor dos casos, uma tarefa a ser realizada na esperança"[82]. Entendemos que é a riqueza da esperança, do processo de acolhida do gesto gratuito e salvífico de Deus que nos permite sobreviver diante desse horizonte moderno. Ele deve ser caracterizado por uma passagem da mentalidade de anátema ao diálogo, à abertura acolhedora. Assim, estará ele mais apto para se relacionar dialogicamente com o mistério salvífico.

---

81. TORRES QUEIRUGA, *Repensar a revelação*, 193.
82. Id., *Recuperar a criação*, 46.

Já vimos que a iniciativa de nossa salvação cabe exclusivamente a Deus. Assim, nossa participação é sempre uma reação, uma resposta ao gesto gratuito e prioritário de Deus. Apoiando-nos no que expusemos anteriormente sobre a liberdade, resta-nos mostrar como o acolhimento desse gesto acontece num *processo*, também, possibilitado e dinamizado pela ação divina[83].

Entendemos que esse processo de acolhimento do transcendente por parte do ser humano criado por um Deus de amor constitui condição essencial para a sua própria realização. Nele, efetiva-se a realização humana mediante a intensidade de sua abertura ao Profundo. É uma abertura que se faz na liberdade de uma passagem consciente do estágio egoísta para uma orientação altruísta. E aqui se faz necessário um criterioso processo de conversão, dado que o ser humano será eternamente responsável pela acolhida do seu destino eterno[84]. Em outras palavras, o processo de crescimento na experiência da revelação, que traz a literatura do teólogo galego, desperta o ser humano para uma sensibilidade perspicaz, em que será capaz de perceber que na gratuidade salvífica da revelação plena em Cristo está o gérmen que o habilita a se desenvolver. A experiência de desvelamento possibilita "uma sensibilidade disposta a captar o que está além do ruído imediato"[85].

Compreendemos que do mesmo modo que os órgãos do sentido devem estar intactos para captar a realidade do mundo, assim também a pessoa deve estar pronta, livre e aberta, consciente da sua existência finita, a fim de se permitir ser interpelada pela transcendência. Sabemos pela experiência da revelação do amor de Deus em Jesus de Nazaré que se estivermos surdos existencialmente, a linguagem da transcendência tornar-se-á inaudível.

Nessa dinâmica de ouvir a voz do transcendente ressoar de diversos modos na história da salvação está implícito o chamado do Pai e a acolhida humana do mistério revelado. É um chamado paterno merecedor de "uma reinterpretação libertadora"[86], por parte das criaturas humanas, nas circunstâncias sócio-históricas onde estão inseridas:

> Deus Pai sai de si para nos chamar a participar de sua vida e de sua glória. Mediante Israel, povo que fez seu, Deus nos revela seu projeto de vida. Cada vez que Israel procurou e necessitou de seu Deus, sobretudo nas des-

---

83. Miranda, *A salvação de Jesus Cristo*, 99.
84. Mateus 25,31-46.
85. Torres Queiruga, *Repensar a revelação*, 192.
86. Id., *Recuperar a criação*, 47.

graças nacionais, teve singular experiência de comunhão com ele, que o fazia partícipe de sua verdade, sua vida e sua santidade. [...] Nestes últimos tempos, ele nos tem falado por meio de seu Filho (Hb 1,1ss.) [...]. A resposta a seu chamado exige entrar na dinâmica do bom samaritano (cf. Lc 10,29-37) [...]. A partir de Pentecostes, a Igreja experimenta de imediato fecundas irrupções do Espírito, vitalidade divina que se expressa em diversos dons e carismas (cf. 1Cor 12,1-11) [...]. Através desses dons, a Igreja propaga o mistério salvífico do Senhor até que Ele de novo se manifeste no final dos tempos (cf. 1Cor 1,6-7)[87].

Aprofundando-nos nesse nível de captação da revelação de Deus ao longo da história da salvação, mediante a literatura de Torres Queiruga, percebemos que o teólogo galego faz uso de duas categorias que considera fundamental para a percepção da revelação de Deus: *a consciência e a imaginação*[88]. Servindo-se da caracterização heideggeriana da consciência, o autor fala de revelação como algo que possibilita ao homem uma profunda relação consigo mesmo. É ela quem fomenta o erigir da autoconsciência. "Nela, o ser humano se experimenta como idêntico e não idêntico a seu próprio ser."[89] Segundo a sua teoria, a consciência não diz nada se se busca algo objetivo, cabendo à imaginação e ao bom uso da consciência teológica hodierna uma releitura do conjunto das experiências reveladas de Deus, capaz de concretizar uma tarefa esclarecida de retradução da fé cristã para as categorias do nosso tempo.

> Essa tarefa de reinterpretação direta a partir da nova base entrevista, será, evidentemente, longa e difícil: por ser uma releitura do conjunto, não somente deverá abranger grande número de temas, como também, ademais, deverá mover-se em muitos níveis diferentes[90].

Paradoxalmente, assevera o autor que: "não obstante, nesse não dizer imediatamente nada, a consciência está falando, está 'pedindo' ao '*Dasein*' que retorne para si mesmo, isto é, para o seu mais peculiar 'poder ser'"[91]. A nosso juízo, esse poder ser inerente à essência humana brota exatamente

---

87. CONSELHO EPISCOPAL LATINO-AMERICANO, *Documento de Aparecida, V Conferência Geral do Episcopado Latino-americano e do Caribe*, São Paulo, CNBB; Paulus; Paulinas, 2007, 129-150.
88. Grifo nosso.
89. TORRES QUEIRUGA, *Repensar a revelação*, 191.
90. Id., *Recuperar a salvação*, 47.
91. Id., *Repensar a revelação*, 194.

da sua experiência mais profunda e imediata do Deus revelado. Pondera Torres Queiruga ser justamente isto que, sobre a revelação, assevera Rudolf Bultmann, ressaltando que a consciência "não revela 'nada' 'objetivo', mas revela tudo, enquanto ao homem são abertos os olhos sobre si mesmo e pode entender-se a si mesmo de novo"[92]. Assim, percebemos a importância da abertura do ser humano para a revelação de Deus como condição essencial à sua formação. De maneira especial e indispensável à formação social da consciência.

Em última instância, o homem contribui eficazmente para a transmissão social da revelação em seu sentido profundo. Em termos freudianos, podemos dizer que aí está inscrita a transmissão respeitosa e autêntica da mensagem revelada, contribuindo, dessa forma, para a formação heterônoma da consciência humana como um caminho eficaz de autonomia do ser criado. Só assim podemos entender o papel importante de uma genuína concepção da revelação de Deus na realização humana e na construção de uma sociedade educada para o coletivo, em que as relações humanas podem ser sempre mais fortalecidas e respeitadas quando talhadas pela alteridade[93]. Está aqui, desenhada pela consciência sempre aberta à manifestação do transcendente, uma grande riqueza diante do processo de sistematização da revelação divina.

Sem querer complicar a marcha do discurso, todas essas ponderações objetivam enfatizar que diante das instâncias críticas da sensibilidade moderna — muitas vezes avessa ao mistério por julgar que ele neutraliza a autonomia do ser humano —, a experiência reveladora do mistério de Deus, longe de atenuar a autonomia humana, vem justamente como baliza para a verdadeira liberdade do ser criado por amor. Entendemos que o nosso ser mais genuíno e puro se constitui a partir do gesto radicalíssimo de captarmos a expressividade do mistério revelado na presença real, histórica e tematizada da criatura se doando amorosamente a essa expressividade mistérica.

> Todo ser — todo nosso ser também — é um "gesto" realíssimo de Deus, feito a partir do seu poder e da sua realidade criadora. Gesto intencionado, dirigido a nós para que o captemos: na realidade cósmica, na realidade histórica ou na realidade individual. [...] captar esse gesto, é acolher

---

92. Ibid.
93. Sobre esse tema, indicamos um texto interessantíssimo (cf. RICOEUR, PAUL, *O si-mesmo como um outro*, Campinas, Papirus, 1999).

na intencionalidade humana a ativa intencionalidade divina que a ela se dirige: a revelação[94].

A literatura queiruguiana aponta que a descoberta da historicidade com a concepção acentuada da evolução do mundo rompe com os velhos hábitos mentais de uma realidade "circular" e estática como se o ser humano fosse um ser a mais num círculo vicioso sobre si mesmo. Ruptura essa que deve ser constantemente reavivada dado que é um gesto de delicadeza da "intencionalidade humana recepcionar a intencionalidade divina". Assim, efetiva-se uma constante compreensão do amor de Deus revelado.

A liberdade manifestada por Jesus diante da lei, do culto, das convenções sociais despertou a dupla indagação diante dos seus. Pensavam que ele era ou um desrespeitoso inovador blasfemo com o sagrado e com a tradição ou realmente o portador originário de uma mensagem de quem verdadeiramente tinha profunda intimidade: o Deus paterno. Perante isso, "poderíamos dizer que Jesus foi complexivamente o ser humano que havia tido a percepção mais profunda do lugar do homem diante de Deus"[95].

O ser humano, por sua vez, é desafiado a perceber o seu lugar com profundo senso de corresponsabilidade na construção do reino. O professor de Compostela nos faz ver que a experiência reveladora do amor de Deus, desvelado em Jesus de Nazaré, aponta para aqueles que preferem permanecer na *ataraxia*[96] teológica, que o ser humano não está plantado na horizontalidade. Mas que é um ser emergente, inacabado e, portanto, está em constante evolução. Ele não pode permanecer indiferente, na ociosidade em que a concepção do mistério alcança o seu extremo na realidade em que este vive e está inserido. O fiel instruído nesse campo sempre será capaz de olhar para trás e perceber o seu processo de evolução enquanto mira imediatamente para a frente com um olhar fixo no infinito. Dito de outra forma, a pessoa humana aberta e iniciada no processo de captar a Deus está inteiramente disponível para a novidade. É um ser criativo e atento à Palavra que sempre vai iluminar o mistério da vida.

Em perspectiva religiosa — e já iluminado por ela —, o ser humano se sente, por trás, modelado a partir de sua raiz pela mão criadora de Deus

---

94. Torres Queiruga, *Repensar a revelação*, 195.
95. Novo, *Jesucristo, plenitud de la revelación*, 257.
96. Diz-se da atitude de ausência de perturbação, que neste caso aplica o estágio de muita tranquilidade e calma ou indiferença à urgência da prática evangelizadora, compartilhando a verdadeira experiência do Deus revelado em Jesus Cristo (Ataraxia, in: Russ, *Dicionário de filosofia*, 21).

e que o impulsiona e, de frente, colado ao rosto desse mesmo Deus, que o chama e lhe vem ao encontro nas mil figuras da realidade total. "Tu me envolves pela frente e por trás", diz o Salmo 139, em seu versículo 5. A revelação se insere nesta abertura: é justamente a descoberta desse rosto e a escuta de sua palavra[97].

Assim instruídos, os seres humanos nessa abertura "colada ao rosto do mistério divino" se dedicarão ininterruptamente a uma doce tarefa de fazer teologia. Ao nos referirmos à tarefa de fazer teologia, estamos nos remetendo aos seres humanos que realmente experimentam em suas vidas o amor de Deus, que estão prenhes de Deus e precisam dar razões de sua fé, de seus significados e motivações. Trata-se, na verdade, de seres que se sabem conscientes dessa tarefa prazerosa e, paradoxalmente, árdua: testemunhar as experiências desse misterioso amor, sem se deixarem amedrontar por qualquer coisa, uma vez que vivem sob o impulso do Espírito do ressuscitado.

Como nos referimos acima ao papel da consciência nesse processo de fazer teologia, ressaltamos que, quando se trata de fazer teologia da revelação em tempos de crises, a exigência recai sobre a necessidade de essa consciência não trair o próprio fazer teológico. Desse modo, a experiência reveladora do amor de Deus em Jesus Cristo não suporta qualquer tipo de traição, comodismo e nem omissão, pois se trata de uma profunda busca teológica.

> Podemos dizer que muitos são os motivos para esta busca teológica, mas afirmamos aqui que para quem decide pela teologia, de forma consciente e crítica, faz antes por uma experiência mística e pessoal, faz a partir de um encontro com Deus, ao qual se responde na fé, projeta-se na esperança e vive-se intensamente no amor. […] É daí que brota o discurso, que de forma racional se apresenta de forma livre e disposta para o encontro com outro e com todos aqueles que nos cercam e que compartilham conosco as tramas e os dramas da existência; na imanência-transcendência e na transcendência-imanência. **Fazer teologia** em tempos de crise [!…] exige uma decisão! As crises são muitas: humanas, sociais, políticas, religiosas, muitas vezes, dentro das nossas próprias instituições. Quem decide por fazer teologia responde a Deus e ao mundo numa fé encarnada e passa a caminhar na direção do Reino prometido. Anseia pelo Reino, espera a sua vinda e inquieta-se na sua espera. Aquele ou aquela que decide por fazer

---

97. Torres Queiruga, *Repensar a revelação*, 196.

teologia vive intensamente o advento de Deus e fala e escreve nesta intenção, pois apreende na fé a certeza do que foi revelado e trazido por Deus, de maneira concreta na pessoa de Jesus de Nazaré, o Cristo, o Senhor[98].

Entendemos que esse apreender "na fé a certeza daquilo que foi revelado e trazido por Deus" na pessoa concreta de Jesus de Nazaré, o Cristo, o Senhor — conforme pondera, de forma clara, profunda, o professor Kuzma —, está em plena sintonia com o que apregoa a teologia da revelação de Torres Queiruga, que estimula o fiel a trazer na sua "alma" a própria força de dizer algo a si mesmo, tornando a sua ação profética enquanto testemunhal e autoimplicativa. A revelação, assim entendida, circunscreve-se na seara do vir a ser. Isto é, reivindica do homem uma postura de flexibilidade, modificação e "desocultamento" de si mesmo. Desse modo, "o lugar real da revelação é a instabilidade ontológica do homem"[99], a fim de possibilitar que ele seja capaz de realizar plenamente o seu próprio ser. Essa realização própria do ser humano não se consegue sozinho, mas em plena e consciente solidariedade com os demais.

> O cristão sabe que o "Deus dos homens" não espera outra coisa dele. Desde o agudo chamado dos profetas até a prática de Jesus de Nazaré, [...] ele há de deixar diante do altar as sutilezas teológicas, disciplinares ou litúrgicas, para socorrer os irmãos do terceiro e quarto mundos, que certamente "têm algo contra nós" (Mt 5,23)[100].

Assim, compreendemos que para colocar em prática a realização humana faz-se necessário que o ser criado — após um radical processo de conversão e responsabilidade ética — adquira a intuição e a força do mistério revelado e experimentado na pessoa de Jesus de Nazaré. Percebemos que, para isso, ele deve, necessariamente, contar com outra dimensão que o teólogo galego considera central nesse processo de captar a revelação de Deus. Trata-se da *imaginação*.

A imaginação, enquanto função ôntica e mediadora de todo o conhecimento humano, vai deixar claro para o ser criado o que realmente pretende a revelação. Que, na verdade, nada mais é do que a concreta expansão e "maturação da pessoa em relação a seu bem próprio, em relação ao bem do próximo e em relação à glória de Deus"[101]. Em outras pala-

---

98. Kuzma, César, Fazer teologia em tempos de crise. Disponível em: <http://www.ihu.unisinos.br/562116-fazerteologia-em-tempos-de-crise>. Acesso em: 9 nov. 2016.
99. Torres Queiruga, *Repensar a revelação*, 198.
100. Id., *O cristianismo no mundo de hoje*, São Paulo, Paulus, 1994, 68.
101. Id., *Repensar a revelação*, 198.

vras, a imaginação, que no pensamento pannenberguiano é denominada "fantasia", trata-se de um processo pelo qual o homem recebe de Deus a responsabilidade de tomar a sua vida e história nas próprias mãos. É, por fim, um papel fundamental da revelação que desinstala o homem de uma posição de inferioridade, de um estágio pueril para um estágio de adultez, diferenciando-o do animal irracional.

Na imaginação humana, naturalmente ativa e criativa, reside a pergunta por Deus. Nunca é demais ressaltar que não se trata de uma imaginação fantasiosa, mas sim repleta de transcendência que possibilita a partilha com o semelhante, mediante a simbologia religiosa.

Enfim, à guisa de conclusão deste item acerca da importância da acolhida da revelação de Deus como condição para a realização humana, é importante registrarmos as próprias palavras do teólogo galego ao enfatizar que: "essa receptividade radical na qual o ser humano, acolhendo a presença salvadora de Deus, vai entrando em sua plena realização"[102], possibilita-lhe um processo de caminhada para Deus e comunhão com ele. A efetividade dessa tarefa requer "a necessidade de abandonar toda mentalidade exclusivista de 'gueto', e unir os esforços de todos os seres humanos preocupados com a caminhada da humanidade"[103]. Como podemos ver, trata-se de uma postura de denúncia das mentalidades protecionistas e de fechamentos que reinam atualmente. Entendemos que esse é um dinamismo inerente ao ser criado e capacitado pelo criador para que, em relação expressa com o seu mistério revelado, o homem seja capaz de agregar concretamente todas as suas faculdades, englobando conhecimento, sentimento e ação em prol da construção coletiva do Reino. Aqui, naturalmente está implícita também a dimensão do sofrimento e da cruz, mediante a comunhão com Deus que o ser humano estabelece, fazendo com que ele possa ver a vida a partir do amor divino. Assim, ele vai adquirindo uma consciência plena das surpresas reservadas pela revelação, inclusive nos sofrimentos da cruz.

4.2. Dimensão do sofrimento e da cruz

Entendemos que o processo de percepção da revelação de Deus diante da dimensão do sofrimento e da cruz depende da capacidade humana de compreender que "a presença de Deus, se há de ser para nós, terá que realizar-se necessariamente na surpresa e na descoberta, no esquecimento e na

---

102. Id., *Repensar a revelação*, 199.
103. Id., *O cristianismo no mundo de hoje*, 68.

aprendizagem, na presença e na ausência, no eclipse e no deslumbramento, na procura e no encontro"[104]. A literatura de Torres Queiruga aponta que em todas essas dimensões encontra-se a manifestação misericordiosa de Deus. Só entende assim quem estiver aberto e atento na acolhida da revelação. Diante da escuridão da revelação, existe quem chega a "pensar que a revelação divina poderia dar-se com perfeita clareza, para todas as pessoas e desde o começo da história e que, portanto, é tão obscura e precária porque Deus não a quer fazer mais clara e universal"[105].

O teólogo galego tem ressaltado incansavelmente que essa maneira de esperar de Deus uma manifestação intervencionista, como se Deus se portasse de forma onipotente e arbitrária, como se ele não preferisse a interlocução com a sua criatura, é própria de uma mentalidade tacanha e abstrata da concepção de um Deus que é puro amor. No nosso modo de ver, um Deus que espera o tempo de maturação e a liberdade humana sabe levar em conta as limitações inerentes à criatura finita. Em outras palavras, pensar maldosamente sobre o "silêncio de Deus" é o mesmo que imaginar que a obscuridade da revelação que priva o ser humano de sua realização plena advém da vontade divina, e não de uma impossibilidade do ser criado. Em última instância, ressaltamos que o teólogo compostelano quer enfatizar com todas as forças que é na intermitência da existência e, também, na dimensão da cruz e do sofrimento que se põe a descoberto a revelação de Deus.

No encontro entre cruz e sofrimento, de posse da filosofia hegeliana, o teólogo galego aponta que uma inteligente saída encontrará o seu assento na "necessidade da síntese: unir o velho com o novo, a tradição com a crítica, a profundidade com a eficácia, Deus com o ser humano"[106]. Agindo assim, entendemos que as tentações da resposta fácil, mediante intervenções concretas ou ações categoriais de Deus, ficam absolutamente descartadas. Também diante dessa dimensão do sofrimento e da cruz que entendemos ser inerente à condição de finitude humana, o ser criado tanto "na realidade, bem como, aliás, na vida ordinária, tão somente necessita algo que o desperte, que sacuda a sua atenção: a revelação é sempre um 'aperceber-se' do que já estava aí fazendo-se sentir obscura, mas insistentemente"[107]. Sendo assim, o "silêncio de Deus" não brota de uma vontade sua, mas é consequência da surdez ou resistência humana.

---

104. Id., *Repensar a revelação*, 200.
105. Id., *Repensar o mal. Da ponerologia à teodiceia*, São Paulo, Paulinas, 2011, 262.
106. Id., *O cristianismo no mundo de hoje*, 69.
107. Id., *Repensar a revelação*, 201.

4.2.1. O silêncio divino e o sofrimento humano: surdez e resistência humana

Vale recordar que a teologia da revelação de Torres Queiruga reivindica para a mentalidade moderna transpor a mensagem revelada de um Deus amoroso, plenamente desvelado em Jesus de Nazaré para estabelecer comunicação com a sensibilidade dos tempos hodiernos. Segundo sua teologia, só assim essa mensagem será compreensível e a fé vivenciável. Isso não consiste em "acampar nos oásis, mas sim trabalhar nas difíceis e conflitivas fronteiras da humanidade. O decisivo é assegurar o fundamental"[108]. E o fundamental consiste exatamente em assegurar a revelação de Deus ao ser humano e a comunicação com a sua criatura, que paradoxalmente nem sempre consegue assimilar a iniciativa e doação divinas de revelar a grandeza de seu amor.

A partir da literatura queiruguiana, damo-nos conta de que:

> O Deus que cria por amor, com o único interesse da realização e salvação humana, está sempre disposto à ajuda total. É óbvio que, *no que dele depende*, carece de sentido falar de limitação ou de reserva: amor absolutamente gratuito, não faz, como a Bíblia não cansa de repetir, "acepção de pessoas" (cf. Rm 2,11; Ef. 6,9; Cl 3,25; 1Pd 1,17) e "quer que todas se salvem" (1Tm 2,4). Os limites aparecem certamente, porém é porque são inevitáveis, pois nascem da incapacidade da criatura. São, como toda manifestação do mal, o que Deus não quer, o que se opõe à revelação clara do seu amor e à realização plena de sua salvação[109].

Por esse fragmento, podemos assegurar que o que se chama de obscurantismo da revelação trata-se de um dos rostos da inevitabilidade do mal[110], que é causa da dor divina e humana. É de bom alvitre ressaltar que Deus não quer o sofrimento humano, mas que ele está, incondicionalmente, ao lado de quem sofre. Daí a grande empreitada da teologia da revelação na atualidade: contribuir para a formação consistente de uma consciência coletiva no sentido de educá-la para alcançar a sua plena realização, sem que para isso esteja livre do mal. Esse é um "intruso na festa da vida". Trata-se de uma maneira de ver a vida com um olhar de Deus, de tal forma que se dissipa todo sofrimento, em que o ser criado é capaz de perceber

---

108. Id., *O cristianismo no mundo de hoje*, 63.
109. Id., *Repensar o mal*, 263.
110. Julgamos importante ressaltar que a questão do mal não é objetivo da nossa pesquisa. No nosso entender, é um problema para outra tese em Torres Queiruga.

que a realização humana está escondida em Deus que se revela na história. Para isso, consiste em possibilitar ao homem hodierno compreender de uma vez por todas que, diante das dificuldades e incompreensões da existência, ele é desafiado a ser capaz de buscar a sua realização em todas as dimensões do humano.

Entendemos que o homem, criatura divina, não foi chamado à existência para desagregar, mas para ser bênção de Deus, parábola viva do Evangelho. O homem se desvirtua quando deixa de fazer o bem de que é capaz, para causar dor e sofrimento. Como resposta às posturas deletérias que alimentam a dor e o sofrimento, o teólogo galego admoesta que o diálogo e a colaboração recíproca constituem passos fundamentais para despertar o homem de sua surdez e resistências ao mistério revelado:

> O diálogo e a colaboração entram como a marcha inevitável do nosso tempo. Deles pode ir nascendo o *homo absconditus*, esse "homem escondido" em todos e cada um, sempre à espera de uma realização mais plena, na qual todos possamos reconhecer-nos. Os cristãos cremos além disso que essa realização, por sua vez, está "escondida em Deus", que nos acompanha na história — a nós e a todos os demais — empurrando-nos amorosamente até "a plenitude da estrutura de Cristo" (Ef 4,13). Até essa humanidade plena que todos sonhamos e da qual o cristianismo, na debilidade e na grandeza de sua história, é chamado a ser sinal e sacramento[111].

Em definitivo, diante das mazelas que surpreendem a vida moderna — pelas quais Deus é acusado por todos os lados de ser o culpado, por uma mentalidade curta, incapaz de perceber a luta do Deus de amor que, não obstante as limitações humanas, continua se revelando na história —, também aqui, cabe inverter a perspectiva:

> [...] a revelação na história não resulta tão lenta, obscura e tateante por avareza ou falta de generosidade divina; pelo contrário: as dificuldades são a prova da "luta amorosa" de Deus, que, apesar da incapacidade e as resistências humanas, consegue ir se revelando na história[112].

Entendemos que perceber essa luta amorosa de Deus em se revelar à sua criatura é uma questão de responsabilidade ética por parte do ser criado. É uma questão de fazermos justiça com Deus que, apesar de saber-se sempre incompreendido, quer estabelecer interlocução com a sua

---

111. Torres Queiruga, *O cristianismo no mundo de hoje*, 69.
112. Id., *Repensar o mal*, 263.

criatura e valer-se dela para que a sua voz infinita e a sua mensagem de vida cheguem aos confins da Terra.

Deus, absolutamente sensível à precariedade humana, deu-nos sua voz infinita, que é o seu Filho único, Palavra viva saída do seu seio misericordioso. A limitação natural da criatura humana não impede que Deus nela atue com espírito de verdadeira liberdade. Esse atuar divino quer tornar consciência crítica e amadurecida e combater toda angústia e agitação presente na criatura humana. Sabemos, por meio dos místicos, que a "agitação antes estorva do que ajuda a alma a receber os bens espirituais [...] que Deus, unicamente por sua infusão, põe na alma, de modo pacífico, secreto e em silêncio"[113]. Uma pessoa de fé não se deixa abater pelos males e destruições dessa finitude humana habitando na escuridão da existência, mas alcança em Cristo uma plenitude insuperável, por saber que, exatamente nos momentos mais escuros, doloridos, sofridos e difíceis da vida, é mais precisamente aí que Deus se revela incansavelmente, potencializando a sua criatura para vencer os sofrimentos. Daí ressaltarmos a importância de um processo de teologização da vida, a fim de vencermos a surdez, as resistências e, por conseguinte, os sofrimentos humanos, que se tornam piores quando desconhecem a verdadeira intencionalidade do Deus revelado em Jesus Cristo. Portanto,

> [...] ser teólogo diante das estreitezas e dificuldades da vida é entender que Deus não quer o sofrimento, que ele não quer a morte, que ele não quer a lágrima, mas que ele quer a vida, e vida plena. Ser teólogo diante das mais sensíveis questões humanas é saber expressar que Deus não quer o sofrimento, mas está ao lado de quem sofre; que Deus não quer a morte, mas está junto de quem morre; [...] Assim ele liberta, assim ele salva, assim ele é Deus. Ser teólogo no mundo de hoje, num mundo que ri e que chora, é ter coerência de discurso e autenticidade e prudência na resposta[114].

Entendemos que essa coerência de discurso, bem como a autenticidade e prudência na resposta, reivindica do ser humano de todos os tempos uma profunda e aberta experiência com o Deus todo amoroso revelado em Jesus Cristo, que é exaltado por Torres Queiruga em sua literatura. É essa atitude aberta que possibilitará o necessário crescimento humano para se fazer boca e mão de Deus na luta contra o mal. "Como já os Pais da Igreja compreenderam que na luta contra o mal nós somos as 'mãos de Deus',

---

113. João da Cruz, São, *Noite escura*, Petrópolis, Vozes, 2009, 136.
114. Kuzma, *Fazer teologia em tempos de crise*, IHU, 2016.

antes deles, na proclamação da revelação, o primeiro Testamento qualificara o profeta com 'boca de Deus' (Jr 15,9)."[115] Podemos ver essa certeza de fé da presença de Deus numa pessoa que é iniciada neste processo de adultez na fé e que é capaz de perceber que Deus está junto de quem sofre e passa por tormentos.

> Ninguém pense que, por haver passado por tantos tormentos de angústias, dúvidas, receios e horrores, correu maior perigo de perder-se. Pelo contrário, na obscuridade desta noite só achou lucro; por meio dela, se libertou e escapou sutilmente de seus inimigos, que sempre lhe impediam o passo[116].

A nosso juízo, todas estas reflexões estão a nos fazer entender que a dimensão do sofrimento e da cruz, onde estão implícitas as questões do silêncio divino como raiz do sofrimento humano, causando-lhe a surdez e a resistência, privando a criatura da sua plena realização, torna-se um impulso para que nos dediquemos ao trabalho de restabelecimento da comunicação entre o humano e o divino, a fim de que o homem chegue à sua plena realização.

Ao descobrirmos o amor de Deus por nós, indubitavelmente desaparecerá toda dor e todo medo. "O que Deus preparou para aqueles que o amam, ele o revelou a nós por meio do Espírito. E o fundamenta: porque o Espírito sonda todas as coisas, até mesmo as profundidades de Deus [...]."[117] Vimos que a teologia da revelação do teólogo galego reivindica da postura cristã da Igreja a sua essencial missão de continuar mostrando ao mundo o verdadeiro amor de Deus. Os verdadeiros dons de sua graça aí se fazem presentes, a fim de que todo sofrimento seja dissipado e toda criatura humana viva no amor, pois "no amor não existe medo; pelo contrário, o amor perfeito lança fora o medo"[118]. Nesse sentido ressalta o teólogo que:

> Apesar de sua má fama — bastante merecida, infelizmente — de obscurantismo, a teologia é a única que, de verdade, pode apropriar-se do *sapere aude*!: ela pode "atrever-se a saber", porque já conhece — embora ainda não veja "como é" — o segredo do Ser. Unicamente ela está segura de que a última palavra da vida não é a morte (cf. 1Cor 15,26). Unicamente ela tem a esperança certa de que "os assassinos não triunfarão sobre

---

115. Torres Queiruga, *Repensar o mal*, 265.
116. Cruz, *Noite escura*, 138.
117. Torres Queiruga, *Recuperar a criação*, 64.
118. 1 João 4,18.

suas vítimas" (Horkheimer). Unicamente a ela foi revelado que, na última página do livro da história, o grande e fundamental chamado da humanidade — "Vem!" — terá uma resposta positiva: "Sim! Venho muito em breve" (Ap 22,17-20)[119].

No nosso modo de ver, longe de uma atitude de concordância com este mundo secularizado hodierno que quer roubar para si a primazia da existência, causando todo tipo de tristeza, desânimo, sofrimento e dor, a teologia da revelação de Torres Queiruga desponta não como uma panaceia, mas como uma alternativa criativa e eficaz para dizer, corajosa e claramente, a esse mundo paganizado que ele não passa de uma aparência, que ele não é detentor de uma verdade absoluta, mas que está inserida nesse mesmo mundo uma teologia da revelação com pleno uso de razão, fé e consciência capaz de reacender a esperança.

Por fim, longe de ser uma negação apática de um Deus que dificulta a revelação e, consequentemente, a realização humana, trata-se, na verdade, de uma profunda experiência de desvelamento em que, no decorrer dos acontecimentos reais dessa existência humana, a consciência se sacode, "rompendo sua rotina e abrindo-a ao chamado divino, que a solicita a partir da última profundidade do real e de si mesma"[120]. Desse modo, o ser humano, consciente de que Deus está do seu lado, estará sempre disposto a "quebrar o gelo" e abrir-se à dimensão profunda e religiosa da realidade. Percebemos, assim, que a teologia protagoniza uma segurança positiva revelada em Jesus Cristo, que "rompendo o véu da história" foi capaz de reacender a esperança de uma vida melhor.

Jesus de Nazaré que rompe o "silêncio de Deus", a partir da sua encarnação em um ponto determinado da história de Israel, traz ao mundo essa profunda experiência positiva de revelar um Deus amoroso aos homens. Assim, cremos que ele ganhou gosto por essa companhia humana e, ao lado dela, está sempre a lutar.

Cabe ao ser criado perceber a sua presença amorosa, plena de esperança e positiva. "Essa esperança positiva deve abranger até mesmo aqueles aspectos que à primeira vista parecem comportar negatividade: onde a fé se apresenta como chamado rumo adiante para nos apropriarmos da salvação que nos é oferecida."[121] Entendemos que essa experiência de des-

---

119. TORRES QUEIRUGA, *Recuperar a criação*, 66.
120. Id., *Repensar a revelação*, 201.
121. Id., *Recuperar a criação*, 66.

velamento lança o ser humano para o dinamismo *ad intra*, isto é, para o seu interior e de lá o arremessa para a existência concreta.

Sendo assim, essa experiência de desvelamento não contém algo de apenas emocional, piegas ou de subjetividade alienante que tanto propaga a religião de mercado, mas possibilita verdadeiras atitudes e experiências de profundidade. Em termos práticos, podemos dizer que a experiência salvífica nascida da doação silenciosa de Deus, que vence a surdez e a resistência humanas, obedece ao seguinte itinerário: parte da oração alimentadora da fé, que desperta o amor, desabrochando-se em serviço, gerador da verdadeira paz, que realiza o humano. É gritante a necessidade hodierna de proclamar o anúncio da nova evangelização para que a surdez e resistências do homem de hoje sejam vencidas, ao escutar novamente a força persuasiva do Evangelho.

> Na alvorada do terceiro milênio, não só existem muitos povos que ainda não conheceram a Boa Nova, mas há também muitos cristãos que têm necessidade que lhes seja anunciada novamente, de modo persuasivo, a Palavra de Deus, para poderem experimentar concretamente a força do Evangelho[122].

Aí reside o dinamismo e o programa de crescimento do cristão que, embriagado pelo fascínio do seguimento de Cristo, não se prende aos sofrimentos inerentes ao dinamismo da vida. Não se amedrontará jamais no esforço soteriológico do sair de si, que evidencia a experiência de revelação.

4.2.2. A salvação que nos é oferecida e buscada no esforço do sair de si evidencia a experiência de revelação na Igreja

Para não alongar o discurso e avançarmos na reflexão, a parábola do jardineiro invisível[123] ilustra muito bem a introdução deste ponto. Levando

---

122. BENTO XVI, *Verbum Domini*, 177.
123. Dois exploradores chegam a uma clareira florida. Um deles acha que deve haver algum jardineiro cuidando das flores da clareira, mas o outro não concorda. Para resolver a questão, montam guarda, mas não aparece ninguém. O explorador que crê na existência de um jardineiro supõe então que este seja invisível. Para testar essa hipótese, fazem uma cerca de arame farpado em torno da clareira e põem cães para guardá-la. Porém, nada acontece. Contudo, o crente não desiste. Segundo ele, o jardineiro pode ser invisível, intangível, insensível a choques elétricos e inodoro. E aí o cético, perdendo a paciência, lhe pergunta: "Em que é que um jardineiro invisível, intangível e imperceptível seria diferente de um jardineiro imaginário ou de um jardineiro inexistente?" (cf. ZEKZANDER, Parábola

em conta a parábola, dentro da dinâmica salvífica de desvelamento a busca pelo jardineiro invisível da existência nos faz perceber que o processo de saída de si e de encontro com o outro exige um profundo esforço[124]. No nosso modo de ver, o esforço humano de captar a Deus, evidenciado na literatura queiruguiana, possibilita a consciência de que esse jardineiro invisível nem tem por que chegar. Ele sempre esteve presente, em todo momento e lugar, na clareira da existência. O professor de Compostela ressalta essa presença divina em tempo integral:

> Deus não faz a sua aparição aqui ou ali dentro do mundo, senão que desde sempre esteve presente em todo momento e lugar; [...] a realidade é somente coerente contando com o dado Deus. [...] Deus não entra no jardim porque já está dentro e não fora: o "jardineiro invisível" o é porque é ele quem subentende a existência do cão e da cerca, e quem está tornando possível a própria pergunta dos exploradores[125].

Sendo assim, é possível entendermos quem no processo salvífico de um Deus que toma a iniciativa, estando presente desde sempre, sai de si a fim de possibilitar o encontro estabelecendo interlocução com o ser criado. Para tanto, vai dando-lhe, inclusive, a possibilidade de tecer os mais variados questionamentos. Deus espera do ser inquiridor que seja capaz de também sair de sua "zona de conforto" para se dar conta de que a sua existência é devida ao próprio ser do criador. A percepção da revelação de Deus acontece, pois, dentro de um longo e disponível processo de busca. O exemplo eficaz de Jesus de Nazaré mostra que o encontro com o mistério revelado não se faz sem o sincero e perseverante esforço da busca. E uma vez encontrado, pela força do Espírito Santo, somos arremessados para enfrentarmos os desafios da vida concreta, preferencialmente em auxílio aos menos favorecidos.

A literatura queiruguiana nos faz ver que a captação da presença do mistério revelado de Deus se faz quando não nos fechamos em atitudes egoístas, mas nos abrimos ao "dar-se conta" de que o ser humano e todo um mundo criado em sua volta existem graças à bondade e às iniciativas de Deus. Essa percepção e experiência de desvelamento acontecem quando

---

dos jardineiros. Disponível em: <http://zekzander.blogspot.com.br/2010/11/parabola-dos-jardineiros.html>. Acesso em: 13 nov. 2016).

124. A esse respeito, cf. TERESA DE JESUS, SANTA, *Castelo interior ou moradas*, São Paulo, Paulus, 2014.

125. TORRES QUEIRUGA, *Repensar a revelação*, 203.

o ser criado não se prende a um olhar objetivante, o que acontece quando esse mesmo ser se esforça de maneira proativa, voltando-se amorosamente para notar o jardim do ser criado. Assim, indubitavelmente, perceberá a realidade com um olhar místico, transponível, próprio de filhos no Filho[126]. O Filho, como sabemos, é capaz de nos potencializar para vencermos toda atitude de comodismo, de destruição, de nadificação.

O Filho revelador de Deus vai impulsionando o ser criado a uma profunda coragem de assumir a sua existência. "Isto nos obriga a sair de nós — oferece sempre um aspecto duro de desapropriação, de exigência, de esforço por superar a inércia do dado e subir a ladeira da existência."[127] Esse "aspecto duro" evidencia que o esforço e o "sofrimento" estão atrelados à busca do encontro com a experiência de revelação para um testemunho eficaz, sem cair na mundanização nem no pecado. "O que pode dar ao mundo uma Igreja mundanizada? [...] Sem se deixar mundanizar, a Igreja deve certamente se encarnar no mundo, mas, como foi com Cristo, 'salvo no pecado' (Hb 4,15)."[128] A esperança no Espírito sempre nos alimenta a certeza de que no esforço de sair de si está o consequente anúncio na pregação, que será indubitavelmente eficiente quando for capaz de encontrar uma linguagem eficaz na propagação da mensagem revelada.

> Fala-se, certamente, na Igreja. Mas tal linguagem está gasta; em geral, ou já não se escuta ou se entende de modo tão irreal, tão "espiritualista", que praticamente carece de consequência para a vida efetiva. (Por isso a pregação é hoje trabalho doloroso e quase impossível: quando quer manter tom mais "sacral", acaba integrada, ficando castrada sua capacidade de conversão; quando se rebela e quer incidir na vida, é desequilibrada, tendo negada sua especificidade, sendo igualmente anulada sua eficácia transformadora.)[129]

Por aí vimos que, hoje, mais do que pregação, exige-se testemunho, coerência de vida, serviço desinteressado, amor doador, cuidado. Em todos esses gestos, Deus se faz revelação.

Na vida de Igreja, incumbida do anúncio da Palavra na comunidade universal — cujo *locus theologicus* aí acontece —, é necessário entender que

---

126. 1 João 3,1-3.
127. TORRES QUEIRUGA, *Recuperar a criação*, 67.
128. BOFF, CLODOVIS, *O livro do sentido. Crise e busca do sentido hoje (parte crítico-analítica)*, São Paulo, Paulus, 2014, v. 1, 515.
129. TORRES QUEIRUGA, *Recuperar a criação*, 80.

sobriedade e solidariedade compõem o elemento fundante da tarefa reveladora do mistério profundo do Deus de amor. "Quando a Igreja anuncia a Palavra de Deus sabe que é preciso favorecer um 'círculo virtuoso' entre a pobreza *que se deve escolher* e a pobreza *que se deve combater*, redescobrindo a sobriedade e a solidariedade."[130] Entendemos que, de maneira privilegiada, são esses os valores evangélicos universais a serem testemunhados onde a dimensão religiosa, protagonista de atitudes reveladoras do doce mistério de um Deus amoroso, ganha espaço.

Ressaltamos que os valores da sobriedade e da solidariedade serão testemunhados apenas por quem experimenta, na sua própria vida, a presença desse Deus amoroso, apregoado por Torres Queiruga ao longo de toda a sua literatura. A pessoa privada da experiência de desvelamento será incapaz de testemunhar e de contribuir para a expansão da mensagem revelada, pois é carente dela. Desse modo, queremos enfatizar a importância e a relevância da percepção da presença sempre atuante de Deus de amor na realização da vida humana. Faz-se necessário e imprescindível o processo de acolhida do amor de Deus sempre dispensado amorosamente à sua criatura.

Ele sempre está presente, mas quase sempre passa despercebido. Como sabemos que passa despercebido? Exatamente pelas tristes experiências de desencontros e choques tantas vezes evidenciados nas relações humanas. Normalmente as pessoas gastam enorme carga de energia e tempo valorizando suas limitações, o que Torres Queiruga admoesta como grande causa de empecilho da percepção de Deus. "Os limites aparecem certamente, porém é porque são inevitáveis, pois nascem da incapacidade da criatura."[131] Para combater esse prejuízo na realização humana, entendemos que há a gritante necessidade de um processo de saída de si e um de encontro com o outro, pois nele reside o desabrochar soteriológico que evidencia, diante do mundo, a mensagem de revelação.

Entendemos que o ser humano, no difícil e ascético exercício de sair de si, paradoxalmente encontra também a prazerosa atitude de abertura e de doação, bem como os benefícios que daí brotam. Mediante essa atitude, ele é capaz de estar sempre de mãos estendidas, e, diante das dificuldades da vida, durante a sua passagem terrena, viverá compartilhando as experiências de desvelamento. Nesse processo, o homem é capaz de encontrar prazer na oblação. Educado na escola do mestre, perceberá que é

---

130. Bento XVI, *Verbum Domini*, 194.
131. Torres Queiruga, *Repensar o mal*, 263.

ele quem sempre rega o nosso jardim da existência com a água que nele brota para a vida eterna[132].

Sabemos que a vida humana, quando se torna aberta ao Deus revelado, experimenta conscientemente um processo infinito e pulsante de regar e florescer esse misterioso jardim do viver humano, aproveitando todas as oportunidades para aliviar suas angústias, dores e tristezas, bem como infundir fé e esperanças:

> [...] todas as angústias, tristezas, alegrias e esperanças do mundo são também angústias, tristezas, alegrias e esperanças da Igreja, o que o mundo sente, a Igreja sente (cf. GS 1); o que o mundo e a Igreja sentem a teologia deve sentir e fazer pulsar, deve transformar em discurso, de forma eloquente, firme, espirituosa, mas ao mesmo tempo profética e libertadora para com aquilo que se espera na fé e que se vive na esperança[133].

Diante do que foi ponderado até aqui na seara da teologia da revelação de Torres Queiruga, podemos inferir que na dinâmica do sofrimento e da cruz, associada ao novo Adão, estão circunscritas a vocação à santidade e a busca de salvação. Elas são experimentadas no cotidiano da vida eclesial. É na comunidade de fé que a experiência de revelação possibilita a plena realização humana, a sua altíssima vocação. "Com efeito, [...] na mesma revelação do mistério do Pai e de seu amor, Cristo manifesta plenamente o homem ao próprio homem e lhe descobre a sua altíssima vocação."[134] Sabemos que a experiência de revelação não é algo estático, dado e acabado, mas se circunscreve a todo um processo dinâmico de busca de realização. Consiste, pois, num movimento interno e externo de configuração do ser humano. E é nesse esforço humano de sair de si, de se constituir como pessoa que, mais eficazmente, se evidencia a experiência de revelação na Igreja.

A tarefa de se constituir como pessoa faz-se em um processo de *kênosis*, de esvaziamento, de vir a ser infinito. Percebemos que independentemente da idade cronológica que se tem, nunca se está pronto. Acreditamos que, a partir da autorrealização cristã, mesmo após a vida biológica, ou seja, já na eternidade definitiva, este ser criado estará sempre em movimento, em aperfeiçoamento, dado que estará em sintonia com o criador que é perfeição absoluta. A nosso juízo, a percepção da manifestação de

---

132. João 4,14.
133. KUZMA, *Fazer teologia em tempos de crise*.
134. *Gaudium et Spes*, n. 22.

Deus se revelando constantemente na vida e na história concreta de cada pessoa e comunidade é condição fundamental para esse aperfeiçoamento e realização do ser humano criado por puro amor.

A teologia da revelação de Torres Queiruga aponta que, diante dos grandes desafios da atualidade, dedicar-se ao serviço de anúncio da mensagem revelada reivindica do ser criado por amor uma atitude de desprendimento, de doação, que nós chamamos de dimensão kenótica da revelação.

Como sabemos, estamos vivendo diante da realidade de um ateísmo massivo. Obviamente que falar de experiência de revelação nesse contexto secular torna-se uma tarefa muito mais exigente. "O mundo *físico*, o *social*, o *psicológico*, inclusive o *moral* descobrem sua legalidade autônoma e, em sua compreensão científica, prescindem de Deus."[135] É diante desse mundo que o cristão de hoje é desafiado não só a experimentar a Deus no profundo da existência, bem como na sua epiderme. E não bastasse dedicar-se ao ardoroso processo de captar a Deus neste mundo da cultura secular, que oferece estímulos demais, precisa testemunhá-lo a um público indiferente que perdeu o horizonte do Deus revelado em Jesus Cristo. É uma tarefa de anunciar a esperança diante das desesperanças e negatividades do tempo presente, mostrando que, não obstante as nossas limitações, somos desafiados a anunciar a Boa Nova de um Deus que se revela como amor e misericórdia.

> A fé cristã é profundamente *positiva* e *otimista*. Sem desconhecer o pecado, a tendência egocêntrica presente no ser humano, as consequências desastrosas do egoísmo, ela afirma primariamente a Boa Nova de um Deus que nos ama e nos aceita, que se alegra em nos perdoar, que se revela como amor e misericórdia, suplantando assim o pecado humano[136].

Aqui se sintetiza muito bem a rica tarefa do cristão no mundo de hoje que experimenta verdadeiramente a realidade da revelação divina. Evidencia-se como ele encara a vida e se posiciona diante dela. De posse de uma experiência de desvelamento, o cristão, iluminadamente, saberá valer-se inclusive das experiências de ateísmo para proclamar a mensagem revelada do Deus de amor. É interessante observar, inclusive, que de forma até curiosa o teólogo galego ressalta essa verdade. Pondera ele que, "por sua vez, a reflexão pós-moderna, ou tardomoderna, mostra que também a cultura se-

---

135. TORRES QUEIRUGA, A., Ateísmo e imagem cristã de Deus, *Concilium*, Petrópolis, Vozes, n. 337 (2010).
136. MIRANDA, *A salvação de Jesus Cristo*, 11.

cular conflui com a cultura crente para a crítica dos excessos e perigos: o ateísmo não é só perigo, mas pode ser também ajuda, *kairós* salvífico"[137]. De forma concreta, cabe ao homem de fé, diante da atual sociedade secular, ser um instrumento de união ajudando a esclarecer a necessária separação e a mútua ajuda que se faz necessária entre a autonomia humana e a sabedoria divina. Para sermos mais precisos, é necessário dedicar-se a entender com honestidade intelectual e de fé a "relação atual(izada) entre a religião e a ciência"[138]. É então, ante essa deixa, que reconhecemos a dureza e a responsabilidade de quem se deixa tocar pelo mistério revelado. E assim, mesmo diante dos sofrimentos e incompreensões da vida, continua firme e com alegria a compartilhar as suas experiências da revelação de Deus.

Quando falamos de sofrimento e incompreensões é preciso lembrar que o próprio teólogo de Compostela foi tantas vezes mal compreendido e interpretado e até mesmo advertido. Serve de exemplo a notificação de 29 de fevereiro de 2012, expedida pela *Comisión Episcopal para la Doctrina de la Fe*, acerca de algumas questões teológicas que ela julgava não estar em sintonia com o magistério[139]. Sem dúvidas, são reações de posturas ultraconservadoras e acomodadas para experimentarem o Deus de amor de que tanto ressalta o autor. Isso veio agregar-lhe grande sofrimento e frustrações. Torres Queiruga foi igualmente mal interpretado pelo teólogo Clodovis Boff, quando este trata da secularização da teologia. Não entendendo a teologia queiruguiana, especificamente a da obra *Fim do cristianismo pré-moderno*, em sintonia com o magistério, inclusive acusando-o de desvio de "uma fé alienada, feita à imagem e semelhança do devir temporal"[140]. Ora, nada mais equivocado para a interpretação de um teólogo que se dedica com afinco, inclusive se posicionando contra todo tipo de atitudes que sufocam o processo de partilha das experiências verdadeiras de revelação. De forma que, respondendo à nossa hipótese, não restam dúvidas de que a sua teologia traduz para hoje a mensagem genuinamente revelada de um Deus amoroso que nos cria por amor. Segundo Torres Queiruga, é uma atitude de coragem o enfrentamento dessas questões para que a fé hoje seja inteligível e vivenciável. A esse respeito, com ousadia profética, o teólogo galego assevera que:

---

137. Torres Queiruga, Ateísmo e imagem cristã de Deus, 43.

138. Id., Relação atual(izada) entre a religião e a ciência, in: Tepedino, Ana Maria; Rocha, Alessandro Rodrigues (org.), *A teia do conhecimento. Fé, ciência e interdisciplinaridade*, São Paulo, Paulinas, 2009, 37-52.

139. Sobre isso vale a pena conferir: Conselho de Redacción de Encrucillada, Nota de apoio a Andrés Torres Queiruga, *Encrucillada*, n. 177 (2012).

140. Boff, *O livro do sentido*, v. 1, 517.

À dificuldade de elaborar uma teologia verdadeiramente atualizada, de forma que esta venha a ser intelectualmente compreensível e assimilável de maneira vital dentro de uma cultura profundamente transformada, acaba-se somando, demasiadas vezes, um controle oficial, temeroso diante da crítica e desconfiado da renovação. Os frequentes conflitos do magistério pastoral com o magistério teológico, ainda com os movimentos cristãos de base são disso uma prova dolorosa[141].

Não obstante todo e qualquer sofrimento, a sua obra aponta para o contínuo alimentar da esperança apesar dos sinais de morte. A literatura de Torres Queiruga continua respeitada e sobrevive a qualquer crítica[142]. De posse da força arrebatadora que brota do Espírito do Deus de amor, ele continua se doando amorosamente, num processo competente de retradução da fé cristã revelada plenamente em Jesus Cristo, especialmente nas situações-limites da sociedade secularizada. Torres Queiruga segue alimentando a esperança de que a atual cultura secular também seja permeada da vida plena no Espírito.

Diante disso, partiremos para a dimensão kenótica da revelação, que consideramos um passo sempre necessário, importante e desafiador na dinâmica de uma profunda e sincera dedicação do ser humano em um repensar, sistematizar e compartilhar uma purificada revelação de Deus no mundo de hoje.

4.3. Dimensão kenótica da revelação

Como sabemos, o termo *kénosis*, derivado do verbo grego *kénoô*, foi utilizado pelos Padres gregos com o sentido de "esvaziar-se". Esse verbo encontra a sua designação mais significativa com o pronome reflexivo: esvaziar-se é esvaziar a si mesmo. A inspiração bíblica (Fl 2,27) ressalta que o Filho, no ato da encarnação, aniquilou-se a si mesmo, não de sua divindade, mas da glória que ele possuía, na sua preexistência (Jo 17,5) e que deveria resplandecer na sua humanidade (Mt 17,1-8). Ele preferiu privar-se dela e recebê-la do Pai (Jo 8,50.54)[143].

---

141. Torres Queiruga, A., *A teologia depois do Vaticano II. Diagnósticos e propostas*, São Paulo, Paulinas, 2015, 21.

142. Sobre as críticas que Torres Queiruga sofre do teólogo Olegario Cardedal, ver a sua resposta em Torres Queiruga, A., Aclaración sobre mi teología. Respuesta a un diagnóstico de Olegario González de Cardedal, *Iglesia viva*, n. 235 (2008).

143. Filipenses 2,7, nota "U" da Bíblia de Jerusalém, 2207.

Ainda sobre a descrição conceitual da dimensão kenótica da revelação[144], resumidamente, essa se refere à humilhação daquele que "era de condição divina" (Fl 2,6), que vem de uma descida até a obediência de morte na cruz. A realidade kenótica da revelação tem uma dimensão trinitária. Cristo, desde a sua vida terrestre, não abandona as características inerentes à tríade imanente (verdade, santidade e amor). Longe de serem afastadas, revelam-se na encarnação. A encarnação desvela a verdadeira divindade e a *kénosis* põe a descoberto o despojamento da glória divina. Cristo é mergulhado de corpo e alma na obscuridade humana, com profunda condescendência e caridade. É um ato de "simpatia estigmatizante", mediante a qual Cristo experimenta os sofrimentos humanos. Jesus Cristo não se conhece como Deus senão na sua identificação amorosa com o humano. A humanidade serve de "tela" à sua experiência, que, diferentemente, seria abrasada e volatilizada pelo fogo divino. É a atitude divina que dita o comportamento kenótico do humano. O criador se retira para nos deixar ser. Em outras palavras, falar da dimensão kenótica da revelação é entender que Deus se afastou a uma distância infinita e suprema entre Deus e Deus, num ato de dilaceração suprema e, na maravilha estonteante do seu amor, revela-se na crucifixão. No Filho, Deus se humilha mesmo permanecendo inteiramente Deus. Na suprema angústia da crucifixão, sem qualquer diminuição, revela a plena divindade. A humilhação divina revela o seu poder superabundante.

Paradoxalmente, a baixeza evidencia a grandeza de sua elevação. Percebemos, assim, que é no abismo da grandiosidade de Deus — que atrai o outro abismo da limitação humana — que Deus mais plenamente se revela como um Deus infinitamente amoroso. A cruz revela o mistério da própria vida divina. Vemos, pois, que só Deus vai até ao extremo do abandono de Deus mesmo.

Por fim, consideremos a dimensão kenótica da revelação numa tríplice dimensão: a primeira é a doação intertrinitária, isto é, a trindade santa abre mão da sua pura relação no amor, saindo de si em direção à criação. Em profunda relação de amor, faz interlocução com o ser criado. A segunda, descendo de sua eternidade, a Trindade assume a responsabilidade pelo acesso à criação. A terceira, prevendo o pecado, misteriosamente Deus traz à consideração a cruz.

No mundo atual tragado pela dor e eivado pelo pecado — entendendo-o enquanto limitação, atitude de desamor e afastamento do Deus

---

144. Brito, Emílio, Kenose, in: Lacoste, Jean-Yves, *Dicionário crítico de teologia*, São Paulo, Loyola; Paulinas, ²2014, 983-987.

amoroso —, a paixão redentora de Cristo se estende desde a sua encarnação. Desse modo, com o querer da *kénosis* redentora, todo trinitário se envolve e se revela. Isto é, também o Pai e o seu Espírito seriamente estão comprometidos com o processo de desvelar-se para o ser humano, criado por puro amor. Desse modo, a dimensão kenótica da revelação, na prática, deve ser entendida com um processo de depuração e consequente doação que revela a riqueza e comunhão do amor trinitário.

4.3.1. O processo de depuração e consequente anúncio do mistério revelado

É possível entendermos esse processo da revelação divina unicamente como mão estendida, como um gesto amoroso, desprendido e responsável de se preocupar com o menos favorecido mediante uma ajuda gratuita para superar as dificuldades da passagem e elevação do semelhante. Podemos entender essa dimensão como aquilo que Torres Queiruga chama de princípio hermenêutico de interpretar positivamente o positivo. Isso consiste "justamente na abertura de um inesperado âmbito de expansão e de felicidade: é salvação. [...] a inevitável negatividade do esforço é totalmente transcendida pela segura, dinâmica e suprema positividade do esforço"[145]. Explicando, a dimensão kenótica da revelação passa pelo processo de saída de si, de apropriação e desapropriação concomitante no respeito à liberdade finita. Essa liberdade finita, ao mesmo tempo em que se converte em dom e felicidade, também compartilha intrinsecamente do processo de superação, de depuração.

Mais ainda, ao falar de processo de depuração de si para captar o mistério e, posteriormente, anunciar a experiência de desvelamento, há o urgente esforço de uma guinada na linguagem dos vocábulos religiosos da Igreja. É preciso purificá-los a fim de que perpassem por uma conversão de fundo, de atualização da mensagem revelada, sem que essa linguagem fique presa a si mesma. A mensagem revelada precisa ser difundida. "Se não forem atualizadas na sua mensagem, salvaguardando a essência, por certo que não causarão tanto impacto na vida cotidiana, caso fiquem presas apenas em si mesmas."[146]

Diante da sensibilidade de uma sociedade "pós-moderna, ou tardo-moderna", falar, por exemplo, da obrigação de ir à missa ou de se confes-

---

145. Torres Queiruga, *Recuperar a criação*, 67.
146. Kuzma, *Fazer teologia em tempos de crise*.

sar, identificado o sacramento do encontro com a misericórdia de Deus com a penitência, é provocar cada vez mais um peso e retraimento. Torna-se o pressentimento de um terrível mal-entendido: "enquanto a confissão for vivida como um peso não poderá ser celebrada como um sacramento, isto é, como um dos sinais mais densos e generosos do amor salvífico de Deus"[147]. Sabemos muito bem que, na prática, existem ainda hoje na vida da Igreja — pelo tipo de mentalidade que conservam — muitos fiéis que ficam bravos com o confessor se esse não lhes der uma penitência severa. Sendo inclusive chamados de laxistas se assim não procederem.

Entendemos, pois, que para uma genuína proclamação da mensagem revelada na comunidade eclesial, é urgente que se reverta esse tipo de mentalidade e o encontro com a misericórdia de Deus seja feito de forma saudável e amorosa.

A nova evangelização para a transmissão da fé exige: uma "*pastoral ordinária*, animada pelo 'fogo do Espírito' a fim de incendiar os corações dos fiéis que frequentam regularmente a comunidade [...]. Muitos deles buscam secretamente a Deus, movidos pela nostalgia do seu rosto"[148]. O teólogo galego assevera que identificar o sacramento do perdão como penitência "é a maneira terrivelmente generalizada de transformar num *castigo* quase avarento o *dom* de um perdão tão generoso que quer tornar-nos patente sua presença e sua segurança na visibilidade da Igreja"[149]. Por isso, ao invés de promovermos celebrações penitenciais, seria bem mais positivo proporcionarmos celebrações do perdão. Entendemos que uma atitude de esvaziamento humano a partir da assimilação da revelação aplicada na prática consiste em não introduzirmos freios à compreensão, mas em expandir-se na plena realização do ser criado. É fundamental que se tenha a ousadia de uma imaginação criadora não só plenamente consciente do inaudito da promessa, senão até mesmo segura de que sempre ficará sem ter o que dizer perante o espaço salvador aberto pelo Deus sempre maior.

Julgamos, portanto, que se faz necessária uma atitude teológica de se deixar guiar nos caminhos abertos pelo Espírito, articulando sempre a coragem de doação com a disponibilidade do anúncio do mistério revelado em Cristo, que sempre traz a inspiração necessária para transformar o mundo no qual a Igreja está inserida.

---

147. TORRES QUEIRUGA, *Recuperar a salvação*, 68.
148. FRANCISCO, *Evangelii Gaudium*, n. 14.
149. TORRES QUEIRUGA, *Recuperar a salvação*, 68.

Ainda neste particular, o **teólogo** e a **teóloga** devem estar inseridos no mundo de maneira ativa. Não se faz teologia e não se concebe uma Igreja que fuja do mundo, que vire as costas à realidade. Ao contrário, faz-se teologia para atuar no mundo, para transformá-lo, para revigorá-lo na força de um Deus que nos comove e que nos atrai[150].

Esse se deixar atrair pelo comovente amor de Deus no seio da Igreja, mais do que penitência ou fechamento, deve ser vivido com a mesma intensidade de ação de graça que viveram as primeiras comunidades, por serem conscientes da riqueza do dom recebido. A literatura do teólogo galego aponta para a sociedade hodierna que, assim como as comunidades da Igreja nascente foram impelidas pela *kénosis* do mestre, também hoje somos desafiados a experimentar a mesma graça de uma vida renovada:

> A *ação de graças* é talvez a definição mais exata da vida cristã. [...] A *glorificação, o louvor, a confissão, o prazer*, estão presentes em todos os escritos bíblicos, porque estes, traspassados pela experiência viva da salvação, refletem fielmente o próprio núcleo do anúncio cristão. A *agallíasis*, isto é, a alegria escatológica, brilha no rosto da primeira comunidade (cf. At 2,46) e parece estender um benéfico e misterioso sorriso pela superfície da vida, pronta para acolher a glória do Salvador que retorna. Se Nietzsche pudesse olhar com estes olhos os cristãos, certamente vê-los-ia com o "rosto de redimidos". Se nós hoje vivêssemos de verdade essa experiência — que é a nossa —, faríamos outra leitura do Evangelho[151].

De maneira semelhante temos hoje o magistério da Igreja a admoestar a necessidade de uma atitude de depuração e desprendimento para sermos capazes de nos deixar atrair pelo amor misericordioso do seu Senhor. A atividade de desprendimento, de se deixar atrair pelo amor de Deus revelado na vida da Igreja, torna-se um processo de depuração e de consequente anúncio da experiência do mistério revelado. O mundo hoje vive a grande urgência de fazer reluzir ao mundo a alegria escatológica da primeira comunidade. Isso se faz de maneira especial, não de forma proselita, mas como um desafio primário da vida e missão da Igreja: ser uma comunidade atraente.

A Igreja não faz proselitismo. Ela cresce muito mais por atração: como Cristo atrai todos a si, com a força do seu amor, que culminou no sacrifício

---

150. Kuzma, *Fazer teologia em tempos de crise*.
151. Torres Queiruga, *Recuperar a salvação*, 68.

da cruz, assim a Igreja cumpre a sua missão na medida em que, associada a Cristo, cumpre a sua obra conformando-se em espírito e concretamente com a caridade do seu Senhor[152].

A máxima da vida da Igreja está em ser testemunha da mensagem revelada na história, uma consequência que o teólogo galego apresenta como meio de combater todo e qualquer mal-entendido sobre a manifestação da essência mesma de Deus. Consiste naquilo que ele chama de "princípio hermenêutico de interpretar negativamente o negativo", ou seja, deve ser de uma vez por todas assimilado pelo cristão, mediante uma profunda experiência de desvelamento, que todo castigo já foi interiorizado por Deus quando ele mesmo é quem o assume "não poupando o seu próprio Filho", anulando-o na força sem fronteiras do amor que salva e perdoa, entregando-o por nós (Rm 8,32). Não resta alternativa ao fiel e à sua Igreja senão incorporar nas suas vidas aquela mesma experiência kenótica de revelação que o mestre deixou como exemplo, comendo com os pecadores, formulada em sua Palavra: "eu não vim para chamar justos, e sim pecadores" (Mt 9,13). Ora, diante disso, somos desafiados a entrar na mesma fila dessa experiência kenótica para que sejamos depurados de nosso egoísmo e de todo tipo de limitações, a fim de que sejamos capazes de anunciar eficazmente a experiência de revelação.

> Se Deus entra na história do ser humano como pura salvação, é claro que não temos o direito de interpretar nada seu como suscetível de agravar nossa situação. [...] A premência, a insistência, as próprias ameaças que aparecem na Bíblia parecem encontrar nisto sua explicação: são o *jeito do amor* que, pleno de angústia, avisa de um perigo cujo alcance só ele conhece. Certamente não é fácil encontrar um fio imperativo claro no labirinto de imagens em que tudo isso se expressa. Mas não restam dúvidas de que o negativo da ameaça tem sempre seu centro de gravidade no positivo do perdão e do chamado: unicamente em ordem à salvação adquirem sentido as palavras de condenação[153].

A literatura de Torres Queiruga aponta que esse labirinto da compreensão do mistério requer um fio imperativo claro para explicar a imagem expressa de Deus. Ele não deixa o negativo se sobrepor ao positivo do perdão e do chamado. Para tanto, faz-se necessária uma fiel e refi-

---

152. BENTO XVI, *Homilia na Eucaristia de inauguração da V Conferência de Aparecida*, 253.
153. TORRES QUEIRUGA, *Recuperar a salvação*, 69.

nada linguagem religiosa, que seja eficaz na transmissão da mensagem conforme o contexto no qual estamos inseridos. Assim, qualquer tentativa de afastamento da experiência de encontro com o amor de Deus revelado em Jesus Cristo deve ser desclassificada. O autor assevera que na linguagem religiosa "se revela necessariamente a índole da experiência reveladora que a sustenta, e por sua vez constitui o ponto de sua decisiva iluminação"[154].

A revelação não cria uma linguagem própria, pois, se assim o fizesse, ela seria inútil por ser inteligível. Na verdade, ela se comunica na linguagem do cotidiano de modo que, por meio dela, o mistério do amor de Deus se revela. Na seara da percepção da revelação divina, a única coisa positivamente pensável é o amor. "Só o amor é digno de fé." O amor que tudo espera (1Cor 13,7). Após Deus anunciar a salvação amorosa, ninguém mais tem o direito de se lembrar da condenação. Nisto consiste a verdadeira atitude kenótica de revelação: que não temos mais o direito de ficar presos em atitudes condenatórias.

> A este ser *impotente e mortal* que é o homem, Deus oferece a graça infinita da vida eterna; aceitá-la é a salvação, viver para sempre; não aceitá-la é a condenação, a *morte*. [...] Nós, cristãos, faríamos bem se aprendêssemos a lição: de Deus somente podemos falar, com o mínimo de garantia, se o fazemos de modo positivo; nenhuma expressão negativa terá outra justificação que a de sublinhar indiretamente a infinita generosidade do amor[155].

A literatura queiruguiana provoca o fiel a abrir-se a uma experiência de depuração de todo tipo de atitudes farisaicas que geram pecado, infelicidade, contratestemunho e morte. É uma reivindicação rumo à constituição de uma nova configuração eclesial. O homem criado tem o direito de receber a mensagem revelada no Evangelho. "Os cristãos têm o dever de anunciá-lo, sem excluir ninguém, e não como quem impõe uma nova obrigação, mas como quem partilha uma alegria, indica um horizonte estupendo, oferece um banquete apetecível."[156] Por fim, no processo de depuração e consequente anúncio do mistério revelado, entendemos que devemos matar o fariseu que existe em cada um de nós, a fim de anunciarmos com eficácia essa oferta apetecível do amor de Deus, revelado plenamente em Jesus Cristo, causa de toda felicidade e realização humana.

---

154. Ibid., 205.
155. Ibid., 71.
156. Francisco, *Evangelii Gaudium*, n. 14.

De um modo ou de outro, todos carregamos um fariseu dentro de nós mesmos. Os fariseus do tempo de Jesus consideravam-se a verdadeira comunidade de Israel por suas aspirações de pureza legal e observância da Lei, e esforçavam-se por manter-se separados do restante do "povo da terra" [...] O que, no fundo, equivale a dizer que aqueles homens e todos os que hoje seguem pelo mesmo caminho são os inimigos mais diretos do Deus da vida. [...] Por isso, *matar ou não matar o fariseu é questão de vida ou morte para qualquer ser humano*. [...] Porque, enquanto não o matar, [a pessoa] viverá obcecada com mil ninharias, em vez de centrar sua atenção e seus esforços na única coisa que interessa: *ser ela própria alguém feliz, para tornar felizes os demais e lutar contra o sofrimento que causa tanta solidão e tanta infelicidade*[157].

Em último caso, esse fragmento acima, ressaltando os fariseus e os homens de hoje, faz-nos refletir que na medida em que o teólogo de todos os tempos e lugares e os fiéis seguidores do verdadeiro Deus revelado se entenderem e se derem conta de que Deus se preocupa verdadeiramente com a felicidade humana, assimilarão, de uma só vez, que a criatura é alguém com o qual Deus se identifica. Certamente viverão uma "plenitude sem fissuras, felicidade plenamente compartilhada, [pois] o Senhor busca tão somente, com absoluta generosidade, a plenitude e a felicidade do ser humano"[158].

Sendo assim, se a Deus interessa tanto a realização do ser humano, não nos é dado o direito de decepcioná-lo. A exigência forte do amor de Deus não permite decepções. Pois se trata de uma força tão pura e genuína que não oprime jamais o ser humano criado, mas sim o liberta, empodera, potencializa, infunde força e criatividade. Isso acontece com tanta intensidade que é capaz de atrair esse ser mediante a sua força, emancipando-o a ponto de renunciar a quaisquer paraísos artificiais. A maturidade humana vai se tornando intrínseca ao ser criado, de forma que lei e graça coincidem. Norma e disciplina não se chocam, pois nascem da lei do amor. A relação homem-Deus torna-se, assim, uma metáfora conjugal.

Desse modo, por mais que o homem esteja afastado de Deus, a revelação da misericórdia divina que abraça todo pecado faz com que o amor nunca esteja longe dele. Olhando assim ao amor de Deus revelado ao ser

---

157. MIRANDA, MÁRIO DE FRANÇA, Rumo a uma nova configuração eclesial, *Cadernos Teologia Pública*, São Leopoldo, Unisinos, Ano IX, n. 71 (2012), 141.
158. TORRES QUEIRUGA, *Recuperar a salvação*, 73.

humano criado, ao homem moderno, imbuído de uma hermenêutica positiva, só lhe resta retomar a sua união com aquele que também o criou. Logo, a dimensão kenótica da revelação se transforma em uma profunda relação de amor, doação e serviço.

4.3.2. A revelação de Deus e a plenitude cristã: relação de amor, doação e serviço

Ao longo da literatura de Torres Queiruga, entendemos que trilhar o rumo da plenitude cristã consiste numa profunda dialética da aceitação do amor de Deus. Aí uma criação por amor possibilita a revelação e funda a realização do ser humano criado. Nesse processo, Deus respeita a subjetividade da autonomia.

> Como experiência radical, a criação por amor necessita ser captada e interpretada em seu correto significado. Em outras palavras, necessita de uma gnosiologia adequada que, apoiando-se nessa "máxima identidade na máxima diferença" a que remete a criação, sem que jamais possamos assimilá-la completamente a nenhuma outra experiência mundana, permita mostrar a possibilidade da revelação. Uma revelação que, reconhecendo-se manifestação divina livre, gratuita e transcendente, respeita a justa autonomia da subjetividade humana, de sorte que se deixe ser vista como uma irrupção puramente extrínseca e milagrosa, apoiada na autoridade e sem possibilidade de algum tipo de verificação[159].

É, então, a partir dessa captação do amor que nos possibilita a liberdade amorosa, que se desfaz todo tipo de pecado e se infunde a riqueza da graça. O resultado efetivo consiste em abrir os olhos da criatura para desprender-se de todo tipo de ressentimento, possibilitando abrir-se à gratuidade desse amor desconcertante de Deus. "O único modo de entender o pecado é viver na graça."[160] Entendemos que a gratuidade é sinal de profundidade e de riqueza. Nela, o dom pessoal se estende no espaço infinito da liberdade amorosa, numa espécie de integração humana que alcança um grau de plenitude e libertação tamanhas que encerra o anúncio do Evangelho com madura segurança relacional entre criador e criatura. Podemos traduzir tudo isso conforme poetiza Fernando Pessoa:

---

159. Id., *A teologia depois do Vaticano II*, 49.
160. Id., *Recuperar a salvação*, 75.

Damo-nos tão bem um com o outro
Na companhia de tudo
Que nunca pensamos um no outro,
Mas vivemos juntos a dois
Com um acordo íntimo
Como a mão direita e a esquerda[161].

Essa sintonia madura entre Criador e criatura humana é tão importante e eficaz do ponto de vista testemunhal que, mediante a manifestação da revelação de Deus, para a mentalidade do mundo de hoje, a nosso juízo, torna-se verdadeiro serviço e sinal de atração para o mistério do amor de Deus revelado em Jesus Cristo, porque se trata de uma grande vivência "liberta" da plenitude cristã. Em outras palavras, não se trata de uma partilha de experiência de desvelamento de segunda categoria nem de "barateamento" do cristianismo, mas "ressalta sua autêntica grandeza e situa os cristãos no ponto justo da decisão: viver em sua vida essa plenitude e, vivendo-a, torná-la visível e desejável para os outros"[162].

No nosso modo de entender, qualquer outra postura vai exatamente ao sentido contrário do que propõe a literatura de Torres Queiruga. Passa longe da sua teologia da revelação que rechaça toda postura de ressentimento contra o Criador de todas as coisas.

A partir da teologia da revelação de Torres Queiruga, a experiência plena de revelação ressalta um aspecto absolutamente positivo diante da realidade. Nesta mesma direção segue o magistério do papa Francisco que convoca os cristãos[163] a viverem a experiência de Deus como pessoas adultas, e não com atitudes pueris. Vale enfatizar que a realidade nos ensina que "a vida se alcança e amadurece à medida que é entregue para dar vida aos outros"[164]. Por isso mesmo, se for para anunciar a mensagem de revelação sob o efeito das lágrimas, que o façamos com coragem e testemunho. Nisso consiste, definitivamente, a missão da Igreja. As lágrimas irrigam muitas realidades de dor, não lágrimas de tristezas estéreis, mas de fortificação, alívio e libertação. "Isto posto, um evangelizador não deveria ter constantemente uma cara de funeral. Recuperemos e aumentemos o

---

161. PESSOA, FERNANDO (ALBERTO CAEIRO), O guardador de rebanhos III. Disponível em: <http://www.releituras.com/fpessoa_guardador.asp>. Acesso em: 17 nov. 2016. Grifo nosso.

162. TORRES QUEIRUGA, *Recuperar a salvação*, 77.

163. Na *Laudato Si'*, o Papa vai além dos cristãos, conclamando a toda a humanidade a uma atitude de amor e cuidado com a criação.

164. *Documento de Aparecida*, n. 360.

fervor de espírito e a suave e reconfortante alegria de evangelizar."[165] Com dinamismo inspirador, o teólogo galego assim entendendo a proposta da fé evidenciada na mensagem revelada do amor de Deus ressalta que: "A fé insere-se no ser humano além da ruptura entre o ético e o estético, para ajudá-lo na difícil tarefa de construir a si mesmo e de construir a história. E o faz, concretamente, abrindo um novo espaço, o religioso"[166].

No conjunto da reflexão sobre a dimensão kenótica da revelação, a literatura de Torres Queiruga aponta para a necessidade de captar a revelação de Deus, plenamente revelado em Cristo, e o faz traduzir essa percepção mediante genuína atitude cristã. Ou seja, atitudes que tenham relação de amor, de doação e de serviço. Agindo assim, podemos inferir que a literatura do teólogo galego contribui fortemente para o fomento da realização humana na medida em que chama o humano a se permitir constituir-se como pessoa. Propõe inclusive um crescimento humano nos diversos sentidos, inclusive o moral.

> O Deus que cria por amor é também o Deus que, voltando sobre a nossa vida, apoia-nos no esforço moral. A existência humana como tal impõe a todo o homem e a toda mulher o fardo permanente de constituir-se como pessoa. A autêntica vivência religiosa percebe ou — tal como até o momento nos esforçamos para compreender — deveria perceber Deus unicamente como impulso para a construção e alento contra o desânimo[167].

O que nos leva a perceber que quando Deus cria por amor o ser humano, e o faz para a sua plena realização, constitui o eixo da fé bíblica. Diante do infinito amor do Pai, em que foi introduzida tantas vezes a visão de pecado como culpabilização, o resultado pastoral desse tipo de mentalidade conduziu a reflexão teológica de forma desastrosa. Como ele próprio diz, o resultado é uma sequência horrível: criação — paraíso — castigo (→ mal no mundo); promessa — aliança — redenção sacrifical (→ perdão) — tempo da Igreja; salvação ou condenação escatológicas. Com um "deus" preocupado com a própria honra e disposto ao castigo, muda de sinal, sintoniza com o Deus de Jesus. Pois era diametralmente contrário ao Deus de Jesus: amor "sem acepção de pessoas" e sempre atuante, que não "dorme e nem cochila" (Sl 121,4), que "trabalha sempre" (Jo 5,17), infinitamente dedicado ao bem de sua criação[168].

---

165. Francisco, *Evangelii Gaudium*, n. 10.
166. Torres Queiruga, *Recuperar a salvação*, 77.
167. Id., *Recuperar a criação*, 233.
168. Id., *A esperança apesar do mal*, 72.

É com um grande esforço e dedicação que o professor de Compostela se debruçou ao estudo sistematizado no eixo da revelação, a fim de esclarecer a mentalidade moderna, ressaltando que: "na ressurreição de Jesus revela-se definitivamente que Deus *nunca* nos abandonou à morte"[169]. A sua obra contribui assim para uma genuína realização humana, que aqui estamos buscando compreender, aprofundar, refletir e pesquisar. O teólogo galego, nesse processo de transpor a fé cristã revelada para a cultura hodierna, como um *maiêuta* perspicaz, possibilita entendermos que Cristo está presente para nós com a mesma intensidade de antes e faz com que todos sejamos imediatos a Cristo. Vejamos isso nas suas próprias palavras:

> Cristo está tão presente para nós quanto para os primeiros discípulos; e, como para eles, na ressurreição do Crucificado ilumina-se o significado pleno da nossa. Para usar a terminologia de Kierkegaard, uma vez cumprido o processo maiêutico, não existe diferença entre os discípulos de "primeira e segunda mão": todos somos imediatos a Cristo, "contemporâneos" seus[170].

Sendo assim, estaremos de acordo que a relevância da literatura queiruguiana para a sensibilidade moderna em comunicar a fé revelada em Cristo se constitui como um bem para a teologia como um todo. Ela possibilita uma proposta inteligível que traz arrazoadas iluminações das questões teológicas. Especialmente por utilizar uma linguagem e imagem do Deus amoroso. Nela, a facilidade de comunicação da revelação do verdadeiro amor de Deus se estende. Não somente para o anúncio diante dos próprios cristãos, como também é bastante esclarecedora diante da importância do diálogo e encontro com as religiões. O autor pondera que o encontro com Deus não se trata de algo abstrato, dado que encontramos a Deus de modo concreto e situado:

> Encontramos a Deus sempre de maneira determinada, em viva correlação com as grandes questões que assolam, promovem e constituem o nosso ser. Por isso, encontrá-lo já é de alguma maneira "inventar-lhe", quer dizer, trata-se de compreender e expressar como ele é em si e como se relaciona conosco[171].

O resultado desse encontro com o Deus todo amoroso que toca a história por meio da mão humana, que se preocupa amorosamente com

---

169. Id., Ateísmo e imagem cristã de Deus, 50.
170. Id., *Repensar a ressurreição*, 215.
171. Id., *El problema de Dios en la modernidad*, Estella, Verbo Divino, 1988, 322.

a sua criatura, só poderá mesmo é desabrochar numa atitude de doação e serviço. O Deus que Torres Queiruga ressalta na sua literatura está sempre potencializando o ser humano para a busca da sua plena realização. Diante de tantos desafios do tempo presente, o teólogo de Compostela pondera "que, nesse panorama tantas vezes desolado, habita o amor de um Deus que põe sua glória em acompanhar com ternura incansável todos os crucificados da terra e que empenha seu poder em resgatar todas as vítimas da história"[172].

Desse modo, a sua literatura aponta para o entendimento de que a experiência com a revelação de Deus desvelado na plenitude cristã, descrita com uma profunda relação de amor, doação e serviço, está apta a motivar também o homem hodierno a buscar o mesmo caminho. Para isso, é fundamental alimentar a fé a fim de sentirmos em nossos corações o mesmo convite que Jesus de Nazaré recebeu do Pai de construir o seu Reino. "Sintamos este convite dirigido a cada um de *nós*, para que ninguém se torne indolente na fé. Esta é companheira de vida, que permite perceber, com um olhar sempre novo, as maravilhas que Deus realiza por nós."[173] A experiência de fé revelada reivindica, pois, do cristão uma certeza de que, apesar dos sinais de morte e dos desafios que sempre foram graves, a esperança nunca poderá dar-se por descontada. "É forte o assédio atual a que hoje se vê submetida a já por si mesma frágil virtude da esperança."[174] No nosso entender, como a esperança é sustentada pela fé e pela caridade numa circularidade interfecundante, ela estará sempre apta a possibilitar a realização humana.

Em suma, é mediante um itinerário racional, místico e consciente, talhado por um indissolúvel enraizamento entre fé, esperança e caridade, atrelado à paciência, que a dimensão kenótica da revelação encontra em Deus o seu apoio satisfatório. Apoio esse sempre oferecido por Deus, mas que precisa ser assimilado e acolhido na obscuridade da dúvida. Essa se coloca sempre à espreita para confundir esse seguro e inabalável apoio divino, capaz de suster de forma única a constitutiva fragilidade da existência humana.

---

172. Id., *Esperança apesar do mal. A ressurreição como horizonte*, São Paulo, Paulinas, 2007, 158.
173. BENTO XVI. *Porta fidei*, 23.
174. TORRES QUEIRUGA, *Esperança apesar do mal*, 159.

4.4. Iluminação de questões teológicas: religiões, imagem e linguagem de Deus

Ao refletirmos sobre essas questões teológicas a partir da teologia da revelação de Torres Queiruga, visando à sensibilidade cultural hodierna, reportamo-nos a uma pessoa devidamente autorizada sobre o assunto. As ações doentias da humanidade atual evidenciam que esta perdeu de vista a genuína imagem e linguagem de Deus, cuja realidade pastoral é desafiada a trabalhar. Acerca disso, vejamos uma ponderação singela e diretamente atrelada à *práxis* pastoral:

> O fato de insistir na afirmação de que o ser humano é imagem de Deus não deveria nos fazer esquecer que cada criatura tem uma função e nenhuma é supérflua. Todo o universo material é uma linguagem do amor de Deus, do seu carinho sem medida por nós[175].

Diante disso, entendemos que cabe à teologia da revelação a desafiadora tarefa de transpor a mensagem do amor de Deus para a aplicação prática. Valendo-se de uma linguagem que seja compreensível e verdadeira ao homem moderno, o pontífice desafia e compromete o leitor ao enfatizar a revelação de um Deus amoroso no universo material, e conclama a um estado de alerta e percepção atenta do transcendente. Sabemos que a atitude de parar para observar já é um comprometer-se, por isso o papa Francisco enfatiza que não recebemos o carinho de um "deus" qualquer, mas que recebemos o carinho de um Deus que nos atinge unicamente por amor.

Com a literatura queiruguiana indagamos: como pode o ser humano hodierno "se blindar" e resistir a esse amor, sendo-lhe, muitas vezes, indiferente e não se permitindo atingir por essa força amorosa tão única e verdadeira? "Basta recordar a história da cultura moderna para perceber quão amiúde os crentes por princípio se fecham às contribuições a que eram chamados, a partir da cultura secular, a purificar ou aprofundar a compreensão autêntica da fé."[176] O homem hodierno é desafiado a se deixar tocar por esse amor que se despoja de sua divindade para atingir a sua criatura humana.

> [...] um Deus que, conforme nos assegura o hino de Filipenses (cf. Fl 2,6-11), por amor despoja-se de si mesmo e que por amor nos atinge, toca-nos na graça e nos provoca na esperança da fé a seguir na sua direção.

---

175. Francisco, *Laudato si'*, n. 84, 55.
176. Torres Queiruga, *Recuperar a criação*, 235.

> Este seguir e todo este viver só encontrarão em Deus o seu destino e a sua força, a sua razão e a sua ousadia, o seu ponto certo, o seu encontro e o seu *éschaton*. A teologia que se faz hoje em dia deve levar em conta as promessas e a vinda de Deus, mas, sobretudo, o caminhar que é feito e realizado pelo "povo" que acolhe esta experiência na fé, que vive na esperança e que se transfigura profeticamente na certeza do que virá, na confiança, no despertar, no agir e no amor. Assim, a teologia torna-se relevante e é assim que ela deve agir. Caso contrário, destina-se ao fracasso e ao anonimato, vai para a escuridão e não para a luz, que é o seu destino[177].

Observando o texto acima, é possível perceber claramente a beleza da imagem de um Deus amoroso, bem como a tarefa da teologia de não somente se voltar para a promessa da vinda de Deus, mas, acima de tudo, expõe sua responsabilidade de levá-la em conta. Dito de outra forma, a reflexão teológica tem a tarefa de cuidar da caminhada de fé eclesial, movida pela esperança e transfigurada pela robustez do mesmo amor. Entendemos que somente uma mente que se permitiu deixar ser plenamente tocada pela graça divina capaz de alimentar a esperança será capaz de partilhar essa sua experiência de revelação. A manifestação da imagem de Deus, da qual o ser humano é herdeiro, exercendo a sua função de comunicar em linguagem teológica, requer uma linguagem sempre atualizada. O que está em jogo, na verdade, é "a linguagem do amor de Deus e de seu carinho sem medida por nós".

A esse respeito, no eixo da espiritualidade efetiva, o teólogo galego ressalta que esse amor de Deus por nós alimenta uma espiritualidade de corpo e alma.

> Espiritualidade em sentido pleno, de corpo e alma, acolhida e entrega, interpretação teórica e realização prática. Felizmente, quanto à prática, as diversas teologias políticas e da libertação desbloquearam as desconfianças diante de um Deus inimigo do ser humano e de uma religião escapista, "infiel à terra"[178].

Entendemos que a experiência de desvelamento, enfatizada pela teologia de Torres Queiruga, vem apontando na história da revelação a necessidade de uma atenção especial da teologia no sentido de utilizar uma hermenêutica aberta, proativa, sem meias-palavras. Assim, será capaz de

---

177. Kuzma, *Fazer teologia em tempos de crise*.
178. Torres Queiruga, Ateísmo e imagem cristã de Deus, 50.

possibilitar a verdadeira comunicação da imagem de Deus que preza sempre pela continuidade da criação, e não pela sua estagnação cristalizada. Em outras palavras, é a necessidade de uma teologia que ressalte a interconexão entre criação, revelação e salvação, cujo ponto de inflexão é sempre um ato contínuo de criar.

> A continuidade entre criação e salvação prolonga-se na revelação, pois o ato criador não é um "fazer" que desprende de si o produto, senão uma *creatio continua*, que o suscita e apoia, sempre e em cada instante. Por isso, Deus é presença sempre atual que suscita, promove, habita e sustenta a sua criatura[179].

Portanto, é necessário desfazer a falsa imagem do verdadeiro "Deus" que foi compreendido como aquele que bloqueia a liberdade humana, cuja figura a literatura queiruguiana aponta exatamente para o contrário. Ela reivindica a necessidade de combater uma imagem anacrônica de um "deus", cuja função principal consiste em restringir a liberdade e estreitar a existência humana[180]. Há a urgência de desfazer essa ideia que afetou inclusive a filosofia quando foi espalhado o mal-entendido de que o se tornar cristão reduz a liberdade humana, pois essa "morreria ao contato com o absoluto"[181].

Percebemos, em contato com os textos de Torres Queiruga, que o fiel dos tempos hodiernos é desafiado a compreender que o mesmo Deus que o auxilia na liberdade em todos os sentidos lhe estende a mão, reanimando-o nos fracassos e oferecendo a sua compreensão. Isso acontece especialmente durante a escolha moral, quando o ser humano, fragilizado, cai no pecado e sofre as terríveis consequências que dele advêm. Aí está Deus não para castigar, mas para chamar à conversão.

Em última instância, o que o teólogo galego enfatiza é o papel da religião na sua tarefa de refazer a genuína imagem de Deus. É urgente anunciar a imagem de um Deus amoroso, principalmente diante das consequências deletérias do pecado. A teologia do professor de Compostela enfatiza que Deus não se afasta do pecador, mas antes o acolhe, infunde-lhe a graça e essa o fortalece e revigora. Assevera ainda que, diante da questão lancinante do pecado, o destino da religião é apresentar a imagem de um Deus que jamais condena alguém, mas que, ao criar por puro amor, pura e tão

---

179. Id., *Fim do cristianismo pré-moderno*, 127.
180. Id., Ateísmo e imagem cristã de Deus, 50.
181. MERLEAU-PONTY, MAURICE, *Sentido y sinsentido*, Barcelona, Península, 1977, 152.

somente lhe ama. Logo, ao invés de condenar, ele entende a sua criatura e a ajuda na luta contra o pecado.

> O destino da religião na consciência de muitas pessoas depende, por sua vez, da apresentação que se faça dessa questão lancinante, na qual a angústia e a esperança, a rebeldia e a submissão, a autonomia e a heteronomia interferem-se em um profundo jogo prenhe de consequências[182].

A literatura queiruguiana enfatiza que o destino da religião é enaltecer sempre mais a experiência religiosa de revelação de Deus. O papel da teologia está em continuamente ponderar que o Deus verdadeiramente revelado em Jesus Cristo está prontamente disposto a oferecer ao homem criado o seu apoio, o seu perdão, bem como a sua esperança reconfortadora e plena de graça. A teologia da revelação de Torres Queiruga aponta que fora desse tipo de entendimento "não é ousadia pensar que são milhões as deserções da fé que encontram aqui um (talvez o) motivo"[183].

Sendo assim, ressaltamos que um dos grandes desafios da reflexão teológica atual consiste, exatamente, em se debruçar sobre como comunicar a genuína imagem do verdadeiro Deus que Jesus Cristo nos fez ver. A teologia da revelação de Torres Queiruga aponta que a crise moderna consiste numa grande oportunidade para redescobrirmos a experiência cristã original.

> A crise moderna constitui uma magnífica ocasião para redescobrir, em toda a sua frescura e vigor, a experiência cristã original, libertando-a de excrescências que a defrontam e obscurecem. Desse modo, pode então confrontar-se com a nova situação cultural, em concreto, com a autonomia do mundo, e abrir, assim, a possibilidade de um encontro verdadeiramente renovado. O passado, e a "tradição", não desaparece, pois continua a existir como lição perene, em cuja *wirkungsgeschichte* (efetiva história) vivemos e que preserva em si a experiência originária junto com lições que não devemos esquecer. Mas o corte cultural mostra que não podemos tratar de uma continuidade ingênua, mas que deve incluir também rupturas e críticas mediante a confrontação direta com a experiência das origens[184].

---

182. Torres Queiruga, *Recuperar a criação*, 234.
183. Id., Ateísmo e imagem cristã de Deus, 50.
184. Id., A teologia a partir da modernidade, in: Neutzling, Inácio, *A teologia na universidade contemporânea*, Porto Alegre, Editora Unisinos, 2005, 53.

O fragmento anterior ilumina com muita clareza o processo de construção de um itinerário que a reflexão teológica deve seguir. Ou seja, cultivando a riqueza originária e os aprendizados da tradição, ela proporciona um renovado e verdadeiro encontro entre tradição e modernidade, sendo só assim capaz de corresponder aos anseios da atual conjuntura sociocultural e iluminar as questões teológicas à luz da revelação de Deus. Segundo o teólogo galego, é necessário ter em mente a cruz de Cristo, sendo imprescindível olhá-la em suas duas direções: vertical e horizontal.

Por fim, para uma compreensão atualizada da revelação divina, a teologia de Torres Queiruga enfatiza a importância de se levar em conta o diálogo com as religiões em consideração à imagem e à linguagem de Deus, que devem estar em plena sintonia com aquelas reveladas no nazareno. Esclarecemos que apenas fazemos menção à temática imagem-linguagem, que não fazem parte direta do escopo teórico deste livro. No nosso modo de ver, cada uma delas seria objeto de uma obra específica. Entretanto, entenda-se que não excluem, mas se interligam e se atrelam à concepção de revelação.

4.4.1. A revelação divina e o diálogo com as religiões

Como as religiões podem contribuir para que o fiel perceba a Deus em meio a tantos estímulos que o mundo oferece? Quem está em condições de captar a presença do transcendente na história? Qual religião está apta a revelar a Deus? São apenas algumas questões para início de conversa. A partir da autocompreensão cristã, que é de onde refletimos, tendo como fundamento a teologia da revelação de Torres Queiruga, entendemos que o tema do diálogo das religiões é por si só de alta complexidade, em especial por se tratar da delicada tessitura do mistério e de suas implicações transcendentais.

O teólogo galego pondera que "toda pessoa está, em princípio, em condições de reconhecer-se na interpretação que se propõe a ela ou de rechaçá-la, se não a convence, ou de propor uma interpretação alternativa"[185]. Entendemos que o fiel que dedica um pouco de sua atenção ao mistério divino revelado em Jesus de Nazaré perceberá que na revelação do Deus que Jesus pôs a descoberto[186] tudo será transformado, transfigurado. Ade-

---

185. Ibid., 77.
186. João 14,7-9. "'Se me conheceis, também conhecereis a meu Pai. Desde agora o conheceis e o vistes'. Felipe lhe diz: 'Senhor, mostra-nos o Pai e isso nos basta!' Diz-lhe Jesus:

mais, compreendemos que para essa empreitada é preciso estarmos muito atentos à atual insuficiência da linguagem para expressar a nova compreensão da revelação do mistério. Por isso, é necessário termos consciência dos limites da autocompreensão, a fim de irmos elaborando, conjuntamente, uma compreensão mais universal da percepção do amor de Deus, destinado a todos. Daí a sugestão de Torres Queiruga em substituir a palavra diálogo por encontro. Vejamos:

> Talvez por isso convenha inclusive ir substituindo — ou pelo menos completando — a própria palavra "diálogo" pela palavra "encontro" [...]. O diálogo pode implicar conotação de uma verdade que já se possui plenamente e que vai ser "negociada" com o outro, que também já tem a sua. O encontro, pelo contrário, sugere muito mais um sair de si, unindo-se ao outro para ir em busca daquilo que está diante de todos[187].

Entendemos que em algumas posições, dependendo de onde o interlocutor está situado, as propostas podem ser assimiladas positivamente de diferentes formas, a depender da cosmovisão dos interlocutores. A uns, certamente, as propostas de diálogo podem parecer ousadas demais e a outros muito tímidas. Em todo caso, prevalece sempre o convite para que todos permaneçam de mãos estendidas ao diálogo e que tenham ânimo para uma *práxis* renovadora. É uma abertura que deve sempre ter a sua gênese no princípio de que "todas as religiões são — a seu modo e em sua específica medida — verdadeiras"[188]. Sendo assim, a partir da autocompreensão cristã,

> [...] e por meio do pensamento de Torres Queiruga, entendemos que existe uma radical e fraterna comunidade formada por todas as religiões e, como resposta ao amor universal de Deus, sem eleições e nem privilégios da parte dele, todas devem buscar a máxima comunhão possível[189].

A literatura do teólogo galego aponta para a necessária compreensão de que apenas na partilha solidária e respeitosa do mistério as religiões contribuirão para a genuína percepção de revelação e o sadio relacionamento entre os seres criados por amor. "Só partilhando aquilo que creem ser o

---

'Há tanto tempo estou convosco e não me conheces, Felipe? Quem me viu, viu o Pai. Como podes dizer: 'Mostra-nos o Pai'?'"

187. Torres Queiruga, *Autocompreensão cristã*, 153.
188. Ibid., 8.
189. Nobre, Ecumenismo e o diálogo das religiões na perspectiva de Andrés Torres Queiruga, 340.

melhor, num diálogo repleto de respeito e sempre disposto a dar e receber, elas podem ir se aproximando da inesgotável riqueza do mistério."[190] Compreendemos, assim, que o diálogo acontece na medida em que essa abertura está presente. Entendemos que o mistério é o único ponto verdadeiro que descentraliza, na justa medida em que o acolhem. Na comunhão que brota do mistério, as confissões religiosas unem-se sem imporem e aproximam-se sem se desrespeitarem. Aprendendo assim, vão conservando cada uma a sua identidade, predisposta e receptiva, sempre em clima de reforma.

Sabemos que a necessidade do diálogo nasce entre as religiões justamente diante da diversidade de ofertas. Em Cristo, atingimos uma plenitude única e definitiva. A livre decisão divina de comunicar-se plenamente encontrou em Jesus Cristo a máxima recepção possível de sua revelação concreta e culminante na história. Isso não significa que essa culminação esteja em "poder dos cristãos" ou que eles a realizem com perfeição. Exatamente por ser culminação humana, constituindo um convite e desafio, entendemos que ele é único e comum a todos.

Como aconteceu com o próprio Jesus de Nazaré, que sendo plenamente humano também a revelação foi fazendo nele o seu caminho, com o humano não será diferente. Inclusive com o nazareno houve a necessidade de crescer na fé. No conjunto do Evangelho de São Lucas, em todo o tempo, ele nos mostra Jesus em oração ao Pai. Ora, somente reza quem precisa crescer em sua fé. Vale ressaltar que foi somente através da ruptura dos limites históricos mediante a morte dolorosa na cruz que Jesus pôde entrar na luz plena da ressurreição e, a partir da primazia da ressurreição, "Jesus se nos revela e abre em plenitude o que o Deus de vivos e não de mortos' (Mc 12,27) estava e está fazendo com cada homem e mulher desde o começo dos tempos"[191].

A teologia da revelação do teólogo galego aponta que numa honesta e humilde abertura ao outro, na seara do diálogo ou do encontro, não se abandona a própria oferta ou convicção de fé. Mas esta, por meio do diálogo/encontro, certamente se torna mais ampla, mais crítica e acolhedora. Essa dinâmica possibilita reconhecer o Ressuscitado na profunda dialética de pertença à história e à Igreja. Não pertença, porque o Ressuscitado vai para o Pai, mas pertença porque, apesar de tudo, vai nos dando a conhecê-lo em nossa história e vai mantendo-nos abertos à plenitude em que agora vive.

---

190. TORRES QUEIRUGA, *Autocompreensão cristã*, 8.
191. TORRES QUEIRUGA, *A teologia a partir da modernidade*, 79.

Essa mesma lógica vale para a Igreja: pertença, porque ela é a comunidade encarregada de manter viva a lembrança do Ressuscitado e de efetivar a sua oferta. Paradoxalmente, é também não pertença, porque, enquanto o Ressuscitado a ela não se deixa aprisionar, jamais conseguirá abarcá-lo e nem possuí-lo, uma vez que deve reconhecê-lo como destinado, com igualdade de direito a todos os demais. Nessa dinâmica ele espera ser acolhido por essa mesma totalidade.

É preciso entender que a consciência da revelação tem de se configurar continuamente[192]. No tempo presente, superada a compreensão da revelação como um "ditado", ela aponta para o caráter necessariamente interpretado e de interlocução entre humanidade e divindade. Isso se dá na partilha sincera das monções do seu Espírito entre todos. A essa tarefa de uma constante interpretação da revelação, Torres Queiruga propõe três categorias novas:

1. Universalismo assimétrico: em seu nascimento e desenvolvimento histórico, todas as religiões são em si mesmas caminhos reais de revelação e salvação, porque expressam, da parte de Deus, sua presença universal e irrestrita, posto que desde a criação do mundo ele "quer que todos sejam salvos" (1Tm 2,4), logo é universal. Por sua vez, também é assimétrico, dado que é impossível ignorar as diferenças reais nas conquistas das diferentes religiões; não porque Deus discrimine, mas porque, por parte do homem, a desigualdade se torna inevitável[193]. Assevera Torres Queiruga que a assimetria não deve ser entendida como absolutismo, mas aponta para a compreensão de que todas as religiões, incluída a nossa, apresentam-se, em sua essência mais íntima, necessitadas de aperfeiçoamento. São como leques de tentativas exploratórias, partindo de instâncias distintas e por caminhos diversos, convergindo para o mesmo mistério que as sustenta, atrai e supera. São fragmentos diferentes nos quais se dilata sua riqueza inesgotável. Sendo assim, por serem fragmentos, não devem ignorar-se, mas somar os reflexos. Ele pondera que seria monstruoso pensar que a riqueza do outro me empobrece, bem como seria intolerável açambarcar como privilégio próprio o que pertence a todos. Ressaltamos, assim, que o caráter pleno da revelação deve nos ensinar a abandonar toda e qualquer pretensão de domínio ou conquista.

---

192. Id., *O diálogo das religiões*, 55.
193. Id., *Autocompreensão cristã*, 96.

2. Teocentrismo jesuânico: nesta categoria se evidencia que, por um lado, há a imprescindibilidade de Jesus de Nazaré como pessoa histórica e, por outro lado, reconhecemos que, no fim das contas, o centro último de todas as coisas é Deus. Daí a proposta dessa categoria como tentativa de juntar ambas as extremidades. "Hoje considero mais significativo falar de um 'teocentrismo jesuânico', pois nos parece que aponta melhor tanto para Deus enquanto mistério ultimamente fundante como para sua — para nós — irrenunciável mediação no Evangelho na pessoa de Jesus de Nazaré."[194] Além disso, com relação às demais religiões, não prejulga em princípio seu direito de falar, se assim elas o creem, de um teocentrismo diferentemente qualificado.
3. Inreligionação: a fim de melhor compreendermos essa categoria, podemos dizer que ela consiste analogicamente na passagem da "religionação" à "inreligionação", isto é, assim como na "inculturação" uma cultura assume riquezas religiosas que lhe vêm de fora, sem renunciar a ser o que ela é, o mesmo deve acontecer no plano religioso. Para uma religião, que consiste em saber-se e experimentar-se como relação viva com Deus ou com o Divino, quando percebe algo que pode contemplar ou purificar essa relação, é normal que procure incorporá-lo. No contato entre as religiões, o movimento espontâneo em relação aos elementos que chegam a uma religião proveniente de outra deve ser o de incorporá-los ao seu próprio organismo. Dessa forma não desaparece; pelo contrário, longe de suprimir-se, afirma-se mediante uma transformação que pode torná-la mais crítica, mais rica e mais universal. É como no exemplo do enxerto de árvores em que tanto a árvore receptora quanto o galho enxertado se enriquecem mutuamente.

Sendo assim, no enraizamento hermenêutico do encontro entre as religiões, entendemos que quando se busca, com humildade e acolhida, o contato com o diferente na disponibilidade da partilha desarmada e sincera, muitas verdades que são comuns a todos se efetivarão na mútua ajuda.

A literatura de Torres Queiruga aponta para a grande verdade de que todas as religiões têm aspectos e perspectivas intrínsecas que constituem ferramentas que possibilitam a percepção do transcendente. Sendo assim,

---

194. TORRES QUEIRUGA, *Repensar a revelação*, 366.

elas são desafiadas a colocarem em comum as suas descobertas, numa atitude de mútua ajuda e partilha.

O teólogo galego nos possibilita entender que é preciso mantermos a sensação viva do mistério e não sua monopolização, o que nos ajuda a nos educar para a coletividade. E na atual cultura secularizada, tão castigada pelos diversos etnocentrismos, somos desafiados a dar um passo adiante rumo à graça da partilha do testemunho e da verdade revelada no amor.

A literatura de Torres Queiruga alimenta a forte esperança de que, da cultura multifacetada — quando humanizada e iluminada pela presença reveladora do mistério —, poderão sair potencialidades inéditas, inauditas. Dessa maneira, ela capta a Deus, como todo-poderoso no amor, sendo capaz de partilhar respeitosamente a genuína imagem de Deus. "Não existe maior respeito ao outro que lhe apresentar a própria posição da maneira mais sincera e clara possível. Só assim, de mais a mais, pode-se esperar que também o interlocutor escute de verdade, sem pretender saber *a priori*."[195] Quando o fiel se der conta da percepção de Deus na sua essência, indubitavelmente estará garantida a partilha sincera da verdadeira imagem de Deus.

4.4.2. A revelação divina e a imagem de Deus

Cultivar uma imagem genuína do Deus amoroso ao longo de uma história bimilenar, no meio de uma realidade cultural secular e globalizada[196] e com dimensões planetárias, nem sempre constitui tarefa fácil. Sabemos que muitos "penduricalhos" são jogados em cima da imagem divina, cuja responsabilidade de fazer eclodir sua imagem originária recai sobre a teologia da revelação. Sabemos que, tendo em vista a necessidade pastoral de oferecer ao mundo de hoje uma genuína imagem de Deus — revelada plenamente em Jesus Cristo[197] —, Andrés Torres Queiruga tem dispensado muito de suas energias e atenção.

É possível perceber essa sua preocupação, de maneira muito sutil, na simples observação dos títulos de suas próprias obras. Só para citar alguns, o modo como ele as "batiza" revela claramente a imagem de Deus que ad-

---

195. Torres Queiruga, *Recuperar a criação*, 235.
196. Entretanto, com as posturas de fechamentos e posições ultraconservadoras, a realidade globalizante já apresenta sinais de nova configuração das relações culturais. O Brexit e a polêmica do muro no México evidenciam esses sinais.
197. "Ele é a imagem do Deus invisível, o Primogênito de toda a criatura, [...] pois nele aprouve a Deus fazer habitar toda a Plenitude" (Cl 1,15.19).

voga: *Um Deus para hoje*; *Alguien asi es el Dios en quien yo creo*; *Creer de otra manera*; *Creio em Deus Pai*. *O Deus de Jesus Cristo como afirmação plena do humano*; *Esperança apesar do mal*. *A ressurreição como horizonte*; *Repensar a revelação*. *A revelação divina na realização humana* etc. São títulos que emitem não somente uma imagem de Deus, como também o resultado da genuína percepção dessa imagem como condição para a realização humana, a começar por este último. Por aí percebemos uma imagem de Deus atualizada no hoje da história. Imagem de confiança, de esperança, de realização e tantos outros adjetivos positivos que o teólogo galego quer evidenciar para a humanidade hoje. Acerca disso vejamos:

> *Um Deus para hoje*. O título soa necessariamente pretensioso. Mas deveras só deseja apontar a necessidade de repensar continuamente nossas imagens de Deus e fazê-lo, portanto, também para hoje. Estamos convictos de que qualquer tentativa de força acabará naufragando em seu empenho de remeter-nos a mistério tão grande. E, não obstante, temos a esperança secreta de fazê-lo de forma um pouco menos inadequada, sob algum aspecto, pelo menos. Em todo caso, é claro que compete a cada tempo apostar em seu ensaio de dar resposta minimamente significativa a suas interrogações precisas: só assim suscitará atitudes e promoverá *práxis* que lhe ajudem nas urgências de seu respectivo momento[198].

Não é sem intenção premeditada que inserimos esse fragmento nesse local. Foi exatamente para ressaltar a imagem de Deus que o teólogo galego quer apontar para a cultura atual. Nesse fragmento ele deixa evidente a sua preocupação pastoral, como ele próprio diz, que ajuda "nas exigências de seu respectivo momento". É uma maneira mistagógica de falar, que reivindica as responsabilidades dos seres humanos criados por amor. Assim, vai incumbindo-os, no tempo presente, a fim de continuar a repensar a imagem de Deus que melhor se ajuste à compreensão do homem hodierno. Basta uma atenção mais apurada às próprias palavras do autor para nos darmos conta de suas pretensões. Com profunda lucidez, ele deixa claramente a descoberto que é necessário e urgente repensarmos a imagem de Deus para hoje. Inclusive os verbos "repensar" e "recuperar" estão presentes como títulos de suas obras, exortando o leitor sobre a necessidade de continuarmos nesse processo de repensar continuamente a imagem de Deus. Uma imagem que seja capaz de se comunicar com a sensibilidade moderna.

---

198. Torres Queiruga, *Um Deus para hoje*, 5.

O autor ressalta que Deus é presença sempre atual a promover, sustentar e habitar a sua criatura e pondera que, infelizmente, esse tipo de pensamento tem sido objetivante na sociedade secular atual. Isso vai deformando a genuína experiência bíblica de um Deus em profunda comunhão com o ser humano criado. A esse respeito, assim se expressa o teólogo galego:

> A denúncia dessa deformação, que Hegel intuiu como máxima urgência nos primórdios da modernidade, pode ajudar a *repensar a revelação*, de sorte que nos permita assimilar hoje alguns dos valores fundamentais da sensibilidade pós-moderna, apoiando-os no que têm de mais positivo, sem por isso sucumbir aos demônios que ameaçam deitar fora suas conquistas. Tendo em conta as exposições anteriores, atenderei àqueles mais imediatamente relacionados com o tema atual, sobretudo como se mostram a partir da preocupação pós-moderna[199].

Num mesmo fragmento, encontramos duas vezes a sua referência à pós-modernidade. Logo, não o faz por equívoco. Enfim, o que mais nos interessa neste ponto é a exortação do professor de Compostela sobre a responsabilidade de cada tempo se dedicar à tarefa de repensar a imagem de Deus para que seja inteligível e crível pelas pessoas de todos os tempos e lugares, pois sabemos que é desejo de Deus estabelecer comunicação com o homem criado por amor e, para isso, utiliza-se de diversos modos[200]. Sendo assim, entendemos que a teologia da revelação de Torres Queiruga, ciente da evolução dos tempos, reivindica esse repensar contínuo da revelação, a fim de garantir a realização humana no dinamismo da história. Mas qual é realmente a imagem ou as imagens de Deus que Torres Queiruga quer evidenciar? A imagem de um Deus alegre[201] é uma das que nos vem à tona. A esse respeito, ele ressalta a necessidade de recuperarmos a alegria cristã.

> Falar da alegria de Deus pode tomar-se como genitivo subjetivo: alude então a alegria que Deus vive em si mesmo e em suas criaturas, no mistério de sua felicidade infinita. Pode significar também genitivo objetivo: o tema, mais modesto, da alegria que o ser humano sente diante de Deus

---

199. Id., *Fim do cristianismo pré-moderno*, 127.
200. "Muitas vezes e de modos diversos falou Deus, outrora, aos Pais pelos profetas; agora, nestes tempos, que são os últimos, falou-nos por meio do seu Filho, a quem constituiu herdeiro de todas as coisas, e pelo qual fez os séculos" (Hb 1,1-2).
201. "Veio o Filho do Homem, que come e bebe, e dizem: 'Eis aí um glutão e beberrão, amigo de publicanos e pecadores'" (Mt 11,19a).

e ante Deus. A esta vou referir diretamente, embora o primeiro aspecto permaneça como transfundo fascinante e como fundamento radical[202].

Fundamentando-se em Nicolau de Cusa e em Espinosa, o professor de Compostela ressalta que a alegria infinita de Deus em si mesma sustenta a nossa alegria. Dito de outra forma, quando formos capazes de perceber a Deus e entrarmos em sintonia com ele, seremos plenamente capazes de nos alegrar no Senhor. Em Deus não há solidão como tristeza castrante[203]. A necessidade humana de encontrar sentido para a vida vive à mercê da experiência de transcendência para a sua plena realização. A experiência mística como ponto culminante entre a vida e a fé está a nos dizer que a nossa alegria acaba por coincidir com a alegria divina que é capaz de ressignificar a vida.

> [...] constatamos que vivemos num momento em que a cultura passa por profundas mutações, em que o fato religioso enfrenta diversas posturas, desde a indiferença até o ateísmo. Nesta situação, vimos que a experiência é o caminho por excelência da comunicação e transmissão de valores a um ser humano desencantado e ao mesmo tempo sedento de transcendência e Espírito que dê sentido a sua vida. Procuramos então cercar cuidadosamente do conceito de experiência e, depois, de aplicá-lo teologicamente à religião. Esta análise nos conduziu à experiência mística, que todos os pensadores, estudiosos e crentes consideram como ponto culminante da vida de fé[204].

Essa sede de transcendência acontece com quem se encontra naquilo que chamamos de "estar em estado de graça". Mediante esse estado, a face transfigurada de Deus reluz na sua criatura. Especialmente quando a criatura é capaz de fazer um distanciamento das coisas criadas, a fim de ser capaz de ver Deus nelas. "Não podemos ver as coisas em profundidade enquanto as afagamos, a elas nos agarrando. Quando delas abrimos mão, começamos a apreciá-las como são em realidade. Só então podemos começar a ver Deus nelas."[205] Esse ver a Deus nas coisas criadas é uma atitude que Torres Queiruga aponta como a maneira de nos alegrarmos no Senhor, por nos sabermos todos acompanhados pela riqueza do seu amor.

---

202. Torres Queiruga, *Alguien así es el Dios en quien yo creo*, 18.
203. "Alegrai-vos sempre no Senhor! Repito: alegrai-vos!" (cf. Fl 4,4).
204. Bingemer, Maria Clara Lucchetti, *O mistério e o mundo. Paixão por Deus em tempo de descrença*, Rio de Janeiro, Rocco, 2013, 433.
205. Merton, Thomas, *Na liberdade da solidão*, Petropolis, Vozes, ⁷2014, 17.

Segundo ele, o homem criado por amor é desafiado a fugir da tristeza e do isolamento. O autor convida o homem de fé a se afastar de toda retórica minimalista, desconstrutiva e totalitária. A quem pensa ter chegado à finitude irreversível, ele reacende a esperança de uma plenitude futura e assim se expressa:

> Contudo, a consciência cristã nos diz que nem por isso temos de nos tornar prisioneiros da pura finitude. Uma vez que Deus habita tudo, que é o "Todo no fragmento" [Balthasar], o concreto não se detém na tristeza do coto isolado, mas pode ser vivido como membro incorporado em uma realidade mais ampla e definitiva, como antecipação esperançosa: "sinete e penhor" (2Cor 1,22) da plenitude futura[206].

Em suma, quando o teólogo galego pondera sobre a importância da alegria cristã, não está se referindo a um sentimentalismo imediato e piegas, mas sim fala de uma percepção forte do transcendente, que, apesar dos sinais de morte, não se deixa abater, pois percebe que, nesse meio, a presença marcante de Deus se faz forte, suscitando o sorriso e a felicidade. Especialmente aí, ele está "realizando a paz pelo sangue da sua cruz"[207].

Outras imagens fortes sobre Deus que o teólogo galego enfatiza são aquelas da compaixão, da coragem e da esperança. Ressaltando a compaixão solidária do amor de Deus por nós, Torres Queiruga enfatiza que, apesar de todas as desesperanças, Deus oferece a coragem e a esperança. Assim, a pessoa humana sabendo-se empoderada e emancipada por Deus será capaz de transformar, democraticamente, a "Grande Sociedade" na "Grande Comunidade"[208]. Desse modo, possibilita a coragem necessária para que todos se mantenham de pé sobre a face da Terra.

É uma maneira de estendermos a vocação de salvação universal oferecida a todos. De modo que, na liberdade do Espírito, faz-se necessário que todos tenham acesso à verdadeira imagem do Deus de amor. E, a partir

---

206. TORRES QUEIRUGA, *Fim do cristianismo pré-moderno*, 128.
207. Colossenses 1,20b.
208. "Esse ideal, se colocado em prática, consistiria, em essência, na transformação da 'Grande Sociedade' na 'Grande Comunidade', isto é, toda a comunidade deveria encarregar-se de exercer a democracia, uma vez que nessa nova maneira de encará-la todos os cidadãos receberiam iguais oportunidades para a livre expansão dos valores" (NOBRE, JOSÉ AGUIAR; MENDONÇA, SAMUEL. Anísio Teixeira e a Educação Democrática e pública de qualidade. Reflexões acerca das implicações da gestão educacional, *Educação em revista*, Marília, v. 17, n. 2 (2016) 28).

de então, no uso de sua consciência, acolhê-lo ou rechaçá-lo. Cremos que dificilmente a segunda opção terá êxito, pois sabemos impossível encontrar-se com a misericórdia de Deus e permanecer indiferente[209]. O professor de Compostela aponta que uma vez seduzido pelo amor desconcertante de Deus, a pessoa humana terá sempre a coragem de lutar e, mesmo que seja derrotada, saberá se inspirar nos exemplos de Jó e de Jesus de Nazaré ao entender que:

> Na carne traspassada pela cruz, verá o Deus da ressurreição. Só por ter-se deixado corrigir-se a tempo, a falsa imagem de uma onipotência arbitrária, puderam alguns crentes pensar que depois de Auschwitz era impossível orar. A partir do Deus vivo e verdadeiro, compreendemos o contrário: só orando é possível esperar, apesar de Auschwitz, porque só a fé em Deus — e nenhum outro sistema ou ideologia sobre a terra — é capaz de manter viva a esperança das vítimas dentro do terror brutal da história[210].

Assim, podemos observar que a experiência de revelação divina, longe de conservar a imagem de um Deus indiferente, vem enfatizar que ela brota do interior humano e

> [...] se realiza *através* do lento, duro e sinuoso trabalho da subjetividade humana. Não é algo de "vem de fora", mas algo que "sai de dentro": constitui, justamente em aperceber-se da Presença que nos constitui, nos habita e, desde sempre, procura se manifestar a nós[211].

O Vaticano II, ao refletir sobre a revelação como tal, já acena claramente sobre a realidade dessa presença criadora do universo, de forma que as obras realizadas por Deus na história da salvação manifestam e corroboram os ensinamentos e as realidades significadas pela Palavra[212]. Cabe agora à teologia da revelação renovar a esperança e recriar a experiência cristã a partir de sua novidade original.

> Só a esperança, como virtude teologal, permite-nos avançar sem medo até as raízes desse momento crucial no qual se encontra o cristianismo. Momento que só pode ser comparado com o que foi aquele momento decisivo pelo qual a fé cristã teve que "passar" — êxodo e páscoa verdadeiros — do

---

209. "Tu me seduziste, Iahweh, e eu me deixei seduzir; tu te tornaste forte demais para mim, tu me dominaste" (Jr 20,7).
210. TORRES QUEIRUGA, *Um Deus para hoje*, 23.
211. Id., *Fim do cristianismo pré-moderno*, 129.
212. *Dei Verbum*, n. 2-3.

judaísmo para o helenismo. Porque não se trata de retoques nem de reformas. O que está em jogo é uma verdadeira re-criação da figura histórica do cristianismo. E a oportunidade única de recriar a experiência cristã a partir da sua novidade original[213].

Para tanto, é preciso valer-se de uma pedagogia clara e direta para continuar a transmissão da verdade da revelação numa linguagem sempre nova, a linguagem de Deus todo poderoso no amor. "Pois a Igreja experimenta em nossos dias grande dificuldade em transmitir a fé para as novas gerações, sinal de alarme que exige um exame sério dos *canais tradicionais* dessa transmissão."[214]

Sabemos, enfim, que o contexto sociocultural e as condições de vida dos ouvintes são outros, de tal modo que uma mensagem de fé somente será levada em conta pelos seus ouvintes se levar em consideração as circunstâncias em que vivem. Diante da constatação de desafios de comunicação da novidade da revelação, valendo-se de uma linguagem pautada no Evangelho, Torres Queiruga recorre à memória para dizer que as atitudes de fechamento não podem ser esquecidas para jamais serem repetidas. Não é por acaso que ele admoesta que "um pensamento objetivista e abstrato se converteu em jaula de ferro para o dinamismo da fé, impermeabilizando-o em grande medida para a nova sensibilidade cultural"[215]. Daí o grande desafio de comunicar a revelação na linguagem de Deus.

4.4.3. A revelação divina e a linguagem de Deus

Como sabemos, a revelação divina não cria uma linguagem própria e hermética, senão, certamente, seria algo inútil para a sua assimilação, mas deve sobretudo transformar a linguagem do cotidiano da vida de modo que, através dessa linguagem acessível a todos, o mistério possa aparecer. É mediante a linguagem que se faz a proclamação da fé chegar ao homem concreto. "De fato, a proclamação da fé jamais se dirige ao ser humano em geral, pois este nunca existiu, porém sempre a homens e mulheres vi-

---

213. Palácio, Carlos, O cristianismo na América Latina. Discernir o presente para preparar o futuro, *Perspectiva teológica*, n. 36 (2004) 195.
214. Miranda, Mário de França, *A Igreja que somos nós*, São Paulo, Paulinas, 2013, 213.
215. Torres Queiruga, A., A teologia e a Igreja depois do Vaticano II. O desafio e as perspectivas, in: Brighenti, Agenor; Hermano, Rosário (org.), *A teologia da libertação em prospectiva*, São Paulo, Paulus; Paulinas, 2013, 169.

vendo numa época histórica e numa sociedade concreta."[216] A questão da linguagem de Deus, entendida enquanto linguagem religiosa utilizada na transmissão da fé revelada, é considerada pelo teólogo galego algo difícil, mas essencial.

> Não é questão de carregar ainda mais a consideração com novas análises deste tema difícil de abordar, mas que, espero, está suficientemente claro e sugestivo. Contudo, faltaria algo essencial à abordagem, se não se dissesse ao menos alguma coisa acerca da *linguagem religiosa*. Nela se revela necessariamente a índole e a experiência reveladora que a sustenta e, por sua vez, constitui o ponto de sua decisiva iluminação[217].

Esse ponto de decisiva iluminação da revelação de Deus, mediante a índole e a experiência reveladora da linguagem religiosa, que põe a descoberto a plenitude do mistério, nunca é absolutamente comunicável no sentido em que o próprio termo parece transparecer. Naturalmente, a comunicação da fé revelada numa nova cultura, ao longo de sua história, sempre enfrentou obstáculos, críticas e negações. "Isso exigia uma verdadeira revolução, que ameaçava a própria continuidade da fé."[218] É preciso levar em conta conscientemente que a linguagem de Deus sempre será "prejudicada", uma vez que está sujeita à limitação humana. Entretanto, as limitações e dificuldades nunca devem se sobrepor ao querer divino que é a realização última do ser humano. Realização que se dá com Deus, que sempre vem em favor do humano.

> A certeza da fé e a inquietude da espera farão parte da luta do teólogo, uma luta que ele deverá travar com sua experiência de Deus, pois o fazer teológico se faz com aquilo em que se acredita, com aquilo que dá sentido e razão no existir; o fazer teológico se faz na entrega e, principalmente, no serviço. Discursar sobre Deus, teologicamente, é falar da realização última do ser humano com Deus, do encontro escatológico, da plenificação humana e da concreta ação de Deus que vem em nosso favor[219].

No nosso modo de ver, o fragmento acima traduz muito fielmente o espírito do que advoga Torres Queiruga ao longo de sua obra. Percebemos que faz uma profunda associação entre revelação divina e realização hu-

---

216. Miranda, *A Igreja que somos nós*, 214.
217. Torres Queiruga, *Repensar a revelação*, 205.
218. Id., A tarefa da teologia após a restauração pós-conciliar, 27.
219. Kuzma, *Fazer teologia em tempos de crise*.

mana. Esta é sempre atrelada à noção de um Deus que vem em nosso favor, especialmente no momento do sofrimento. "Justamente porque sente a mordida do sofrimento, o doente sabe que Deus se põe prioritariamente a seu lado; justamente porque é marginalizado e explorado pelos homens, o oprimido escuta que Deus se põe ao seu lado."[220] Em outras palavras, a literatura do teólogo galego enfatiza a importância de abertura à linguagem de Deus, pois "trata-se de uma transformação da linguagem mediante a linguagem, com a ajuda de estratégias adequadas, que tornam patente sua radical e infinita abertura"[221].

Não obstante a tessitura do mistério revelado escapar à capacidade humana de comunicação direta da mensagem revelada na própria linguagem religiosa, é criativo observar a capacidade humana de se comunicar na linguagem do mistério. Vejamos no trecho a seguir uma das formas poéticas de se expressar quando se ressalta que a fé sempre terá o todo do mistério revelado no fragmento da linguagem. "Embora a fé do cristão se dirija à plenitude do mistério de Deus, inacessível ao conhecimento humano, ela sempre terá *o todo no fragmento* da compreensão, da linguagem e da expressão humana condicionadas e limitadas."[222] Somente uma mente espiritualizada perceberá dessa forma, como que num prisma de contemplação da beleza do mistério em que o todo está implicado no fragmento. As Sagradas Escrituras como fonte por excelência de revelação divina ressaltarão a totalidade do mistério no todo do cotidiano, onde Deus se mostra e evidencia os seus apelos na vida em que vivemos.

> A Bíblia faz saber quem é Deus, como ele se revela. [...] Faz saber onde podemos encontrar Deus e os seus apelos na vida que vivemos. [...] Ninguém pode dizer uma coisa dessas por si mesmo, mas somente quando atinge diretamente da fonte[223].

A nosso juízo, a seriedade, a responsabilidade e as consequências do uso da linguagem para comunicar a mensagem revelada no transcorrer da teologia estão sempre correlacionadas com as buscas límpidas diretamente da fonte do mistério revelado. Sabemos, pela história da revelação, que por força da ineficiência e pela falta de coragem de abertura a uma linguagem

---

220. TORRES QUEIRUGA, *Um Deus para hoje*, 23.
221. Id., *Repensar a revelação*, 205.
222. MIRANDA, *A Igreja que somos nós*, 214.
223. MESTERS, CARLOS, *Curso bíblico 1*, São Paulo, Centro de Estudos Bíblicos (CEBI), CCJ Gráfica e Editora, s/d., 9-11.

que prezasse pelo entendimento e distinção dos objetos em jogo, de mútua ajuda entre ciência e fé, os avanços desejados ficam por aterrissarem na prática: no caso, o dinamismo da fé e as conquistas da ciência.

> Existe algo de fatal no fato de que, enquanto o mundo secular se desencadeia, sobretudo a partir de Descartes, na formação de uma nova filosofia, e se forja uma consciência radicalmente histórica, no mundo religioso [...]. As grandes conquistas do Espírito moderno, a ciência, a história, a epistemologia do sujeito, a crítica social, a psicologia profunda, a consciência histórico-evolutiva [...] ficaram indefectivelmente em uma postura marginal, quando não francamente hostil, perante o transcorrer da teologia[224].

Entendemos que a linguagem deve ser viva e, enquanto comunicadora da revelação e da força do mistério de Deus, deve conter o "som" e a "voz" desse mistério, sem medo nem retrações. Na experiência cristã, muitas vezes por medo ou ignorância das opções de fechamento ao mistério, alguns seres humanos, com medo de assumir o presente a fim de transformá-lo, acabaram por buscar refúgios em atitudes imaginárias.

> É a tentação de todos aqueles que, ontem como hoje, são incapazes de suportar o lado sombrio da história do cristianismo que se reflete no rosto da Igreja; essa Igreja santa e pecadora, que os Santos Padres não hesitavam em denominar, sem embaraço, *casta meretrix*. Mas para os cátaros de todas as épocas, a opacidade da vida da Igreja é insuportável. Por isso, em nome de um cristianismo "ideal", refugiam-se num futuro imaginário que os exime de carregar o presente nos seus ombros, para encarregar-se dele e assim transformá-lo[225].

Sabemos muito bem que o século XX, com a problemática novíssima alimentada pela Escola de Tübingen[226], por exemplo, acabou por afrontar "o campo teológico com uma pesada armadura conceitual que, em

---

224. Torres Queiruga, *A teologia e a Igreja depois do Vaticano II*, 169.
225. Palácio, *O cristianismo na América Latina*, 194.
226. "A Escola de Tübingen, na Alemanha, surge em 1817, quando o rei Guilherme I transfere para lá a academia teológica de Württemberg e a incorpora à Universidade como Faculdade de Teologia Católica. A Escola tenta um diálogo com o romantismo e o idealismo alemão. Busca a fusão do método especulativo, único empregado até então, com o histórico-positivo. Com a ajuda do conceito de história e historicidade do romantismo, relê alguns dados da revelação e a compreensão do cristianismo. Possui concepção mais imanentista da relação Deus-Mundo; o Senhor continuamente atua em seu interior. Compreende se a Igreja como o lugar de continuidade da automanifestação divina. A Escola de Tübingen faz um movimento de volta às fontes, especialmente à tradição patrística e à grande escolástica.

seus conceitos e estruturas fundamentais, havia acabado de forjar no século XVIII"[227]. Os tempos avançaram de modo acelerado e, no meio desse avanço, o uso da linguagem ocupa a linha de frente. Cabe à linguagem a difícil tarefa de aproximar as pessoas e estabelecer comunicações das mais variadas naturezas. A linguagem teológica sempre transita exatamente no meandro das limitações humanas de todos os tempos e lugares. E é justamente nesse meio que ela é desafiada a comunicar as experiências de desvelamento. "Há muitas linguagens capazes de levar a 'semente da Palavra' pelo mundo afora. Atualmente, a Igreja vive em meio a forte mudança cultural [...]. Paradoxalmente a 'globalização' não produz necessariamente a aproximação mútua das pessoas."[228]

Como a fé não deixa dúvidas de que o Espírito segue vivo na Igreja, sabemos que, felizmente, nem todos os crentes e teólogos se deixam resignar, mas, tocados pela doçura do amor de Deus, revelado em Jesus Cristo, seguem na trilha do Espírito que dá vida. Assim é o que nos faz perceber a literatura do teólogo galego.

> Digamo-lo com um exemplo concreto: a criação do homem no capítulo 2 do Gênese segue conservando todo o seu valor religioso e toda a sua força existencial para uma leitura que trate de ver aí a relação única, íntima e amorosa de Deus com o homem e com a mulher, a diferença da que mantém com as demais criaturas. Porém para vê-lo assim, é indispensável traspassar a letra das expressões. Pelo contrário, se se persiste em ler nesses textos, de evidente caráter mítico, uma explicação científica do funcionamento real do processo evolutivo da vida, converte-se tudo em puro disparate. De feito, sabemos muito bem que durante quase um século neste caso concreto a fidelidade à letra converteu-se em uma terrível fábrica de ateísmo, tornando verdade a advertência paulina de que 'a letra mata, mas o Espírito dá vida (2Cor 3,6)[229].

Por um lado, realmente há aqueles que normalmente não suportam o peso das transformações que as experiências de desvelamento provocam, preferindo ficar "presos" à letra da lei a embarcar no voo libertário e dinâmico do Espírito. Como Deus não está pobre com o que ele já nos doou,

---

Entre seus expoentes, destacam-se: J. S. Drey; J. B Hirscher, J. A. Moeheler e J. E. Kuhn" (cf. LIBÂNIO; MURAD, *Introdução à teologia*, 140).
227. TORRES QUEIRUGA, *A teologia e a Igreja depois do Vaticano II*, 170.
228. KONINGS, JOHN, *Ser cristão. Fé e prática*, Petrópolis, Vozes, 2011, 53.
229. TORRES QUEIRUGA, *A linguaxe relixiosa*, 9.

assim como também o Espírito Santo não se deixa aprisionar e nem ser privatizado, além de ser cativante, sempre será acolhido por algumas criaturas receptivas que, por isso, são abençoadas e inspiradoras.

Por outro lado, movidas pela fé, essas criaturas, no exercício do fazer teológico, deixam-se tocar pela graça transbordante do transcendente. Alimentadas por essa graça, são capazes de enxergar a vida de forma transponível. Num movimento espiralado e ascético, na inquietude da esperança e no contato com o mundo que sofre, encaram o presente de forma corajosa e motivadora, mediante a fé no Deus revelado como puro amor. A certeza da fé, mesmo em meio às tribulações, produz a perseverança e desencadeia virtudes. Essas são capazes de provocar a esperança que não decepciona[230], fazendo renascer perspectivas inovadoras.

> É no contato com o mundo, principalmente com o mundo que sofre, que o teólogo e a teóloga terão a experiência de Deus. É quando o amor que é *filia* se transformará em *ágape*, é quando o Espírito nutrirá e nos encherá de vida, é quando sentiremos o calor da vida cristã que é capaz de transformar e a força da ressurreição nos acalentará e nos fará renascer[231].

No nosso modo de ver, o uso dessa linguagem mística, simbólica e positiva da vida conserva toda uma riqueza histórica das diferentes formas de percepção da presença amorosa de Deus, mediante a qual ele se revela. Consideramos importante ter sempre em mente que a revelação, enquanto categoria em reforma contínua, acumula a sabedoria anterior, de maneira que carrega em sua linguagem e, em si mesma, uma história englobadora. E isso ela traz como base fundamental para a comunicação da revelação de Deus ao homem:

> Com o que se viu anteriormente fica expresso o fundamental da revelação: essa história englobadora na qual o ser humano se vai descobrindo e realizando em sua intimidade, enquanto fundado, determinado e entregue a si mesmo pelo Deus que a ele se comunica. Isso deve permanecer como base irrenunciável que alimenta toda a reflexão[232].

Entendemos que o aprendizado com a história da revelação e a sua linguagem ao longo do tempo mostra que o aberto intercâmbio de ideias nas sensibilidades das bases eclesiais, como real *práxis* teórica dos teólo-

---

230. Romanos 5,3-5.
231. Kuzma, *Fazer teologia em tempos de crise*.
232. Torres Queiruga, *Repensar a revelação*, 199.

gos, é necessário e urgente. Nesse sentido, trabalhar com disponibilidade para a superação de todo tipo de etnocentrismo constitui um passo imprescindível para a comunicação de Deus com efetiva socialização da linguagem de revelação.

Em se tratando de socializar as experiências de revelação, a literatura de Torres Queiruga aponta que isso será mais facilmente aplicável mediante uma linguagem comum a todos, em prol da realização humana.

> A concepção de revelação, mais ancorada no humano a partir do fundamento comum do amor criador de Deus e de seu amor universal, sem distinções nem favoritismos, abre hoje aqui caminhos que até pouco tempo atrás pareciam intransitáveis[233].

O homem que passa pela experiência de desvelamento sabe o verdadeiro caminho pelo qual a linguagem de revelação toma lugar no mundo. Por isso entende que seu fundamento e realização estão em Deus. Assim se deixa surpreender por esse Deus sempre presente e surpreendente. Compreendemos, assim, que as reservas divinas jamais se esgotam. Logo, estão sempre abertas ao presente histórico de Deus com o homem, a fim de comunicá-lo na linguagem de Deus.

> Para o cristão, a história, e, portanto, o futuro, está entregue à responsabilidade do homem, sim, mas não tem nele o seu fundamento. Porque a história de Deus com o homem começa com uma promessa que abre o presente para uma realização e uma plenitude inesperadas. Por isso, qualquer realidade — mesmo a mais desfigurada — está grávida de uma "reserva de sentido"; é mais do que a vida deixa transparecer. Uma das grandezas do fato cristão é ter libertado a história do fatalismo e da necessidade, precisamente porque nela há sempre lugar para o imprevisível de Deus[234].

Em último caso, a esse respeito, podemos entender que tipo de linguagem será suficiente para expressar a mensagem imprevisível de Deus. Confiramos isso no fragmento a seguir.

> A linguagem como meio de revelação possui o "som" e a "voz" do mistério divino em e através do som e da voz da denotação humana. A linguagem dotada deste poder é a "Palavra de Deus". Utilizando uma metáfora ótica para caracterizar a linguagem, poderíamos dizer que a palavra de

---

233. Id., *A teologia e a Igreja depois do Vaticano II*, 195.
234. PALÁCIO, *O cristianismo na América Latina*, 195.

Deus como palavra da revelação é uma linguagem transparente. Através da linguagem corrente, algo resplandece (ou, com mais exatidão, algo soa) e este algo é a automanifestação da profundidade do ser e do sentido[235].

Com profundidade e clareza o trecho de Tillich descreve aquilo que entendemos estar em plena sintonia com a teologia da revelação de Torres Queiruga, isto é, fazendo uso do caráter simbólico da linguagem[236], mediante seu significado imediato, chegamos ao segundo significado mais amplo e profundo [de Deus] como estrutura subjacente do mistério revelado. O teólogo galego assevera, então, que "a revelação é, ademais, descoberta originária, eclosão primeira de novos aspectos do mistério. [...] O reconhecimento unânime do caráter simbólico da linguagem da revelação é o reflexo desta estrutura subjacente"[237]. De forma aberta e sempre atualizada, o professor compostelano pondera que, diante da necessidade de comunicação da revelação de Deus na atualidade, a mensagem revelada reivindica uma abertura desse mundo como tal.

> Finalmente a *aceitação consequente da secularização* está pedindo uma maior abertura ao mundo, como tal. É necessário acolher as possibilidades que aqui se abrem para a religião, como criações de Deus, em seus avanços e realizações autênticas, que também fazem parte decisiva da "gramática" em que se inscreve a revelação[238].

Na dimensão da revelação, enquanto criação por amor, onde Deus se revela, nos remetemos à tese de Adolphe Gesché no que diz respeito à criação do ser humano, "criado criador"[239]; logo, são seres livres e autônomos. Como podemos rechaçar as suas criações e realizações? Se elas brotam das inspirações do Espírito criador, não nos é dado o direito de rejeitá-las. Entendemos, pois, com Torres Queiruga, que na criação por amor na sua continuidade criativa, que se mostra mediante a realização das conquistas, está a maior glória de Deus. Aí também se encontram os seus efusivos aplausos, especificamente na autonomia do ser criado, cuja dignidade se faz notar.

---

235. Tillich, *Teologia sistemática*, v. 1, 165.
236. Sobre o caráter simbólico da linguagem, Paul Ricoeur tem uma vasta bibliografia, desde o *O conflito das interpretações* até *A metáfora viva*, entre outras tantas, sem nos sentirmos na obrigação de elencar aqui descritivamente a obra ricoeuriana.
237. Torres Queiruga, *Repensar a revelação*, 206.
238. Id., *A teologia e a Igreja depois do Vaticano II*, 195.
239. Gesché, *O ser humano*, 88.

Os textos do Vaticano II, em especial *Gaudium et Spes*, em seus números 21, 36, 39, 55, nos mostram que, "na mesma ordenação divina, a justa autonomia do criado e, sobretudo, do homem, não se suprime, mas sim se restitui a sua própria dignidade e se vê consolidada nela"[240]. É a afirmação do humano que Torres Queiruga mais fortemente ressalta na sua linguagem da revelação do amor de Deus pelo ser criado. E, diante disso, compreendemos que é justamente para revelar o rosto amoroso de Deus, e não para ocultá-lo[241], que o homem foi criado. Compreendemos que Deus quer ser visto através da felicidade e realização humana.

Entendemos que a grande e grave consequência do ser humano é deixar de realizar a sua teleologia, abdicando de testemunhar o amor de Deus perante o ateísmo[242] no mundo de hoje. Daí a necessidade de comunicar a genuína revelação de Deus acompanhando o avanço intrépido das mudanças, na encarnação da fé, tornando-se cada vez mais visível a olho nu. Tanto é que a história da revelação divina, ressaltada na literatura de Torres Queiruga, está a nos mostrar que é mais seguro ser ousado no anúncio do Evangelho (Mt 28,19), do que enterrar os talentos (Mt 25,25) com medo do arriscado jogo da vida.

> A esperança aberta pelo Concílio, o ar de uma nova liberdade, o sabor de uma sintonia mais evangélica com o melhor do nosso mundo já não pode ser apagado para aqueles que gostaram. [...], não é possível colocar portas ao livre vento do Espírito. A nós cabe [ir] emprestando-lhe as mãos. Mãos que somente têm direito de apresentar-se diante do mundo unidas no diálogo e no trabalho do amor, acima de quaisquer discrepâncias teóricas[243].

A literatura de Torres Queiruga aponta que a linguagem de Deus, na atualidade, mostra-se de maneira muito privilegiada na natureza, na *práxis social*, que busca o pão, a liberdade e a justiça para todos os homens. Ela reivindica um cuidado todo especial ao evidenciar a revelação de Deus não no supérfluo, mas, por exemplo, nos movimentos

---

240. *Gaudium et Spes*, n. 21, 36, 39, 55.
241. Sobre como descobrir um rosto para Deus diante do fenômeno da secularização, cf. BINGEMER, MARIA CLARA LUCCHETTI, *Um rosto para Deus?*, São Paulo, Paulus, 2005.
242. A este respeito a *Gaudium et Spes*, n. 19, admoesta: "nesta gênese do ateísmo, grande parte pode ter os crentes, enquanto, negligenciando a educação da fé, ou por uma exposição falaz da doutrina, ou por faltas na sua vida religiosa, moral e social, se poderia dizer deles que mais escondem que manifestam a face genuína de Deus e da religião".
243. TORRES QUEIRUGA, *A teologia e a Igreja depois do Vaticano II*, 197.

ecologistas[244], que retratam a sensibilidade integral que define o tempo presente.

Presente no mundo externo e na intimidade humana, Deus tem seu santuário irradiante na ação histórica em favor do ser humano. Nesta ação, em todas as suas formas e dimensões, convém divisar sua presença sustentadora: o dinamismo divino tem aí sua meta e lugar de seu brilho mais autêntico e infalsificável[245].

O amor inter-humano deixa a descoberto o amor de Deus na imanência histórica. A partir da experiência de fé e de desvelamento, o teólogo de Compostela argumenta que já não há mais dúvidas de que "uma abertura generosa, uma utilização ao mesmo tempo crítica e valente, oferece ricas possibilidades para ir afrontando a difícil, porém irrenunciável, tarefa da retradução do cristianismo que postula a nossa situação cultural"[246]. Ressaltamos que essa retradução se faz na prática do perdão e do serviço efetivo. Coube ao homem de hoje comunicar o amor revelado de Deus, numa circunstância sociocultural globalizada. É enfrentando o fenômeno da urbanização, de um mundo desterritorializado, desmaterializado, da "modernidade líquida"[247], em que a sensibilidade cultural reivindica a adoção de posturas práticas reveladoras do amor Criador.

> Em um mundo plenamente unificado, o *próximo* é todo ser: o caminho de Jerusalém a Jericó passa hoje pelos subúrbios das grandes cidades, pelas relações entre as classes, pela distribuição das riquezas dentro das nações e entre as próprias nações: e passa finalmente — como não? — pelo longo caminho que vai de Norte a Sul, em cujas valas jaz faminta, ferida e sangrando a maior parte da humanidade. [...] Um Deus que é Pai de

---

244. "Muitas coisas devem reajustar o próprio rumo, mas antes de tudo é a humanidade que precisa mudar. Falta a consciência de uma origem comum, de uma recíproca pertença e de um futuro partilhado por todos. Essa consciência basilar permitiria o desenvolvimento de novas convicções, novas atitudes e novos estilos de vida. Surge, assim, um grande desafio cultural, espiritual e educativo que implicará longos processos de regeneração" (Francisco, *Laudato si'*, n. 202, 119).
245. Torres Queiruga, *Creio em Deus Pai*, 188.
246. Id., *A linguaxe relixiosa*, 16.
247. Nesse sentido, descreve o nosso tempo, com as características do mundo dos não lugares, dos espaços vazios, da modernidade pesada à modernidade leve, da sedutora leveza do ser, da vida instantânea. Por estes subitens já captamos o tempo em que nos coube viver para anunciar a experiência reveladora do transcendente, mediante a excelência no agir que a mensagem revelada reivindica de todo ser criado por amor (cf. Bauman, Zygmunt, *Modernidade líquida*, Rio de Janeiro, Zahar, 2001, 125-163).

todos os homens, que de todo o coração quer vê-los felizes, tinha de estar de maneira suprema onde a consciência da fraternidade está despertada e onde o amor ao irmão se torna ativo. Este é justamente o lugar exato da visibilidade de Deus no mundo: o Deus "que não vê" se faz visível no irmão "que se vê" (1Jo 4,20)[248].

Por fim, na medida em que nos adentramos na vasta literatura queiruguiana, cada vez mais nos permitimos perceber o seu caráter profético e *práxico* de falar da revelação divina como uma forma de necessidade gritante para a realização humana. E, quando falamos de realização humana, estamos nos referindo à humanidade toda. Pois a leitura de um Deus que cria a todos por amor e tem vocação de salvação universal não poderia negar que quer toda a humanidade feliz e realizada. Mas, na medida em que o autor admoesta que, "pelo longo caminho que vai de Norte a Sul, em cujas valas jaz faminta, ferida e sangrando a maior parte da humanidade", só nos resta inferir que enquanto estiver um integrante da humanidade faminto e sangrando, ela não estará realizada, a causa da realização humana continua a ser buscada. A compreensão do Deus revelado, que fomenta a literatura de Torres Queiruga, continua a ser relevante. Torres Queiruga continua sendo um teólogo necessário para ajudar a humanidade a captar a Deus.

No mesmo fragmento, o autor apresenta uma saída, quando adverte para a necessidade de despertar essa mesma humanidade à criação de uma consciência fraterna. E, nesse sentido, pondera que "é preciso buscar mecanismos que introduzam a gratuidade do amor evangélico, que é capaz de 'emprestar sem esperar nada em troca' (Lc 6,35) ou dar 'aos que não podem retribuir' (Lc 14,14)"[249]. Sendo assim, o autor evoca a lógica fraternal como uma urgência no mundo de hoje, como critério para uma verdadeira revelação do amor de Deus na história.

Relembramos, por fim, que essa lógica deve sempre levar em conta a cruz da história, com suas intrínsecas mediações e eventuais fracassos. Ressaltamos que uma vez fortalecidos pelo dinamismo das experiências reveladoras do desconcertante amor de Deus, jamais deveríamos ceder à resignação, pois sabemos que o Reino está entre nós (Lc 10,4). De toda forma, entendemos que a experiência de revelação, a partir de Andrés Torres Queiruga, provoca o ser humano a tornar presente, para o mundo de

---

248. Torres Queiruga, *Creio em Deus Pai*, 189.
249. Torres Queiruga, *Um Deus para hoje*, 58.

hoje, a fé em Deus Pai-Mãe Criador, mediante o testemunho de uma fé que se engaje na iluminação de um futuro que seja mais igualitário, livre e fraterno. Portanto, feliz e realizado. O texto ganhou fôlego e, como sabemos que a revelação de Deus se dá no dinamismo histórico, a sua concepção deve estar sempre em reforma.

Capítulo 5
Considerações finais

Quando chegamos a este ponto, somos tomados por um duplo sentimento: de gratidão pelo caminho trilhado e de grande responsabilidade em sintetizar o essencial. Esta obra percorreu a teologia de Torres Queiruga no que diz respeito à temática da revelação divina. O nosso foco girou em torno de uma sistematização da concepção de revelação divina ao longo da história da salvação e à luz do professor de Compostela. O objetivo principal foi evidenciar a qualidade da percepção do Deus revelado em Jesus Cristo por parte do ser humano. A nosso juízo, a concepção de revelação divina é condição para a plena realização humana. A hipótese consistiu em ressaltar que na medida em que o ser humano, criado por amor, cumpre a sua teleologia e acolhe o verdadeiro amor de Deus, a sua existência será mais leve e feliz. Pois, com Torres Queiruga, entendemos que "se o cristianismo busca alguma coisa, esta consiste em tornar mais leve para a humanidade o peso da existência"[1].

Essas considerações finais não pretendem dispensar o leitor de tomar contato com o conjunto do texto, mas despertar para um tema tão rico e necessário. É um desafio de provocar no ser humano uma acolhida toda especial ao Deus revelado, que, como um tema de importância fundante na teologia, merece ser revisitado e assimilado frequentemente. Julgamos ser importante que a concepção de revelação seja constantemente repen-

---

1. TORRES QUEIRUGA, *Recuperar a salvação*, 15.

sada e reformulada, em consonância com o dinamismo com que o Espírito ilumina a *práxis* histórica.

O ser humano que faz a experiência da revelação de Deus, no seu próprio interior, pressente a sua força e encontra "o gosto de Deus na boca do homem, a revelação do amor ao próximo"[2]. Paradoxalmente, atrelado à experiência de encontrar a Deus dentro de si, percebemos que as ofertas e estímulos do tempo presente manifestam-se eivadas de um ateísmo sempre crescente. A esse respeito, Torres Queiruga ressalta que:

> O ateísmo é, teologicamente, o grande problema de nosso tempo. E não é só um grande problema, como também um problema que vai aumentando. É além disso um fenômeno novo. [...]. Isso não pode deixar de suscitar uma grande pergunta: se Deus existe e está conosco para salvar-nos, o que acontece para que haja tantas pessoas que o negam, que não o vêem nem o sentem de modo algum e até — trágico paradoxo! — o consideram como inimigo?[3]

É em face de preocupações e provocações como as que estão implícitas nesta indagação que encontramos as motivações no processo de dedicação à temática da percepção de Deus trabalhada nesta pesquisa. A nosso juízo, ela nos permitiu compreender mais fortemente as consequências deletérias de um ser humano que perdeu a paz. "Não tenhamos medo de dizer esta verdade: o mundo está em guerra, porque perdeu a paz."[4] O texto apontou que não podemos fazer vistas grossas a tantas outras dores que ferem, por exemplo, a Igreja hoje[5]. E a percepção dessas situações não pode deixar tranquilo nenhum crente que vive a esperança da salvação na fé cristã.

Com essa percepção advinda da teologia da revelação de Torres Queiruga, o homem estará cada vez mais apto a possibilitar uma sincera partilha das experiências de desvelamento. E, por meio dessas experiências de desvelamento, o ser humano vai caindo na conta da sua verdadeira missão

---

2. "Nhô Augusto descobre dentro de si o diabo, a força devastadora do mal — foi ao inferno quase literalmente — e dentro de si encontra a força restauradora do bem, o gosto de Deus na boca do homem, a revelação do amor ao próximo" (cf. YUNES, ELIANA, A vida pelo avesso, in: TEPEDINO, ANA MARIA; ROCHA, ALESSANDRO RODRIGUES (org.), *A teia do conhecimento. Fé, ciência e transdisciplinaridade*, São Paulo, Paulinas, 2009, 248).

3. TORRES QUEIRUGA, *Creio em Deus Pai*, 11.

4. RÁDIO VATICANO, Papa Francisco: O mundo está em guerra porque perdeu a paz.

5. "A Igreja me parece um hospital em guerras, tantas pessoas feridas". ALETEIA, A igreja é um hospital de guerra. Disponível em: <http://pt.aleteia.org/2014/09/22/a-igreja-e-um-hospital-de-guerra>. Acesso em: 23 nov. 2016.

de coconstrução do Reino. Entendimento esse que aponta para uma urgente percepção do absoluto no hoje, auxiliando no combate a qualquer tipo de relativismo. "Temos a nossa maneira sempre relativa de captarmos o absoluto, porém a justa ancoragem no rio fundamental da fé nos livra do relativismo."[6] Percebemos, mediante o contato com a teologia de Torres Queiruga, que tomar a coragem de nos deixar tocar pela experiência de revelação de Deus torna-se um desafio ímpar a todas as pessoas que buscam uma refinada compreensão e vivência da fé cristã.

Em tudo quanto aqui se escreveu, procuramos evidenciar que a teologia da revelação de Torres Queiruga tem uma relação profunda entre revelação divina e realização humana, que a partir da modernidade se vê impulsionada a uma transposição da genuína mensagem cristã para hoje. Segundo ele, com a linguagem característica da nossa época, será sempre mais fácil comunicar uma fé que seja assimilável e vivenciável, sem, no entanto, cair num laxismo. Sabemos que isso consiste em um grande desafio. Desafio, em primeiro lugar, porque, no âmbito do cristianismo, em seu muito antigo devir histórico, traz nas diversas mudanças por que atravessou uma glória e um peso.

> Glória, porque é sinal de validez, profundidade e fecundidade da experiência que promove; peso, porque as experiências se dão sempre traduzidas no marco cultural de onde habitam, e, quando se produziu a mudança, o cristianismo pertencia por força ao passado[7].

Em segundo lugar, por se tratar da capacidade de percepção da revelação divina, a vasta literatura queiruguiana aponta que é um desafio para uma fé que exige nada menos do que uma "retradução global do cristianismo". Essa "retradução" origina uma profunda crise[8], mais precisamente devido à extensão, profundidade e transcendência do que está em jogo: a revelação divina na história da humanidade que envolve a tudo e a todos[9]. Ressaltou-se até aqui que a revelação, em sua concepção mais apurada, mostra-se como aquela que está em função da liberdade do ser humano criado por profundo amor. Em outras palavras, a escrita desta obra nos possibilitou ver que a revelação põe a descoberto o processo da criação

---

6. Castelao, A teoloxía da creación de Andrés Torres Queiruga, 32.
7. Torres Queiruga, *Recuperar a criação*, 15.
8. Para aprofundar a discussão sobre a crise do tempo presente e as profundas mudanças de cunho sociocultural, cf. Miranda, *Igreja e sociedade*, 107-146.
9. Torres Queiruga, *Recuperar a criação*, 15.

em vista da realização plena do ser humano, bem como da sua salvação. E, nesse processo, percebemos que houve todo um esforço de Deus, até a morte do seu Filho, para que o ser humano percebesse a sua revelação, como condição salvífica.

> De dentro desta constatação não se pode conceber a revelação mais que sendo esse esforço supremo do amor que faz tudo quanto esteja a seu alcance — até a morte do Filho — para que o ser humano o perceba e acolha, e acolhendo-o se realize na sua máxima plenitude: isso é salvação[10].

Sendo assim, entendemos que o contato com a obra de Torres Queiruga provoca o leitor a perceber que para tal empreitada há sempre mais a necessidade de um "novo estilo teológico"[11] que seja apto a dialogar com a sociedade hodierna. Sociedade em aceleradas transformações planetárias. Sabemos que é nesse areópago social que o processo de acolhida do mistério precisa ser cada vez melhor assimilado.

O caminho até aqui nos possibilitou entender que tudo o que apontamos sobre a realidade do mundo hoje, à primeira vista, parece querer evidenciar que o ressurgir das trevas, com a força argumentativa que eclode, quer convencer-nos de que a "montanha da divindade" desapareceu da vista humana. Todavia, o teólogo galego admoesta que, aos olhos de quem tem uma aguçada percepção da revelação de Deus, sabe que o que foi evocado "significa que não se trata de uma caprichosa arbitrariedade, senão que algo muito grave está passando no campo religioso [...]. São muitos os que andam literalmente 'perdidos' e não poucos são presas de uma profunda angústia"[12]. Os noticiários televisivos, as manchetes dos periódicos impressos e/ou *online*, bem como os discursos do tempo presente, são pontos focais evidenciando para todos nós que enfrentamos uma crise humanitária sem precedentes. O contato com a literatura do teólogo de Compostela nos ajudou a entender que "a crise foi sempre, com efeito, ocasião de discernimento: dela pode sair a ruína, porém, nela pode também amanhecer a salvação"[13].

Crise essa em que o mundo globalizado parece, paradoxalmente, trazer pessoas "estranhas" para o nosso convívio habitual. Há uma sensação de que temos que inserir essas pessoas entre aquelas com as quais estamos

---

10. Id., *Repensar a revelação*, 447.
11. Id., *Recuperar a criação*, 19.
12. TORRES QUEIRUGA, A. et al., A crisis actual da concencia relixiosa, in: VIDAL, E.; MONTEIRO, C.; ALVILARES, X.; BEAZA, MONS. DELICADO, *A crisis da concencia relixiosa no mundo moderno*, Vigo, Sept, 1972, 12.
13. Id., *Recuperar a salvação*, 11.

acostumados a conviver em nosso cotidiano, nas ruas de nossas cidades e nos lugares de trabalho. Desses estranhos, porém, conhecemos demasiado pouco, o que dificulta uma compreensão adequada de suas táticas, de forma que o estranhamento acaba por gerar uma cultura do medo. "E o desconhecimento de como continuar, de como tratar uma situação que não criamos e de que temos baixo controle, é causa fundamental de grandes ansiedades e medos."[14] Em face dessas situações, a partir da autocompreensão cristã, entendemos com a literatura de Torres Queiruga que essa dura realidade impõe ao ser humano uma especial atenção de acolhida solidária do outro, sem exigir uma adesão incondicional aos seus propósitos ou crenças. As situações-limites devem ser, para o homem de fé, oportunidades que nos são dadas para testemunharmos o amor misericordioso de Deus, desvelado em Jesus de Nazaré. Esse, por exemplo, aproveitou a morte de Lázaro para que os discípulos fossem fortalecidos na fé[15].

Compreendemos, pois, que se desejamos nos comportar como verdadeiros discípulos do mestre que acolhe o diferente sem feri-lo, é preciso que tenhamos atitudes de "discípulos e missionários"[16]. Que o acolhamos nas nossas comunidades de forma sadia e integradora. Somente assim, seremos homens disponíveis e plenamente conscientes de que, "a cada manhã ele desperta os nossos ouvidos para escutarmos como discípulos"[17] a fim de que tenhamos boca de profetas.

A literatura de Torres Queiruga nos levou a entender que nas experiências de acolhida do mistério revelado no outro reside uma percepção refinada do agir de Deus na história. Ela aponta para uma atitude de desvelamento, que é própria de quem sabe discernir entre as virtudes e as limitações inerentes à finitude humana. Entendemos que é uma nova percepção que o autor provoca no seu leitor, a fim de que possamos ver cada realidade com um olhar purificado pela fé, graças à revelação evidenciada em Jesus de Nazaré. Nesse percurso, a leitura da obra do teólogo de Compostela possibilitou uma interlocução com outros autores modernos que apontam para a necessidade de uma passagem do estágio da crença à fé crítica[18]. Ou seja, a pessoa que capta a manifestação de Deus saberá ser acolhedora e, ao mesmo tempo, reveladora da presença amorosa do Deus

---

14. BAUMAN, ZYGMUNT, *Extraños llamando a la puerta*, Barcelona, Paidós, 2016, 15.
15. "Por vossa causa, alegro-me de não ter estado lá, para que creiais" (Jo 11,15).
16. *Documento de Aparecida*, n. 362.
17. Isaías 50,4.
18. A esse respeito, cf. MOINGT, JOSEPH, *Creer en el Dios que viene, de la creencia a la fe crítica*, Bilbao, Desclée de Brouwer, 2013, v. 1.

revelado em Jesus de Nazaré. Para tanto, sabemos que é necessário o uso do bom senso racional e moral.

O conhecimento moral e a capacidade de discernir o bem e o mal é algo que o ser humano possui graças à sua faculdade racional, ressaltada efetivamente pelo filósofo Immanuel Kant[19]. Portanto, percebemos que, sem se desesperar e nem cair na lógica de uma mensagem falsamente revelada, o ser humano que faz a experiência de desvelamento sabe que o cuidado do semelhante deverá sempre ser buscado, numa atitude de verdadeira e autêntica proposta cristã.

A pesquisa apontou ainda que, na atual conjuntura da aldeia global, diante da polaridade cultural de um mundo *online* e/ou *offline* e das inúmeras problemáticas inerentes à nossa existência coletiva, somos desafiados a encontrar a saída mais integradora possível da pessoa humana. Somente assim contribuiremos para o surgimento de uma criatura mais independente e emancipada, realizando o sonho de uma terra sem males.

Compreendemos que refletir, de maneira válida, sobre a revelação de Deus na história nos coloca diretamente em face da situação atual em que vivemos. É preciso, por exemplo, habilitar o ser humano hodierno para os inúmeros desafios trazidos pela crise migratória. É inevitável entendermos que essa é uma dura realidade que se apresenta cada dia mais agravada pelo pânico e pelo medo do desconhecido, colocando a humanidade diante das incertezas de natureza das mais complexas e controvertidas possíveis.

Em suma, era nossa vontade que se compreendesse a relevância de uma genuína percepção do Deus misericordioso revelado em Jesus de Nazaré, a fim de sensibilizar o leitor a uma renovada maneira de se portar no mundo. Perante esse problema específico da crise migratória, por exemplo, para o homem que tem uma fé crítica — aquele que captou a genuína revelação de Deus —, nenhuma razão justifica ser domado pelo medo do desconhecido. Não negamos que "o imperativo categórico da moral entra em confrontação direta com o medo do 'desconhecido', personificado pelas massas de estranhos congregados nas nossas portas"[20]. Contudo, diante da realidade do desconhecido, falando a partir do pensamento cristão que a literatura de Torres Queiruga mostrou, entendemos que o diálogo sadio e acolhedor entre os povos é a via direta de encontro das soluções mais adequadas para os problemas de um mundo global.

---

19. KANT, IMMANUEL, Que significa orientar-se no pensamento?, in: Id., *Textos seletos*, Petrópolis, Vozes, ⁶2010, 70-99.

20. BAUMAN, *Extraños llamando a la puerta*, 95.

No nosso modo de compreender a vida, quem capta o processo da revelação de Deus na história jamais se deixará desesperar, pois sabe que também nos desafios apresentados pelo desconhecido está imerso o processo trabalhoso de descobrir o verdadeiro rosto de Deus. Trata-se, na verdade, de uma percepção para além daquilo que é visto em primeira mão, pois se sabe que está diante da riqueza do mistério. A esse respeito, a escrita deste estudo nos favoreceu uma nova visão da realidade para ver nela a presença do transcendente. "Visto para além da superfície e superada a primeira impressão, que pode resultar surpreendente quando não a rejeitamos, constitui isto um feito de suma transcendência."[21] Torres Queiruga deixa entrever, portanto, que o processo de revelação de Deus se compenetra com a realidade da vida, pois está tão estreitamente atrelado à história humana que se configura como uma busca trabalhosa e incansável da revelação divina.

Sabemos que "a revelação já completa carece de sentido para nós durante o tempo da Igreja. Entretanto, nela, é possível alcançar cada vez com mais perfeição o que Deus quis e deseja dizer à humanidade"[22]. Sendo assim, num caminho de conversação constante, chegamos à uma compreensão de que a Igreja contém o limiar seguro e uma mediação eficaz da percepção do constante desvelar divino.

> Só poderemos entender que a conversação é a via mais direta para um entendimento mútuo, a consideração recíproca e, em último termo, o acordo [...], se encaminharmos essa conversação e a mantivermos com vista a sortear conjuntamente os obstáculos que, sem dúvida, surgem no decorrer da vida[23].

A nosso juízo, esse encaminhamento da conversação na vida da Igreja e o sorteio dos obstáculos apontaram para o despertar de um caminho seguro de solidariedade recíproca, como uma rica saída da crise humanitária hodierna com que a concepção de revelação nos possibilita lidar responsavelmente. O processo de conversação sugere o antídoto daquilo que denominamos de ascensão das trevas, que se interpõe como enorme desafio para o tempo presente.

Ademais, ponderamos também que na coletividade humana existem aqueles que não compreendem o papel da conversação como um processo

---

21. TORRES QUEIRUGA, A., Un coraje inactual. Dios en perspectiva metafísica, *Revista Miscelánea Comillas*, n. 62 (1975) 99.
22. MORALES, JOSÉ, Revelación y religión, *Scripta Theologica*, Pamplona, v. 32 (2000) 48.
23. BAUMAN, *Extraños llamando a la puerta*, 103.

de ascese que vai aproximando o homem do transcendente que no outro habita. Recordemos aqui a crítica do filósofo canadense Charles Taylor[24] que, ao tratar da questão do transcendente, assevera que a religião propõe ideais humanos demasiadamente elevados, tal como o ascetismo, a mortificação e a renúncia dos fins humanos ordinários. Ainda por cima, ele acrescenta que a religião não é capaz de assumir e reconhecer a agressão e o conflito na humanidade, mas sim que tende a expurgar a realidade. Todavia, foi possível entendermos o diálogo respeitoso e fraterno entre as diferentes reflexões religiosas, que capacitam o homem a viver a sua intimidade com o mistério. Para isso, o homem vai mantendo uma visão aberta sobre o mistério divino que não se fecha nem no oriente nem no ocidente, trazendo desse modo uma riqueza para a vida e histórias humanas, melhorando as nossas imperfeições.

> [...] somos seres imperfeitos, violentos, produto da evolução. O conflito e agressão estão na base do que somos. [...] porém, somos seres com desejos de transcendências, de ir mais adiante de nós mesmos. E essa transcendência é "interna" e "externa" na própria vida humana e na olhada transponível[25].

Julgamos importante ressaltar, outrossim, que no percorrer das reflexões foi possível visualizar na mídia em tempo real que muitas posturas religiosas eivadas de fanatismos acabam por suscitar certo desprezo pela própria riqueza da vida e da história. Atitudes que devem ser repensadas, dado que a vida humana é composta de limites, mas também — como vimos no fragmento acima — do desejo de superá-los. E é com esse espírito que durante todo o tempo de trabalho nos debruçamos na pesquisa sobre a concepção de revelação divina.

Compreendemos a importância da concepção de revelação para a vida hodierna, uma vez que julgamos ser por meio do olhar transponível que ela possibilita ao ser humano fomentar o processo espiralado de seu desvelamento. Ressaltamos o valor e a importância da revelação quando vivenciada de forma crítica e amorosa pelo ser humano, que vai se tornando veículo e instrumento do mistério de Deus no mundo. Ser humano esse, criado por amor, que é conclamado a se tornar cada vez mais pará-

---

24. Taylor, Charles, *Uma era secular*, Porto Alegre, Unisinos, 2010.
25. Río, Ignácio Sepúlveda del. El fenómeno religioso entendido desde la apertura e la transcendencia, *Pensamiento. Revista de investigación e información filosófica*, Madrid, n. 271, v. 72 (2016) 352.

bola viva do Evangelho e reflexo da luz divina. Comportando-se assim, e de modo consciente, esse ser humano se torna mediador da percepção do Deus desvelado em Jesus de Nazaré.

Quando desviado desse caminho, a *práxis* cristã fica desprovida de sua verdadeira razão de ser. Entendemos que a genuína tarefa do ser humano criado por amor se efetiva no processo de captar a Deus tal como se deu no Cristo da fé e reluzir, a partir daí, o seu amor no dinamismo da história. O contrário disso, enfatizamos, leva a uma prática ultraconservadora que presta um desserviço à evangelização. Sabemos que qualquer prática religiosa ultraconservadora se torna um escape da realidade e acaba por negar aquilo que é agraciado pela própria vida humana: ser chamada a participar, efetivamente, já aqui e agora no limiar da finitude histórica da vida divina.

Ressaltamos igualmente a importância que merece a temática da revelação divina como processo sempre em reforma, seguindo o dinamismo histórico em que, nesse se fazer processo, a revelação de Deus torna-se evidente e se compenetra tão estreitamente com a história humana configurando-se como um exercício contínuo de assimilação cada vez mais depurada e transparente do transcendente.

A fim de contribuir com o homem moderno para chegar a essa compreensão, oferecemos uma sistematização do conceito de revelação a partir do pensamento de Torres Queiruga, pois entendemos que a compreensão sempre atualizada desse conceito-chave na teologia veio efetivamente auxiliar-nos nesse processo de lapidação e depuração constante da percepção cada vez mais aguçada e autêntica de Deus que se revela e age na história. Entendendo assim que as nossas ações se tornam cada vez mais inspiradas no exemplo deixado pelo seu Filho único e revelador do Pai.

Ressaltamos que, sem termos a pretensão de esgotar o tema, buscamos discutir a questão da revelação divina na atual conjuntura de uma cultura secular, sempre tendo por enfoque a perspectiva da teologia da revelação de Andrés Torres Queiruga como resposta aos questionamentos levantados em todo o nosso itinerário de escrita, como um veio aberto para posteriores ponderações.

Como pudemos perceber, Deus, criando por amor, quer revelar-se plenamente a todos. Ele, desde sempre e em todas as partes, pela força unificadora do Espírito Santo, busca sempre mais vencer as limitações humanas e comunicar a sua salvação despertando para isso o profeta, conhecido como *maiêuta*. Mediante a ação profética, o autor argumenta que o crente dirá: "'já não cremos por tua palavra, pois nós mesmos o escutamos' (Jo 4,42)"[26]. Com o desejo de que possamos escutar sempre da fonte originária, que é Deus, deixamos a provocação para essa necessária percepção cotidiana do mistério revelado a fim de que as ações humanas sejam pautadas por ela.

---

26. TORRES QUEIRUGA, *Repensar a revelação*, 448.

Capítulo 6
Posfácio

Aceitei com muito gosto redigir umas breves linhas para contribuir modestamente com a conclusão deste meritório trabalho, que é fruto de uma pesquisa de doutoramento em teologia sobre o pensamento do teólogo galego Andrés Torres Queiruga, defendida na PUC do Rio de Janeiro, no dia 1º de setembro de 2017, pelo sacerdote e amigo José Aguiar Nobre.

Com sincero desejo de não abusar da paciência do leitor, limito-me tão somente a duas considerações finais que julgo de máxima importância.

Em primeiro lugar, quero apontar que a questão da revelação na teologia sistemática, a despeito da sua insidência na vida cotidiana da Igreja, está muito distante de ficar clara de vez.

Há uma alta dose de antropomorfismo certamente presente em muitas locuções bastante utilizadas, que produzem uma estranheza nada inócua, sobretudo nas novas gerações. Um antropomorfismo inconsciente, vinculado à reiteração de expressões tão habituais como "disse Deus a", "oráculo de Javé" ou mesmo a proclamação com que se finaliza cada leitura na liturgia da palavra, quando o leitor diz: "Palavra do Senhor".

Esse "falar" de Deus, essa "loução" divina, esse ter-se dirigido "oralmente" a uns homens especiais do passado é um dado tão próximo e recorrente na narrativa dos textos bíblicos, que através de séculos de pregação calou tão fundo na conciência natural dos crentes, que parece mesmo ameaçador pô-lo criticamente em questão. E a aparência mantém-se ainda que este exercício de crítica não pretenda outra coisa a mais do que alcançar a sua verdadeira e religiosa significação.

De fato, ao prescrever a crítica, ou seja, ao aceitar a literalidade da imagem verbal e humanamente comunicativa de Deus, ensinamos-lhe a porta de saída da comunidade eclesial às novas gerações que, com J. J. Rousseau — na confissão de fé do vigário savoiano —, se poderia protestar ironicamente contra semelhante concepção, dizendo:

> "Deus falou! Desde logo, grande frase é esta. E a quem falou? Falou aos homens. Por que, pois, eu não ouvi nada? Encarregou a outros homens que vos transmitissem a sua palavra. Já entendo: são homens os que vão dizer-me o que Deus disse. Preferiria ouvir a Deus mesmo; a ele não lhe custaria muito mais, e eu estaria ao abrigo da sedução. Protejo-vos dela manifestando a missão dos seus enviados. E quem fixou esses livros? Homens. E quem viu esses prodígios? Homens que os testemunham. Valia! Sempre testemunhos humanos! Sempre homens que me contam o que outros homens contarão! Quantos homens entre Deus e eu!"[1].

Vemos aqui um testemunho doadamente compreensível com o sintoma sincero e preocupante do profundo mal-estar da modernidade a respeito do caráter heterônomo, extrínseco e impositivo dessa concepção tradicional da revelação de Deus, que não só implica um crasso antropomorfismo — de que se toma literalmente o "falar" de Deus — senão que também levanta a suspeita de humana falsificação quando alguém desata a versar sobre o processo de transmissão da revelação.

A teologia contemporânea, como bem mostra o estudo de José Aguiar, tenta compreender e explicar a revelação de Deus de forma que o seu caráter divino não esteja em contradição com o seu caráter histórico e humano. Ou seja, trata de compreender a unidade que efetivamente se dá entre a sua dimensão subjetiva e pessoal e a sua dimensão objetiva e histórica.

Andrés Torres Queiruga é um dos que, ao meu modo de ver, melhor conseguem explicá-la. A sua categoria de *maiêutica histórica* — uma de suas contribuições criativas à teologia fundamental — tenta manter um perfeito equilíbrio entre a dimensão subjetiva do acontecimento revelador, que evita o "mero" imanentismo da revelação — como se só se tratasse de uma experiência de iluminação interior sem referência —, e aquela outra dimensão objetiva dessa mesma e única experiência, fugindo, logo, de qualquer tipo de extrinsecismo intervencionista que possa pervertê-la, como se a revelação fosse uma "ação" particular de um Deus arbitrário

---

1. Rousseau, J.-J., *Emilio, o De la educación*, Alianza, Madrid, 2010, 445. (Tradução do espanhol para o português feita pelo autor [N. do E.].)

que interrompe, de fora e a seu bel-prazer, o normal acontecer biográfico de quem a recebe.

A revelação, segundo Torres Queiruga — tal qual estudada por José Aguiar Nobre —, acontece fazendo cair na conta de uma realidade que, longe de ser alheia a quem a recebe, consiste na sua verdade mais autêntica e profunda. Esta revelação, por transformar a subjetividade de quem a experimenta, não carece da objetividade externa da história (*fides ex auditu*) que, contudo, não a faz nem heterônoma, nem falsamente milagreira.

A *práxis* da Igreja joga aqui uma importantíssima dose de credibilidade na sua pregação, na pastoral e em todo processo de iniciação catequética que, começando com as crianças, se dirige também aos jovens. Ainda que não assumamos que a superação do literalismo bíblico não é só uma tarefa da teologia acadêmica, senão também de evangelização, corremos o risco de perpetuar as dificuldades que ameaçam a transmissão do Evangelho entre sucessivas gerações. E isso não é um luxo que a Igreja se possa permitir impunemente.

Em segundo lugar, quero mencionar a dificuldade que entranha buscar novas concepções que permitam imaginar a maneira de relacionar Deus com a sua criação. Isto é sempre uma tarefa pendente e nunca completamente possível de ser lograda, possível de alcançar.

De fato, a tese do doutor Aguiar Nobre tenta compreender o acontecimento da revelação como um "agir de Deus na história". Provavelmente, não há questão mais difícil na teologia contemporânea que alcançar lucidez pastoral para conceber e descobrir esse "agir" divino, de forma que seja direto e singelamente transmissível à comunidade eclesial de hoje.

A teologia de Torres Queiruga também proporciona, aqui, interessantes reflexões acerca desse caráter ultracriatural e fundador da originária doação divina ao ser de cada uma das suas criaturas, de modo que a presença imanente de Deus na sua criação seja diretamente proporcional à afirmação de sua mais radical e absoluta transcendência. Só desse especialíssimo e único equilíbrio entre quem é absolutamente distinto de todo canto, existe e, às vezes, é o seu mais profundo manancial, pode ser enxergado o difícil problema de explicar a alteridade e a distinção do criado a respeito do seu criador — por exemplo, no tema da liberdade — e, sobretudo, somente a partir dessa chave interpretativa é que poderemos tentar clarear o que queremos dizer quando afirmamos, com razão, que Deus "atua" na história dessas criaturas, que ele cria e acompanha, sendo, porém, radicalmente diferente delas.

Veja aqui outra linha pastoral de primeira magnitude que este estudo ajuda a pôr diante de nós com o seu esforço clarificador: desafio intimamente relacionado com o anterior, porque se no caso do "falar" de Deus muito doadamente se cai em literalismos antropomórficos, no caso do seu "agir" discorre-se sobre o plano inclinado de um intervencionismo supranaturalista de similar invólucro. Em ambos os casos, a revelação de Deus converter-se-ia em algo inacreditável e inaceitável para os homens e mulheres de hoje.

Não me estenderei mais. Posfaciar um estudo acadêmico que confere o grau de doutor é sem dúvida motivo de grande satisfação. Porém, para quem o consegue, deve ser também um novo impulso para seguir investigando e aportando novos pensamentos a essa comum tarefa eclesial a que todos os batizados somos chamados. A teologia não é patrimônio exclusivo dos ministros ordenados, é um bem de toda a Igreja e, em consequência, pertence a todos e a cada um daqueles que, pelo batismo, fomos incorporados ao corpo de Cristo. E também os seus problemas e os seus desafios são assuntos de todos os membros das comunidades eclesiais.

No início da segunda década do século XXI, como bem mostram os problemas teológicos estudados pelo doutor Aguiar Nobre neste livro que o leitor tem em mãos, ainda há muito a que seguir trabalhando e construindo criativamente, numa tarefa que, ao pôr em relação o caráter imutável do Evangelho com o caráter mutante da situação cultural, jamais estará encerrada de vez. É importante dizer que, nesses trabalhos comuns, todos os esforços são sempre bem-vindos! Congratulações, amigo José!

Pedro Castelao
Universidad Pontificia Comillas
Madrid
Tradução do galego: José Aguiar Nobre.

Capítulo 7
Referências bibliográficas

7.1. Obras de Andrés Torres Queiruga

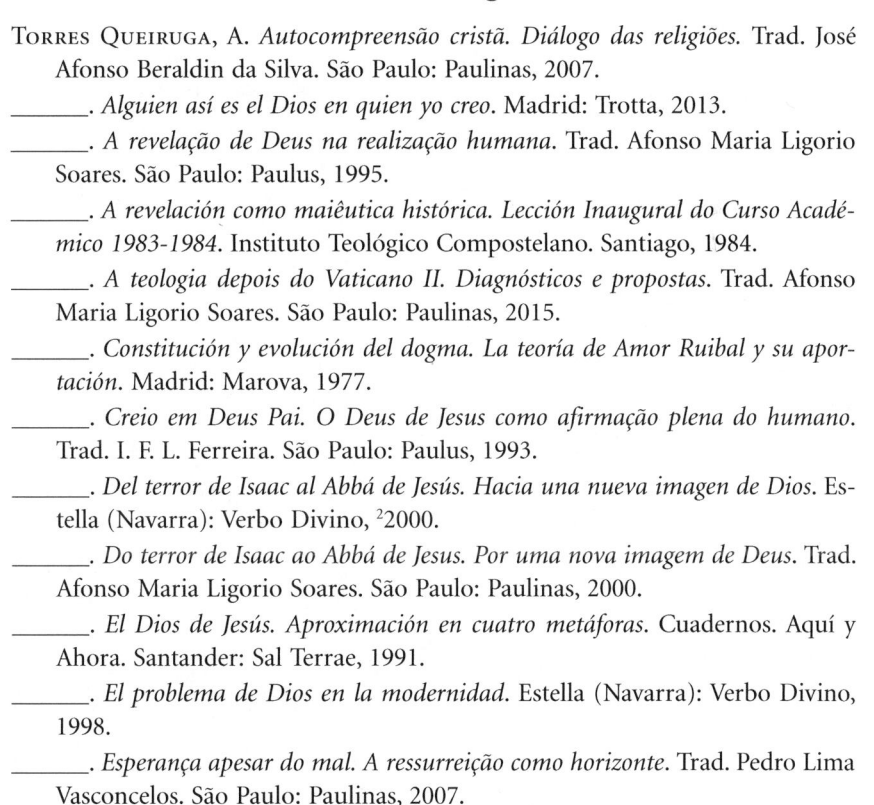

Torres Queiruga, A. *Autocompreensão cristã. Diálogo das religiões*. Trad. José Afonso Beraldin da Silva. São Paulo: Paulinas, 2007.

_____. *Alguien así es el Dios en quien yo creo*. Madrid: Trotta, 2013.

_____. *A revelação de Deus na realização humana*. Trad. Afonso Maria Ligorio Soares. São Paulo: Paulus, 1995.

_____. *A revelación como maiêutica histórica. Lección Inaugural do Curso Académico 1983-1984*. Instituto Teológico Compostelano. Santiago, 1984.

_____. *A teologia depois do Vaticano II. Diagnósticos e propostas*. Trad. Afonso Maria Ligorio Soares. São Paulo: Paulinas, 2015.

_____. *Constitución y evolución del dogma. La teoría de Amor Ruibal y su aportación*. Madrid: Marova, 1977.

_____. *Creio em Deus Pai. O Deus de Jesus como afirmação plena do humano*. Trad. I. F. L. Ferreira. São Paulo: Paulus, 1993.

_____. *Del terror de Isaac al Abbá de Jesús. Hacia una nueva imagen de Dios*. Estella (Navarra): Verbo Divino, ²2000.

_____. *Do terror de Isaac ao Abbá de Jesus. Por uma nova imagem de Deus*. Trad. Afonso Maria Ligorio Soares. São Paulo: Paulinas, 2000.

_____. *El Dios de Jesús. Aproximación en cuatro metáforas*. Cuadernos. Aquí y Ahora. Santander: Sal Terrae, 1991.

_____. *El problema de Dios en la modernidad*. Estella (Navarra): Verbo Divino, 1998.

_____. *Esperança apesar do mal. A ressurreição como horizonte*. Trad. Pedro Lima Vasconcelos. São Paulo: Paulinas, 2007.

_____. *Filosofía de la religión en Xavier Zubiri*. València: Tirant lo Blanch, 2005.

_____. *Fim do cristianismo pré-moderno. Desafios para um novo horizonte*. Trad. Afonso Maria Ligorio Soares. São Paulo: Paulus, 2003.

_____. *Noción, religación, trascendencia. O coñecemento de Deus en Amor Ruibal e Xavier Zubiri*. Coruña: Barrié de la Maza-Real Academia Galega, 1990.

_____. *O cristianismo no mundo de hoje*. São Paulo: Paulus, 1994.

_____. *O diálogo das religiões*. Trad. Paulo Bazaglia. São Paulo: Paulus, 2005.

_____. *O que queremos dizer quando dizemos "inferno"?*. Trad. Afonso Maria Ligorio Soares. São Paulo: Paulus, 1996.

_____. *Pelo Deus do mundo no mundo de Deus. Sobre a essência da vida religiosa*. Trad. Alda da Anunciação Machado. São Paulo: Loyola, 2003.

_____. *Quale futuro per la fede? Le sfide del nuovo orizzonte culturale*. Trad. Ferdinando Sudati. Turin: Elledici, 2013.

_____. *Recuperar a criação. Por uma religião humanizadora*. Trad. João Rezende Costa. São Paulo: Paulus, 1999.

_____. *Recuperar a salvação. Por uma interpretação libertadora da experiência cristã*. Trad. Afonso Maria Ligorio Soares. São Paulo: Paulus, 1999.

_____. *Repensar a cristologia. Sondagens para um novo paradigma*. São Paulo: Paulinas, 1998.

_____. *Repensar a ressurreição. A diferença cristã na continuidade das religiões e da cultura*. Trad. Afonso Maria Ligorio Soares. São Paulo: Paulinas, 2010.

_____. *Repensar a revelação. A revelação divina na realização humana*. Trad. Afonso Maria Ligorio Soares. São Paulo: Paulinas, 2010.

_____. *Repensar o mal. Da ponerologia à teodiceia*. Trad. Afonso Maria Ligorio Soares. São Paulo: Paulinas, 2011.

_____. *Um Deus para hoje*. Trad. João Rezende Costa. São Paulo: Paulus, ⁴2011.

7.2. Artigos de Andrés Torres Queiruga

TORRES QUEIRUGA, A. La dialética del devenir teológico según Amor Ruibal y la crisis actual de la teología. *Compostellanum*, v. 14 (1969) 197-263.

_____. La Eucaristía. Encuentro vivo con el Señor. *Encrucillada*, v. XXXII, n. 157, 9-27, marzo-abril/2008.

_____. A linguaxe relixiosa. Desmitoloxización e cambio cultural. *Encrucillada*, v. 40, n. 198 (2016) 5-16.

_____. A oración de petición. De convencer a deixarse convencer. *Encrucillada*, n. 83 (1993) 239-254.

_____. A tarefa da teologia após a restauração pós-conciliar. *Concilium*, n. 364 (2016) 26-37.

_____. A teologia a partir da modernidade. In: NEUTZLING, Inácio. *A teologia na universidade contemporânea*. Porto Alegre: Editora Unisinos, 2005, 47-83.

_____. A teologia e a Igreja depois do Vaticano II. O desafio e as perspectivas. In: BRIGHENTI, Agenor; HERMANO, Rosário (org.). *A teologia da libertação em prospectiva*. São Paulo: Paulus/Paulinas, 2013, 167-197.

_____. Aclaración sobre mi teología. Respuesta a un diagnóstico de Olegario González de Cardedal. *Iglesia viva*, n. 235 (2008) 103-114.

_____. Amar. Fundamento y principio, vulnerabilidad y solidez. *Sal Terrae*, n. 4 (1991) 485-501.

_____. Ateísmo e imagem cristã de Deus. *Concilium*, n. 337 (2010) 42-54.

_____. Camiño, intención e figura de miña teoloxía. *Encruxillada*, n. 170 (2010) 74-90.

_____. Cristianismo y religiones. Inreligionación y universalismo asimétrico. *Sal Terrae*, n. 84/1 (1997) 3-19.

_____. Cristianismo y tolerancia. Del abuso o la resignación al pluralismo fraternal. *Iglesia Viva*, n. 182 (1996) 127-148.

_____. Culpa, pecado y perdón. *Encrucillada*, n. 58 (1988) 248-265.

_____. Da autonomia à autonomia. A crise da modernidade em perspectiva teológica. *Encrucillada*, n. 8 (1984) 328-341.

_____. Da panerologia à teodiceia. O mal na cultura secular. *Concilium*, Petrópolis: Vozes, n. 329 (2009) 92-103.

_____. Dios revelado en Jesús y el futuro de la humanidad. *Encrucillada*, n. 21 (1997) 5-27.

_____. La eficacia de la fe. Entre la gratuidad divina y la responsabilidad humana. *Sal Terrae*, n. 2 (2001) 101-115.

_____. El amor de Dios y la dignidad humana. In: NAVARRO, J. B. (ed.). *Panorama de la teología española*. Estella (Navarra): Verbo Divino, 1999, 557-576.

_____. No es la persona para el sábado. Contra las deformaciones y opresiones de lo religioso. *Encrucillada*, v. 24 (2000) 237-251.

_____. Esclarecimentos às críticas de René Buchholz e Manfred Görg. *Concilium*. Petrópolis: Vozes, n. 335 (2010) 127-132.

_____. Esclarecimentos sobre uma notificação. *Concilium*, Petrópolis: Vozes, n. 346 (2012) 137-145.

_____. Evangelizar el ateísmo. *Sal Terrae*, n. 10 (1985) 747-753.

_____. Inculturación de la fe. In: FLORESTAN, Cassiano; TAMAYO, Juan-Jose. *Conceptos fundamentales de pastoral*. Madrid: Cristiandad, 1983, 471-480.

_____. La aportación del cristianismo e la construcción de un mundo nuevo. *Sal Terrae*, n. 89 (1991) 485-501.

_____. La apuesta de la cristología actual. La divinidad 'en' la humanidad. In: INSTITUTO SUPERIOR DE PASTORAL. *Quién decís que soy yo? Dimensiones del seguimento de Jesús*. X Semana de Estudios de Teología Pastoral. Estella (Navarra): Verbo Divino, 2000.

_____. La imagen de Dios em la nueva situación cultural. *Selecciones de teología*. Net, v. 43. Disponível em: <http://www.seleccionesdeteologia.net/selecciones/llib/vol43/170/170_torres.pdf>. Acesso em: 16 abr. 2013.

_____. La inevitable y posible teodicea. *Iglesia Viva*, n. 225, jan./mar. 2006.

_____. La lamentación y la muerte masiva. *Concilium*, Petrópolis: Vozes, n. 247 (1993) 61-72.

_____. La nueva evangelización como desafío radical. *Iglesia Viva*, n. 247 (1993) 453-464.

_____. La razón teológica en diálogo con la cultura. *Iglesia Viva*, n. 192 (1997) 93-118.

_____. Lei natural e teologia no contexto secular. *Concilium*, Petrópolis: Vozes, n. 336 (2010) 28-38.

_____. Más allá de la oración de petición. *Iglesia Vivia*, n. 152 (1991) 157-193.

_____. Muerte y inmortalidad. Lógica de la simiente vs. lógica del homúnculo. *Isegoría*, n. 10 (1994) 85-106.

_____. O mistério de Jesus o Cristo. Divindade na "humanidade". *Concilium*, Petrópolis: Vozes, n. 326 (2008) 33-44.

_____. O Vaticano II e a teologia. *Concilium*, Petrópolis: Vozes, n. 312 (2005) 20-33.

_____. Ponerología y resurreción. El mal entre la filosofía y la teología. *Revista Portuguesa de Filosofia*, n. 57 (2001) 539-574.

_____. ¿Qué significa afirmar que Dios habla? *Servicios Koinonia*. Disponível em: <http://www.servicioskoinonia.org/relat/243.htm. Acesso em: 17 abr. 2013.

_____. Relação atual(izada) entre a religião e a ciência. In: TEPEDINO, Ana Maria; ROCHA, Alessandro (org.). *A teia do conhecimento. Fé, ciência e interdisciplinaridade*. São Paulo: Paulinas, 2009, 37-52.

_____. Repensar a teodiceia. O dilema de Epicuro e o mito do mundo-sem-males. *Concilium*, n. 366 (2016) 87-99.

_____. Repensar o mal na nova situação secular. *Perspectiva Teológica*, Belo Horizonte: FAJE, v. 33, n. 91 (2001) 309-330.

_____. Repensar o pluralismo. Da inculturação à inreligionação. *Concilium*, n. 319 (2007) 110-119.

_____. Ressurreição e liturgia funerária. *Concillium*, Petrópolis: Vozes, n. 318 (2006) 108-119.

_____. Retos para la teología de cara al siglo XXI. *Actas del X Simposio de Teología Histórica*, Valencia, 531-566, 2000.

_____. Revelación como "caer na conta". Razón teolóxica e maxisterio pastoral. *Encrucillada*, n. 149 (2006) 5-21.

_____. Revelación. In: FLORESTAN, Cassiano; TAMAYO, Juani-Jos (ed.). *Conceptos fundamentales del cristianismo*. Madrid: Trotta, 1993. 1216-1232.

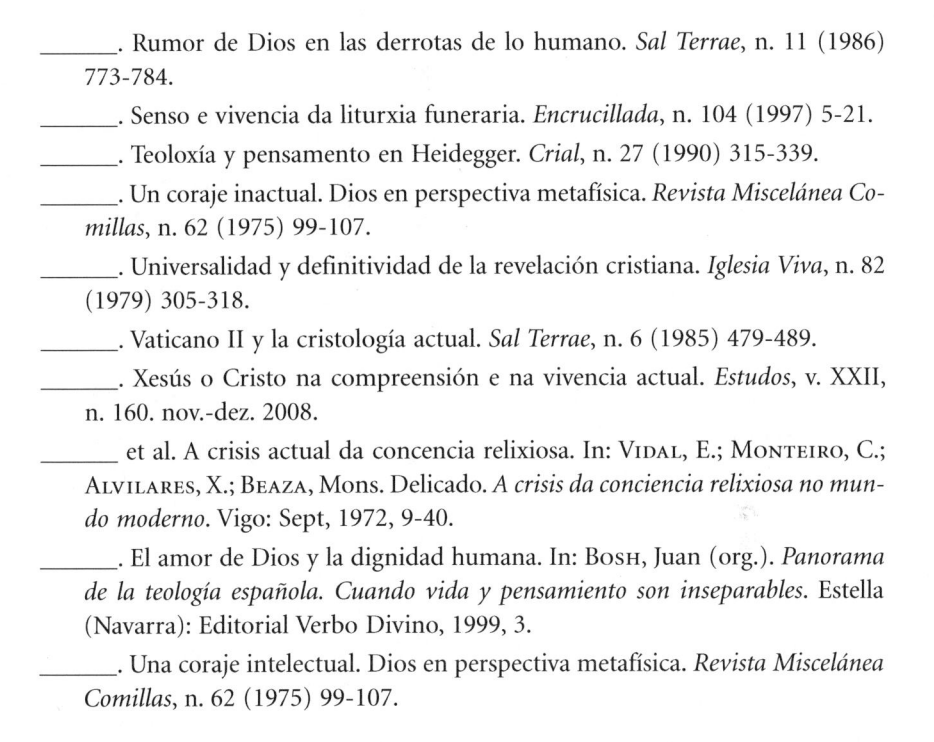

_____. Rumor de Dios en las derrotas de lo humano. *Sal Terrae*, n. 11 (1986) 773-784.

_____. Senso e vivencia da liturxia funeraria. *Encrucillada*, n. 104 (1997) 5-21.

_____. Teoloxía y pensamento en Heidegger. *Crial*, n. 27 (1990) 315-339.

_____. Un coraje inactual. Dios en perspectiva metafísica. *Revista Miscelánea Comillas*, n. 62 (1975) 99-107.

_____. Universalidad y definitividad de la revelación cristiana. *Iglesia Viva*, n. 82 (1979) 305-318.

_____. Vaticano II y la cristología actual. *Sal Terrae*, n. 6 (1985) 479-489.

_____. Xesús o Cristo na compreensión e na vivencia actual. *Estudos*, v. XXII, n. 160. nov.-dez. 2008.

_____ et al. A crisis actual da concencia relixiosa. In: VIDAL, E.; MONTEIRO, C.; ALVILARES, X.; BEAZA, Mons. Delicado. *A crisis da conciencia relixiosa no mundo moderno.* Vigo: Sept, 1972, 9-40.

_____. El amor de Dios y la dignidad humana. In: BOSH, Juan (org.). *Panorama de la teología española. Cuando vida y pensamiento son inseparables.* Estella (Navarra): Editorial Verbo Divino, 1999, 3.

_____. Una coraje intelectual. Dios en perspectiva metafísica. *Revista Miscelánea Comillas*, n. 62 (1975) 99-107.

7.3. Bibliografia geral

ADORNO, Theodor; HORKHEIMER, Max. *Dialética do esclarecimento. Fragmentos filosóficos.* Trad. Guido Antônio de Almeida. Rio de Janeiro: Zahar, 1985.

AGOSTINI, Frei Nilo (org.). *Revelação e história. Uma abordagem a partir da* Gaudium et Spes *e da* Dei Verbum. São Paulo: Paulinas, 2007.

ALBERTZ, R. *Historia de la religión de Israel en el tiempos del Antiguo Testamento.* Madrid: Editorial Trotta, 1999, 2 v.

ALMEIDA, Rogério Miranda de. *A fragmentação da cultura e o fim do sujeito.* São Paulo: Loyola, 2012.

AMOR RUIBAL, A. *Los problemas fundamentales de la filosofía y del dogma.* Santiago: Imprenta y Librería del Seminario Conciliar, 1933, v. 8.

ARENAS, Octavio Ruiz. *Jesus, epifania do amor do Pai.* Trad. Orlando Soares Moreira. São Paulo: Loyola, 1995.

ARRUPE, Pedro. *Écrits pour évangéliser.* Paris: DDB, 1985, 169-170. Disponível em: <http://www.missiologia.org.br/cms/UserFiles/cms_artigos_pdf_45.pdf>. Acesso em: 30 maio 2013.

BALTHASAR, H. U. *Seriedad con las cosas. Córdula o el caso auténtico.* Salamanca: Sígueme, 1968.

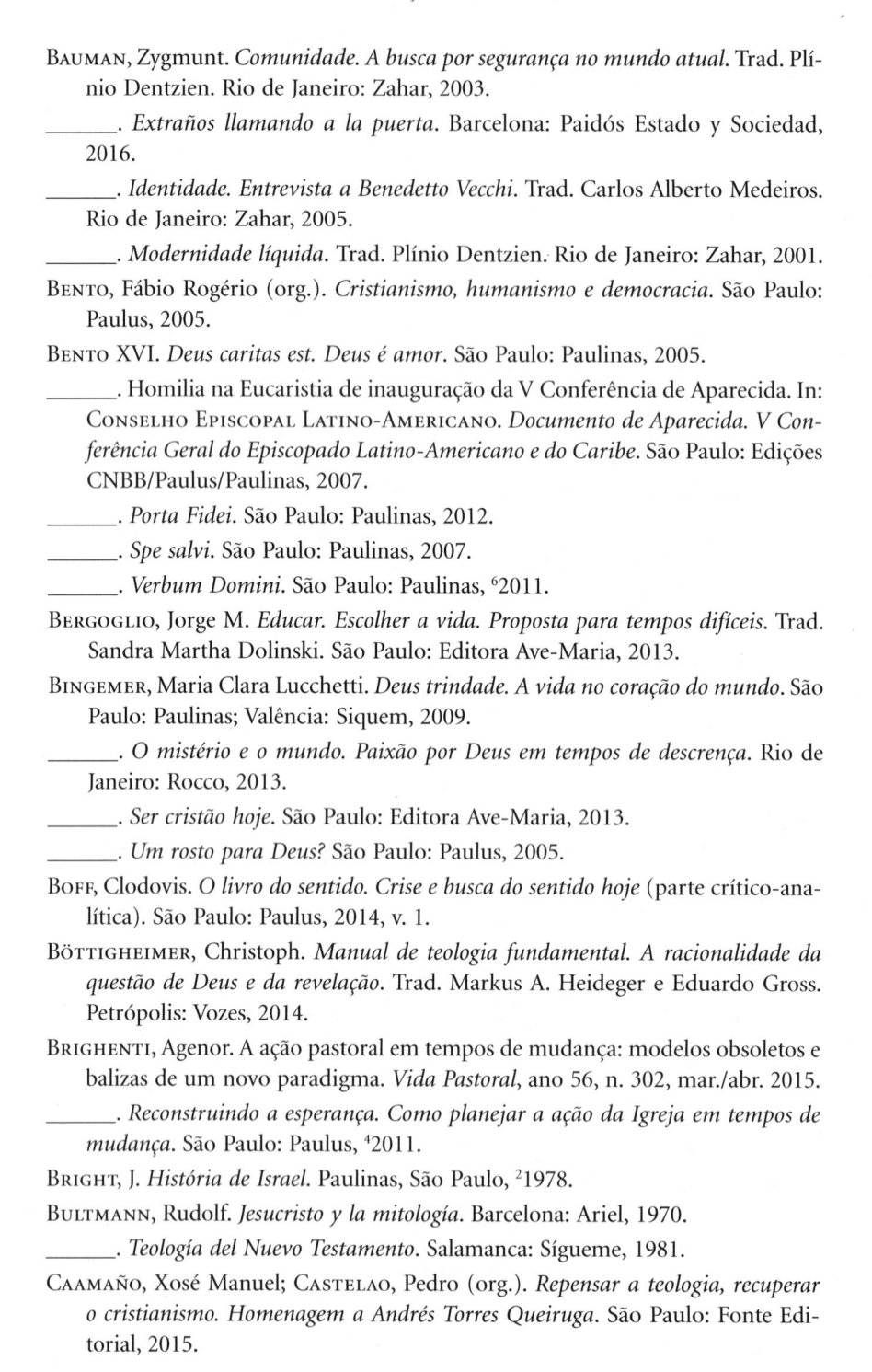

BAUMAN, Zygmunt. *Comunidade. A busca por segurança no mundo atual.* Trad. Plínio Dentzien. Rio de Janeiro: Zahar, 2003.

_____. *Extraños llamando a la puerta.* Barcelona: Paidós Estado y Sociedad, 2016.

_____. *Identidade. Entrevista a Benedetto Vecchi.* Trad. Carlos Alberto Medeiros. Rio de Janeiro: Zahar, 2005.

_____. *Modernidade líquida.* Trad. Plínio Dentzien. Rio de Janeiro: Zahar, 2001.

BENTO, Fábio Rogério (org.). *Cristianismo, humanismo e democracia.* São Paulo: Paulus, 2005.

BENTO XVI. *Deus caritas est. Deus é amor.* São Paulo: Paulinas, 2005.

_____. Homilia na Eucaristia de inauguração da V Conferência de Aparecida. In: CONSELHO EPISCOPAL LATINO-AMERICANO. *Documento de Aparecida. V Conferência Geral do Episcopado Latino-Americano e do Caribe.* São Paulo: Edições CNBB/Paulus/Paulinas, 2007.

_____. *Porta Fidei.* São Paulo: Paulinas, 2012.

_____. *Spe salvi.* São Paulo: Paulinas, 2007.

_____. *Verbum Domini.* São Paulo: Paulinas, ^{6}2011.

BERGOGLIO, Jorge M. *Educar. Escolher a vida. Proposta para tempos difíceis.* Trad. Sandra Martha Dolinski. São Paulo: Editora Ave-Maria, 2013.

BINGEMER, Maria Clara Lucchetti. *Deus trindade. A vida no coração do mundo.* São Paulo: Paulinas; Valência: Siquem, 2009.

_____. *O mistério e o mundo. Paixão por Deus em tempos de descrença.* Rio de Janeiro: Rocco, 2013.

_____. *Ser cristão hoje.* São Paulo: Editora Ave-Maria, 2013.

_____. *Um rosto para Deus?* São Paulo: Paulus, 2005.

BOFF, Clodovis. *O livro do sentido. Crise e busca do sentido hoje* (parte crítico-analítica). São Paulo: Paulus, 2014, v. 1.

BÖTTIGHEIMER, Christoph. *Manual de teologia fundamental. A racionalidade da questão de Deus e da revelação.* Trad. Markus A. Heideger e Eduardo Gross. Petrópolis: Vozes, 2014.

BRIGHENTI, Agenor. A ação pastoral em tempos de mudança: modelos obsoletos e balizas de um novo paradigma. *Vida Pastoral,* ano 56, n. 302, mar./abr. 2015.

_____. *Reconstruindo a esperança. Como planejar a ação da Igreja em tempos de mudança.* São Paulo: Paulus, ^{4}2011.

BRIGHT, J. *História de Israel.* Paulinas, São Paulo, ^{2}1978.

BULTMANN, Rudolf. *Jesucristo y la mitología.* Barcelona: Ariel, 1970.

_____. *Teología del Nuevo Testamento.* Salamanca: Sígueme, 1981.

CAAMAÑO, Xosé Manuel; CASTELAO, Pedro (org.). *Repensar a teologia, recuperar o cristianismo. Homenagem a Andrés Torres Queiruga.* São Paulo: Fonte Editorial, 2015.

CARRERO, Ángel Darío. Repensar criticamente la fe. Un diálogo con Andrés Torres Queiruga. In: CAAMAÑO, Xosé Manuel; CASTELAO, Pedro (org.). *Repensar a teologia. Recuperar o cristianismo. Homenagem a Andrés Torres Queiruga.* São Paulo: Fonte, 2015, 31-45.

CASARES, Carlos. Prólogo. In: TORRES QUEIRUGA, A. *Recuperar a criação. Por uma religião humanizadora.* São Paulo: Paulus, 1999.

CASSIRER, E. *La filosofía de la Ilustración.* México: Fondo de Cultura Económica, 1972.

CASTELAO, Pedro. *El transfondo de lo finito. La revelación en la teología de Paul Tillich.* Bilbao: Desclée de Brouwer, 2000.

_____. *La visión de lo invisible. Contra la banalidad intrascendente.* Milaño (Cantabria) Sal Terrae, 2015 (Colección: Presencia Teológica).

_____. Repensar la revelación. *Encrucillada*, n. 158 (2008) 86-87.

_____. A teoloxía da creación de Andrés Torres Queiruga. In: CAAMAÑO, Xosé Manuel; CASTELAO, Pedro (org.). *Repensar a teologia, recuperar o cristianismo. Homenagem a Andrés Torres Queiruga.* São Paulo: Fonte, 2015.

CATALÁN, Joseph Otón. *A experiência mística e suas expressões.* Trad. M. J. Rosado e Thiago Gambi. São Paulo: Loyola, 2008.

CHENU, Marie-Dominique. *Une école de teologie. Le Saulchoir.* Etiolles: Le Saulchoir, 1937.

COMBLIN, José. *História da teologia católica.* São Paulo: Herder, 1969.

COMPÊNDIO DO CONCÍLIO VATICANO II. *Constituição dogmática Dei Verbum. Sobre a revelação divina; Lumen Gentium. Sobre a Igreja; Constituição Pastoral Gaudium et Spes. Sobre a Igreja no mundo de hoje.* Petrópolis: Vozes, 1987.

_____. *Declaração "Nostra Aetate". Sobre as relações da Igreja com as religiões não cristãs.* Petrópolis: Vozes, 1997.

CONFERÊNCIA NACIONAL DOS BISPOS DO BRASIL. *Missal Cotidiano. Missal da assembleia cristã.* São Paulo: Paulus, 2015.

_____. *Missal dominical. Missal da assembleia cristã.* São Paulo: Paulus, [8]1995.

CONGAR, Yves. *Situação e tarefas atuais da teologia.* São Paulo: Paulinas, 1969.

CONSELLO DE REDACCIÓN DE ENCRUCILLADA. Nota de apoio a Andrés Torres Queiruga. *Encrucillada*, n. 177 (2012) 5-11.

CONSELHO EPISCOPAL LATINO-AMERICANO. *Documento de Aparecida. V Conferência Geral do Episcopado Latino-americano e do Caribe.* São Paulo: Edições CNBB/Paulus/Paulinas, 2007.

CORMIER, Hubert Jean-François. O conceito de tradição em Josef Piper. *Religare*, João Pessoa (PB), v. 7, n. 1 (2010) 58-62.

COSTA, Marcelo Timotheo da. *Um Itinerário no Século. Mudança, disciplina e ação em Alceu Amoroso Lima.* Rio de Janeiro: PUC-Rio, 2015.

CRAGHAN, John F. *Comentário bíblico.* São Paulo: Loyola, 1999, v. 2.

Cruz, São João da. Cântico espiritual, c 27, n. 1 In: _____. *Vida y obras completas*. Madrid: BAC, 1964.

_____. *Noite escura*. Petrópolis: Vozes, 2009.

Cullmann, O. *La historia de la salvación*. Barcelona: Herder, 1967.

Dick, Hilário. *O divino no jovem. Elementos teologais para a evangelização da cultura juvenil*. São Paulo: CCJ, 2009.

Diocese de Guarulhos. *Conversando sobre a Bíblia*, 43. Disponível em <http://diocesedeguarulhos.org.br/wp-content/uploads/2016/06/Subsidio-BIi%CC%80BLIA.pdf>. Acesso em: 27 out. 2016.

Espín, Orlando O. *A fé do povo. Reflexões teológicas sobre o catolicismo popular*. São Paulo: Paulinas, 2000.

Forte, Bruno. *A teologia como companhia, memória e profecia*. São Paulo: Paulinas, 1991.

_____. *Teologia da história. Ensaio sobre a revelação, o início e a consumação*. Trad. Georges Ignácio Maissiat. São Paulo: Paulus, 1995.

_____. *Xesús de Nazaret. Historia de Deus*. Madrid: Paulinas, 1983.

Francisco. *Evangelii Gaudium. Sobre o anúncio do Evangelho no mundo atual*. São Paulo: Paulus/Loyola, ²2013.

_____. *Laudato si'. Sobre o cuidado da casa comum*. São Paulo: Paulus; Loyola, 2015.

Frankl, Viktor E. *Um sentido para a vida. Psicoterapia e humanismo*. Trad. Victor Hugo Silveira Lepenta. Aparecida: Ideias & Letras, ¹¹2005.

Galli, Carlos María. La reforma misionera de la Iglesia según el papa Francisco. La eclesiología del Pueblo de Dios evangelizador. In: Spadaro, Antonio; Galli, Carlos María (ed.). *La reforma y las reformas en la Iglesia*. Trad. M. M. Leonetti. Milāno (Cantabria), Espanha, 2016.

Garcia, José A. Prólogo. In: Torres Queiruga, A. *Creio em Deus Pai. O Deus de Jesus como afirmação plena do humano*. Trad. I. F. L. Ferreira. São Paulo: Paulus, 1993.

Gesché, Adolph. *O mal*. Trad. Euclides Martins Balancin. São Paulo: Paulinas, 2003.

_____. *O ser humano*. Trad. Euclides Martins Balancin. São Paulo: Paulinas, 2003.

Gibellini, Rosino. *A teologia do século XX*. São Paulo: Loyola, 1998.

Girardi, Giulio (org.). *El ateísmo contemporáneo*. Madrid, 1971-1973; Citações IV (Ediciones Cristiandad).

Gorczevski, Clóvis. *Direitos humanos, educação e cidadania. Conhecer, educar, praticar*. Santa Cruz do Sul: EDUNISC, 2009.

Guardini, Romano. *Los sentidos y el conocimiento religioso*. Madrid: Cristiandad, 1965.

HARRINGTON, Wilfrid John. *Chave para a Bíblia. A revelação. A promessa. A realização*. São Paulo: Paulus, 1985.

HEGEL, Friedrich. *Fenomenologia do Espírito*. Trad. Paulo Meneses. Petrópolis: Vozes: Bragança Paulista: Editora Universidade São Francisco, ^{7}2012.

HICK, John. *God many names*. London: Macmillan, 1980.

JAMESON, Fredric. *Pós-modernismo. A lógica cultural do capitalismo tardio*. Trad. Maira Elisa Cevasco. São Paulo: Ática, ^{2}2006.

JESUS, Santa Teresa de. *Castelo interior ou moradas*. São Paulo: Paulus, 2014.

JULIATTO, Clemente Ivo. *Ciência e transcendência. Duas lições a aprender*. Curitiba: Champagnat, 2012.

KANT, Immanuel. *Fundamentação da metafísica dos costumes*. São Paulo: Martin Claret, 2002.

_____. Que significa orientar-se no pensamento? In:_____. *Textos seletos*. Trad. Raimundo Vier. Petrópolis: Vozes, ^{6}2010.

KOHAN, Walter Omar. Paradoxos da emancipação. In: SEVERINO, Antônio Joaquim; ALMEIDA, Cleide Rita Silvério de; LORIERI, Marcos Antônio (org.). *Perspectivas da filosofia da educação*. São Paulo: Cortez, 2011.

KOJÉV, Alexandre. *Introdução à leitura de Hegel*. Trad. Estela dos Santos Abreu. Rio de Janeiro: Contraponto; EDUERJ, 2002.

KONINGS, John. *Liturgia dominical. Mistério de Cristo e formação dos fiéis (Anos A-B-C)*. Petrópolis: Vozes, 2003.

_____. *Ser cristão. Fé e prática*. Petrópolis: Vozes, 2011.

KUZMA, Cesar. A ação de Deus e sua realização na plenitude humana. Uma abordagem escatológica na perspectiva de Jürgen Moltman. In: SANCHES, Mário Antonio; KUZMA, Cesar; MIRANDA, Mário de França (org.). *Age Deus no mundo. Múltiplas perspectivas teológicas*. Rio de Janeiro: PUC-Rio; Reflexão, 2012.

_____. *Leigos e leigas. Força e esperança da Igreja no mundo*. São Paulo: Paulus, 2009.

_____. Fazer teologia em tempos de crise. Disponível em: <http://www.ihu.unisinos.br/562116-fazer-teologia-em-tempos-de-crise>. Acesso em: 9 nov. 2016.

_____. *O futuro de Deus na missão da esperança. Uma aproximação escatológica*. São Paulo: Paulinas, 2014.

LATOURELLI, René. *Teología de la Revelación*. Salamanca: Sígueme, 1967.

LIBÂNIO, João Batista. *Teologia da revelação a partir da modernidade*. São Paulo: Loyola, ^{7}2014.

LIBÂNIO, João Batista; MURAD, Afonso. *Introdução à teologia. Perfil, enfoques, tarefas*. São Paulo: Loyola, ^{4}2003.

LIMA VAZ, Henrique Cláudio. *Escritos de filosofia I*. São Paulo: Loyola, 1986.

LOHFINK, Gerhard. *Jesus de Nazaré. O que Ele queria? Quem Ele era?* Trad. Enio Paulo Giachini. Petrópolis: Vozes, 2015.

LUBAC, H. de. *Histoire et Esprit. L'intelligence de l'Écriture d'après Origène.* Paris: Aubier-Montaigne, 1950.

MACHOVEC, Milan. *Jesús para ateos.* Coleção Materiales, n. 3. Trad. Alfonso Ortiz Garcia. Salamanca: Sígueme, 1974.

MANNUCCI, Valerio. *Bíblia, palavra de Deus. Curso de introdução à Sagrada Escritura.* São Paulo: Paulus, 1985.

MARSILI, S. *História da literatura cristã antiga grega e latina — Vol I: De Paulo à era constantiniana.* São Paulo: Loyola, 2000.

MELLO, Anthony de. *O canto do pássaro.* Trad. Heber Salvador de Lima. São Paulo: Loyola, [11]2003.

MENDOZA-ÁLVAREZ, Carlos. *Deus ineffabilis. Una teología posmoderna de la revelación del fin de los tiempos.* Barcelona: Herder, 2015.

_____. *Deus liberans. La revelación cristiana en diálogo con la modernidad. Los elementos fundacionales de la estética teológica.* Fribourg Suisse: Éditions Universitaires, 1996.

MERLEAU-PONTY, Maurice. *Le visible et l'invisible.* Paris: Gallimard, 1964.

_____. *O primado da percepção e suas consequências filosóficas.* Trad. Silvio Rosa Filho e Thiago Martins. Belo Horizonte: Autêntica, 2015.

_____. *Sentido y sinsentido.* Barcelona: Península, 1977.

MERTON, Thomas. *Na liberdade da solidão.* Trad. Companhia da Viagem. Petrópolis: Vozes, [7]2014.

MESTERS, Carlos. *Bíblia. Livro da Aliança. Êxodo 19-24.* São Paulo: Paulinas, 1986.

_____. *Curso bíblico 1.* São Paulo: Centro de Estudos Bíblicos (CEBI), CCJ Gráfica e Editora, s/d.

MIRANDA, Mário de França. *A Igreja numa sociedade fragmentada. Escritos eclesiológicos.* São Paulo: Loyola, 2006.

MIRANDA, Mário de França. *A Igreja que somos nós.* São Paulo: Paulinas, 2013.

_____. *A salvação de Jesus Cristo. A doutrina da graça.* São Paulo: Loyola, 2004.

_____. *Existência cristã hoje.* São Paulo: Loyola, 2005.

_____. *Inculturação da fé. Uma abordagem teológica.* São Paulo: Loyola, 2001.

_____. *Igreja e sociedade.* São Paulo: Paulinas, 2009.

_____. Karl Rahner, um inquieto teólogo ecumênico. *Perspectiva Teológica*, Rio de Janeiro, v. 36 (2004) 33-54.

_____. Rumo a uma nova configuração eclesial. *Cadernos Teologia Pública*, São Leopoldo, ano IX, n. 71 (2012) 5-143.

_____. *O cristianismo em face das religiões.* São Paulo: Loyola, 1998.

_____. (org.). *A pessoa e a mensagem de Jesus.* São Paulo: Loyola, 2002.

_____. A ação de Deus no mundo segundo Karl Rahner. In: SANCHES, Mário Antonio; KUZMA, Cesar; MIRANDA, M. F. *Age Deus no mundo. Múltiplas perspectivas teológicas*. Rio de Janeiro: PUC-Rio; Reflexão, 2012.

_____. Karl Rahner, um inquieto teólogo ecumênico. *Perspectiva Teológica*. Rio de Janeiro: PUC-Rio, v. 36 (2004) 33.

MOINGT, Joseph. *Creer en el Dios que viene. De la creencia a la fe crítica*. Tradución española: M. M. Leonetti. Bilbao: Desclée de Brouwer, 2013, v. 1.

_____. *Deus que vem ao homem. Da aparição ao nascimento de Deus*. Trad. Paulo Meneses. São Paulo: Loyola, 2010, v. 2.

MORALES, JOSÉ. Revelación y religión. *Scripta Theologica*, Pamplona, v. 32 (2000) 47-74.

MORAN, Gabriel. *Teologia da revelação*. São Paulo: Herder, 1969.

MORESCHINI, Cláudio; NORELLI, Enrico. *História da literatura cristã antiga grega e latina — Vol. II: Do Concílio de Nicéia ao início da Idade Média*. São Paulo: Loyola, 2000.

NAVARRO, J. Bosch. *Panorama de la teologia española*. Estella: Verbo Divino, 1999.

NOBRE, José Aguiar. *Desafios para a educação democrática e pública de qualidade no Brasil*. Curitiba: Appris, 2016.

_____. Ecumenismo e o diálogo das religiões na perspectiva de Andrés Torres Queiruga. *Atualidade teológica*, Rio de Janeiro, ano XX, n. 53 (2016) 339-354.

NOBRE, José Aguiar; MENDONÇA, Samuel. Anísio Teixeira e a educação democrática e pública de qualidade. Reflexões acerca das implicações da gestão educacional. *Educação em revista*, Marília, v. 17, n. 2 (2016) 25-44.

NOLAN, Albert. *Jesus hoje. Uma espiritualidade de liberdade radical*. São Paulo: Paulinas, 2008.

Novo, Alfonso Cid-Fuentes. *Jesucristo, plenitud de la Revelación*. Bilbao: Desclée de Brouwer, 2003.

ORÍGENES. *Homilias sobre o Evangelho de São Lucas*. Trad. Luís Carlos Lima Capinetti. São Paulo: Paulus, 2016.

PADILHA, C. René. *Missão integral. O reino de Deus e a Igreja*. Viçosa: Ultimato, 2014.

PADRES APOSTÓLICOS. Introdução e notas explicativas Roque Frangiotti. Trad. Ivo Storniolo, Euclides M. Balancin. São Paulo: Paulus, 1995.

PALÁCIO, Carlos. Fin del cristianismo premoderno. Retos hacia un nuevo horizonte. *Perspectiva Teológica*, n. 94 (2004).

_____. O cristianismo na América Latina. Discernir o presente para preparar o futuro. *Perspectiva Teológica*, n. 36 (2004) 173-196.

PANASIEWICZ, Roberlei. *Diálogo e revelação. Rumo ao encontro inter-religioso*. Belo Horizonte: C/Arte, 1999.

PAULO VI. *Ecclesiam Suam*. Disponível em: <http://w2.vatican.va/content/paul-vi/pt/encyclicals/documents/hf_p-vi_enc_06081964_ecclesiam.html>. Acesso em: 30 out. 2016.

Pessoa, Fernando (Alberto Caeiro). *O guardador de rebanhos III*. In: Nogueira Jr., Arnaldo. *Releituras. Textos*. Projeto releituras. Disponível em: <http://www.releituras.com/fpessoa_guardador.asp>. Acesso em: 17 nov. 2016.

Pierini, Franco. *A idade antiga. Curso de História da Igreja I*. Trad. José Maria de Almeida. São Paulo: Paulus, 1998.

Polanyi, Karl. *La gran transformación. Los orígenes políticos y económicos de nuestro tiempo*. México: Fondo de Cultura Económica, 2003.

Pondé, Luiz Felipe. *Os dez mandamentos (+ um). Aforismos teológicos de um homem sem fé*. São Paulo: Três Estrelas, 2015.

Pretto, Hermilo E. *A teologia tem algo a dizer a respeito do ser humano?* São Paulo: Paulus, 2003.

Rad, Gerhard von. *Estudios sobre el Antiguo Testamento*. Salamanca: Sígueme, 1976.

_____. *Israel et la Sagesse*. Genève (Suíça): Labor et Fides, 1971.

_____. *Teología del Antiguo Testamento I-II*. Salamanca: Sígueme, 1969.

Radhakrishnan, Sarvepalli. *La concepción hindú de la vida*. Madrid: Alianza, 1969.

Rahner, Karl. *Curso fundamental da fé. Introdução ao conceito de cristianismo*. Trad. Alberto Costa. São Paulo: Paulus, ⁴1989.

_____. *Inspiración. Conceptos fundamentales de Teología I-II*. Madrid: Cristiandad, 1979.

_____. *Inspiración. Conceptos fundamentales de teología II*. Madrid: Cristiandad, 1979. 781-790.

_____. *Missão e graça. Funções e estados de vida na Igreja*. Petrópolis: Vozes, 1965, v. 2.

Rahner, Karl; Ratzinger, Joseph. *Revelación y tradición*. Barcelona: Herder Editorial, 2005.

Rancière, Jacques. *O mestre ignorante. Cinco lições sobre emancipação intelectual*. Trad. Lílian do Vale. Belo Horizonte: Autêntica, ²2007.

Reale, Giovanni. *História da filosofia. Antiguidade e Idade Média*. São Paulo: Paulus, 1990.

Ricoeur, Paul. Herméneutique de l'idée de révélation. In: Ricoeur, P.; Levinas, E. (ed.). *La révélation*. Bruxelles: [s.n.], 1977.

_____. *O Si-mesmo como um outro*. Trad. Lucy Moreira César. Campinas: Papirus, 1999.

Río, Ignácio Sepúlveda del. El fenómeno religioso entendido desde la apertura e la transcendencia. *Pensamiento, Revista de investigación e información filosófica*. Madrid, n. 271, v. 72 (2016) 335-353.

Rocha, Alessandro Rodrigues. *Experiência e discernimento. Recepção da palavra numa cultura pós-moderna*. São Paulo: Fonte, 2010.

RÚBIO, A. G. A teologia da criação desafiada pela visão evolucionista da vida e do cosmo. In: RÚBIO, A. G.; AMADO, J. P. *Fé cristã e pensamento evolucionista. Aproximações teológico-pastorais a um tema desafiador*. São Paulo: Paulinas, 2012.

_____. *O encontro com Jesus Cristo vivo*. São Paulo: Paulinas, 1994.

_____. *Unidade na pluralidade. O ser humano à luz da fé e das reflexões cristãs*. São Paulo: Paulinas, 2001.

RÚBIO, A. G.; AMADO, Joel Portella (org.). *Fé cristã e pensamento evolucionista. Aproximações teológico-pastorais a um tema desafiador*. São Paulo: Paulinas, 2012.

RÚBIO, A. G. A teologia da criação desafiada pela visão evolucionista da vida e do cosmo. In: RÚBIO, A. G.; AMADO, Joel Portela. *Fé cristã e pensamento evolucionista. Aproximações teológico-pastorais a um tema desafiador*. São Paulo: Paulinas, 2012, 31.

SANCHES, Mário Antonio; KUZMA, Cesar; MIRANDA, Mário de França (org.). *Age Deus no mundo. Múltiplas perspectivas teológicas*. Rio de Janeiro: PUC-Rio, Reflexão, 2012.

SCHILLEBEECKX, Edward. *Cristo y los cristianos. Gracia y liberación*. Madrid: Cristiandad, 1982.

_____. *História humana. Revelação de Deus*. São Paulo: Paulus, 1994.

SCHMITZ, Kenneth. Josef Pieper et le concept de tradition. In: PIEPER, J. *Le concept de tradition*. Genàve: Éditions Ad. Solem, 2008.

SEGUNDO, J. L. *Libertação da teologia*. São Paulo: Loyola, 1978.

SEQUERI, Pierangelo. *Il Dio affidabile. Saggio di teologia fundamental*. Brescia: Queriniana, 2000.

SILVA, José Maria. Proximidades teológicas à pós-modernidade em Hans Kung e Andrés Torres Queiruga. *Revista de Estudos da Religião*. São Paulo, n. 2 (2006) 43-70.

SOARES, Afonso M. L. *De volta ao mistério da iniquidade. Palavra, ação e silêncio diante do sofrimento e da maldade*. São Paulo: Paulinas, 2012.

_____. *Dialogando com Juan Luís Segundo*. São Paulo: Paulinas, 2005.

_____. *Interfaces da revelação. Pressupostos para uma teologia do sincretismo religioso no Brasil*. São Paulo: Paulinas, 2003.

_____. *No espírito do Abbá. Fé, revelação e vivências plurais*. São Paulo: Paulinas, 2008.

_____. *Revelação e diálogo intercultural. Nas pegadas do Vaticano II*. São Paulo: Paulus, 2015.

SOARES, Afonso M. L.; VILHENA, M. A. *O mal. Como explicá-lo?* São Paulo: Paulinas, 2003.

SPADARO, Antonio. *Ciberteologia. Pensar o cristianismo nos tempos de rede*. Trad. Cacilda Rainho Ferrante. São Paulo: Paulinas, 2012.

TAYLOR, Charles. *Uma era secular*. Porto Alegre: Unisinos, 2010.

Teixeira, Anísio. *Educação e o mundo moderno*. Rio de Janeiro: UERJ, ²2006.

Thurow, Lester C. *O futuro do capitalismo. Como as forças econômicas moldam o mundo de amanhã*. Trad. Nivaldo Montingelli Jr. Rio de Janeiro: Rocco, ²1997.

Tillich, P. *Teología sistemática*. Barcelona: Ariel, 1972, v.1.

_____. *Teología sistemática*, v. II-III. Salamanca: Sígueme, 1981/84.

Tourayne, Alain. *Após a crise. A decomposição da vida social e o surgimento de atores não sociais*. Trad. Francisco Morás. Petrópolis: Vozes, 2011.

_____. *Crítica da modernidade*. Trad. Elia Ferreira Edel. Petrópolis: Vozes, ¹⁰2012.

_____. *Um novo paradigma. Para compreender o mundo de hoje*. Trad. Gentil Avelino Titton. Petrópolis: Vozes, ³2007.

Trasferetti, José; Gonçalves, Paulo Sérgio Lopes. *Teologia na pós-modernidade. Abordagens epistemológica, sistemática e teórico-prática*. São Paulo: Paulinas, 2003.

Vaux, R. de. *História antiga de Israel*. Madrid: Cristiandad, 1986.

Yunes, Eliana. A vida pelo avesso. In: Tepedino, Ana Maria; Rocha, Alessandro Rodrigues (org.). *A teia do conhecimento. Fé, ciência e transdisciplinaridade*. São Paulo: Paulinas, 2009, 241-248.

Zimmerli, Walther. *Manual de Teología del Antiguo Testamento*. Madrid: Cristiandad, 1980.

Zubiri, Xavier. *El hombre y Dios*. Madrid: Alianza, 1984.

_____. *El problema filosófico de la historia de las religiones*. Madrid: Alianza, 1993.

7.4. Bíblias

Bíblia — Tradução ecumênica. São Paulo: Loyola, 2004.

Bíblia de Jerusalém. São Paulo: Paulus, 1996.

Bíblia Sagrada — Edição da família. Petrópolis: Vozes, ⁴⁶2002.

Bíblia Sagrada — Nova edição pastoral. São Paulo: Paulus, 2014.

Bíblia Sagrada — Para estudos. Trad. João Ferreira de Almeida. Barueri: SBB, 1993.

7.5. Dicionários

Barbotin, Edmond. Experiência. In: Lacoste, Jean-Yves. *Dicionário crítico de teologia*. Trad. Paulo Meneses. São Paulo: Loyola; Paulinas, ²2014, 708.

Bauer, Johannes B. Revelação. In: _____. *Dicionário bíblico-teológico*. Trad. Fredericus Antonius Stein. São Paulo: Loyola, 2000, 380.

Boulnois, Olivier. Teologia medieval. In: Lacoste, Jean-Yves. *Dicionário crítico de teologia*. Trad. Paulo Meneses. São Paulo: Loyola; Paulinas, ²2014, 533.

BRITO, Emílio. Kenose. In: LACOSTE, Jean-Yves. *Dicionário crítico de teologia*. Trad. Paulo Meneses. São Paulo: Loyola; Paulinas, 2014, 983-987.

BROX, Norbert. Revelação. In: BAUER, Johannes B. *Dicionário bíblico-teológico*. Trad. Fredericus Antonius Stein. São Paulo: Loyola, 2000, 380.

COENEN, L. *Diccionario del Nuevo Testamento*. Madrid, 1980.

CRAGHAN, John F. Êxodo. In: CRAGHAN, John F. *Comentário bíblico*. Vol. 2. São Paulo: Loyola, 1999, 92.

EICHER, Peter. Revelação. In: *Dicionário de conceitos fundamentais de teologia*. Trad. João Rezende Costa. São Paulo: Paulus, 1993, 792.

FERREIRA, Aurélio Buarque de Holanda. Pneumatologia. In: *Dicionário Aurélio escolar da Língua Portuguesa*. Rio de Janeiro: Nova Fronteira, 1988, 512.

GEISELMANN, J. R. Revelação. In: FRIES, Heinrich. *Dicionário de teologia. Conceitos fundamentais de teologia atual*. Trad. Teólogos do Pont. Col. Pio Brasileiro de Roma. São Paulo: Loyola, ²1987, v. 5, 88.

HENNE, Philippe. Apostólicos (padres). In: LACOSTE, Jean-Yves. *Dicionário crítico de teologia*. Trad. Paulo Meneses. São Paulo: Loyola; Paulinas, ²2014, 174.

JAPIASSU, Hilton. Autonomia. In: JAPIASSU, Hilton; MARCONDES, Danilo. *Dicionário básico de filosofia*. Rio de Janeiro: Jorge Zahar, ³1996, 21.

KÜHN, Ulrich. Igreja. In: LACOSTE, Jean-Yves. *Dicionário crítico de teologia*. Trad. Paulo Meneses. São Paulo: Loyola; Paulinas, ²2014, 852.

LACOSTE, Jean-Yves. Conhecimento de Deus. In: _____. *Dicionário crítico de teologia*. Trad. Paulo Meneses. São Paulo: Loyola; Paulinas, ²2014, 424.

LACOSTE, Jean-Yves. Revelação. In: _____. *Dicionário crítico de teologia*. Trad. Paulo Meneses. São Paulo: Loyola; Paulinas, ²2014, 1537-1538.

MARSILI, S. Teologia litúrgica. In: TRIACCA, Achille M.; SARTORE, D. *Dicionário de liturgia*. São Paulo: Paulus, 1992, 1178.

MCKENZIE, John L. Aliança. In: _____. *Dicionário bíblico*. Trad. Álvaro Cunha et al.; revisão geral Honório Dalbosco. São Paulo: Paulinas, ³1983, 24.

_____. Eleição. In: _____. *Dicionário bíblico*. Trad. Álvaro Cunha et al.; revisão geral Honório Dalbosco. São Paulo: Paulinas, 1983, 271.

_____. Juízo de Deus. In: _____. *Dicionário bíblico*. Trad. Álvaro Cunha et al.; revisão geral Honório Dalbosco. São Paulo: Paulinas, ³1983, 521.

_____. Revelação. In: _____. *Dicionário bíblico*. Trad. Álvaro Cunha et al.; revisão geral Honório Dalbosco. São Paulo: Paulinas, ³1983, 795

_____. Teofania. In: _____. *Dicionário bíblico*. Trad. Álvaro Cunha et al.; revisão geral Honório Dalbosco. São Paulo: Paulinas, ³1983, 923.

PEDROSA, V. M.; NAVARRO, M. Revelação de Deus. *Dicionário de Catequética*. Trad. H. Dalbosco. São Paulo: Paulus, 2004.

ROLOFF, Jürgen. Apóstolo. In: LACOSTE, Jean-Yves. *Dicionário crítico de teologia*. Trad. Paulo Meneses. São Paulo: Loyola; Paulinas, ²2014, 175.

Russ, Jacqueline. Ataraxia. In: _____. *Dicionário de filosofia*. São Paulo: Editora Scipione, 1994, 21.

_____. Maiêutica. In: _____. *Dicionário de filosofia*. São Paulo: Editora Scipione, 1994, 174.

Soares, Afonso M. L. Revelação. In: Passos, João Décio; Sanchez, Wagner Lopes. *Dicionário do Concílio Vaticano II*. São Paulo: Paulus; Paulinas, 2015, 838.

_____. Revelação. In: Passos, João Décio; Sanchez, Wagner Lopes. *Dicionário do Concílio Vaticano II*. São Paulo: Paulus; Paulinas, 2015, 842.844.

Tamayo, Juan José (org.). *Novo dicionário de teologia*. Trad. Celso Márcio Teixeira; Antônio Efro Feltrin; Mário Gonçalves. São Paulo: Paulus, 2009.

Vagaggini, C. Teologia (il modello scolástico). In: *Nuovo dizionario di teologia*. Roma: Paoline, 1988.

Vinel, Françoise. Graça. In: Lacoste, Jean-Yves. *Dicionário crítico de teologia*. Trad. Paulo Meneses. São Paulo: Loyola; Paulinas, ²2014, 777.

Wiedenhofer, Siegfried. Revelação. In: Eicher, Peter. *Dicionário de conceitos fundamentais de teologia*. Trad. João Rezende Costa. São Paulo: Paulus, 1993, 795-800.

Wolinski, Joseph. Teologia patrística. In: Lacoste, Jean-Yves. *Dicionário crítico de teologia*. Trad. Paulo Meneses. São Paulo: Edições Loyola; Paulinas, ²2014, 529-532.

7.6. Teses e dissertações

Boaventura, Josuel dos Santos. *Revelação cristã e culturas afro-brasileiras à luz da teologia de Andrés Torres Queiruga*. Dissertação de Mestrado. Rio Grande do Sul: PUC-RS, 2012. 165p.

Costa, Juarez Aparecido. *A contribuição de Andrés Torres Queiruga para uma releitura moderna do cristianismo*. Tese de Doutorado. São Paulo: PUC-SP, 2009.

Kaizer, Glauco Barbosa Hoffman. *A salvação cristã em Andrés Torres Queiruga*. Dissertação de Mestrado. Rio de Janeiro: PUC-RJ, 2011. 93p.

Macedo, Robson Silva. *A noção de revelação num contexto de diálogo inter-religioso nos escritos de Andrés Torres Queiruga*. Dissertação de Mestrado. Rio de Janeiro: PUC-RJ, 2000. 121p.

Mago, Salete Verônica Dal. *Lugares teológicos da revelação divina no pensamento de Andrés Torres Queiruga*. Dissertação de Mestrado. Porto Alegre: UNISINOS, 2009. 86p.

Silva, Dionísio Oliveira da. *O conceito de maiêutica histórica como eixo de compreensão do processo de revelação de Deus na história humana em Andrés Torres Queiruga*. São Paulo, 2013. 165p. Tese de Doutorado em Ciências da Religião. São Paulo: PUC-SP, 2013. 165p.

SILVA, Fábio José de Melo. *O conceito de maiêutica histórica como eixo de compreensão do processo de revelação de Deus na história humana em Andrés Torres Queiruga*. Dissertação de Mestrado. Belo Horizonte: CES, 2004. 134p.

SILVA, Jorge William. *Reviver hoje a experiência cristã da fé na ressurreição na perspectiva da teologia de Andrés Torres Queiruga*. Dissertação de Mestrado. Belo Horizonte: FAJE, 2013. 128p.

VIERO, Glória Josefina. *O rosto de Deus em nossa vida nos escritos de Andrés Torres Queiruga*. Dissertação de Mestrado. Rio de Janeiro: PUC-RJ, 2000. 110p.

7.7. Sites

AMOR RUIBAL, Ángel. Mercaba, s.d. Disponível em: <http://mercaba.org/DicFI/A/amor_ruibal_angel.htm>. Acesso em: 12 jul. 2016.

"EU PEDI o diálogo". IHU, 2012. Entrevista com Andrés Torres Queiruga. Disponível em: <http://www.ihu.unisinos.br/noticias/509079-eu-pedi-o-confronto-entrevista-com-andres-torres-queiruga>. Acesso em: 28 jul. 2016.

FERNÁNDEZ, Tomás; TAMARO, Elena. *Biografia de Ángel Amor Ruibal*. Biografías y Vidas. La enciclopedia biográfica en línea. Barcelona, España, 2004. Disponível em: <http://www.biografiasyvidas.com/biografia/a/amor.htm>. Acesso em: 12 jul. 2016.

FRANCISCO, Papa. Aleteia, 2014. *A igreja é um hospital de guerra*. Disponível em: <http://pt.aleteia.org/2014/09/22/a-igreja-e-um-hospital-de-guerra>. Acesso em: 23 nov. 2016.

_____. Rádio Vaticano, 2016. *O mundo está em guerra porque perdeu a paz*. Disponível em: <http://pt.radiovaticana.va/news/2016/07/28/papa_francisco_o_mundo_est%C3%A1_em_guerra_porque_perdeu_a_paz/1247356>. Acesso em: 23 nov. 2016.

O QUE causa a "pior crise humana" registrada pela ONU em mais de 80 anos. BBC Brasil, 2017. Disponível em: <https://noticias.uol.com.br/ultimas-noticias/bbc/2017/03/11/o-que-causa-a-pior-crise-humana-registrada-pela-onu-em-mais-de-80-anos.htm>. Acesso em: 22 abr. 2017.

PASCOA, Adriano. *Primeiro período. A Igreja apostólica*. Disponível em: <http://pt.slideshare.net/adrianoiuris/aula1-primeiro-perodo-a-igreja-apostlica>. Acesso em: 25 maio 2016.

"PÓS-VERDADE" é eleita palavra do ano pelo Dicionário Oxford. Estadão, 2016. Disponível em: <https://www.estadao.com.br/brasil/pos-verdade-e-eleita-palavra-do-ano-por-dicionario-oxford>. Acesso em: 17 mar. 2017.

SOUZA, Gustavo. *Padre Fábio de Melo e Torres Queiruga*. Disponível em: <https://exsurge.wordpress.com/2010/04/13/padre-fabio-de-melo-e-torres-queiruga>. Acesso em: 13 out. 2016.

Zekzander. Parábola dos jardineiros. Disponível em: <http://zekzander.blogspot.com.br/2010/11/parabola-dos-jardineiros.html>. Acesso em: 13 nov. 2016.

7.8. CD

Comunidade Taizé Alagoinhas, UBI, Cáritas. In: Taizé: Coração Confiante. São Paulo: Paulinas, 1999. I CD. Faixa 3 (3min02). Remasterizado em digital.

Edições Loyola

editoração impressão acabamento
Rua 1822 n° 341 – Ipiranga
04216-000 São Paulo, SP
T 55 11 3385 8500/8501, 2063 4275
www.loyola.com.br